KB118996

학습장애

이론과 실제

| 김애화 · 김의정 · 김자경 · 최승숙 공저 |

Learning Disabilities

학지사

저자 서문

　1994년 「특수교육진흥법」 전면 개정 시, 특수교육대상자 선정 기준에 학습장애가 하나의 독립된 장애 영역으로 포함됨으로써 학습장애학생의 교육을 위한 법적 기반을 마련하였고, 이로 인해 학습장애에 대한 관심이 더욱 증가하게 되었다. 『2011 특수교육 연차보고서』(교육과학기술부, 2011)에 따르면, 전체 특수교육 대상 학생의 6.7%가 학습장애학생으로 정신지체, 자폐성장애에 이어 구성 비율이 높은 것으로 나타났다. 학습장애가 우리나라에서 장애 영역으로 자리매김한 지 올해로 18년째를 맞이하였다. 학습장애는 다른 여러 장애와는 달리 눈으로 쉽게 확인되지 않기 때문에 학습장애 적격성을 판단하기 위한 진단부터 학습장애학생의 교육에 이르기까지 상당한 어려움을 겪어 왔다. 학습장애가 특수교육대상자 선정 기준에 포함된 지 십 수 년이라는 시간이 흐른 시점에서도 이러한 어려움이 여전히 존재한다는 것은 학습장애 분야의 전문가들이 해결해야 할 과제과 많다는 것일 것이다.

　이에 저자들은 학습장애 분야의 전문가로서 책임의식을 가지고, 학습장애의 이론과 실제를 담은 교재를 발간하여 학습장애학생의 교육에 관심이 있는 교사, 대학원생, 학부생 등에게 도움이 되고자 하였다. 특히 이 책에서는 학습장애와 관련하여 최근에 발표된 국내외의 연구 결과를 담고자 노력하였다. 뿐만 아니라 이 책에서는 미국이나 외국의 학습장애를 소개하는 것을 넘어 우리나라의 학습장애와 관련된 이론과 실제를 소개하고자 노력하였다. 이를 위해 저자들은 우리나라 학습장애의 정의에 대한 올바른 이해, 우리나라 학습장애의 역사, 우리나라 실정에 적합한 학습장애 진단 모형, 그리고 우리나라 교육환경에 적용이 가능한 학습장애 교수 및 학습 전략 등에 중점을 두어 이 책을 집필하였다.

이 책은 총 10개의 장으로 구성되었으며, 제1장에서는 학습장애 정의, 제2장에서는 학습장애 원인, 제3장에서는 학습장애 역사, 제4장에서는 학습장애 선별 및 진단, 제5장에서는 읽기 이해 및 지도, 제6장에서는 쓰기 이해 및 지도, 제7장에서는 수학 이해 및 지도, 제8장에서는 내용 교과 이해 및 지도, 제9장에서는 학습장애학생을 위한 효과적인 사회성 및 행동지원, 그리고 제10장에서는 통합교육의 실행을 위한 협력교수의 활용에 관한 내용을 다루었다. 특히 저자들은 제5~8장에 집중하여 집필하였으며, 학습장애학생이 현저한 어려움을 보이는 기초학습 영역인 읽기, 쓰기 그리고 수학과 내용 교과 지도에 대한 이해를 높이고, 이를 교육현장에서 실제로 적용할 수 있도록 연구기반교수법(research-based instruction)을 구체적인 예와 함께 제시하였다. 따라서 이 책을 대학원이나 대학의 교재로 활용할 경우에는 제5~8장의 내용을 적어도 2~3주에 걸쳐 다룰 것을 권장한다.

저자들의 노력에도 불구하고 이 책에서 담아 내지 못한 학습장애 관련 내용이나 충분히 다루지 못한 내용도 있을 것이다. 향후 개정 작업에서 이러한 부분을 보완할 것을 기약하며, 모쪼록 이 책이 학습장애를 이해하고 학습장애학생을 교육하고자 애쓰는 모든 분에게 도움이 되기를 기대한다.

이 책을 집필하기까지 여러 번의 편집 작업에 도움을 준 정현승 선생님, 참고문헌 작업에 도움을 준 박성희 선생님, 원고를 읽고 좋은 피드백을 준 금유미, 이동주, 김민정 선생님, 2011년 2학기 '학습장애아 교육' 강의를 수강하면서 원고 초

안에 대한 좋은 피드백을 준 단국대학교 특수교육과 학부 학생들에게 감사의 뜻을 전한다. 또한 이 책의 출판을 위해 도와주신 학지사 김진환 사장님과 한승희 차장님을 비롯한 모든 직원에게 감사를 드린다.

2012년 9월

저자 일동

차 례

PART 1

학습장애의 기본적인 이해

01

학습장애 정의

이 장을 통해 학습장애에 관한 다음의 지식과 기술을 습득하게 될 것이다.

• 학습장애의 국내외 정의를 비교하여 설명할 수 있다.
• 학습장애 정의의 주요 구성 요소를 설명할 수 있다.
• 국내 학습장애 정의의 문제점과 향후 발전 방향에 대해 논의할 수 있다.
• 학습장애의 하위 유형 및 유형별 특성을 설명할 수 있다.

이 장에서는 미국을 비롯한 여러 나라와 국내의 학습장애 정의를 소개하고, 이들 정의 간의 유사점과 차이점에 대해 살펴보고자 한다. 그리고 이들 정의에서 공통적으로 포함하는 주요 구성 요소들을 알아보고자 한다. 또한 국내 학습장애 정의의 쟁점 및 발전 방향에 대해 논하고자 한다. 마지막으로 학습장애의 하위 유형과 각 하위 유형별 특성에 대해서도 살펴보고자 한다.

1. 학습장애 정의

학습장애는 원인이 명확하지 않고 특성이 다양한 장애이기 때문에 누구나 공감할 수 있는 정의를 내리기가 쉽지 않다. Samuel Kirk가 1962년에 학습장애 정의를 발표한 이후 여러 학자를 비롯하여 협회에서 학습장애를 정의하기 위해 노력해 왔으나, 국내외를 막론하고 아직까지 합의된 정의는 없다. 미국을 포함한 여러 나라와 국내의 학습장애 정의를 살펴보면 다음과 같다.

1) 외국의 학습장애 정의

(1) 미국

Samuel Kirk의 정의   Samuel Kirk는 1962년에 학습장애라는 용어를 처음으로 소개하면서 다음과 같이 정의하였다.

> 학습장애는 말하기, 언어, 읽기, 철자, 쓰기 혹은 수학 과정 중 하나 혹은 그 이상의 영역에서 지체, 장애 혹은 지연된 발달을 보이는 것을 말한다. 이러한 문제는 뇌의 기능 장애 그리고(혹은) 감정이나 행동의 이상으로 인한 것이며, 정신지체, 감각장애 또는 문화적·교수적 요인으로 인한 것은 아니다.

Samuel Kirk가 제시한 학습장애 정의는 이후에 제시된 학습장애 정의에 많은 영향을 미쳤다. 다만, Samuel Kirk의 정의에서는 '감정이나 행동의 이상'을 학습장애의 원인으로 언급하고 있는데, 최근의 학습장애 정의에는 '감정이나 행동의 이상'을 학습장애의 원인으로 보고 있지 않다.

2004 「장애인교육법(Individuals with Disabilities Education Improvement Act: IDEIA)」의 정의 1975년 「장애인교육법」(PL 94-142)이 제정되었을 때 학습장애가 하나의 독립된 장애 영역이 포함되었고, 학습장애의 법적 정의가 마련되었다. 이후 학습장애의 법적 정의는 여러 차례 변천되어 왔으며, 현재까지도 미국 대다수의 주에서 이 정의를 사용하고 있다(Lerner, 1997). 또한 이 정의는 세계 여러 나라의 학습장애 정의의 기반이 되고 있다. 2004년에 개정된 IDEIA에 명시된 학습장애 정의는 다음과 같다.

- 일반적으로: '특정학습장애'란 구어나 문어 형태의 언어를 이해하고 사용하는 것과 관련된 기본심리처리들의 하나 혹은 그 이상에서의 장애를 지칭하며, 이는 듣기, 사고하기, 말하기, 읽기, 쓰기, 철자 혹은 수학적 계산 능력의 결함으로 나타난다.
- 포함하는 장애: 이 용어는 지각장애, 뇌손상, 미소뇌기능장애, 난독증 그리고 발달적 실어증과 같은 상태들을 포함한다.
- 포함하지 않는 장애: 이 용어는 시각이나 청각장애, 운동장애, 정신지체, 정서장애, 또는 환경적·문화적·경제적인 불리함이 일차적으로 작용하여 초래된 학습의 어려움은 포함하지 않는다(PL 108-466, Sec. 602[30]).

IDEIA 정의는 세 가지 측면에서 그 특징을 살펴볼 수 있다. 첫째, 이 정의는 학습장애를 기본심리처리 장애로 인한 것으로 명시하고 있다. 둘째, 이 정의는 다른 정의들과는 다르게 여러 장애 상태(예, 지각장애, 뇌손상, 미소뇌기능장애, 난독증, 발달적 실어증과 같은 상태)를 구체적으로 명시하고 있다. 셋째, 다른 장애나 외적인 요인에 의해 학습의 어려움이 나타나는 경우는 학습장애에서 배제한다고 명시하고 있다.

학습장애공동협의회(National Joint Committee on Learning Disabilities: NJCLD)의 정의
NJCLD는 PL 94-142에 명시된 학습장애 정의의 문제점들을 지적하고, 그간의 학습장애 관련 연구 결과들을 반영하는 대안적인 정의를 제안하였다. NJCLD 정의는 1981년에 처음 발표되었으나, 이후 미국 학습장애기관협의회(Interagency Committee on Learning Disabilities: ICLD)가 1987년에 제안한 정의에 포함되었던 두 가지 새로운 사항을 수용하여 1988년에 개정된 정의를 발표하였다. 그중 하나는 연령과 관련된 것으로, 당시 PL 94-142의 학습장애 정의에는 '아동(child)'이란 단어가 명시되어 학습장애를 학령기에 제한된 장애로 기술하였는데, NJCLD는 학습장애가 '일생을 통해 일어날 수' 있다고 밝혀 학습장애가 전 생애를 걸쳐 나타날 수 있음을 강조하였다. 또 다른 사항은 학습장애의 특성으로 자기조절행동, 사회적 지각 그리고 사회적 상호작용에서의 문제가 나타날 수 있다고 언급하였다. 그러나 여기서 언급한 문제는 학습장애의 다른 영역(예, 듣기, 말하기, 읽기, 쓰기, 추리 혹은 산수 능력)에서의 어려움과 함께 나타날 때에만 학습장애 문제 영역으로 포함된다고 제한하였다. 따라서 자기조절행동, 사회적 지각 그리고 사회적 상호작용에서의 문제가 학습장애학생의 하위 유형과 관련된 특정 영역의 어려움이기보다는 학습장애학생이 보이는 일반적인 관련 특성으로 이해하는 것이 바람직하다. 당시 NJCLD 정의는 다른 정의에 비해 대체로 긍정적으로 평가되었는데, 그 이유는 다음과 같다(Hammill, 1990; Silver, 1988). 첫째, 학습장애가 이질적인 장애 집단을 지칭하는 포괄적인 용어임을 명확히 함으로써 학습장애의 이질성을 강조했다. 둘째, 학습장애가 전 생애를 걸쳐 나타날 수 있음을 강조했다. 셋째, 학습장애의 사회성 관련 특성을 언급했다.

NJCLD에서 제시한 학습장애 정의는 다음과 같다.

학습장애는 듣기, 말하기, 읽기, 쓰기, 추리 혹은 산수 능력의 습득과 사용에 현저한 어려움을 보이는 이질적인 장애 집단을 지칭하는 포괄적인 용어다. 이 장애들은 각각의 개인에게 내재되어 있는 것으로, 중추신경계의 기능 장애에 의한 것으로 가정되며, 일생을 통해 나타날 수 있다. 자기조절행동, 사회적 지각 그리고 사회적 상호작용에 문제점들이 나타날 수도 있으나, 이것들만으로 학습장애가 성립되지는 않는다. 학습장애는 다른 장애 상태(예, 감각적 손상, 정신지체, 사회적 행동·정서장애) 혹은 환경적인 영향(예, 문화적 차이, 불충분하거나 바람직하지 못한 교수)과 동시에 나타날 수 있으나, 그러한 상태나 영향의 직접적인 결과로 나타나는 것은 아니다(NJCLD, 1988).

Kavale 등(2009)의 정의 미국의 대표적인 학습장애 정의인 IDEIA 정의와 NJCLD 정의는 일반적이어서 의미가 분명하지 않으며, 다양한 유형의 학습장애를 판별하는 데 도움이 되지 않는다는 지적을 받아 왔다(Kavale et al., 2009; Kavale & Forness, 2000; Shaw et al., 1995; Siegel, 1999). 특히 이러한 정의들을 '개념적 정의'라 지칭하며, 학습장애를 판별하는 데 도움이 안 된다며 실용성의 부재에 대해 비판하여 왔다. Kavale를 비롯하여 여러 학자는 '무엇이 학습장애가 아닌가?'가 아닌, '무엇이 학습장애인가?'에 초점을 맞춘 정의로서 학습장애의 판별에 도움이 되는 '조작적 정의'의 필요성을 강조해 왔다. 이를 위해 최근에 Kavale 등(2009)은 다음과 같은 학습장애 정의를 제안하였다.

특정학습장애는 학교 인구의 2~3% 내로 학업성취의 정상적인 진전을 심각하게 방해하는 이질적인 장애 집단(군)을 말한다. 이러한 진전의 결여는 질 높은 교수를 제공했음에도 불구하고 생활연령과 정신연령에서의 기대치에 비해 여전히 낮은 학교 수행으로 나타난다. 진전으로의 실패의 가장 명시적인 징후는 기본 기술 영역(예, 읽기, 수학, 쓰기)에서의 심각한 미성취(underachievement)이며, 이는 불충분한 교육, 대인관계, 문화·가정 그리고/또는 사회적·언어적 경험과는 상관이 없다. 일차적인 능력–학업성취 간의 심각한 불일치는 언어 능력(수용 그리고/또는 표현), 인지 기능(예, 문제 해결, 사고 능력, 성숙), 신경심리처리(예, 지각, 주의, 기억)의 결함, 또는 이들 결함의 조합과 동시에 일어날 수 있으며, 이러한 결함은 중추신경계의 기능 장애로 인한 것으로 추정한다. 특정학습장애는 평균 또는 그 이상(90이상)의 인지 능력과 학습 기술 프로파일에서 강점과 약점이 심각하게 분산되는 것으로서 일반적인 학업 실패와는 차별화되는 별개의 현상이다. 특정학습장애는 이차적 학습 곤란(secondary learning difficulties)을 수반할 수 있으며, 이것 역시 일차적인 문제를 위한 더욱 강도 높고, 개별화된 특수교육 교수를 계획할 때 고려할 수 있다.

(2) 기타 여러 나라

일본의 정의   1999년 3월 문부성은 '학습장애 및 그와 유사한 학습상의 곤란을 지닌 아동들의 지도 방법에 관한 조사연구협력자회의'를 설치하였으며, 같은 해 7월에 최종 보고서를 제출하였다. 이 보고서에 실린 학습장애 정의는 다음과 같다.

학습장애란 기본적으로 전반적인 지적 발달은 지체되지 않았으나 듣기, 말하기, 읽기, 쓰기, 계산 또는 추론 능력 중 특정 능력의 습득과 사용에 현저한 어려움을 나타내는 다양한 상태를 가리킨다. 학습장애는 중추신경계의 기능 장애가 원인인 것으로 추정되며 시각장애, 청각장애, 지적장애, 정서장애 등의 장애나 환경적인 요인이 직접적인 원인이 되는 것은 아니다.

이 정의는 지적 능력과 기초학습 영역(읽기, 쓰기 등)에서의 성취 간 차이, 특정 기초학습 영역에서의 어려움, 중추신경계의 기능 장애, 다른 장애나 환경적 요인에 따른 영향 배제 등을 주요 요소로서 포함하고 있다.

대만의 정의   대만 교육부는 1992년 학습장애에 대한 정의를 다음과 같이 제안하였다.

학습장애란 신경 혹은 심리처리의 어려움을 말하며, 주의, 기억, 이해, 추론, 표현 혹은 지각에서의 문제를 지니는 것을 말한다. 학습장애는 듣기, 말하기, 읽기, 쓰기 혹은 수학적 능력의 사용에서 심각한 어려움으로 나타난다. 이 장애는 학습문제가 일차적으로 감각장애나 지능장애, 정서장애 혹은 환경적·문화적 불리함으로 인한 결과로 나타나는 자는 포함하지 않는다.

이 정의는 학습장애의 원인으로 신경 혹은 심리처리의 문제를 제시하고 있으며, 이로 인한 인지처리상의 문제(예, 주의, 기억, 이해, 추론, 표현, 지각)들과 기초학습 영역(예, 읽기, 쓰기, 수학적 능력의 사용)에서의 어려움을 포함하고 있다. 또한 다른 장애나 외부적 요소에 따른 학습문제는 학습장애에 포함하지 않는다는 배제 조항을 명시하고 있다.

캐나다의 정의　캐나다의 학습장애학회(Learning Disabilities Association of Canada: LDAC)는 다른 관련 협회 및 전문가들의 의견을 반영하여 2002년 학습장애 정의를 제안하였다. 이 정의는 캐나다에서 공식적인 정의로 채택되고 있으며, 내용은 다음과 같다.

학습장애는 구어 혹은 비구어적 정보의 습득, 조직화, 유지, 이해 혹은 사용에 영향을 미치는 여러 장애를 의미한다. 이러한 장애는 사고 그리고/또는 추론을 하는 데 필요한, 적어도 평균 이상인 능력을 가진 개인의 학습에 영향을 미친다. 따라서 학습장애는 전반적인 지적 결함과는 구분된다.

학습장애는 지각이나 사고, 기억, 학습과 연관된 한 가지 혹은 그 이상의 처리 과정이 손상된 결과로 나타난다. 이 장애는 언어적 처리, 음운론적 처리, 시공간적 처리, 처리 속도, 기억과 주의, 실행기능(예, 계획하기와 의사결정하기)을 포함하나 이것에만 한정되는 것은 아니다.

학습장애의 심각성 정도는 다양하며 다음 영역의 습득과 사용을 방해할 수 있다.

- 구어(예, 듣기, 말하기, 이해)
- 읽기(예, 음독, 음성학적 지식, 단어재인, 이해)
- 문어(예, 철자, 쓰기 표현)
- 수학(예, 계산, 문제 해결)

학습장애는 조직화 기술과 사회적 지각, 사회적 상호작용, 조망하기 등에서의 어려움을 포함할 수도 있다.

학습장애는 일생의 문제다. 학습장애는 개인의 생애 주기에 따라 다양한 양상으로 나타날 수 있는데, 이는 환경적인 요구와 개인의 강점/요구 간의 상호작용 결과에 따라 달라진다. 학습장애는 예상치 못한 저성취를 보이거나 높은 수준의 노력과 지원에 의해서만 성취를 유지하는 경우가 해당한다.

학습장애는 유전적 요인이나 뇌기능의 변화로 학습과 관련된 한 가지 이상의 처리 과정에 영향을 미치는 신경생물학적 요인이나 손상으로 인한 것이다. 청각 및 시각 문제, 사회경제적 요인, 문화적 · 언어적 차이, 동기 부족, 비효과적 교수와 같은 요인들이 학습장애인이 접하는 문제들을 더욱 복잡하게 할 수는 있으나, 이러한 요인들이 일차적인 원인은 아니다. 학습장애는 주의집중장애, 행동 · 정서 장애, 감각장애, 그 밖의 의학적 상태와 함께 나타날 수 있다.

학습장애인의 성공을 위해 가정과 학교, 지역사회, 직장생활 등에 관한 전문화된 사정과 중재가 필요하다. 각 개인의 학습장애 유형에 적절한 중재는 적어도 다음의 조항을 포함한다.

- 구체적인 기술 교수
- 편의 제공
- 보상 전략

• 자기옹호기술

    이 정의는 앞에서 살펴본 다른 나라의 정의와 비교해 볼 때 매우 구체적임을 볼 수 있다. LDAC 정의는 몇 가지 측면에서 주목할 만하다. 첫째, 이 정의에서는 학습장애의 원인을 유전적 요인이나 뇌기능 문제로 인한 신경생물학적 요인에 두고 있다. 둘째, 이 정의에서는 학습장애가 일생을 통해 나타남을 강조한다. 셋째, 학습장애가 학습적인 측면 외에도 전반적인 삶에 영향을 줄 수 있는 다양한 영역에서 어려움을 보일 수 있음을 시사한다. 넷째, 학습장애인을 위한 생애에 걸친 사정 및 중재의 중요성을 강조하며, 구체적인 중재 방안들을 제시하고 있다. 이 요소들은 앞에서 제시한 미국의 NJCLD 정의의 주요 사항과 유사함을 알 수 있다.

2) 국내의 학습장애 정의

(1) 법적 정의

    우리나라에서는 1994년 「특수교육진흥법」(이하 구 「특수교육법」)이 전부 개정되면서 학습장애가 특수교육대상자 선정 기준에 새로이 추가되었고, 이로 인해 학습장애의 정의가 최초로 법에 명시되었다. 구 「특수교육법」에서는 학습장애를 다음과 같이 정의하였다.

>   학습장애를 지닌 특수교육대상자란 셈하기, 말하기, 읽기, 쓰기 등 특정한 분야에서 학습상 장애를 지니는 자를 말한다.

    이 정의는 학습장애 정의라고 하기에는 구체적이지 못하다는 비판을 받아 왔으며, 국내에서 학습장애아동을 판별하는 데 그다지 도움이 되지 못하였다.

    한편, 「장애인 등에 대한 특수교육법」이 2007년에 제정되면서, 새로운 학습장애 정의가 명시되었다. 이 정의는 다음과 같다.

학습장애를 지닌 특수교육대상자란 개인의 내적 요인으로 인하여 듣기, 말하기, 주의집중, 지각, 기억, 문제 해결 등의 학습기능이나 읽기, 쓰기, 수학 등 학업성취 영역에서 현저하게 어려움이 있는 사람을 말한다.

이 정의는 학습장애를 크게 두 가지 측면에서 설명하고 있다. 첫째, 학습장애의 원인은 개인 내적 요인에 의한 것이다. 둘째, 학습장애는 인지적 기능이나 기초학습 영역에 어려움이 있는 것이다. 한편, 이 정의에는 다른 장애나 외부적 요소에 의한 학습문제를 학습장애에 포함시키는지 또는 포함시키지 않는지의 여부에 대한 내용이 따로 기술되어 있지 않다.

(2) 한국특수교육학회의 정의

2008년 한국특수교육학회에서는 전문가 협의를 통해 다음과 같은 학습장애 정의를 제안하였다.

학습장애란 개인 내적 원인으로 인하여 일생 동안 발달적 학습(듣기, 말하기, 주의집중, 지각, 기억, 문제 해결 등)이나 학업적 학습(읽기, 쓰기, 수학 등) 영역 중 하나이상에서 심각한 어려움을 겪는 것을 말한다. 이 장애는 다른 장애 조건(감각장애, 정신지체, 정서장애 등)이나 환경 실조(문화적 요인, 경제적 요인, 교수적 요인 등)와 함께 나타날 수 있으나, 이러한 조건이 직접적인 원인이 되어 나타난 것은 아니다.

이 정의는 학습장애가 전 생애에 걸쳐 나타나는 장애라는 점을 강조하면서 학습장애를 연령 수준에 따라 발달적 학습장애와 학업적 학습장애 두 유형으로 구분하여 기술하고 있다. 이 정의는 학습장애를 개인 내적 원인에 의한 것으로 보며, 학습장애가 다른 장애나 환경적인 불리한 상태와 중복으로 나타날 수 있음을 인정하고 있다.

2. 학습장애 정의의 주요 구성 요소

지금까지 제안된 대부분의 학습장애 정의는 학습장애에 대해 개념적으로 설명하는 수준이다. 따라서 많은 사람은 이 정의들은 학습장애를 이해하는 데 크게 도움이 되지 않는다고 말하기도 한다. 그러나 이들 정의를 비교해 봄으로써 국내외 학습장애 정의에서 공통적으로 포함하는 주요 구성 요소를 파악할 수 있을 것이다.

1) 내적 원인
(기본심리처리 vs. 중추신경계의 기능 결함 vs. 일반적인 내적 원인)

국내외의 학습장애 정의들을 종합해 보면, 학습장애를 내재적 원인으로 인한 것으로 정의한다. 다만, 추정되는 내재적 원인을 무엇으로 보느냐가 정의에 따라 다소 차이를 보이는데, 첫째 기본심리처리 장애, 둘째 중추신경계의 기능 결함, 셋째 일반적인 내적 원인으로 추정되고 있다.

첫째, IDEIA에서는 학습장애가 기본심리처리 장애에 의한 것이라 명시하고 있다. 기본심리처리 장애란 기억, 청각적 지각, 시각적 지각, 구어, 사고와 같은 인지적 기능에 관한 것으로, 이들 중 한 가지 혹은 그 이상에서의 결함이 학습장애를 유발한다는 것을 의미한다. 이러한 인지적 기능의 측정은 학습장애아동과 일반적인 저성취 아동과의 구분을 가능하게 해 준다는 장점이 있다(Mather & Gregg, 2006). 그러나 기본심리처리 장애의 의미가 불명확하고 측정하기 어렵다는 이유로 이를 정의에 포함하는 것에 대한 문제점이 지적되어 왔다(Hammill, 1990). 학습장애를 기본심리처리 장애로 간주하던 1970년대에는 특히 시지각 문제에 대한 관심이 고조되었다. 이러한 관심은 시지각 검사와 더불어 학습장애 중재로서 지각훈련을 강조하기에 이르렀다. 그러나 Hammill(1990) 등의 연구자들은 학습장애아동을 대상으로 지각훈련을 실시하더라도 이들의 궁극적인 문제인 학업성취는 변함이 없음을 밝혀냄으로써, 지각훈련이 아닌 학습 중재 중심의 훈련이 강조되었다.

둘째, 이러한 시대적 배경을 반영하듯, NJCLD는 기본심리처리의 장애라는 표현을 학습장애 정의에 포함하지 않고, 학습장애의 원인을 중추신경계의 기능 장애로 인한 것으로 추정한다고 제시하였다. 학습장애아동의 기본심리처리상의 문제는 주로 행동 관찰을 통해 추정하는 수준이므로(Lerner, 2003), NJCLD는 학습장애 정의에 이를 단정적으로 기술하는 것은 바람직하지 못하다는 입장을 보이고 있다.

셋째, 국내의 두 정의를 비롯하여 다양한 정의에서는 학습장애가 기본심리처리의 장애나 중추신경계의 기능 결함의 문제로 인한 것이라고 구체적으로 명시하지 않고, 다만 학습장애가 외부적인 요인에 의해 발생하는 것이 아니라 개인 내적인 문제에 의한 것이라고 명시하고 있다.

2) 학습장애의 이질성 및 대표적인 문제 영역

학습장애는 용어 자체가 의미하듯이, 학습에서의 심각한 어려움을 갖는 것이다. 이러한 어려움은 다양한 학습 영역에서 발생할 수 있으며, 아동마다 문제를 보이는 영역이 다를 수 있다. 예를 들어, 읽기와 쓰기 영역에서 장애를 갖는 아동이 있는가 하면, 어떤 아동은 수학 영역에서 어려움을 가진다. 캐나다와 미국 NJCLD 정의 등은 학습장애가 이질적인 집단임을 구체적으로 명시하였다.

대부분의 학습장애 정의는 구어(말하기, 듣기)와 읽기, 쓰기, 수학, 사고 혹은 추론 등을 학습장애의 주요 문제 영역으로 제시하고 있다. 한편, 국내의 「장애인 등에 대한 특수교육법」과 한국특수교육학회 정의는 기억, 주의, 지각과 같이 학습장애를 유발하는 인지적 기능을 학습장애의 주요 문제 영역으로 포함하고 있다.

3) 학습장애의 배제 조항

학습장애의 배제 조항은 학습장애를 판별하는 데 매우 중요한 준거가 되는 요소다. 연구에 따르면, 학습장애 전문가의 대다수가 배제 조항을 학습장애 판별의 주요 준거로 여기는 것으로 나타났다(Speech & Shekitka, 2002). 실제로 대부분의 학습장애 정의에 배제 조항이 명시되어 있음을 볼 수 있다.

한편 배제 조항의 세부 내용에서는 정의에 따라 약간의 차이가 존재한다. 미국 IDEIA 학습장애 정의는 다른 장애 상태나 개인의 외적인 문제가 일차적으로 작용하여 초래된 학습의 어려움은 학습장애에서 제외하고 있다. 그러나 미국 NJCLD를 비롯하여 대다수의 학습장애 정의는 학습장애가 다른 장애와 함께 나타날 수 있다고 명시하고 있어, 기본적으로는 학습장애의 중복장애 가능성을 인정한다. 또한 학습장애가 환경적·경제적 어려움, 불충분한 교수 등의 불리한 외적 요인과도 함께 나타날 수 있음을 인정하고 있다. 즉, IDEIA 정의는 학습장애를 매우 제한적으로 규정하는 데 반해, 대다수의 학습장애 정의는 더욱 포괄적인 관점에서 학습장애를 규정하고 있음을 알 수 있다. 하지만 이러한 차이는 다른 장애 및 외적 요인과의 중복 가능성을 명시했느냐 하지 않았느냐의 차이일 뿐, 학업상 어려움의 직접적인 원인이 다른 장애나 외적 요인에 인한 것이라면 학습장애로 인정하지 않는다는 점은 동일하다.

4) 일생을 통해 일어날 수 있는 장애

학습장애는 발달 단계와 환경의 요구에 따라 상태나 정도가 다르게 나타날 수 있기는 하지만, 학령기뿐 아니라 성인기에도 지속될 수 있다. 미국 NJCLD 정의, 캐나다의 정의, 국내 한국특수교육학회의 정의에서는 이와 같이 학습장애가 학령기에 제한된 장애가 아닌 일생을 통해 일어날 수 있다는 점을 명시적으로 언급하고 있다.

5) 진단 준거

최근 Kavale 등(2009)은 학습장애를 판별하는 데 도움이 되는 정의의 필요성을 언급하면서, 새로운 학습장애 정의를 제안하였다. 앞서 살펴본 Kavale 등(2009)이 제안한 학습장애 정의에는 중재반응 준거와 불일치 준거에 대한 언급이 모두 포함되어 있다. 그 밖에 일본과 캐나다의 학습장애 정의도 진단 준거 중 불일치 준거에 대한 언급이 포함되어 있다.

이와 같이, 학습장애 정의는 유사하면서도 상이한 점이 존재한다. 앞서 제시한 주요 구성 요소를 비롯하여 다양한 측면에서 정의 간 유사점과 차이점을 비교해 보면 〈표 1-1〉과 같다.

이 〈표 1-1〉을 바탕으로 대부분의 국내외 학습장애 정의에서 공통적으로 포함하고 있는 주요 구성 요소를 요약하면 다음과 같다. 첫째, 학습장애의 원인은 개인에게 내재하는 것이다. 둘째, 학습장애는 이질적이며, 기초학습 영역에서 어려움을 보인다. 셋째, 학습의 어려움이 일차적으로 다른 장애 및 외적 요인에 의해 발생한 경우에는 학습장애에 포함시키지 않는다. 일부 학습장애 정의에서는 학습장애가 기타 장애나 외적 요인과 중복하여 나타날 수 있음을 명시하기도 하였다. 넷째, 학습장애가 일생에 걸쳐 나타날 수 있음을 명시하고 있다. 다섯째, 일부 학습장애 정의에서는 불일치 준거와 중재반응 준거를 포함한 진단 준거를 제시하고 있다.

〈표 1-1〉 학습장애 정의 간 유사점과 차이점

정의	원인			이질성 및 문제 영역		배제 조항			진단 준거	
	중추신경계의 기능장애	기본심리처리장애	일반적인 개인 내적 원인	기초학습영역	인지처리영역	다른 장애나 외적요인 배제	다른 장애 및 외적요인과 중복 가능성을 명시적으로 언급	일생을 통한 장애	능력과 수행 간의 불일치 준거	RTI 준거
미국 IDEIA		○		○		○				
미국 NJCLD	○		○	○		○	○	○		
Kavale et al.	○	○		○					○	○
일본 문부성	○			○		○			○	
대만 교육부	○	○		○		○				
캐나다 LDAC	○	○		○			○	○	○	
한국 장애인 등에 대한 특수교육법			○	○	○					
한국 특수교육학회			○	○	○	○	○	○		

3. 국내 학습장애 정의의 쟁점 및 발전 방향

우리나라에서 학습장애에 대한 관심이나 학습장애의 중요성이 인식된 것은 그리 오래되지 않았다. 학습장애와 관련된 국내 연구도 2000년 초반부터 활성화되어 왔다. 따라서 국내 학습장애아동의 특성이나 현황에 대해 알려진 바가 부족하고, 국내 학습장애에 대한 실증적인 근거가 미비한 상황이라 볼 수 있다. 이러한 시점에서 학습장애에 대한 정의가 마련되다 보니 현재까지는 외국의 정의를 거의 답습하는 수준에 그치고 있음을 볼 수 있다.

최근에 제시된 「장애인 등에 대한 특수교육법」과 한국특수교육학회의 학습장애 정의는 과거에 비해 한층 발전된 형태를 갖추고 있다. 그러나 이러한 정의도 외국의 주요 학습장애 정의와 마찬가지로 학습장애를 개념적인 수준에서 설명하는 데 그치고 있다. 우리나라 학습장애의 법적 정의에 포함된 구성 요소와 그에 따른 쟁점을 살펴보면 다음과 같다.

첫째, 학습장애는 개인의 내적 요인으로 인해 발생한다는 것이다. 즉, 학습장애가 외부적인 요인(부적절한 교수, 열악한 환경 등)에 의하여 발생하는 것이 아니라, 개인에게 내재한 원인(기본심리처리과정의 이상, 중추신경계 손상 등)으로 인하여 발생하는 장애라는 것이다. 이처럼 학습장애의 원인을 개인에게 내재한 것으로 규정하는 것은 학습부진학생과 학습장애학생을 구분하기 위한 의도라고 볼 수 있다. 그러나 개인의 내재적인 결함으로 인하여 학업성취에 어려움이 있다는 것을 어떤 방법으로 측정할 것인지에 대한 점은 여전히 숙제로 남아 있다. 또한 외적 요인으로 인하여 학습에 문제가 발생하는지의 여부를 판가름하는 것도 결코 쉬운 일이 아닐 것이며, 외적 요인으로 인하여 학습상 현저하게 어려움을 보이는 학생을 학습장애 대상에서 제외하기 위하여 어떤 절차를 적용할지에 대한 논의도 필요하다. 즉, 「장애인 등에 대한 특수교육법」에 명시된 개인의 내적 요인으로 인하여 학습 기능이나 학업성취 영역에서 현저한 어려움이 있는 사람을 학습장애로 판별하려면 이에 대한 구체적인 절차 및 기준이 요구된다.

둘째, 학습장애를 학습기능(듣기, 말하기, 주의집중, 지각, 기억, 문제 해결 등)에서의 현저한 어려움과 학업성취 영역(읽기, 쓰기, 수학 등)에서의 현저한 어려움이 있는 것으로 구분하고 있다. 이는 학습장애를 두 가지 하위 유형으로 분류하는 것으로 볼 수 있다. 그러나 학습기능이 학습장애의 원인인가 아니면 학습장애의 하위 유형인가에 대한 논란이 있다.

셋째, 학습장애를 가진 사람을 선정할 때, 앞서 언급한 학습기능이나 학업성취 영역에서 현저한 어려움이 있는 사람으로 규정하고 있다. 그러나 어느 정도를 현저한 어려움이라고 규정하는지에 대한 구체적인 진단 기준은 제시하고 있지 않아 학습장애학생의 선정에 상당한 어려움이 있다(김자경, 2005). 따라서 현저한 어려움에 대한 구체적인 기준 마련이 시급하다고 볼 수 있다.

넷째, 「장애인 등에 대한 특수교육법」에 명시된 학습장애 정의에 배제 조항을 포함하고 있지 않아 학습장애와 기타 장애(정서 · 행동장애 등)를 가진 학생의 구분이 어렵다는 문제점이 있다. 예를 들어, 정서 · 행동장애학생의 경우에도 개인의 내적 요인으로 인하여 학업성취 영역에서 현저하게 어려움을 보일 수 있을 것이다. 따라서 학습장애학생을 보다 정확하게 판별하기 위하여 이러한 배제 조항도 법적 정의에 포함할 필요성이 있다.

요약하자면, 「장애인 등에 대한 특수교육법」에 명시된 학습장애 정의의 모호성과 정확한 진단이 어렵다는 점은 현장교사에게 학습장애에 대한 개념 및 학습장애학생의 선정에 혼란을 초래하는 요인이 될 수 있다. 따라서 향후 법 개정 시 이러한 사항을 반영하는 것이 바람직할 것이며, 국가기관이나 학습장애학회 등에서 국내 학습장애아동의 특성을 반영한 보다 명확한 정의, 객관적인 준거가 제시된 조작적 정의의 개발이 시급하다고 본다.

4. 학습장애의 하위 유형 및 특성

학습장애 정의가 다양한 것처럼 지금까지 제안된 학습장애의 하위 유형에 대한 분류 체계도 다양하다. 여기서는 지금까지 제안된 대표적인 학습장애 하위 유형 분류 체계에 대해 소개하고자 한다.

1) Kirk와 Chalfant가 제안한 학습장애 하위 유형

일찍이 Kirk와 Chalfant(1984)는 학습장애를 취학 전후를 기준으로 발달적 학습장애와 학업적 학습장애로 나누었고, 발달적 학습장애와 학업적 학습장애를 다음과 같이 설명하였다.

(1) 발달적 학습장애

발달적 학습장애는 학업성취에 필요한 선행기술(prerequisite skills)에 결함이 있는 경우를 의미한다. 예를 들어, 자신의 이름을 쓰기 위해서는 소근육 운동 기술, 눈과 손의 협응, 기억 등의 선수 기술이 필요하다. 이와 같이 유아기는 향후 학업성취에 기반이 되는 인지기능, 즉 선수학습 기능의 발달이 이루어지는 중요한 시기다. 대다수의 아동은 이러한 기능이 별다른 문제없이 적절하게 발달하지만, 일부 소수의 아동은 이러한 인지기능의 발달이 지체되는 현상을 보인다. 이들은 초등학교에 입학하기 전 습득해야 할 선수학습 기능이 뒤처지고, 이로 인해 학령기 때 심각한 학업문제를 경험하게 된다. Kirk와 Chalfant(1984)는 발달적 학습장애를 크게 1차 장애와 2차 장애로 구분한다([그림 1-1] 참조). 1차 장애는 주의집중장애, 기억장애 및 지각장애를 포함한다. 1차 장애는 아동의 사고와 구어에 영향을 주게 되고, 궁극적으로는 2차 장애인 사고장애와 구어장애를 초래하게 된다.

한편, 취학 전 아동을 학습장애의 하위 유형인 발달적 학습장애로 진단하는 것

은 쉬운 일이 아니다. 어린 아동의 인지기능은 주로 행동 관찰을 통해 이루어지는
데, 아동마다 인지적 기능을 습득하는 시기가 다를 수 있다. 예를 들어, 구어 습득
과 관련하여, 어떤 아동은 또래에 비해 말을 빨리 배우는가 하면 어떤 아동은 훨씬
늦게 배운다. 따라서 아동이 구어 습득에 문제를 보일 때 그 원인을 발달적 학습장
애에 의한 것인지 아니면 성숙하는 과정에서 일시적으로 지연된 것인지를 판단하
기 쉽지 않다. 특히 조기 판별이 초래할 수 있는 낙인, 따돌림 등과 같은 문제를 감
안할 때, 취학 전 아동을 발달적 학습장애로 진단하는 것에는 매우 신중할 필요가
있다.

(2) 학업적 학습장애

학업적 학습장애는 읽기장애, 글씨 쓰기장애, 철자 및 작문장애, 수학장애 등을

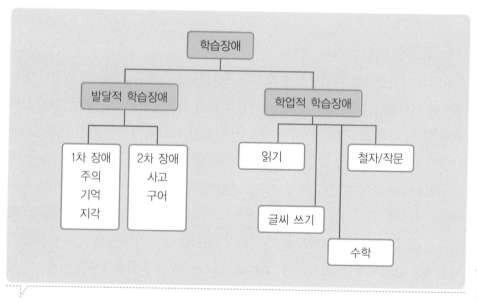

[그림 1-1] 발달적 학습장애와 학업적 학습장애

출처: Kirk, S. A., & Chalfant, J. C. (1984). *Academic and developmental learning disabilities.* Columbus, OH: Love Publishing Company.

포함하는 개념이다. 학령기 아동은 읽기, 쓰기, 수학 능력 등이 요구되는 다양한 학교교육을 받게 되는데, 학업적 학습장애아동은 이러한 과정에서 심각한 어려움을 보인다. 학업적 학습장애는 학습을 할 수 있는 잠재 능력을 지니고 있고 또한 적절한 교육적 기회가 제공되었음에도 불구하고, 읽기, 쓰기(글씨 쓰기, 철자, 작문), 수학 영역에서 성취도가 현저하게 낮은 경우를 의미한다. 즉, 특정 학습 영역에서 학업성취 수준이 심각하게 떨어지는지 여부가 아동의 학업적 학습장애 유무를 결정짓는 주요 기준이 된다.

2) 미국 「장애인교육법」 및 현행 문헌에서 제안하는 학습장애 하위 유형

미국 「IDEIA」 및 현행 관련 연구를 통해 제안되는 학습장애 하위 유형으로는 읽기장애, 쓰기장애, 수학장애, 구어장애, 사고장애를 들 수 있다(〈표 1-2〉 참고).

〈표 1-2〉 학습장애 하위 유형

- 읽기장애
  - 단어인지 읽기장애
  - 읽기유창성 읽기장애
  - 읽기이해 읽기장애

- 쓰기장애
  - 철자 쓰기장애
  - 작문 쓰기장애

- 수학장애
  - 연산 수학장애
  - 문제 해결 수학장애

- 구어장애
  - 듣기장애
  - 말하기장애

- 사고장애

(1) 읽기장애

읽기장애는 크게 단어인지 읽기장애(reading disability: word recognition), 읽기유창성 읽기장애(reading disability: fluency), 읽기이해 읽기장애(reading disability: comprehension)로 분류된다. 이는 〈표 1-2〉의 미국 「IDEIA」 시행령에서 기본적인 읽기 기술(단어인지 읽기장애), 읽기유창성 기술(읽기유창성 읽기장애), 읽기이해(읽기이해 읽기장애)와 같은 표현이다.

단어인지 읽기장애학생은 개별 단어를 정확하게 읽고 의미를 이해하는 데 어려움을 가진다. 읽기유창성 읽기장애학생은 글을 빠르고 정확하게 읽는 데 어려움을 가지며, 읽기이해 읽기장애학생은 글을 읽고 내용을 파악하는 데 어려움을 가진다(Simmons & Kame'enui, 1998).

(2) 쓰기장애

쓰기는 글씨 쓰기, 철자, 작문을 포함하지만, 일반적으로 쓰기장애의 하위 유형은 철자 쓰기장애(written expression disability: spelling)와 작문 쓰기장애(written expression disability: composition)로 나뉜다. 철자 쓰기장애학생은 단어를 쓸 때 낱자(특히, 받침)를 빠뜨리거나, 맞춤법에 맞지 않게 단어를 쓰는 특성을 보인다.

작문 쓰기장애학생은 쓰기 표현에서 다양한 어려움을 가진다. 구체적으로 살펴보면, 작문 시 사용하는 어휘의 수가 적고, 불완전한 문장이나 미완성된 문장을 많이 사용하며, 복잡한 문장구조를 덜 사용하고, 주제의 선택 및 풍부한 생각 생성에 어려움을 보이고, 글의 구조(text structure)에 대한 이해가 부족하며, 글의 구성에 어려움을 보인다(Englert, Raphael, Fear, & Anderson, 1988; Graham, Harris, MacArthur, & Schwartz, 1991; Tindal & Parker, 1991). 또한 작문 쓰기장애학생은 쓰기과정(계획, 초안 작성, 수정, 편집)에 따른 작문 활동에 어려움을 가진다. 특히 계획 단계를 생략하고 바로 초안을 작성하는 특성을 보인다(Englert et al., 1988).

(3) 수학장애

수학 학습장애는 크게 연산 수학장애(mathematics disability: computations), 문제 해결 수학장애(mathematics disability: problem solving)로 나뉜다. 연산 수학장애학생은 기본적인 수 개념과 연산에 어려움을 가진다. 기본적인 수 개념은 수 세기(Baroody & White, 1983; Bertelli, Joanni, & Martlew, 1998), 수 크기 변별하기(Baroody & Wilkins, 1999; Griffin, Case, & Siegler, 1994) 등을 포함하며, 연산 능력은 사칙연산 구구(덧셈구구, 뺄셈구구, 곱셈구구, 나눗셈구구)의 빠른 인출, 빠르고 정확한 사칙연산 등을 포함한다.

문제 해결 수학장애학생은 문제를 스스로 분석하여 적절한 방법(예, 구체물, 그림, 거꾸로 풀기, 식, 표 등을 활용)을 선택하여 해결하는 데 어려움을 가진다.

(4) 구어장애

학습장애의 대표적인 하위 유형으로는 앞서 언급한 읽기장애, 쓰기장애, 수학장애를 들 수 있으며, 이에 비해 구어장애는 상대적으로 덜 주목을 받고 있는 실정이다.

구어장애는 듣기장애와 말하기장애로 나뉜다. 듣기 장애는 음소 수준(예, 말소리 구별 및 음소 조작의 어려움), 어휘 수준(예, 어휘력 부족), 문장 수준(예, 질문 또는 지시 이해의 어려움 포함), 의사소통 수준(예, 상대방의 화용적인 단서 파악의 어려움)에서의 듣기 문제를 모두 포함한다.

이와 비슷하게 말하기 장애도 단어 수준(예, 단어 선택, 산출, 발음 포함), 어휘 수준(예, 어휘력 부족), 문장 수준(예, 구문 발달의 어려움, 문법적 표현 포함), 의사소통 수준(예, 정보 전달의 양과 질 및 말의 유창성이 떨어짐)에서의 말하기 문제를 모두 포함한다(Feagans & Appelbaum, 1986; Hurford et al., 1994; Masterson, 1993; Roth & Spekman, 1986; Wiig & Semel, 1975).

(5) 사고장애

사고장애는 장애아동자문위원회(National Advisory Committee on Handicapped Children, 1968)의 학습장애 정의에 포함된 이래로 현재까지 학습장애의 하위 유형으로 간주되고 있다.

사고장애는 실행적 기능(executive functioning; 주의통제능력, 작업기억, 전환능력, 계획능력, 정보처리)의 결함, 인지 전략(cognitive strategies) 사용 능력의 부족, 자기조절(self-regulation) 능력의 결함 등을 포함한다(Denckla, 1994).

3) 「장애인 등에 대한 특수교육법」에서 제안하는 학습장애 하위 유형

「장애인 등에 대한 특수교육법」에서는 학습장애를 학습기능이나 학업성취 영역에서의 어려움이 있는 경우로 나누어 제시하였다.

(1) 학습기능

앞서 언급하였듯이 학습기능은 듣기, 말하기, 주의집중, 지각, 기억 및 문제 해결을 포함한다.

(2) 학업성취 영역

학업성취 영역에는 읽기, 쓰기 및 수학이 포함된다.

4) 한국특수교육학회에서 제안하는 학습장애 하위 유형

한국특수교육학회(2008)에서 제안한 학습장애 하위 유형은 학업적 학습장애, 발달적 학습장애, 그리고 기타 비언어성 학습장애를 포함한다. 한국특수교육학회는 Kirk와 Chalfant(1984)가 제안한 것과 같이, 학습장애의 발현 시점에 따라 발달적 학습장애와 학업적 학습장애로 분류하고 있다.

(1) 학업적 학습장애

학업적 학습장애는 학령기 이후 학업과 관련된 영역에서 현저한 어려움을 보이는 경우로, 읽기장애, 쓰기장애 및 수학장애로 나뉜다.

(2) 발달적 학습장애

발달적 학습장애는 학령 전기 아동에게 나타나는 것으로 학습과 관련된 기본적 심리과정에서의 현저한 어려움으로 규정된다. 구어장애, 주의집중장애, 지각장애, 기억장애 및 사고장애로 나뉜다.

(3) 기타 비언어성 학습장애

비언어성 학습장애는 언어능력에는 강점을 보이나, 공간지각력, 운동능력, 사회성 기술과 같은 비언어적 능력에서 현저한 어려움을 보이는 경우를 의미한다.

「장애인 등에 대한 특수교육법」과 한국특수교육학회에서 제시한 학습기능과 발달적 학습장애 영역은 동일한 개념이고, 이와 마찬가지로 학업성취 영역과 학업적 학습 영역도 동일한 개념이다.

5) 기타 학습장애 하위 유형

학습장애아동의 약 80%가 읽기에 심각한 어려움을 보이는 점을 반영하듯이 (Shapiro, Church, & Lewis, 2002), 거의 대부분의 학습장애 연구는 읽기를 포함한 언어적인 측면에 치중해 왔다. 한편 신경생리학, 신경심리학 등의 신경 관련 학문 분야를 중심으로 뇌 연구가 활성화되면서, 몇몇 연구자들은 대뇌반구의 기능장애에 따라 학습장애를 언어성 학습장애와 비언어성 학습장애로 구분한다.

(1) 언어성 학습장애

언어성 학습장애(Verbal Learning Disabilities: VLD)는 좌반구의 기능 장애로 인해 언어 능력에 심각한 문제를 갖는 상태를 말한다. 말하기, 듣기, 읽기 및 쓰기 등의 네 가지의 언어 양식은 상호 연관적인 특성을 가진다. 따라서 이 중 한 가지 언어 양식에서라도 문제가 생기면 다른 언어 양식의 습득을 방해할 수 있다. 예를 들어, 구어상의 음운인식에 문제를 가진 아동의 경우 향후 읽기, 쓰기 기술을 습득하는 과정에서 어려움을 가질 가능성이 크다. 여러 연구자는 음운 인식능력이 아동의 초기 문해능력 습득 과정과 관련성이 큼을 입증하고 있다(Adams, 1990; Anthony et al., 2007; de Jong & van der Leij, 2002; Stahl & Murray, 1994; Stanovich, 1988). 또한 듣기 이해와 읽기이해 간의 상관성 역시 매우 높다(Anthony et al., 2007; Catts, Adlof, & Weismer, 2006; Savage, 2001). 즉, 구어를 듣고 이해하는 능력에 결함을 가진 아동은 글을 읽고 의미를 이해하는 과제에서도 어려움을 가질 가능성이 큰 것이다. 실제로 5세 무렵에 언어지체를 경험하는 아동은 8세에 읽기장애를 경험하게 되고, 14세 즈음에는 쓰기장애를 경험할 가능성이 크다(Lerner, 2003 재인용). 대부분의 학습장애 정의에서는 언어성 학습장애, 즉 구어(말하기, 듣기)와 읽기, 쓰기를 학습장애의 주요 장애 영역으로 명시하고 있다.

(2) 비언어성 학습장애

비언어성 학습장애(Nonverbal Learning Disabilities: NLD)는 뇌의 우반구 체계 결함에서 비롯되는 것으로 언어성 학습장애와는 대조적인 특성을 나타낸다. 이 분야의 선구자인 Rouke(1995)는 NLD를 개인의 학업과 사회정서/적응에 영향을 주는 신경심리학적 강점과 결함을 가진 학습장애의 한 유형이라고 밝히고 있다. 일반적으로 NLD 아동은 대체로 언어성 지능지수보다 동작성 지능지수가 유의하게 더 낮게 나타난다.

Pierangelo와 Giuliani(2006: 60)는 NLD 아동이 결함을 보이는 네 가지 주요 영역을 다음과 같이 제시하고 있다.

- 운동기능장애: 조정 및 균형 문제, 글 쓸 때의 운동 문제
- 시각-공간-조직화 기능장애: 심상의 부족, 빈약한 시각 기억, 잘못된 공간 지각, 집행기능(정보 습득, 정보 해석, 정보를 토대로 결정하는 능력)의 어려움
- 사회성 기능장애: 비언어적 의사소통을 이해하는 능력 부족, 전환이나 새로운 상황에의 적응 문제, 사회적 판단 및 사회적 상호작용 결함
- 감각기능장애: 시각, 청각, 촉각, 미각, 후각 중 특정 감각에서의 민감성

한편, NLD를 가진 사람들이 보이는 행동 특성의 예를 구체적으로 살펴보면 다음과 같다(Foss, 2004; NLDonline. CA, 2007; Tanguay, 2002).

- 친구를 사귀는 데 어려움을 가진다.
- 식사시간에 종종 음식물을 엎지른다.
- 일정에 따라 생활하는 데 어려움을 가진다.
- 시간 말하는 법을 배우는 데 어려움을 가진다.
- 총체적으로 접근하기보다는 세부적인 사항에 주목한다.
- 퍼즐과 같은 비언어적 과제를 제대로 수행하지 못한다.
- 문제 해결력이 떨어지며 추상적인 개념을 이해하지 못한다.
- 그림이나 만화 등의 비언어적 정보를 잘 이해하지 못한다.
- 유년기 NLD 아동은 집이나 단체에서 벗어나거나 쉽게 길을 잃는다.
- 다른 사람의 목소리, 몸짓, 표정과 같은 사회적인 단서를 놓치거나 잘못 이해한다.
- 신체적인 증상(예, 손톱 깨물기, 두통, 복통, 공포증)과 함께 우울과 불안을 호소한다.

아직까지 비언어성 학습장애에 대한 연구가 충분하게 발표되지 않아 학습장애 학계의 지지를 받고 있는 상황은 아니다. 따라서 비언어성 학습장애에 대한 추후

연구가 필요하다고 하겠다.

 요약

　이 장에서는 국내를 비롯하여 다양한 국가의 학습장애 정의를 제시하였다. 이 정의들은 공통된 구성 요소를 포함하고 있다. 첫째, 학습장애의 정의마다 약간의 차이는 있지만 공통적으로는 학습장애가 내적인 원인으로 인한 것으로 정의한다. 둘째, 학습장애는 이질적인 특성으로 인해 다양한 학습 영역에서 장애가 발생할 수 있으며, 개인마다 그 영역이 다를 수 있다. 셋째, 학습장애의 직접적인 원인이 다른 장애나 외적 요인으로 인한 것임이 명시적인 경우에는 학습장애로 인정하지 않는다.

　무엇보다 중요한 것은 국내 학습장애의 정의가 지닌 쟁점을 파악하고 향후에는 명확한 정의를 제시하려는 노력이다. 또한 학습장애는 발현 시기나 특성에 따라 다양한 하위 유형으로 분류된다. 발현 시점에 따라서는 학령전기의 발달적 학습장애와 학령기의 학업적 학습장애로 구분된다. 또한 언어 능력 결함의 유무에 따라 언어성 학습장애와 비언어성 학습장애로 구분하기도 한다. 한편 한국특수교육학회는 학업적 · 심리적 · 사회정서적 특성에 따라 다양한 하위 유형으로 구분하고 있다.

 참고문헌

김자경(2005). 초등학교 학습장애 판별 준거에 관한 논의: 불일치 준거와 대안적인 방안을 중심으로. 특수아동연구, 7(4), 255-276

교육과학기술부(2008). 장애인 등에 대한 특수교육법(2008. 2. 29. 법률 제103395호).

교육인적자원부(1994). 특수교육진흥법 시행령(1994. 10. 4. 대통령령 제14395호).

한국특수교육학회(2008). 특수교육대상자 개념 및 선별기준. 한국특수교육학회.

Adams, M. J. (1990). *Beginning to read: Thinking and learning about print.* Cambridge, MA: MIT Press.

Anthony, J. L., Williams, J. M., McDonald, R., & Francis, D. J. (2007). Phonological processing and emergent literacy in younger and older preschool children. *Annals of Dyslexia, 57,* 113-137.

Baroody, A. J., & White, M. S. (1983). The developmental of counting skills and number conservation. *Child Study Journal, 13,* 95-105.

Baroody, A. J., & Wilkins, J. L. M. (1999). The development of informal counting, number, and arithmetic skills and concepts. In J. Copeley (Ed.), *Mathematics in the early years, birth to five.* Reston, VA: National Council of Teachers of Mathematics.

Bertelli, R., Joanni, E., & Martlew, M. (1998). Relationship between children's counting ability and their ability to reason about number. *European Journal of Psychology of Education, 13,* 371-384.

Catts, H. W., Adlof, S. M., & Weismer, S. E. (2006). Language deficits in poor comprehenders: A Case for the simple view of reading. *Journal of Speech, Language, and Hearing Research, 49,* 278-293.

de Jong, P. F., & van der Leij, A. (2002). Effects of phonological abilities and linguistic comprehension on the development of reading. *Scientific Studies of Reading, 6*(1), 51-77.

Denckla, M. B. (1994). Measurement of executive function. In G. R. Lyon (Ed.), *Frames of reference for the assessment of learning disabilities* (pp. 117-142). Baltimore: Brookes.

Englert, C. S., Raphael, T. E., Fear, K. L., & Anderson, L. M. (1988). Students' metacognitive knowledge about how to write informational texts. *Learning Disability Quarterly, 11,* 18-46.

Feagans, L., & Appelbaum, M. I. (1986). Validation of language subtypes in learning disabled children. *Journal of Educational Psychology, 78*(5), 358-364.

Foss, J. M. (2004). *Nonverbal learning disability: How to recognize it and minimize its effects.* ERIC Digest.

Graham, S., Harris, K., MacArthur, C. A., & Schwartz, S. S. (1991). Writing and writing instruction with students with learning disabilities: A review of a program of research.

construct. *Professional Psychology, 37,* 99-106.

National Advisory Committee on Handicapped Children (1968). *First Annual Report.* Washington, DC: US Government Printing Office.

National Joint Committee on Learning Disabilities (1988). [Letter to NJCLD member organizations].

NLDonline.CA (2007). http://www.nldonline.ca/resources/char_main.php

Pierangelo, R., & Giuliani, G. (2006). *Learning disabilities.* Boston, MA: Allyn & Bacon.

Roth, F. P., & Spekman, N. J. (1986). Narrative discourse: Spontaneously-generated stories of learning disabled and normally achieving students. *Journal of Speech and Hearing Research, 51,* 8-23.

Rouke, B. P. (1995). Introduction: The NLD syndrome and the white matter model. In B. P. Rouke (Ed.), *Syndrome of nonverbal learning disabilities* (pp. 1-26). New York, NY: Guilford Press.

Savage, R. (2001). The 'simple view' of reading: Some evidence and possible implications. *Educational Psychology in Practice, 17*(1), 17-33.

Shapiro, B., Church, R. P., & Lewis, M. E. B. (2002). Specific learning disabilities. In M. L. Batshaw (Ed.), *Children with disabilities* (5th ed., pp. 417-442). Washington, DC: Paul H. Brooks.

Shaw, S. F., Cullen, J. P., McGuire, J. M., & Brinckerhoff, L. C. (1995). Operationalizing a definition of learning disabilities. *Journal of Learning Disabilities, 28*(9), 586-597.

Siegel, L. S. (1999). Issues in the definition and diagnosis of learning disabilities: A perspective on Guckenberger v. Boston University. *Journal of Learning Disabilities, 32,* 304-319.

Silver, L. B. (1988). *The misunderstood child: A guide for parents of learning disabled children.* Mount Vernon, NY: Consumers Union.

Simmons, D. C., & Kame'enui, E. J. (1998). *What reading research tells us about children with diverse learning needs: Bases and basics.* Mahwah, NJ: Erlbaum.

Speech, D. L., & Shekitka, L. (2002). How should reading disabilities be operationalized? A survey of exports. *Learning Disabilities Research & Practice, 17,* 118-123.

Stahl, S., & Murray, B. (1994). Defining phonological awareness and its relationship to early reading. *Journal of Educational Psychology, 86*, 221-234.

Stanovich, K. E. (1988). Explaining the differences between the dyslexic and garden-variety poor reader: The phonological-core variable-difference model. *Journal of Learning Disabilities, 21*, 590-612.

Tanguay, P. B. (2002). *Nonverbal learning disabilities at school.* New York, NY: Jessica Kingsley Publishers Ltd.

Tindal, G., & Parker, R. (1991). Identifying measures for evaluating written expression. *Learning Disabilities Research & Practice, 6*, 211-218.

The Education for the Handicapped Act (EHA) of 1975. PL 94-142.

Wiig, E. H., & Semel, E. M. (1975). *Language disabilities in children and adolescents.* Columbus, OH: Merrill.

학습장애 원인

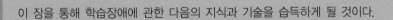

학습목표	이 장을 통해 학습장애에 관한 다음의 지식과 기술을 습득하게 될 것이다.

- 학습장애의 신경생물학적 요인을 설명할 수 있다.
- 읽기 학습장애의 인지처리적 요인을 설명할 수 있다.
- 수학 학습장애의 인지처리적 요인을 설명할 수 있다.
- 쓰기 학습장애의 인지처리적 요인을 설명할 수 있다.
- 학습장애의 환경적 원인을 설명할 수 있다.

학습장애를 가진 자녀를 둔 부모가 가장 궁금해하는 질문 중 하나는 '왜 우리 아이가 학습장애를 갖게 되었는가?'일 것이다. 제1장에서 살펴보았듯이 학습장애 정의의 주요 구성 요소 중 하나는 학습장애가 '개인 내적 원인'으로 인한 것이라는 점이다. 학습장애의 정의가 소개된 이래 많은 학자는 이러한 내적 원인을 밝히고자 시도하였지만, 현재까지 명확한 내적 원인을 밝히지는 못한 상황이다. 그러나 최근 의학, 심리학 및 교육학이 발달하면서 학습장애의 내적 원인에 대해 밝히고자 하는 연구들이 활발하게 이루어지고 있다. 이 장에서는 이러한 연구들을 바탕으로 학습장애의 원인을 신경생물학적 요인, 인지처리적 요인, 환경적 요인으로 나누어 살펴보고자 한다.

1. 신경생물학적 요인

학습장애가 신경생물학적 요인에 기인한다는 주장은 뇌손상을 입은 성인들의 언어 및 행동적 특성과 뇌구조 결함을 분석한 초기 연구를 바탕으로 한다. 이후 의학기술이 발달하면서 지난 10여 년 동안 기능성 자기공명영상(functional magnetic resonance imaging: fMRI)과 같은 최신 의학기기들을 활용하여 학습장애의 신경생물학적 요인을 밝히고자 하는 연구들이 발표되었다. 이러한 연구들은 신경생물학적 요인과 환경적 요인 간의 복잡한 관계를 고려하지는 않았지만, 학습장애학생의 내적 요인을 객관적으로 밝히고자 시도한 점에서 상당한 의의를 지닌다고 볼 수 있다. 신경생물학적 요인은 크게 뇌구조, 뇌기능 및 유전적 요인으로 나눌 수 있다. 다만, 이러한 연구들은 대부분 읽기장애에 국한되어 실시되었으며, 읽기장애 중에서도 단어인지 읽기장애를 대상으로 실시한 연구가 주를 이루었다는 제한점이 있다.

1) 뇌구조

읽기장애의 원인을 뇌구조의 이상으로 보고하는 연구가 발표되었다. Galaburda (1993)를 포함한 여러 연구(Filipek, 1996; Shaywitz et al., 2000)에서는 읽기장애를 지닌 성인의 뇌를 사후에 분석하였다. 이 연구들에 따르면, 읽기장애를 지닌 사람과 일반인의 차이는 우반구와 좌반구의 측두 평면(planum temporale) 크기의 차이, 소뇌의 비정상적 신경세포에 있는 것으로 나타났다.

읽기장애를 지닌 사람의 경우 특정 뇌 부위(측두 평면)의 크기가 일반인과는 다른 것으로 나타났다. 일반인의 경우, 좌반구의 측두 평면의 크기가 우반구보다 큰 반면(Geschwind & Levitsky, 1968), 읽기장애를 지닌 사람의 경우에는 좌반구와 우반구의 측두 평면의 크기가 같은 것으로 나타났다(Galaburda, Sherman, Rosen, Aboitiz, & Geschwind, 1985; Humphreys, Kaufmann, & Galaburda, 1990). 좌반구의 측두 평면은 언어에 관여하는 것으로 알려져 있기 때문에, 측두 평면 크기의 차이가 읽기 문제에 영향을 줄 수 있음을 의미한다.

또한 일반인과 비교하였을 때, 읽기장애를 지닌 사람의 경우 소뇌에 비정상이고 불규칙적으로 분포된 신경세포들이 많이 있는 것으로 나타났다(Finch, Nicolson, & Fawcett, 2002).

2) 뇌기능

최근 읽기장애의 원인을 뇌기능의 이상으로 설명하는 연구들이 발표되고 있다. 이러한 연구들에서는 다양한 기능영상법(functional neuroimaging methods)을 활용하여 읽기 과제 수행 시 뇌기능 이미지를 관찰하였다. 연구 결과에 따르면, 읽기 능력(예, 단어를 정확하게 인지하는 능력)은 하나의 특정 뇌 영역에서 담당하는 것이 아니라 다양한 뇌 영역(a network of brain areas)이 관여하는 것으로 나타났다. 또한 읽기장애를 가진 사람이 읽기를 수행할 때 보이는 뇌 활성화 양상은 일반인이 보이는 것과 다른 것으로 나타났다(Fletcher, Lyon, Fuchs, & Barnes, 2007).

양전자 단층촬영(Position Emission Tomography: PET), 자기근원영상(Magnetic Source Imaging: MSI), 자기공명영상(fMRI)을 사용한 연구들 간에 다소 차이를 보이기는 하지만, 다음과 같은 공통적인 현상을 보고하였다([그림 2-1] 참조).

첫째, 읽기 과제 수행 시, 읽기장애를 가진 사람은 베르니케 영역과 각회를 포함한 측두-두정엽 영역(temporoparietal areas)이 제대로 활성화되지 않는 반면, 일반인의 경우에는 이 영역들의 활성화가 잘 되는 것으로 나타났다(Horwitz, Rumsey, & Donohue, 1998; Rumsey et al., 1997; Shaywitz et al., 1998; Simos et al., 2000). 베르니케 영역과 각회를 포함한 측두-두정엽 영역은 낱자-소리 대응관계를 포함하여 음운 처리 과정에 있어서 중요한 역할을 하는 영역이다. 따라서 측두-두정엽 영역이 제대로 활성화되지 않는다는 것은 음운처리를 수행하는 데 필요한 뇌기능의 문제가 있는 것을 의미한다.

둘째, 읽기 과제 수행 시, 읽기장애를 가진 사람은 후두-측두엽이 제대로 활성화되지 않는 것으로 나타났다(McCrory, Mechelli, Frith, & Price, 2005; Simos et al., 2000). 후두-측두엽은 음운정보와 문자의 시각정보를 통합하고 글자의 빠른 처리를 담당하는 영역이다.

셋째, 읽기 과제 수행 시, 읽기장애를 가진 사람은 우반구 측두-두정엽이 과도하게 활성화되는 것으로 나타났다(Grigorenko, 2001; Shaywitz et al., 1998; Simos et al., 2000). 이는 읽기 과제 수행 시 활성화되어야 할 부분이 제대로 활성화되지 못하는 것에 대한 보상 과정으로 나타나는 것으로 볼 수 있다.

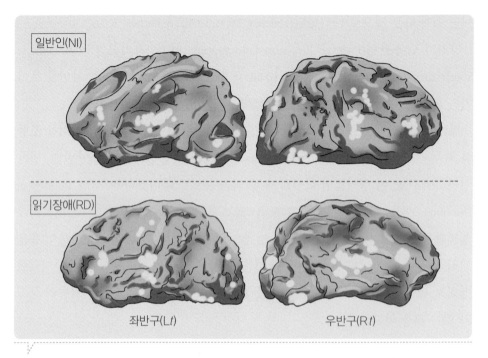

[그림 2-1] 읽기 과제 수행 시, 읽기장애를 가진 사람과 일반인의 뇌기능 활성화 차이

출처: Fletcher, Simos, Papanicolaou, & Denton(2004: 271)을 Fletcher, J. M., Lyon, G. R., Fuchs, L. S.,
& Barnes, M. A. (2007). *Learning disabilities: From identification to intervention*. New York, NY:
Guilford에서 재인용.

한편, 읽기장애와 뇌기능 간의 관련성을 조사하기 위해 읽기장애학생의 뇌기능
이 읽기중재 후 어떻게 변화하는지가 연구되었다. 연구 결과를 요약하면 다음과
같다.

첫째, 읽기중재를 받기 전에는 읽기장애학생의 우반구가 비정상적으로 과도하
게 활성화되고 좌반구가 제대로 활성화되지 않았던 것에 비해, 읽기중재를 받고
읽기 능력이 향상된 후에는 좌반구가 유의하게 활성화되는 것으로 나타났다
(Aylward et al., 2003; Simos et al., 2002).

둘째, 단어인지를 강조한 읽기중재를 받은 학생의 경우, 낱자-소리 대응관계를 포함하여 음운처리에 중요한 역할을 하는 측두-두정엽이 더 많이 활성화되는 것으로 나타났다(Eden et al., 2004; Simos et al., in press; Temple et al., 2003).

셋째, 유창성을 강조한 읽기중재를 받은 학생의 경우, 글자의 빠른 처리를 담당하는 후두-측두엽이 더욱 활성화되는 것으로 나타났다(Shaywitz et al., 2004; Simos et al., in press).

3) 유전적 요인

학습장애의 유전적 요인에 관한 연구는 가족력(family aggregation), 쌍둥이 연구(twin studies), 연관 연구(linkage studies)로 나누어 살펴볼 수 있다.

(1) 가족력

읽기장애학생의 부모 중 25~60%가 읽기장애를 지닌 것으로 나타났다. 이와 비슷하게 부모가 읽기장애를 가지고 있을 때, 자녀에게 읽기장애가 나타날 확률이 30~60%인 것으로 나타났다(Grigorenko, 2001; Olson, Forsberg, Gayan, & DeFries, 1999). 연구마다 어떤 기준으로, 어떤 검사 도구를 사용하여 읽기장애를 진단하느냐에 따라 부모와 자녀 간 읽기장애 발생률이 다르게 나타나기는 하지만, 직계가족에서 읽기장애가 나타날 확률이 일반인에 비해 상당히 높은 것으로 보고되었다. 수학 학습장애의 경우에도 직계가족에서 수학장애가 나타날 확률은 일반인보다 10배 정도 높은 것으로 나타났으며(Shalev et al., 2001), 철자장애의 경우도 이와 비슷한 결과가 보고되었다(Raskind, Hsu, Berninger, Thomson, & Wijsman, 2000).

(2) 쌍둥이 연구

여러 연구에서 학습장애의 유전적 요인을 밝히기 위해 일란성 쌍둥이와 이란성 쌍둥이 간의 학습장애 일치율을 조사하였다. 이들 연구 결과에 따르면, 일란성 쌍둥이에서 학습장애(읽기장애, 수학장애, 철자장애) 일치율이 이란성 쌍둥이에서 보다 높게 나타났다(Alarcon, DeFries, Light, & Pennington, 1997; DeFries, Fulker, & La-Buda, 1987; Stevenson, Graham, Fredman, & McLoughlin, 1987)

La Buda와 DeFries(1988)의 연구에 따르면, 읽기장애 쌍둥이들의 읽기 능력은 40%가 유전적 요인, 35%가 쌍둥이들이 공유하는 환경적 요인(예, 사회경제적 지위, 부모의 읽기교육 방법 등), 나머지 25%가 쌍둥이들이 공유하지 않는 환경적 요인(예, 다른 교사)에 의해 설명되는 것으로 나타났다.

또 다른 연구에서 Knopik과 DeFries(1999)는 읽기 및 수학장애 쌍둥이들의 읽기 및 수학 능력이 83%는 유전적 요인에 의해 설명되는 것에 비해, 일반학생의 경우에는 58%가 유전적 요인으로 설명되는 것으로 나타났다. 또한 철자장애 쌍둥이들의 경우에도 유전적 요인의 설명량이 상당히 높은 것으로 나타났다(Stevenson, Graham, Fredman, & McLoughlin, 1987).

(3) 연관 연구

분자유전학적 연구들은 읽기장애와 관련된 특정 유전자(genes)를 밝히고자 하였다. Grigorenko(2005)는 다양한 나라에서 보고된 읽기장애 가족 및 쌍둥이 연구 26편을 종합적으로 분석한 결과, 1, 2, 3, 6, 11, 15, 18번 염색체를 읽기장애 후보 염색체로 보고하였다. 이 중, 염색체 6p는 14편의 연구에서 언급되었으며, 해당 유전자가 음운처리(phonological decoding), 표기처리(orthographic coding), 개별 단어 읽기, 음소 인식에 관여하는 것으로 추정되고 있다. 또한 6p 염색체와 함께 염색체 1p, 2p, 2q 3cen도 읽기장애 후보 염색체일 가능성이 상대적으로 높은 것으로 보고되었다(Fletcher, Lyon, Fuchs, & Barnes, 2007).

한편, 읽기장애의 후보 염색체이기도 한 15번 염색체는 철자장애 후보 염색체로도 보고되었다(Nothen et al., 1999; Schulte-Korne, 2001). 이러한 결과를 미루어 볼 때, 철자장애와 읽기장애는 유전적으로 상관이 있는 것으로 보인다. 그러나 유전 방식이 다양하고 이질적이고(정희정, 2006) 염색체 연구에서 환경 및 교수 요인을 고려하지 않은 경우가 많기 때문에, 읽기 및 철자장애와 관련된 유전자에 대해 현재까지 명확한 결론을 내리기는 어려운 상황이다.

2. 인지처리적 요인

제1장에서 언급하였듯이 미국 IDEIA에 명시된 학습장애 정의에 따르면, 학습장애는 기본심리처리(이하 기본인지처리)의 이상에 의한 읽기, 쓰기, 철자, 수학, 듣기 및 말하기에 어려움을 보이는 것이다. 반면, Hammill(1990)은 인지처리의 이상을 학습장애 정의의 구성 요소에서 제외하였는데, 그 이유로 인지처리의 이상은 조작적 기준이 애매하고 이를 측정하는 검사 도구가 부족하다는 점 등을 들었다. 그러나 최근 들어, 특정 학업 영역별(예, 읽기, 쓰기, 수학)로 인지처리의 지표(process-marker)를 통해 인지처리의 문제를 밝히고자 하는 연구가 발표되면서 기본인지처리 원인에 대한 타당성이 다시금 관심을 받고 있다(Torgesen, 2002). 여기서는 읽기, 쓰기 및 수학 영역에서의 인지처리의 지표에 대해 설명하고자 한다.

1) 읽 기

읽기장애는 단어인지 읽기장애, 읽기유창성 읽기장애 및 읽기이해 읽기장애로 분류된다. 읽기장애 하위 유형별 인지처리의 지표는 다음과 같다.

(1) 단어인지 읽기장애

단어인지 읽기장애의 인지처리 지표로는 음운인식(phonological awareness), 빠른 자동 이름대기(rapid automatized naming), 음운기억(phonological memory), 어휘(vocabulary) 등을 들 수 있다.

첫째, 음운인식은 말소리를 변별하고 조작(말소리 합성, 분절, 첨가, 탈락, 대치)할 수 있는 능력을 말한다. 수많은 연구에서 음운인식은 읽기 능력과 강한 상관이 있으며, 향후 단어인지 능력을 예측하는 강력한 변인인 것으로 밝혀졌다(김미경, 서경희, 2003; 김선옥, 2003, 2005; 김선옥, 조희숙, 2004; 이혜숙, 박현숙, 1999; Bradley & Bryant, 1983; Juel, 1988; Schatschneider et al., 2004; Yopp, 1988). 또한 음운인식은 지능, 어휘, 기억 및 사회경제적 지위 등을 통제한 후에도 여전히 읽기 능력을 유의하게 예측하는 변인으로 나타났다(Bryant, MacLean, Bradley, & Crossland, 1990; Lonigan, Burgess, & Anthony, 2000; Wagner, Torgesen, Rashotte, & Hecht, 1997).

둘째, 빠른 자동 이름대기는 시각적으로 제시된 자극의 이름을 빠르고 정확하게 말할 수 있는 능력을 의미한다. 빠른 자동 이름대기는 단어인지 능력을 예측하는 유의한 변인으로 언급되고 있다(Bowers & Swanson, 1991; Torgesen et al., 1997; Wolf & Bowers, 1999).

셋째, 음운기억은 단기기억(단순 저장 능력)과 작동기억(단순 저장뿐 아니라 정보의 처리를 포함한 능력)을 포함한 개념이다. 여러 연구에서, 음운기억은 단어인지와 유의한 상관을 갖는 변인으로 보고되었다(Cain, Oakhill, & Bryant, 2004; de Jong & van der Leij, 1999; Wagner et al., 1997).

넷째, 어휘는 단어인지를 예측하는 유의한 변인으로 보고되었으며, 특히 읽기장애학생의 단어인지를 유의하게 예측하는 것으로 보고되었다(김애화, 김의정, 유현실, 2011).

(2) 읽기유창성 읽기장애

읽기유창성 읽기장애의 인지처리 지표로는 빠른 자동 이름대기, 표기처리, 어휘 등을 들 수 있다.

첫째, 빠른 자동 이름대기는 단어인지뿐 아니라 읽기유창성을 유의하게 예측하는 변인이다. 특히 빠른 자동 이름대기는 음운인식과는 별도로 읽기를 독립적으로 예측하는 변인으로 언급되고 있다(Wolf & Bowers, 1999).

둘째, 읽기유창성을 예측하는 또 다른 변인으로 표기처리(orthographic processing)를 들 수 있다. 표기(orthography)는 말소리를 나타내는 문자체계를 의미한다.

음운인식이 말소리에 대한 민감도를 나타내는 반면, 표기인식은 말소리를 나타내는 문자와의 친밀도를 의미한다(Foorman, 1994; Vellutino et al., 2000). 특히 낱자뿐 아니라 낱자군(a group of letters)에 대한 표기인식은 읽기유창성에서 중요한 영향을 미친다.

셋째, 어휘는 단어인지 읽기유창성을 예측하는 유의한 변인으로 보고되었다(김애화, 김의정, 유현실, 2011; 김애화, 김의정, 유현실, 황민아, 박성희, 2011).

(3) 읽기이해 읽기장애

읽기이해 읽기장애의 인지처리 지표로는 언어지식(language), 듣기이해(listening comprehension), 작동기억, 상위인지(higher-order process) 등을 들 수 있다.

첫째, 단어인지에는 별 문제가 없는데 읽기이해에 어려움을 갖는 학생은 언어지식, 특히 어휘 및 통사처리 능력이 부족한 경우가 많은 것으로 나타났다(김애화, 황민아, 2008; 김애화, 유현실, 황민아, 김의정, 고성룡, 2010; Nation, Clarke, Marshall, & Durand, 2004).

둘째, 여러 연구에서 듣기이해와 읽기이해 간 높은 상관이 보고되었다(Shankweiler et al., 1999; Stothard & Hulme, 1996).

셋째, 읽기이해에 영향을 주는 또 다른 변인으로 상위인지를 들 수 있는데, 추론 능력, 읽기이해 모니터링 및 기타 상위인지기술이 이에 해당한다(김애화, 김의정, 2006; Cornoldi, DeBeni, & Pazzaglia, 1996; Cain et al., 2004).

넷째, 작동기억은 단어인지뿐 아니라 읽기이해를 유의하게 예측하는 변인으로 보고되었다(Cain, Oakhill, & Bryant, 2004).

2) 쓰 기

쓰기장애는 철자 쓰기장애와 작문 쓰기장애로 분류되며, 쓰기장애 하위 유형별 인지처리 지표는 다음과 같다.

(1) 철자 쓰기장애

철자 쓰기장애의 인지처리 지표로는 표기처리와 음운인식(Abbott & Berninger, 1993; Berninger & Abbott, 1994; Berninger, Cartwright, Yates, Swanson, & Abbott, 1994), 어휘(Berninger, Hart, Abbott, & Karovsky, 1992; Berninger et al., 1994) 등을 들 수 있다. 특히 표기처리는 폭넓은 연령대와 다양한 언어에서 철자 능력을 설명하는 가장 대표적인 변인으로 언급되고 있다(Abbott & Berninger, 1993). 또한 표기처리는 철자뿐 아니라 글씨쓰기(handwriting)에 영향을 주는 중요한 변인으로 언급되고 있다.

(2) 작문 쓰기장애

작문 쓰기장애의 인지처리 지표로는 실행기능(executive functioning), 언어지식, 읽기이해 등을 들 수 있다.

첫째, 실행기능은 다양한 맥락과 영역에서 자신이 설정한 목적을 달성하기 위해 인지적 과정을 통제하고 운영하는 시스템을 의미한다. 실행기능을 구성하는 대표적인 하위 요인으로는 계획하기(planning), 과제 진행에 필요한 작업기억(working memory), 선택적 주의집중(attending selectively), 생각 및 과제 전환하기(shifting), 부적절한 자극을 억제하기(inhibition) 등이 포함된다(Denckla, 1996; Pennington & Ozonoff, 1996). 여러 학자에 의해 실행기능이 작문 능력을 설명하는 중요한 변인으로 언급되었다. 예를 들어, Hooper, Swartz, Wakely, de Kruif와 Montgomery(2002)의 연구에 따르면, 작문(이야기 글에 대한 작문)을 잘하는 학생과 그렇지 못하는 학생을 구분하는 중요한 특성으로 실행기능의 차이를 들었다. Altmeier, Jones, Abbott과 Berninger(2006)의 연구에서도 실행기능이 설명글의 작문 능력에 중요한 영향을 미친다고 보고하였다.

둘째, 작문에 영향을 주는 또 다른 변인으로 언어지식(예, 어휘, 통사처리 등)이 보고되었다(Abbott & Berninger, 1993).

셋째, 읽기이해는 작문 능력에 유의한 영향을 미친다고 보고되었다(Abbott,

Berninger, & Fayol, 2010).

3) 수 학

수학장애는 연산 수학장애와 문제 해결 수학장애로 분류되며, 수학장애 하위 유형별 인지처리 지표는 다음과 같다.

(1) 연산 수학장애

연산 수학장애의 인지처리 지표로는 작동기억, 처리속도(processing speed), 주의집중(attention), 수감각(number sense) 등을 들 수 있다.

첫째, 작동기억은 연산 능력에 영향을 미치는 중요한 변인으로 언급되고 있다 (Fuchs et al., 2005; Geary et al., 1991; Swanson & Jerman, 2006).

둘째, 여러 연구에서 처리속도는 연산 능력에 영향을 주는 중요한 변인으로 언급되고 있다(Bull & Johnston, 1997; Fuchs et al., 2008; Hecht, Torgesen, Wagner, & Rashotte, 2001). 빠른 처리 능력은 작동기억을 보다 효율적으로 사용하게 함으로써 연산의 정확도와 속도에 긍정적 영향을 주는 것으로 나타났다.

셋째, 최근 실시된 일련의 연구에 따르면, 학생의 주의집중 행동이 연산 능력을 예측하는 유의한 변인으로 보고되고 있다(Fuchs et al., 2005, 2006, 2008).

넷째, 수감각은 '수(number)에 대한 유창성(fluidity)이나 유연성(flexibility), 수가 의미하는 것에 대한 지각, 암산을 수행할 수 있는 능력, 실생활에 수를 적용하는 능력'을 의미한다. 여러 연구에서 수감각은 향후 연산 능력을 예측할 수 있는 변인으로 보고되고 있다(김애화, 2006; 김애화, 유현실, 2012; Chard et al., 2005; Gersten et al., 2005).

(2) 문제 해결 수학장애

문제 해결 수학장애의 인지처리 지표로는 언어지식과 주의집중 등을 들 수 있다.

첫째, 언어는 수학 능력 발달 과정 및 수학 학습에서 중요한 역할을 담당하며 (Hodent et al., 2005; Spelke & Tsivkin, 2001), 특히 언어지식(예, 어휘, 통사처리, 듣기 이해 등)은 문제 해결 능력을 예측하는 가장 강력한 변인으로 언급되고 있다(Fuchs et al., 2008).

둘째, 학생의 주의집중 행동은 연산 능력뿐 아니라 문제 해결 능력을 예측하는 유의한 변인으로 보고되고 있다(Fuchs et al., 2006, 2008).

3. 환경적 요인

학습장애의 환경적 요인(environmental factors)에는 부모의 사회경제적 지위 및 가정환경, 학교의 질과 학교에서 제공하는 교수의 질 등이 해당된다(Fletcher, Lyon, Fuchs, & Barnes, 2007; Hallahan & Kauffman, 1994). 부모의 사회경제적 지위 및 가정 환경 요인에는 부모(양육자)의 언어적·인지적 자극이 부족한 환경뿐 아니라 영양 부족, 건강 및 안전 문제 등이 포함된다(McLoughlin, 1985).

Lovitt(1987)는 학습장애의 원인 중 하나로 질이 낮은 교수(poor quality of teaching)를 들면서, 많은 아동이 학교 및 교사의 질에 큰 영향을 받지 않고 학습을 할 수 있기는 하지만, 그중 일부 학생은 적절한 교수를 받지 못하면 학습을 제대로 할 수 없고, 이러한 학업적 어려움은 학령기 내내 지속된다고 언급하였다.

그러나 환경적 요인이 학습장애의 직접적인 원인인지 아닌지에 대해서는 여전히 논란이 되고 있다. 이에 Fletcher, Lyon, Fuchs와 Barnes(2007)는 학습장애의 원인으로 언급된 신경생물학적 요인, 인지처리적 요인 및 환경적 요인의 관련성을 제안하였는데, [그림 2-2]는 이들이 제안한 학습장애 원인에 대한 모델을 일부 수정한 것이다.

[그림 2-2]에서와 같이, 신경생물학적 요인과 인지처리적 요인은 학습장애의 학업적 결함 특성에 직접적으로 영향을 줄 수 있다. 신경생물학적 요인은 학습장애

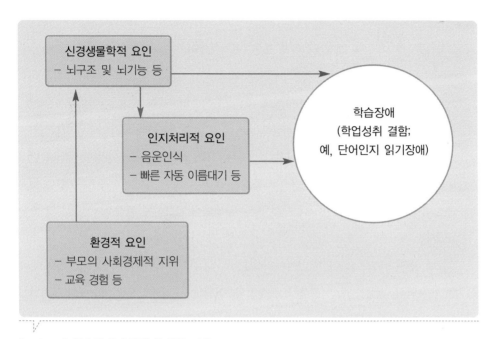

[그림 2-2] 학습장애의 원인에 대한 모델

출처: Fletcher, J. M., Lyon, G. R., Fuchs, L. S., & Barnes, M. A. (2007). *Learning disabilities: From iden-tification to intervention*. New York, NY: Guilford에서 수정.

의 학업적 결함 특성에 직접적 영향을 줄 수도 있고, 인지처리적 요인에 영향을 주어서 이를 통해 학업적 결함 특성에 간접적으로 영향을 줄 수 있다. 이는 학습장애의 인지처리적 결함 특성이 신경생물학적 요인에 영향을 받아서 나타날 수도 있음을 의미한다.

한편, 환경적 요인은 신경생물학적 요인에 영향을 주어 이를 통해 학습을 하는데 간접적으로 어려움을 줄 수 있다. 이는 적절한 환경을 제공할 경우 신경생물학적 요인으로 인한 문제가 상대적으로 완화될 수 있는 반면, 적절치 않은 환경을 제공할 경우 신경생물학적 요인으로 인한 문제는 더 심화될 수 있음을 의미한다.

요 약

　학습장애의 원인을 신경생물학적 요인, 인지처리적 요인, 환경적 요인의 측면으로 나누어 살펴보았다.

　첫째, 대부분의 신경생물학적 요인에 대한 연구는 읽기장애(특히, 단어인지 읽기장애)에 국한되어 실시되었는데, 읽기장애를 가진 사람은 뇌구조와 뇌기능에서 일반인과는 다른 특성을 보이는 것으로 나타났다. 특히, 최근 뇌기능 연구가 상당한 주목을 받고 있는데, 읽기장애를 가진 사람은 좌반구의 측두-두정엽 영역과 후두-측두엽이 제대로 활성화되지 않는 반면, 우반구의 측두-두정엽이 과도하게 활성화되는 것으로 나타났다.

　둘째, 인지처리적 요인은 읽기장애, 쓰기장애 및 수학장애로 살펴보았다. 읽기의 경우, 음운인식, 빠른 자동 이름대기, 음운기억, 어휘 등이 단어인지 읽기장애의 인지처리 지표로, 빠른 자동 이름대기, 표기처리, 어휘 등이 읽기유창성 읽기장애의 인지처리 지표로, 그리고 작동기억, 언어지식, 듣기이해, 상위인지 등이 읽기이해 읽기장애의 인지처리 지표로 나타났다. 쓰기의 경우, 표기처리, 음운인식, 어휘 등이 철자 쓰기장애의 인지처리 지표로, 실행기능과 언어지식 등이 작문 쓰기장애의 인지처리 지표로 나타났다. 수학의 경우, 작동 기억, 처리 속도, 주의, 수감각 등이 연산 수학장애의 인지처리 지표로, 언어지식과 주의 등이 문제해결 수학장애의 인지처리 지표로 나타났다.

　셋째, 환경적 요인은 부모의 사회경제적 지위 및 가정환경, 학교의 질과 학교에서 제공하는 교수의 질 등이 해당된다. 환경적 요인은 학습장애의 학업적 결함 특성에 간접적으로 영향을 줄 수 있다.

참고문헌

김미경, 서경희(2003). 읽기장애 아동의 음운처리 능력 특성 연구. 특수교육저널: 이론과 실천, 4(4), 241-258.

김선옥(2003). 유아의 음운자각과 음운기억이 단어 읽기에 미치는 영향. 유아교육논총, 12, 177-193.

김선옥(2005). 유아의 읽기에 영향을 미치는 변인 연구, 유아교육연구, 25(1), 129-146.

김선옥, 조희숙(2004). 유아의 음운 처리과정이 읽기에 미치는 영향. 유아교육연구, 24(1), 215-240.

김애화 (2006). 수학 학습장애 위험학생 조기선별검사 개발: 교육과정중심측정 원리를 반영한 수감각검사. 특수교육학연구, 40(4), 103-133.

김애화, 김의정(2006). 읽기부진학생의 읽기이해점검력 및 읽기이해 특성 연구. 특수교육저널: 이론과 실천, 7(4), 101-119.

김애화, 김의정, 유현실(2011). 한국형 학습장애 진단 모형 탐색: 읽기 성취와 읽기 심리처리를 통한 읽기장애 진단 모형. 학습장애연구, 8(2), 47-64.

김애화, 위현실(2012). 조기수학검사개발 연구. 교과교육학연구, 16(1), 347-370.

김애화, 김의정, 유현실, 황민아, 박성희(2011). 초등학생의 단어인지와 읽기유창성에 대한 예측변인 연구. 초등교육연구, 24(1), 277-303.

김애화, 유현실, 황민아, 김의정, 고성룡(2010). 초등학생의 읽기이해 능력 예측변인에 관한 연구. 언어청각장애연구, 15(3), 357-380.

김애화, 황민아(2008). 초등학교 고학년의 읽기 능력에 영향을 미치는 읽기관련 변인에 관한 연구. 언어청각장애연구, 13(1), 1-25.

이혜숙, 박현숙(1999). 읽기장애 아동과 비장애 아동의 음운처리과정 및 읽기재인간 비교 연구. 언어청각장애연구, 4, 1-24.

정희정(2006). 학습장애의 신경생물학적 기전: 읽기장애를 중심으로. Korean Journal of Pediatrics, 49(4), 341-353.

Abbott, R. D., & Berninger, V. W. (1993). Structural equation modeling of relationships among developmental skills and writing skills in primary-and intermediate-grade writers. *Journal of Educational Psychology, 85*, 478-508.

Abbott, R., Berninger, V., & Fayol, M. (2010). Longitudinal relationships of levels of language in writing and between writing and reading in grades 1 to 7. *Journal of Educational Psychology, 102*, 281-298.

Alarcon, M., DeFries J. C., Light, J. C., & Pennington, B. F. (1997). A twin study of mathematics disability. *Journal of Learning Disabilities, 30*, 617-623.

Altemeier, L., Jones, J., Abbott, R. D., & Berninger, V. W. (2006). Executive functions in becoming writing readers and reading writers: Note taking and report writing in third and fifth graders. *Developmental Neuropsychology, 29*, 161-173.

Aylward, E. H., Richards, T. L., Berninger, V. W., Nagy, W. E., Field, K. M., Grimme, A. C., et al. (2003). Instructional treatment associated with changes in brain activation in children with dyslexia. *Neurology, 22*, 212-219.

Berninger, V. B., & Abbott, R. (1994). Redefining learning disabilities: Moving beyond aptitude-achievement discrepancies to failure to respond to validated treatment protocols. In G. R. Lyon (Ed.), *Frames of reference for the assessment of learning disabilities: New views on measurement issues* (pp. 163-202). Baltimore: Paul H. Brooks.

Berninger, V. B., Hart, T., Abbott, R., & Karovsky, P. (1992). Defining reading and writing disabilities with and without IQ: A Flexible, developmental perspective. *Learning Disability Quarterly, 15*(2), 103-118.

Berninger, V. W., Cartwright, A. C., Yates, C. M., Swanson, H. L., & Abott, R. D. (1994). Developmental skills related to writing and reading acquisition in the intermediate grades: Shared and unique functional systems. *Department of Educational Psychology, 6*(2), 161-196.

Bowers, P. G., & Swanson, L. B. (1991). Naming speed deficits in reading disability: Multiple measures of a singular process. *Journal of Experimental Child Psychology, 51*, 195-219.

Bradley, L., & Bryant, P. E. (1983). Categorizing sounds and learning to read: A causal connection. *Nature, 301*(5899), 419-421.

Bryant, P. E., MacLean, M., Bradley, L., & Crossland, J. (1990). Rhyme and alliteration, phoneme detection, and learning to read. *Developmental Psychology, 26*(3), 429-438.

Bull, R., & Johnston, R. S. (1997). Children's arithmetical difficulties: Contributions from processing speed, item identification, and short-term memory. *Journal of Experimental Child Psychology, 65*, 1-24.

Cain, K., Oakhill, J. V., & Bryant, P. (2004). Children's reading comprehension ability: Concurrent prediction by working memory, verbak ability, and component skills. *Journal of Educational Psychology, 96*, 31-42.

Chard, D. J., Clarke, B., Baker, S., Otterstedt, J., Braun, D., & Katz, R. (2005). Using measures of number sense to screen for difficulties in mathematics: Preliminary findings. *Assessment for Effective Intervention, 30*(2), 3-14.

Cornoldi, D., DeBeni, R., & Pazzaglia, F. (1996). Profiles of reading comprehension difficulties: An analysis of single cases. In C. Cornoldi & J. Oakhill (Eds.), *Reading comprehension difficulties: Processes and intervention* (pp. 113-136). Mahwah, NJ: Erlbaum.

DeFries, J. C., Fulker, D. W., & Labuda, M. C. (1987). Evidence for a genetic aetiology in reading disability of twins. *Nature, 329*, 537-539.

de Jong, P., & Van der Leij, A. (1999). Specific contributions of phonological abilities to early reading acquisition: Results from a Dutch latent variable longitudinal study. *Journal of Educational Psychology, 91*(3), 450-476.

Denckla, M. B. (1996). A theory and model of executive function: A neuropsychological perspective. In G. R. Lyon & N. A. Krasnegor (Eds.), *Attention, memory, and executive function* (pp. 263-277). Baltimore, MD: Paul H.

Eden, G. F., Jones, K. M., Cappell, K., Gareau, L., Wood, F. B., Zeffiro, T. A., et al. (2004). Neural changes following remediation in adult developmental dyslexia. *Neuron, 44*, 411-422.

Filipek, P. (1996). Structural variations in measures in the developmental disorders. In R. Thatcher, G. Lyon, J. Rumsey, & N. Krasnegor (Eds.), *Developmental neuroimaging: Mapping the development of brain and behavior* (pp. 169-186). San Diego: Academic Press.

Finch, A. J., Nicolson, R. I., & Fawcett, A. J. (2002). Evidence for a neuroanatomical difference within the olivi-cerebellar pathway of adults with dyslexia. *Cortex, 38*, 529-539.

Fletcher, J. M., Lyon, G. R., Fuchs, L. S., & Barnes, M. A. (2007). *Learning disabilities: From identification to intervention.* New York, NY: Guilford.

Fletcher, J. M., Ostermaier, K. K., Cirino, P. T., & Dennis, M. (2008). Neurobehavioral outcomes in spina bifida: Processes versus outcomes. *Journal of Pediatric Rehabilitation Medicine: An Interdisciplinary Approach, 1*, 311-324.

Fletcher, J. M., Simos, P. G., Papanicolaou, A. C., & Enton, C. (2004). Neuroimaging in reading research. In N. Duke & M. Mallette (Eds.), *Literacy research methods* (pp. 252-286). New York: Guilford Press.

Foorman, B. R. (1994). The relevance of a connectionist model of reading for "the great debate." *Educational Psychology Review, 16*, 25-47.

Fuchs, L. S., Compton, D. L., Fuchs, D., Paulson, K., Bryant, J. D., & Hamlett, C. L. (2005). The prevention, identification, and cognitive determinants of math difficulty. *Journal of Educational Psychology, 97*(3), 493-513.

Fuchs, L., Fuchs., D., Compton, D., Powell, S, Seethaler, P., Capizzi, A., & Schatschneider, C. (2006). The cognitive correlates of third-grade skills in arithmetic, algorithmic computation and arithmetic word problems. *Journal of Educational Psychology, 98*(1), 29-43.

Fuchs, L. S., Fuchs, D., Powell, S. R., Seethaler, P. M., Cirino, P. T., & Fletcher, J. M. (2008). Intensive intervention for students with mathematics disabilities: Seven principles of effective practice. *Learning Disability Quarterly, 31*(2), 79-92.

Galaburda, A. M. (1993). The planum temporale. *Archives of Neurology, 50*, 457.

Galaburda, A. M., Sherman, G. P., Rosen, G. D., Aboitiz, F., & Geschwind, N. (1985). Developmental dyslexia: Four consecutive patients with cortical anomalies. *Annals of Neuropsychology, 20*, 483-507.

Geary, D. C., Brown, S. C., & Samaranayake, V. A. (1991). Cognitive addition: A short longitudinal study of strategy choice and speed-of-processing differences in normal and mathematically disabled children. *Developmental Psychology, 27*(5), 787-797.

Gersten, R., Jordan, N. C., & Flojo, J. R. (2005). Early identification and interventions for students with mathematics difficulties. *Journal of Learning Disabilities, 38,* 293-304.

Geschwind, N., & Levitsky, W. (1968). Human brain: Left-right asymmetries in temporal speech region. *Science, 161,* 186-187.

Grigorenko, E. L. (2001). Developmental dyslexia: An update on genes, brains, and environments. *Journal of Child Psychology and Psychiatry, 42,* 91-125.

Grigorenko, E. L. (2005). A conservative meta-analysis of likage and likage-association studies of developmental dyslexia. *Scientific Studies of Reading, 9,* 285-316.

Hallahan, D. P., & Kauffman, J. M. (1994). Introduction to the Special Issue. *The Journal Of Special Education, 27*(4), 373-374.

Hammill, D. D. (1990). On Defining Learning Disabilities: An Emerging Consensus. *Journal of learning Disabilities, 23*(2), 74-84.

Hecht, S. A., Torgesen, J. K., Wagner, R. K., & Rashotte, C. A. (2001). The relations between phonological processing abilities and emerging individual differences in mathematical computation skill: A longitudinal study from second to fifth grades. *Journal of Experimental Child Psychology, 79,* 192-227.

Hooper, S. R., Swartz, C., Wakely, M. B., de Kruif, R. E., & Montgomery, J. (2002). Executive functions in elementary school children with and without problems in written expression. *Journal of Learning Disabilities, 35*(1), 57-68.

Horwitz, B., Rumsey, J. M., & Donohue, B. C. (1998). *Functional connectivity of the angular gyrus in normal reading and dyslexia.* Proceedings of the National Academy of Sciences USA, 95, 8939-8944.

Humphreys, P., Kaufmann, W. E., & Galaburda, A. M. (1990). Developmental dyslexia in women: Neuropathological findings in three patients. *Annals of Neurology, 28,* 727-738.

Juel, C. (1988). Learning to read and write: A longitudinal study of 54 children from first through fourth grades. *Journal of Educational Psychology, 80*(4), 437-447.

Knopik, V. V., & DeFries, J. C. (1999). Etiology of covariation between reading and mathematics performance: A twin study. *Twin Research, 2,* 226-234.

La Buda M. C., & DeFries J. C. (1988). Cognitive abilities in children with reading disabilities and controls: a follow-up study. *Journal of Learning Disabilties, 21*(9), 562-6 .

Lonigan, C. J., Burgess, S. R. & Anthony, J. L. (2000). Development of emergent literacy and early reading skills in preschool children: Evidence from a latent-variable longitudinal study. *Developmental Psychology, 36*(5), 596-613.

Lovitt, T. C. (1987). Social skills training: Which ones and where to do it? *Journal of Reading, Writing, and Learning Disabilities International, 3*(3), 213-222.

McCrory, E., Mechelli, A., Frith, U., & Price, C. J. (2005). More than words: A common neurla basis for reading and naming deficits in developmental dyslexia? *Brain, 128,* 261-267.

McLoughllin, J. A. (1985). The families of children with disabilities. In W. H. Berdine & A. E. Blackhurst(Eds.), *An introduction to special education* (2nd ed., pp. 617-660). Boston: Little, Brown.

Nation, K., Clarke, P., Marshall, C. M., & Durand, M. (2004). Hidden language impairments in children: Parallels betwwen poor reading comprehension and apecific language impairment? *Journal of Speech, Language, and Hearing Research, 47,* 199-211.

Nothen, M. M., Schulte-Korne, G., Grimm, T., Cichon, S., Vogt, I. R., Muller-Myhsok, B., et al. (1999). Genetic linkage analysis with dyslexia: Evidence for linkage of spelling disability to chromosome 15. *European Child and Adolescent Psychiatry, 3,* 56-59.

Olson, R. K., Forsberg, H., Gayan, J., & DeFries, J. C. (1999). A behavioral-genetic analysis of reading disabilities and component processes. In R. M. Klein & P. A. McMullen (Eds.), *Converging methods for understanding reading and dyslexia* (pp. 133-153). Cambridge MA: MIT Press.

Pennington, B. F., & Ozonoff, S. (1996). Executive functions and developmental psychopathology. *Journal of Child Psychology and Psychiatry and Allied Disciplines, 37,* 51-87.

Raskind, W. H., Hsu, L., Berninger, V. W., Thomson, J. B., & Wijsman, E. M. (2000). Familial aggregation of dyslexia phentypes. *Behavior Genetics, 30,* 385-396.

Rumsey, J. M., Nace, K., Donohue, B., Wise, D., Maisog, J. M., & Andreason, P. (1997). A positron emission tomographic study of impaired word recognition and phonological processing in dyslexic men. *Archives of Neurology, 54,* 562-573.

Schatschneider, C., Fletcher, J. M., Francis, D. J., Carlson, C. D., & Foorman, B. R. (2004). Kindergarten prediction of reading skills: A longitudinal comparative analysis. *Journal of Educational Psychology, 96*(2), 265-282.

Schulte-Korne, G. (2001). Genetics of reading and spelling disorder. *Journal of Shild Psychology and Psychiatry, 42,* 985-997.

Shalev, R. S., Manor, O., Kerem, B., Ayali, M., Badichi, N., Friedlander, Y., et al. (2001). Developmental dyscalculia is a familial learning disability. *Journal of Learning Disabilities, 34,* 59-65.

Shankweiler, D., Lundquist, E., Katz, L., Stuebing, K., Fletcher, J. M., Brady, S., Fowler, A., Dreyer, L., Marchione, K., Shaywitz, S., & Shaywitz, B. (1999). Comprehension and decoding: Patterns id association in children with reading difficulties. *Scientific Studies of Reading, 3,* 69-94.

Shaywitz, B. A., Shaywitz, S. E., Blachman, B., Pugh, K. R., Fulbright, R. K., Skudlarski, P., et al. (2004). Development of left occipitotemporal systems for skilled reading in children after a phonologically based intervention. *Biological Psychiatry, 55,* 926-933.

Shaywitz, S. E., Pugh, K. R., Jenner, A. R., Fulbright, R. K., Fletcher, J. M., Gore, J. C., et al. (2000). The neurobiology of reading and reading disability(dyslexia). In M. L. Kamil, P. B. Mosenthal, P. D. Pearson, & R. Barr (Eds.), *Handbook of reading research* (Vol. 3, pp. 229-249). Mahwahm NJ: Erlbaum.

Shaywitz, S. E., Shaywitz, B. A., Pugh, K. R., Fulbright, R. K., Constable, R. T., Mencl, W. E., et al. (1998). Functional disruption in the organization of the brain for reading in dyslexia. *Proceedings of the National Academy of Sciences, 95,* 2636-2641.

Simos, P. G., Breier, J. I., Fletcher, J. M., Foorman, B. R., Castillo, E. M., et al. (2002). Dyslexia-specific brain actication profile becomes normal following successful remedial training. *Neurology, 58,* 1-10

Simos, P. G., Fletcher, J. M., Foorman, B. R., Bergman, E., Fishbeck, K., et al. (2000). Brain activation profiles in dyslexic children during nonword reading: A magnetic source imaging study. *Neuroscience Reports, 29,* 61-65.

Simos, P. G., Fletcher, J. M., Sarkari, S., Billingsley-Marshall, R., Denton, C., & Papanicolaou, A. C. (In press). Intensive instruction affects brain magnetic activity associated with reading fluency in children with persistent reading disabilities. *Journal of Learning Disabilities.*

Spelke, E. S., & Tsivkin, S. (2001). Initial Knowledge and conceptual change: Space and number. In M. Bowerman & S. Levinson (Eds.), *Language acquisition and conceptual development.* Cambridge, UK: Cambridge University Press.

Stevenson, J., Graham, P., Fredman, G., & McLoughlin, V. (1987). A twin study of genetic influences on reading and spelling ability and disability. *Journal of Child Psychology and Psychiatry, 28,* 229-247.

Stothard, S. E., & Hulme, C. (1996). A comparison of reading comprehension and decoding difficulties in children. In C. Cornoldi & J. Oakhill (Eds.), *Reading comprehension difficulties: Processes and intervention* (pp. 93-112). Mahwah, NJ: Erlbaum.

Swanson, H. L., & Jerman, O. (2006). Math disabilities: A Selective meta-analysis of the literature. *Review of Educational Research, 76*(2), 249-274.

Temple, E., Deutsch, G. K., Poldrack, R. A., Miller, S. L., Tallal, P., Merzenich, M. M., et al. (2003). Neural deficits in children with dyslexia ameliorated by behavioral remediation: Evidence from functional MRI. *Proceedings of the National Academy of Sciences, 100,* 2860-2865.

Torgesen, J. K. (2002). Empirical and theoretical support for direct diagnosis of learning disabilities: Immediate and long-term outcomes from two instructional approaches. *Journal of Learning Disabilities, 34,* 33-58.

Torgesen, J. K., Wagner, R. K., & Rashotte, C. A. (1997). Prevention and remediation of severe reading disabilities: Keeping the end in mind. *Scientific Studies of Reading, 1,* 217-234.

Vellutino, F. R., Scanlon, D. M., & Lyon, G. R. (2000). Differentiation between difficult-to-remediate and readily remediated poor readers: More evidence against the IQ-achievement discrepancy definition for reading disability. *Journal of Learning*

Disabilities, 33, 223-238.

Wagner, R. K., Torgesen, J. K., & Rashotte, C. A., & Hecht, S. A. (1997). Changing relations between phonological processing abilities and word-level reading as children develop from beginning to skilled readers: A 5-year longitudinal study. *Developmental psychology, 33,* 468-479.

Wolf, M., & Bowers, P. G. (1999). The double-deficit hypothesis for the developmental dyslexias. *Journal of Educational Psychology, 91,* 415-438.

Yopp, H. K. (1988). The valiity and reliability of phonemic awareness tests. *Reading Research Quarterly, 23*(2), 159-177.

학습장애 역사

국내외를 막론하고 학습장애를 발전시키기 위해 다각적인 노력이 이루어져 왔다. 특히 다양한 분야의 학자들이 학습장애 관련 연구를 실시하는 등 학습장애 발전에 지대한 공헌을 하였다. 이 장에서는 서양 학습장애 역사와 국내 학습장애 역사를 소개하고, 서양과 국내 학습장애 역사의 각 단계에서 학습장애 발전에 중요한 영향을 미친 대표적인 학자들과 그들의 업적에 대해 알아보고자 한다.

1. 서양 학습장애 역사[1]

서양 학습장애 역사는 다섯 단계, 즉 유럽에서의 학습장애 기반 구축기(1800~1920년), 미국에서의 학습장애 기반 구축기(1920~1960년), 학습장애 발흥기(1960~1975년), 학습장애 정착기(1975~1985년), 학습장애 다양화 단계(1986~현재) 등으로 나누어 살펴볼 수 있다.

1) 유럽에서의 학습장애 기반 구축기(1800~1920년)

1800년대에 들어오면서 학습장애에 관련된 연구들이 유럽을 중심으로 진행되었다. 유럽에서의 학습장애 기반 구축기에는 신경학의 발전과 함께 뇌와 구어장애 간의 관련성 연구와 읽기장애 고전 연구가 중점적으로 이루어졌다.

---

1) '서양 학습장애 역사' 는 'Hallahan, D. P., & Mercer, C. D. (2002). Learning disabilities: Historical perspectives(pp. 1-67). In R. Bradley, L. Danielson, & D. P. Hallahan (Eds.), *Identificaiton of learning disabilities: Research to practice*. Mahwah, NJ: Erlbaum' 에 근거하여 작성하였다.

(1) 뇌와 구어장애 간의 관련성 연구

이 시기에는 신경학이 발전하면서 의사들에 의해 뇌손상 성인들을 대상으로 한 연구가 주로 이루어졌다. 이 시기의 대표적인 학자로는 Gall, Bouilaud, Broca와 Wernicke를 들 수 있다.

Franz Joseph Gall(1802)은 뇌손상을 입은 군인들을 관찰하여 뇌의 각 부위는 각 기 다른 기능을 담당한다는 'Gall의 가설'을 주장하였다. Gall은 뇌손상과 구어장 애 간의 관련성을 찾으려는 연구의 시초였다는 점에서 기여한 바가 크다(Hallahan & Mercer, 2002 재인용).

John Baptiste Bouillaud(1825)는 뇌손상 환자들을 해부하여 Gall의 가설을 발전 시켰다. Bouillaud는 뇌의 각 부위는 각기 다른 기능을 담당한다는 Gall의 주장에 동의하였으며, 특히 뇌의 전두전엽(frontal anterior lobes of the brain)에서 말하기 기 능을 담당한다고 주장하였다. 또한 Bouillaud는 단어를 만들거나 기억하는 능력의 결함에 의한 구어장애와 운동 기능의 결함에 의한 구어장애를 구분하였다는 측면 에서도 의의가 있다(Hallahan & Mercer, 2002 재인용).

Pierre Paul Broca(1861)는 뇌손상을 입은 성인의 뇌를 해부하여 두개골의 형태 와 기능에 관한 Gall의 주장을 반박하였으며, 말하기 기능은 좌반구에서 관장한다 고 주장하였다. Broca는 생전에 말하기 장애가 있었던 여러 성인의 뇌 해부를 통 해 좌반구의 전두엽(left frontal lobe; 현재 브로카 영역이라고 부르는 뇌 부위)이 말하 기 기능을 담당하고, 이 부분에 손상을 입은 경우 브로카 실어증을 갖게 된다고 주 장하였다. 브로카 실어증의 특성으로는 천천히, 힘들여서, 유창하지 않게 말하는 것을 들 수 있다(Hallahan & Mercer, 2002 재인용).

Carl Wernicke(1881)는 구어 문제를 지녔던 10명의 뇌손상 환자에 대한 사례를 보고하면서, 이들이 보였던 구어문제는 브로카 실어증과 다름을 주장하였다. 이들 은 브로카 실어증을 지닌 사람과는 달리 힘들이지 않고 유창하게 말하지만, 이들 이 하는 말에 의미가 없거나, 단어를 인식하고 이해하는 데 어려움을 보이는 것으 로 나타났다. 베르니케는 이러한 사례를 '베르니케 실어증'이라고 명명하였고, 좌측 측두엽(left temporal lobe; 현재 베르니케 영역이라고 부르는 뇌 부위)이 이러한 구어장애와 관련이 있다고 언급하였다(Hallahan & Mercer, 2002 재인용).

(2) 읽기장애 고전 연구

1870년 이후 여러 학자에 의해 읽기 문제를 지닌 환자들의 사례가 보고되기 시작하였다. 1877년 Adolph Kaussmaul은 시각, 지능, 구어에 문제가 없음에도 불구하고 글을 전혀 읽지 못하는 성인 환자에 대해 보고하면서, 이를 단어맹(word blindness)이라고 명명하였다. Kaussmaul의 단어맹 개념은 현재의 읽기장애의 개념을 처음으로 소개한 것이라고 할 수 있다(Hallahan & Mercer, 2002 재인용).

Hinshelwood와 Morgan은 Kaussmaul이 명명한 단어맹 개념을 아동에게 확대하였다. 이들은 단어맹의 특성을 보이는 아동들의 경우 지능과 시각에 별 문제가 없고, 구어로 이루어지는 수업을 따라가는 데 문제가 없음에도 불구하고 글을 읽는 것에는 문제를 보인다고 보고하였다. Hinshelwood(1917)는 단어맹은 남자에게 더 많이 나타나며, 선천적 뇌결함(뇌각회)으로 인한 유전적인 증상임을 강조하였다. 또한 Hinshelwood는 단어맹의 원인이 단어와 글자에 대한 시각적 기억의 손상에 기인한 것으로 추정하고, 단어에 대한 시각적 기억을 향상시키는 교수법을 제안하였으며, 집중적인 일대일 교수의 필요성을 강조하였다(Hallahan & Mercer, 2002 재인용).

2) 미국에서의 학습장애 기반 구축기(1920~1960년)

1920년대로 넘어오면서 미국의 의사, 심리학자 및 교육자들은 유럽에서의 학습장애 관련 기초 연구에 관심을 가지기 시작하였으며, 읽기장애에 관한 연구 사례를 보고하기 시작하였다. 미국에서의 학습장애 기반 구축기에는 읽기장애 연구와 지각, 지각-운동 및 주의집중장애 연구가 중점적으로 이루어졌다.

(1) 읽기장애 연구

의사였던 Samuel Orton은 특정학습장애의 한 유형인 난독증의 예방과 중재에 관한 선구적인 연구를 하였으며, 미국에서 읽기장애(난독증)의 초석을 다진 인물로 잘 알려져 있다. 이를 반영하듯 1949년에 오튼난독증협회(the Orton Dyslexia Society)가 창립되었으며, 이는 현재의 국제난독증협회(the International Dyslexia Association)의 기원이 되었다.

Orton(1925)은 Hinshelwood의 연구와 유사하게 지능에는 별 문제가 없지만, 읽기에 심각한 어려움을 갖는 학생의 사례를 보고하였다. Orton은 Hinshelwood의 영향을 받기는 하였으나, 다음의 몇 가지 측면에서 Hinshelwood와 차이를 보인다.

첫째, Hinshelwood가 1000명당 1명 정도의 단어맹 아동의 출현을 주장했던 것에 비해, Orton은 100명당 1명 정도로 읽기에 어려움을 갖는 아동이 출현한다고 주장하였다.

둘째, Hinshelwood는 단어맹의 원인을 우세한 뇌 반구의 각회(angular gyrus of dominant hemisphere)의 이상에 기인하는 것으로 설명한 것에 비해, Orton은 뇌 반구 우세의 불안전으로 인해 읽기 문제인 '반전(b, d, p, q; was and saw; 오른쪽에서 왼쪽으로 읽기, 거울 이미지 현상)' 문제가 나타난다고 주장하였다.

셋째, Orton은 Hinshelwood가 사용한 단어맹이라는 용어 대신 스테레포심볼리아(strephosymbolia)라는 용어로 읽기 문제를 명명할 것을 제안하였다. 스테레포는 '뒤틀리다, 휘다(twist)'를, 심볼리아는 '글자나 단어(symbol)'를 의미한다. 따라서 스테레포심볼리아는 글자나 단어가 뒤틀려서 보이는 반전과 같은 특성을 보이는 읽기 문제를 의미한다.

이와 같이 Hinshelwood와 Orton은 읽기문제를 명명하는 데 각각 단어맹과 스테레포심볼리아라는 용어를 사용하였지만, 둘 다 읽기의 시각적 관점에 치중했다는 공통점을 지니고 있다.

Orton이 제안한 스테레포심볼리아라는 용어는 현재 사용하고 있지 않으며, Orton이 주장한 읽기문제의 시각적 관점(시각적 처리의 이상으로 인한 읽기 문제)은 오늘날 지지를 받고 있지 못하는 실정이다. 하지만 Orton은 다음의 측면에서 읽기 교육에 기여한 바가 크기 때문에 읽기장애의 초석을 다진 인물로 평가받고 있으며, 오늘날의 읽기 교육에도 중요한 영향을 미쳤다고 할 수 있다.

Orton은 읽기에서 파닉스 교수의 중요성을 강조하였다. Orton은 전체 단어를 통으로 보고 읽는 '보고 말하기(look and say)' 또는 '눈으로 읽기(sight reading)' 방법을 반박하면서, 스테레오심볼리아의 특성을 지닌 아동에게는 파닉스 교수가 필요함을 강조하였다. Orton은 초기에는 글자의 시각적인 형태를 쓰기 활동을 통해 반복적으로 연습할 수 있는 교수를 주장하였으나, 이러한 방법만으로 읽기 문제가 개선되지 않는 학생이 있음을 보고하면서 낱자의 소리를 합쳐서 글자를 발음하는 방법(blending of the letter sounds)을 가르쳐야 함을 주장하였다.

또한 Orton은 다감각 훈련(multisensory training)을 제안한 최초의 학자였다. Orton은 학생이 낱자를 발음하면서 동시에 낱자를 손가락으로 따라 쓰는 운동감각을 활용할 것을 강조하였다. 이와 같은 Orton의 주장은 후에 Gillingham과 Stillman의 다감각 읽기 교수에 영향을 주었고, 현재에도 Orton과 Gillingham이 제안한 교수법을 반영한 Orton-Gillingham 프로그램이 사용되고 있다.

Grace Fernald도 읽기문제를 지닌 학생을 위한 다감각 읽기 교수를 주장한 대표적인 학자 중 한 사람이다. Fernald와 Keller(1921)는 다음의 5단계에 따라 교수를 진행하는 시각-청각-운동감각-촉각(Visual-Auditory-Kinesthetic-Tactuall: VAKT) 방법을 개발하였다.

Marion Monroe는 Orton의 동료였으며, Orton과 Fernald가 제안한 다감각 훈련을 접목시킨 파닉스 교수의 효과성을 보다 체계적으로 연구하였다. Monroe(1928)는 손가락으로 따라 쓰는 운동감각을 활용하면서, 낱자의 소리를 합쳐서 단어를 읽는 합성 파닉스 교수의 효과성을 검증하기 위해 여러 차례의 집단 연구를 실시하였다.

Monroe는 다음의 두 가지 측면에서 읽기장애 영역에 기여하였다.

첫째, Monroe는 읽기장애를 진단하는 데 사용할 수 있는 기대 성취와 실제 성

〈표 3-1〉 시각-청각-운동감각-촉각(VAKT) 방법

1단계: 교사가 단어를 칠판에 쓰고, 학생은 칠판의 단어를 보고(V) 스스로에게 단어를 말하고(A), 우
 세 손의 두 손가락으로 낱자들을 따라 쓴다(V, T). 학생이 단어를 학습하고 나면 교사가 칠판
 에 쓴 단어를 지우고, 학생은 음절을 말하면서 단어를 쓴다(A, V, T).

2단계: 1단계와 동일하되, 개별 단어 대신 문장을 활용한다.

3단계: 학생이 읽고 싶은 책을 선택한다. 학생과 교사가 한 문단씩 함께 공부한다. 학생이 배우지 않
 은 단어는 카드보드에 크기 조절이 가능하게 뚫린 구멍을 통해 보여 준다. 학생이 단어를 읽을
 수 없으면 교사가 소리 내어 읽어 주고, 학생은 단어를 말하고 단어를 보지 않은 상태에서 단
 어를 쓴다. 학생이 여전히 단어를 쓰는 데 어려움을 보이면, 교사가 단어를 쓰고 학생은 1단계
 와 동일한 방법으로 단어를 학습한다.

4단계: 카드보드의 구멍을 크게 하여 학생에게 구(phrase, 句)를 보여 준다. 이때 구를 보여 주는 시간
 이 짧아서 학생이 단어를 하나씩 읽는 것은 불가능하다. 절 단위의 읽기를 습득하면, 학생은
 스스로 전체 단락을 읽고, 읽은 내용을 교사에게 말한다.

5단계: 교사가 학생 스스로 글을 읽도록 한다.

출처: Fernald, G. M., & Keller, H. (1921). The effect of kinaesthetic factors in the development of word
 recognition in the case of non-readers. *Journal of Educational Research, 4,* 355-377.

취의 불일치 개념 소개하였다. Monroe는 읽기 지표(reading index)를 다음 식의 평
균으로 계산하여 읽기장애를 진단하도록 제안하였다.

$$\frac{읽기\ 학년\ 수준}{생활,\ 정신,\ 수학\ 학년\ 수준}$$

 분모에 들어가는 생활, 정신, 수학 학년 수준(chronological, mental, arithmetic
grade)의 평균은 대상 학생의 기대되는 읽기 성취 점수를 의미하며, 분자에 들어가
는 읽기 학년 수준(reading grade)은 실제 학생의 읽기 성취 점수를 의미한다. 여기
서 실제 읽기 성취 점수(분자)가 기대되는 읽기 성취 점수(분모)의 80% 미만일 때,
읽기 학습장애학생으로 진단할 것으로 제안하였다. 이와 같은 읽기 지표로 읽기장
애학생을 진단하게 되면, 전체 학생의 약 12%가 읽기장애라고 주장하였다.

 둘째, Monroe는 표준화된 검사 도구뿐 아니라, 읽기 교수에 도움을 주는 진단-
처방 교수(diagnostic-prescriptive teaching)의 필요성을 주장하였다.

 Samuel Kirk는 Monroe가 일하던 연구센터에서 일하게 되면서, Monroe,

Hinshelwood, Fernald 등의 영향을 받아 다감각 훈련을 접목시킨 파닉스 교수의 효과성을 연구하였다. Kirk는 Thorlief Hegge와 그의 부인인 Winifred Day Kirk와 함께 '교정적 읽기 연습(Remedial Reading Drills)'이라는 프로그램을 개발하였다. 이 프로그램은 Orton, Fernald 및 Monroe 프로그램의 영향을 받은 파닉스 교수 프로그램으로, 점진적 변화, 과잉 학습, 단서 주기, 사회적 강화의 학습 원리(principles of learning)를 반영하여 개발하였다. 또한 Kirk는 뇌와 행동의 관련성(예, Orton이 주장한 뇌 반구의 우세성과 읽기문제의 관련성)에 관심을 가지고 이 분야에 대해 연구를 하였다. Kirk는 연구를 통해 읽기 문제가 있는 학생을 명명하는 데에서 스테레오심볼리아나 뇌기능 장애(brain dysfunction) 등과 같은 용어를 사용하기보다는 행동 중심의 용어(behavioral term)를 사용해야 할 필요성을 느끼게 되었다. 이러한 필요성은 후에 '학습장애(learning disability)'라는 용어를 사용하게 되는 계기가 되었다.

(2) 지각, 지각-운동, 주의 장애

Kurt Goldstein(1939)은 제1차 세계대전에 참전하였던 뇌손상 군인들의 사례를 연구한 결과, 다음과 같은 행동 특성, 즉 과잉성, 자극에 대한 지나친 반응, 전경-배경 혼동, 경직된 사고, 집착, 소심 그리고 파국에 치닫는 반응 등을 보인다고 보고하였다. 자극에 대한 지나친 반응은 중요한 자극과 중요하지 않은 자극을 구분하는 능력의 부족에 의한 것으로 설명하였다. 중요한 자극과 중요하지 않은 자극을 구분하는 능력의 부족은 주의가 산만한 행동으로 나타나기도 한다고 보고하였다. 또한 전경-배경 혼동으로 인하여 주의가 산만한 행동이 나타나기도 하고, 글을 읽을 때 읽어야 하는 낱말 또는 구나 절에 집중하는 것을 방해하기도 한다고 보고하였다. 경직된 사고와 집착하는 특성은 같은 행동이나 말을 반복하는 행동으로 나타나기도 하고, 정해진 일과나 방식에 따라 일이 진행되지 않거나, 과도하게 자극을 받으면 파국에 치닫는 반응을 보이게 된다(Hallahan & Mercer, 2002 재인용).

Alfred Strauss, Heinz Werner, Newell Kephart, Laura Lehtinen, William Cruickshank 등의 연구는 Goldstein의 성인 대상 연구를 아동(뇌손상 정신지체 아

동, 정상 지능을 지닌 뇌손상 아동 등)에게 확대하고, 이들을 위한 교수법을 제안하였 다는 데 의의가 있다. 이들은 '방해가 없는 교수(distraction-free instruction)'를 제안 하였는데, 이는 구조화된 교수를 의미한다. 예를 들어, 소집단 교수, 단순한 교수 자료 사용, 계획된 하루 일과, 시각적 자극을 가진 자료나 장식 사용의 자제, 교사 의 단조로운 복장 등을 강조하였다(Hallahan & Mercer, 2002 재인용).

3) 학습장애 발흥기(1960~1975년)

1960년대에는 학습장애라는 용어가 새로이 탄생하였으며, 이를 계기로 학습장 애가 번창하게 되었다. 학습장애 발흥기에는, 첫째 1962년 Samuel Kirk에 의해 학 습장애라는 용어가 최초로 도입된 가장 중요한 역사적 사건이 있었고, 둘째 학습 장애 부모 및 전문가 단체가 설립되었고, 셋째 학습장애학생을 위한 교육 프로그 램(인지처리 훈련과 시각 및 지각 훈련에 초점)이 성행하였다.

(1) 학습장애 용어의 소개

학습장애의 아버지라 부르는 Samuel Kirk는 1962년에 다음과 같은 학습장애의 정의를 처음으로 발표하였다. Kirk가 제시한 학습장애의 정의는 현재의 학습장애 정의에도 많은 영향을 미치고 있다.

> 학습장애는 말하기, 언어, 읽기, 철자, 쓰기 혹은 수학 과정 중 하나 혹은 그 이상의 영역에서 지체, 장애 혹은 지연된 발달을 보이는 것을 말한다. 이러한 문제는 (대)뇌 의 기능 장애 그리고/혹은 감정이나 행동의 이상으로 인한 것이며 정신지체, 감각장 애 또는 문화적·교수적 요인으로 인한 것은 아니다.

Kirk의 제자였던 Bateman은 Kirk의 정의를 발전시켰다. Bateman(1965)은 "학습 장애는 자신의 잠재 수준과 실제 성취 수준 간에 교육적으로 현저한 불일치를 보이는 경우를 의미한다."라고 제안하였다. Bateman의 정의에 포함된 잠재능력과 실제 성취 사이의 현저한 불일치 개념은 학습장애 진단에 커다란 영향을 주었다는 점에서 상당한 의의를 지닌다.

(2) 학습장애 부모 및 전문가 단체 설립

1950년 후반부터 학습장애 특성을 보이는 자녀를 둔 부모들이 학교 및 지역 교육청에 이러한 아이들의 교육에 대한 의견을 개진하기 시작하였다. 이 당시 부모 단체는 학습장애 특성을 보이는 아이들을 '지각장애(perceptually handicapped)'라고 명명하였다. 이들 부모 단체는 1963년(Kirk가 학습장애 정의를 처음 소개한 다음 해) 시카고에서 열린 한 국제 학회에서 Kirk에게 '지각장애'가 아닌 새로운 명칭에 대한 의견을 달라는 요청을 하였으며, Kirk는 '학습장애'라는 용어를 제안하였다. 그 후 1964년 이 단체의 명칭이 '학습장애아동을 위한 협회(the Association for Children with Learning Disabilities: ACLD)'로 바뀌게 되었으며, 현재는 미국학습장애협회(the Learning Disabilities Association of America: LDA)로 불린다.

한편, 1968년에는 미국 특수교육학회(the Council for Exceptional Children) 산하에 학습장애 분과(the Division for Children with Learning Disabilities)를 조직함으로써 새로운 학습장애 전문가 조직이 설립되었다.

(3) 인처처리 훈련과 시각 및 지각 훈련

학습장애의 원인을 기본적인 인지처리의 이상으로 보면서, 이와 같은 인지처리와 시각 및 지각 처리에 초점을 둔 훈련 방법 또는 교육 프로그램이 성행하였다.

McCarthy와 Kirk(1961)는 일리노이 심리언어능력검사(Illinois Test of Psycho linguistic Abilities: ITPA)를 개발하였다. 이 검사는 학습장애학생의 인지처리 특성을 파악하는 데 사용되었으며, ITPA의 검사 결과에 근거한 인지처리 훈련 프로그램이 개발되어 훈련에 적용되었다. ITPA는 다음의 12개의 소검사로 구성되었다. 즉, 시각 인지(visual reception), 청각 인지(auditory reception), 시각 연합(visual association),

청각 연합(auditory association), 언어 표현(verbal expression), 운동 표현(motor expression), 시각 순서 기억(visual sequential memory), 청각 순서 기억(auditory sequential memory), 시각 완결성(visual closure), 청각 완결성(auditory closure), 문법 완결성(grammatical closure) 그리고 소리 합성(sound blending) 등이다. 그러나 1970년 후반부터 ITPA의 문제점이 지적되었다. 특히 검사 도구의 타당성과 검사 결과에 근거한 훈련의 효과성에 대한 문제점이 집중적으로 제기되었다. ITPA가 여러 가지 문제점을 지님에도 불구하고 검사 결과와 교수 간의 연관성을 강조하고, 개인 내 특성의 차이를 강조하였다는 점에서 의의가 있다.

또한 이 당시에는 Kwell Kephart, Marianne Frostig 등과 같은 여러 학자에 의해 시각 및 지각 훈련법이 강조되었다. 이들은 운동 발달, 시각-운동 협응 등을 강조하면서, 운동 기능, 균형 감각, 시각-운동 협응 능력 등에 초점을 둔 프로그램을 개발하였다. 그러나 이러한 시각 및 지각 훈련 프로그램의 효과성에 대한 의문이 제기되면서, 1980년대 중반 이후에는 거의 사용되지 않았다. 특히 시각 및 지각 훈련 프로그램이 시각 및 지각 능력 자체의 향상에는 다소 효과를 보이는 경우도 있지만, 이로 인해 실제 학업 성취도를 높이는 데는 효과가 없는 것으로 보고되었다(Hammill & Lasen, 1974).

4) 학습장애 정착기(1975~1985년)

1975년에 미국의 「장애인교육법」(PL 94-142)이 제정되면서 학습장애가 하나의 독립된 장애 영역으로 자리매김하게 되었다. 학습장애 정착기에는 학습장애 교육의 법적 토대가 마련되었고, 5개 대학에 연구비를 지원하여 학습장애 관련 연구를 진행하도록 함으로써 학습장애학생을 위한 검증된 교육을 제공하게 되었으며, 직접교수에 관한 연구가 본격적으로 시작되었다.

(1) 학습장애의 법적 토대 마련

1966년에 제정된 「장애학생교육법(the Education of Handicapped Act(EHA)」에는 학습장애가 장애 영역으로 포함되지 않았다. 그 후, 학습장애 관련 부모, 전문가, 교육자 단체 등의 지속적인 노력으로 1975년 미국 「장애인교육법」(PL 94-142)이 제정되었을 때 학습장애가 포함되었다. 1977년에 시행된 미국 「장애인교육법」(PL 94-142)에 포함된 학습장애 정의는 다음과 같다.

> 특정학습장애는 구어나 문어의 이해나 사용에 관련된 기본심리과정에서의 장애로 인한 듣기, 사고하기, 말하기, 읽기, 쓰기, 철자 또는 수학적 계산 능력의 결함을 지칭한다. 이 용어는 지각장애, 뇌손상, 미소뇌기능손상, 난독증, 발달적 실어증 등을 포함한다. 이 용어는 시각, 청각, 운동 혹은 감각장애나 정신지체, 정서장애 또는 환경적·문화적·경제적 불리함으로 인한 학습장애아동은 포함하지 않는다.

또한 동법 시행령에는 다음과 같은 학습장애 진단 기준이 포함되었다.

> ① 특정학습장애는 학생이 ②에 제시된 한 영역 혹은 다수의 영역에서, 자신의 나이와 능력에 맞는 교육이 제공되었음에도 불구하고, 자신의 나이와 능력만큼 성취하지 못할 경우에 나타난다.
> ② 성취와 지적 능력 사이의 현저한 차이는 다음의 한 영역 혹은 다수의 영역에서 나타날 수 있다: 구어 표현, 듣기 이해, 쓰기 표현, 기본적인 읽기, 읽기 이해, 수학 계산, 수학 추론.

(2) 학습장애학생을 위한 검증된 교수 개발을 위한 일련의 연구

학습장애의 법적 기반이 구축되면서 학습장애학생의 수가 급격하게 증가하였다. 또한 앞서 언급하였듯이 1970년대 성행하던 인지처리 훈련과 시각 및 지각 훈련의 문제점이 지적되면서, 학습장애학생을 위한 검증된 교수의 필요성이 제기되었다. 이에 미국 교육부는 학습장애학생을 위한 과학적으로 검증된 교수 방법을 개발하기 위해 다음의 다섯 개 대학에 학습장애 연구를 진행하도록 지원하였다.

첫째, 컬럼비아 대학교는 Dale Bryant를 중심으로 학습장애학생의 정보처리 과정 결함과 학업 특성 및 교수에 대한 연구를 실시하였다. 또한 기억, 학습 기술, 수학, 기본적 읽기, 책을 읽는 과정 중에 학생이 보이는 특성, 읽기이해 등에 대한 연구를 수행하였다.

둘째, 일리노이 대학교는 Tanis Bryan을 중심으로 학습장애학생의 사회성과 귀인 특성에 대한 연구를 실시하였다.

셋째, 캔자스 대학교는 Donald Deshler를 중심으로 중등학교 학습장애학생의 특성 및 교육적 지원 방안에 관한 연구를 진행하였다. 연구 결과에 따르면, 중등학교 학습장애학생의 경우 공부 기술, 학습 전략 및 사회적 기술에 결함이 있는 것으로 나타났다. 이러한 결과를 바탕으로 '학습 전략 교육과정(Learning Strategies Curriculum)'을 개발하였고, 그 외 다양한 사회적 기술 전략도 개발하였다.

넷째, 미네소타 대학교는 James Ysseldyke와 Stanley Deno를 중심으로 학습장애 진단 과정 및 교육과정 중심 측정(Curriculum-Based Measurement: CBM)에 관한 연구를 실시하였다. Ysseldyke는 불일치 조건을 만족하는 학습장애학생과 저성취를 보이는 학생의 특성을 비교한 연구에서, 학습장애학생과 저성취를 보이는 학생이 비슷한 특성을 지녔다고 주장하였다. 이러한 Ysseldyke의 연구는 향후 여러 학자에 의해 비판되기도 하였으며, 오늘날까지 학습장애 정의 및 진단 과정에 대한 논의에 영향을 주는 계기가 되었다.

다섯째, 버지니아 대학교는 Daniel Hallahan을 중심으로 학습장애학생의 인지 및 초인지 특성과 이들을 위한 인지행동 전략 및 초인지 전략(자기 점검 전략)에 관한 연구를 실시하였다(Hallahan & Mercer, 2002 재인용).

(3) 직접교수법

1970년대에는 Sigfried Engelmann을 주축으로 읽기와 수학 영역을 중심으로 한 직접교수(direct instruction) 프로그램이 개발되고 그 효과성을 검증하는 연구가 실시되었다(Hallahan & Mercer, 2002 재인용).

5) 학습장애 다양화기(1986~현재)

1980년대 중반에 이르러서는 학습장애학생의 출현율이 급속히 증가하여 전체 특수교육대상학생의 51%를 차지하게 되었을 뿐 아니라 학습장애 연구도 안정적인 단계로 접어들었다. 학습장애 다양화기에는 학습장애 정의 및 진단, 원인, 특성 및 교육을 포함한 다양한 영역에서의 연구가 진행되었다.

(1) 학습장애 정의 및 진단

학습장애 정의와 진단은 현재까지도 학습장애 분야에서 가장 많이 논란이 되고 있는 영역이다. 특히 2001년에 개최된 학습장애 정상회의(the Learning Disabilities Summit)를 기점으로 기존 학습장애 진단 모델인 불일치모델에 대안적인 진단 모델의 필요성이 제기되었다. 그 후 2004년에 개정된 미국 「장애인교육법(IDEAI)」에 대안적인 학습장애 진단 모델인 중재반응 모델(response of intervention)이 명시되면서, 학습장애 진단 과정 및 교육 전반에 큰 변화가 일어났다.

2004년 미국 「장애인교육법」 개정안이 발표된 이후 지난 수년 동안 학교 현장에서 중재반응 모델을 적용하였으며, 2010년에 오면서 '중재반응 모델에 대한 재고(rethinking response to intervention)'의 필요성을 논의하기 시작하였다. 논의의 핵심을 간단히 정리하면 다음과 같다.

첫째, 중재반응 모델은 학습장애 위험군을 예방하는 차원에서는 효과적이지만, 학습장애를 진단하는 절차에서는 구체성과 체계성 부족하다.

둘째, 학습장애 진단을 위해서는 '중재에 대한 반응이 느리다'는 자료 외에도 '포괄적이고 형식적인 진단 절차'를 거쳐야 한다.

셋째, 읽기 영역 이외에는 중재반응 모델을 적용하는 데 필요한 타당도와 신뢰도를 갖춘 평가 도구 및 연구기반 중재 프로그램이 부족하다.

넷째, 중등학교 학습장애학생을 진단하는 데에서 중재반응 모델이 효과적인지 의문이다(Fuchs, Fuchs, & Compton, 2010; Vaughn & Fletcher, 2010).

최근에는 또 다른 대안적인 학습장애 진단 모델로 '학업성취와 인지처리를 통한 학습장애 진단 모델'이 언급되고 있으며, 이 모델을 중재반응 모델과 결합하여 사용할 수 있는지의 여부도 논의되고 있다(김애화, 김의정, 유현실, 2011; Fuchs, Hale, & Kearns, 2011).

(2) 학습장애 원인

지난 10여 년 동안 의학기기의 발달 및 인지처리 연구의 활성화에 따라 학습장애의 내적 원인을 밝히고자 하는 시도들이 활발하게 전개되었다. fMRI와 같은 최신 의학기기들을 활용하여 학습장애의 신경생물학적 요인을 밝히고자 하는 연구들이 발표되고 있다. 이러한 연구들은 학습장애의 신경생물학적 요인으로 크게 뇌구조, 뇌기능 및 유전적 요인을 들고 있다. 또한 특정 학업 영역별(예, 읽기, 수학, 쓰기)로 인지처리의 지표(process-marker)를 통해 기본 인지처리의 문제를 밝히는 연구가 발표되면서 학습장애학생의 인지처리적 요인에 대한 이해가 높아지고 있다(자세한 내용은 제2장 참고).

(3) 특정 영역별 학습장애 특성 및 교수 연구

최근 여러 학자(Fletcher et al., 2002)가 학습장애가 다양한 하위 유형을 포함하는 이질적 장애라는 점을 강조하면서, 이를 평가 과정에 반영하여 특정 학습 영역별로 학습장애를 진단할 것을 제안하고 있다. 더 나아가 읽기장애, 쓰기장애 및 수학장애를 추가로 더 세분화하여 분류할 것을 제안하고 있다.

이에 특정 학습 영역별로 학습장애학생의 특성을 파악하고자 하는 일련의 연구와 이들을 위한 효과적인 교수에 대한 연구가 활발하게 실시되고 있다. 우선 읽기 영역을 살펴보면, 읽기장애의 특성으로 음운인식, 빠른 자동 이름대기, 자모지식,

언어지식 등이 읽기성취도에 유의한 영향을 준다고 보고되었다. 또한 이들을 위한 효과적인 교수로는 음운인식 교수, 파닉스 교수, 반복읽기, 다독과 직접적인 어휘 교수, 읽기이해 전략 교수 등이 제안되었다(자세한 내용은 제5장 참고).

수학 영역을 살펴보면, 수학장애의 특성으로 수감각, 작동기억, 처리속도, 주의, 언어지식 등이 수학성취도에 유의한 영향을 준다고 보고되었다. 또한 이들을 위한 효과적인 교수로는 수감각 교수, 사칙연산 구구 자동화를 위한 교수, 체계적인 연산 교수, 표상 전략 교수를 통한 문장제 교수 등이 제안되었다(자세한 내용은 제7장 참고).

쓰기 영역을 살펴보면, 쓰기장애의 특성으로 음운인식, 표기처리, 형태처리, 언어지식 등이 쓰기성취도에 유의한 영향을 준다고 보고되었다. 또한 이들을 위한 효과적인 교수로는 오류 특성에 맞는 철자교수, 쓰기과정 전략 교수, 글 구조 전략 교수 등이 제안되었다(자세한 내용은 제6장 참고).

2. 국내 학습장애 역사

국내 학습장애 역사는 크게, 학습장애 소개기(1960~1979년), 학습장애 발흥기(1980~1993년), 학습장애 정립기(1994~현재)로 나누어 살펴볼 수 있다.

1) 학습장애 소개기(1960~1979년)

1960년대에 들어오면서 국내에서도 몇몇 학자들에 의해 학습장애가 알려지기 시작하였다. 국내 학습장애 소개기에는 학습장애라는 용어가 최초로 소개되었으며, 학습장애의 개념은 학습지진 및 학습부진과 혼용되어 사용되었다.

(1) 학습장애 용어 소개

컴퓨터 데이터베이스를 통해 학습장애에 관한 자료를 검색한 결과, 민병근 (1963)의 논문에서 '학습장해'라는 용어가 사용된 것으로 나타났다. 이 논문에 학습장해 정의가 구체적으로 제시되지는 않았고, 학습장해를 '공부를 잘 못한다'는 것으로 언급하였다. 또한 학습장해는 개인 내부의 문제, 부모의 문제, 환경의 문제로 기인할 수 있다고 언급하였다. 민병근(1963)의 논문이 발표된 시기는 미국에서 Samuel Kirk가 '학습장애(learning disability)'라는 용어를 최초로 소개한 연도와 거의 동일하다는 데 의의가 있다.

(2) 학습장애, 학습부진, 학습지진 개념의 혼용

민병근(1963)의 논문이 발표된 이후 1960년대는 학습장애에 관한 논문이 발표되지 않았으며, 1970년대에 들어와 학습장애, 학습부진, 학습지진의 개념에 대한 논문이 수편 발표되었다. 이러한 개념에 관심을 갖게 된 대표적인 계기로는 1969년에 실시한 무시험 전형 중학입학 제도의 개혁을 들 수 있다. 중학교 입학을 무시험 추천제도로 실시한 이후, 학생의 개인차가 증가하여 학교에서 학습 지도 문제의 심각성이 화두가 되었다. 이로 인해 학습에 어려움을 보이는 학생을 선별하고자 하는 요구가 증가함에 따라 학습장애, 학습부진, 학습지진 등에 대한 개념 고찰이 이루어졌다.

이 시기에 발표된 설은영(1978)의 논문에서는 학습장애와 학습지진의 개념을 혼용하였다. 이와 비슷하게 유복희(1977)와 변홍규(1979)의 연구에서도 학습장애와 학습부진의 개념을 명확하게 구분하지 않았다.

2) 학습장애 발흥기(1980~1993년)

1980년대에 들어오면서 국내에서도 학습장애가 보다 가시화되고 구체화되기 시작하였다. 국내 학습장애 발흥기에는 Samuel Kirk가 제안한 학습장애 정의 및 하위 유형과 비슷한 학습장애 정의가 소개되었고, 불일치 개념이 소개되었으며, 학습장애와 학습부진과 학습지진을 구분하고자 하는 시도가 있었고, 학습장애 평가에 사용할 수 있는 다양한 평가도구가 개발되었다.

(1) Kirk가 제안한 학습장애 정의 및 하위 유형과 비슷한 학습장애 정의 소개

여러 논문에서 Samuel Kirk가 제안한 학습장애 정의 및 하위 유형(Kirk, 1962; Kirk & Chalfant, 1984)과 관련된 학습장애 정의를 소개하였다. 변홍규(1982, 1988)는 Kirk(1962)의 학습장애 정의를 언급하면서, 학습장애는 학업성취도가 낮고, 중추신경계 결함을 지니며, 기본적 인지처리에 어려움을 갖으며, 다른 이유들로 인한 학업적 어려움은 배제한다고 언급하였다. 이와 비슷하게 조인수(1989)도 학습장애는 지능이 평균이나 중추신경 기능의 편중 현상으로 나타난다고 언급하였다. 또한 학습장애는 문화적·사회적 요인으로 인한 것이라고 볼 수 없으며, 명시적인 신경계 장애나 정신지체가 없는 것을 말한다고 하였다.

또한 정대영(1986)과 송영혜(1989)도 학습장애는 인지적인 결함을 지니며, 이로 인해 학업성취도가 낮고, 환경 및 경제적 문제로 인한 학업적 어려움은 배제한다고 언급하였다. 이와 비슷하게 오경자(1988, 1989)도 학습장애를 기본적인 인지 과정의 결함으로 인해 학업성취도가 낮은 경우로 정의하였다. 한편, 강위영(1986, 1987)은 Kirk가 제안한 발달적 학습장애에 속하는 지각장애, 주의집중장애, 기억장애 등을 소개하였다.

(2) 불일치 개념 소개

몇몇 학자들이 학습장애 개념을 언급할 때 '불일치'라는 용어를 사용하기 시작하였다. 변홍규(1982, 1988)와 서귀돌(1988)은 학습장애를 잠재력과 성취 사이에 불일치를 보이는 것이라고 언급하였다. 오경자(1988, 1989)도 학습장애는 다양한 심리적 능력 발달에 불일치를 보이거나 지적 능력과 학업성취도 간에 불일치를 보이는 것이라고 언급하였다.

(3) 학습장애, 학습지진, 학습부진의 개념을 구분하고자 하는 시도

1980년대에는 1960~1970년대와는 달리 학습장애, 학습지진, 학습부진이라는 용어를 혼용하지 않고, '학습장애' 자체의 개념을 명확히 하고자 하는 시도가 활발하게 이루어졌다. 그럼에도 불구하고 학자들 간에 학습장애, 학습지진 및 학습부진의 개념에 대한 합의가 이루어지지는 않았음을 볼 수 있다. 예를 들어, 이상노, 서봉연, 송명자, 송영혜(1989)는 학습장애를 학습부진이나 학습지진과는 구분되는 개념으로, 지능지수가 90 이상이면서, 1차적인 장애로서 다른 장애나 환경적 결손이 없으면서 학업의 어려움을 겪는 경우로 정의하였다. 이상노 등(1989)은 학습지진을 학습장애와는 달리 지능지수가 70 이하인 정신지체아동이나 지능지수가 70~90의 경계선급 아동이 보이는 학습 문제로 정의하였으며, 학습부진은 지능은 정상인데도 불구하고 지능 이외에 어떤 요인에 의해 자신의 지적 가능성에 준하는 학업 성과를 올리지 못하는 아동이 보이는 학습 문제로 정의하였다.

이에 비해 오경자(1988, 1989)는 학습장애와 학습부진의 정의는 다르지만, 현실적으로 학습장애와 정서부적응 등 다른 문제가 주원인이 되어 나타난 학습부진을 구별하기 어렵기 때문에 학습장애를 지능지수 70 이상부터 진단하되, 고지능 학습장애(지능지수 90 이상)와 저지능 학습장애(지능지수 70~90)로 구분할 것을 제안하였다.

(4) 다양한 검사 도구 개발

학습장애 진단 과정에서 활용할 수 있는 지능검사, 기초학습기능검사, 학습준비도검사 등 다양한 검사 도구가 개발되었다. 기초학습기능검사(1989)는 유치원부터 초등학교 6학년 학생을 대상으로 기초 학습 능력을 평가하여 학생의 학습 수준이 평균에서 어느 정도 떨어지는가를 알아보기 위한 목적으로 개발되었다. 또한 비슷한 시기에 웩슬러 아동지능검사(Korean Educational Development Institute-Wechsler

Intellignece Scale for Children: KEDI-WISC], 1987)가 개발되었으며, KEDI-WISC 검사는 학습장애 진단 과정에서 중요한 역할을 하였다. 한편, 김정권과 여광응(1987)은 유치원 및 초등 1학년 학생이 초등학교에 입학하여 초기 학습 과제를 수행할 수 있는 준비가 되어 있는지를 측정하는 목적으로 학습준비도검사를 개발하였다.

3) 학습장애 정립기(1994~현재)

1994년 「특수교육진흥법」이 전면 개정되면서 학습장애가 특수교육대상자 선정 기준에 포함되었다. 이러한 법적 토대가 마련됨으로써 국내에 학습장애가 보다 체계적으로 정착되는 계기가 되었다. 최근 김애화, 김의정(2012)은 1994년부터 2009년 6월까지 발표된 학습장애 관련 학회지 논문 317편을 분석한 결과, 국내 학습장애 정립기에는 특정 영역별 학습장애 특성 및 교수, 학습장애 정의 및 진단, 학습장애의 인지적 특성, 학습장애 사회성을 포함한 네 가지 주제에 대한 연구가 주를 이룬 것으로 나타났다고 밝혔다.

(1) 특정 영역별 학습장애 특성 및 교수 연구

학습장애 하위 영역별로 학습장애학생의 특성 및 효과적인 교수 방법을 알아보는 연구가 활발하게 실시되었다. 구체적으로 살펴보면, 읽기 영역에 대한 연구가 97편으로 가장 많았고, 수학이 37편, 쓰기가 23편, 기타 교과가 12편, 일반적인 학습 전략 연구가 21편으로 나타났다. 특히, 2000년을 기점으로 이러한 연구들이 상당히 많이 발표된 것으로 나타났다.

읽기 영역 연구들은 읽기이해, 음운인식 및 단어인지, 어휘, 읽기유창성 순으로 많이 이루어진 것으로 나타났다. 수학 영역 연구들은 문장제 문제 해결, 기초 수 개념 및 연산 순으로 이루어진 것으로 나타났다. 쓰기 영역 연구들은 작문, 철자 순으로 이루어진 것으로 나타났다.

(2) 학습장애 정의, 선별, 진단

「특수교육진흥법」에 학습장애가 특수교육대상자 선정 기준에 포함된 이후 학습장애 정의, 선별, 진단에 관한 연구가 꾸준히 진행되었다. 1994년부터 2009년 6월까지 발표된 학습장애 정의, 선별, 진단에 관한 연구가 50편에 이른다. 1994년 이후 매해 꾸준히 발표되던 학습장애 정의, 선별, 진단에 관한 연구 논문의 수가 2005년을 기점으로 더욱 증가하였다. 이러한 현상은 2004년에 개정된 미국 「장애인교육법(IDEAI)」에 명시된 학습장애 진단에 있어서의 큰 변화가 국내 연구에도 영향을 주었기 때문으로 볼 수 있다. 실제로 2005년 이후에 발표된 연구들을 보면, 중재반응 모델에 대한 고찰, 중재반응 모델의 국내 적용 가능성에 대한 탐색, 국내에 적합한 대안적인 학습장애 진단 모델에 대한 연구 등이 주를 이룬다.

(3) 학습장애 인지 특성

학습장애학생의 인지 특성에 대한 연구도 활발히 이루어졌다. 1994년부터 2009년 6월까지 발표된 학습장애 인지 특성에 관한 연구는 30편에 이른다. 구체적으로 살펴보면, 학습장애학생의 주의력, 실행기능, 작업기억, 정보처리, 귀인성향, 인지 및 초인지 특성 등에 관한 연구들이 실시되었다.

(4) 학습장애 사회성

2000년 이후부터 학습장애 사회성에 관한 연구도 꾸준히 발표되었다. 1994년부터 2009년 6월까지 발표된 학습장애 사회성에 관한 연구는 13편에 이른다. 학습장애학생의 사회성 특성과 사회적 기술 지도 방법 등에 대한 연구가 주를 이루었다.

🌳 요 약

　이 장에서는 학습장애의 역사를 서양 학습장애 역사와 국내 학습장애 역사로 나누어 살펴보았다. 서양 학습장애 역사는 유럽에서의 학습장애 기반 구축기, 미국에서의 학습장애 기반 구축기, 학습장애 발흥기, 학습장애 정착기, 학습장애 다양화 단계로 구분하여 소개하였다. 국내 학습장애 역사는 크게 학습장애 소개기, 학습장애 발흥기, 학습장애 정립기로 구분하여 소개하였다.

　서양 학습장애 역사를 볼 때, 유럽에서의 기반 구축기에는 신경학의 발전을 통한 뇌와 구어 간의 관련성 연구와 읽기장애 고전 연구가 주를 이루었다. 미국에서의 학습장애 기반 구축기에는 읽기장애 연구와 지각, 지각-운동, 주의 장애 연구가 주를 이루었다. 학습장애 발흥기에는 Samuel Kirk에 의해 학습장애라는 용어가 최초로 소개된 역사적으로 중대한 사건이 있었고, 학습장애 부모 및 전문가 단체가 설립되었고, 학습장애학생을 위한 인처처리 훈련과 시각 및 지각 훈련이 성행하였다. 학습장애 정착기에는 미국의 「장애인교육법」(PL 94-142)이 제정되면서, 학습장애 교육의 법적 토대가 마련되었다. 학습장애 교육의 법적 토대가 마련되면서, 학습장애학생을 위한 검증된 교육을 제공하기 위하여 5개 대학교에 연구비를 지원하여 학습장애 관련 연구를 진행하도록 하였다. 또한 직접교수에 관한 연구가 본격적으로 시작된 시기이기도 한다. 학습장애 다양화기에는 학습장애학생의 출현율이 급격히 증가하여 전체 특수교육대상학생의 51%를 차지하게 되었고, 학습장애 진단, 원인, 특성 및 교육 등 다양한 영역에서의 연구가 진행되었다.

　국내 학습장애 역사를 볼 때, 학습장애 소개기에는 학습장애라는 용어가 처음 소개되기는 하였으나, 학습장애의 개념이 학습지진과 학습부진과 혼용되어 사용되었다. 학습장애 발흥기에는 Samuel Kirk의 학습장애 정의 및 하위 유형과 비슷한 학습장애 정의와 불일치 개념이 소개되었고, 학습장애와 학습부진과 학습지진을 구분하고자 하는 시도가 있었으며, 학습장애 평가에 사용할 수 있는 다양한 평가도구를 개발하였다. 학습장애 정립기에는 1994년 「특수교육진흥법」의 전면 개정과 함께 학습장애가 특수교육대상자 선정 기준에 포함되면서, 학습장애 교육의 법적 토대가 마련되었다. 이 시기 동안에는 특정학습장애의 하위 영역별로 나타나는 학습장애학생의 특성 및 이들을 위한 효과적인 교수 방법에 관한 연구, 학습장애 정의 및 진단, 학습장애의 인지적 특성, 학습장애 사회성 연구가 주를 이루었다.

 참고문헌

강위영(1986). 학습장애아의 출현율과 행동특성. 생활과학연구, 7(1), 5-107.

강위영(1987). 논안: 학습장애아 시리즈. 정서 · 행동장애연구, 3(4).

교육인적자원부(1994). 특수교육진흥법 시행령(1994. 10. 4. 대통령령 제14395호).

김애화, 김의정, 유현실(2011). 한국형 학습장애 진단 모형 탐색: 읽기 성취와 읽기 심리처리를 통한 읽기장애 건딜 모형. 학습장애연구, 8(2), 47-64.

김애화, 김의정(2012, 출판예정). 학습장애 동향분석.

김정권, 여광응(1987). 학습준비도검사. 서울: 도서출판 특수교육.

민병근(1963). 어린이의 정신건강: 학습장애. 신경정신의학, 2(2), 63.

박경숙, 윤점룡, 박효정(1989). 기초학습기능검사. 서울: 한국교육개발원.

박경숙, 윤점룡, 박효정, 박혜정, 권기욱(1987). 웩슬러 아동지능검사(KEDI-WISCI). 서울: 도서출판 특수교육.

변홍규(1979). An Analysis of Korean Teachers' Competency for Handling Learning and Behavioral Disabilities. 사대논문집, 5, 1-14.

변홍규(1982). 학습장애아 교수에 관한 문헌 분석적 연구. 교육학연구, 20(1), 19-36

변홍규(1988). 학습장애자의 교수를 위한 이론모형 개발에 관한 연구. 논문집, 30, 1-23.

서귀돌(1988). 학습장애아의 학습실패 귀인에 관한 연구. 특수교육, 1, 31-39.

설은영(1978). 부모의 사회경제적 지위가 학습장애에 미치는 영향. 특수교육, 3, 1-26.

송영혜(1989). 주의간섭자극이 학습장애아의 선택적 주의 집중에 미치는 효과. 정서 · 행동장애연구, 5(2), 50-64.

오경자(1988). K-WISC Profile을 통한 학습장애아의 인지특성분석. 인문과학, 17, 139-159.

오경자(1989). 학습장애의 평가. 대학생활연구, 7, 95-109.

유복희(1977). 읽기장애가 학습 부진에 미치는 영향. 특수교육, 2, 9-29.

이상노, 서봉연, 송명자, 송영혜(1989). 학습장애 치료교육 프로그램 개발을 위한 기초연구. 논문집, 21, 1-77.

정대영(1986). Myklebust의 행동 평정시도에 의한 학습장애아의 행동 특성 분석. 정서 · 행동장애연구, 2(1), 52-61.

조인수(1989). 논단: 미세뇌기능 장애. 정서 · 행동장애연구, 5(1), 7-11.

Bateman, B. (1965). An educational view of a diagnostic approach to learning disorders. In J. Hellmuth (Ed.), *Learning disorders: Vol. 1* (pp. 219-239). Seattle, WA: Special Child Publications.

Fernald, G. M., & Keller, H. (1921). The effect of kinaesthetic factors in the development of word recognition in the case of non-readers. *Journal of Educational Research, 4*, 355-377.

Fletcher, J. M., Foorman, B. R., Boudousquie, A. B., Barnes, M. A., Schatschneider, C., & Francis, D. J. (2002). Assessment of reading and learning disabilities: A research-based, intervention-oriented approach. *Journal of School Psychology, 40*, 27-63.

Fuchs, D., Hale, J. B., & Kearns, D. M. (2011). On the importance of a cognitive processing perspective: An introduction. *Learn Disabilities, 44*(2), 99-104.

Fuchs, L. S., Fuchs, D., & Compton, D. L. (2010). Rethinking response to intervention at middle and high school. *School Psychology Review, 39*(1), 22-28.

Individuals with Disabilities Education Improvement Act (IDEA) of 2004, PL 108-466, Sec. 602[30].

Goldstein, K. (1939). *The organism*. New York: American Book.

Hammill, D. D., & Larsen, S. C. (1974). The effectiveness of psycholinguistic training. *Exceptional Children, 41*(1), 5-14.

Hallahan, D. P., & Mercer, C. D. (2002). Learning disabilities: Historical perspecrives. In R. Bradley, L. Darielson, & D. P. Hallahan (Eds.), Identification of Learning Disabilities: Research to pracrices (pp. 1-67). Mahwah, NJ: Erlbaum.

Hinshelwood, J. (1917). *Congenital word-blindness*. Oxford, England: Lewis, 112.

Kaussmaul, A. (1877). Word deafness and word blindness. In H. von Ziemssen & J. A. T. McCreery (Eds.), *Cyclopedia of the practice of medicine* (pp. 770-778). New York: William Wood.

Kirk, S. A. (1962). *Educating exceptional children*. Boston: Houghton Mifflin.

Kirk, S. A., & Chalfant, J. C. (1984). *Academic and developmental learning disabilities*. Columbus, OH: Love Pub. Co.

Monroe, M. (1928). Methods fordiagnosis and treatment of cases of reading disability. *Genetic Psychology Monographs, 4,* 341-456.

Orton, S. T. (1925). "Word-blindness" in school children. *Archives of Neurology and Psyhiatry, 14,* 581-615.

The Education for the Handicapped Act (EHA) of 1975. PL 94-142.

Vaughn, S., & Fletcher, J. M. (2010). Thoughts on rethinking response to intervention with secondary students. *School Psychology Review, 39*(2), 296-299.

학습장애
선별 및 진단

학습목표

이 장을 통해 학습장애에 관한 다음의 지식과 기술을 습득하게 될 것이다.

- 미국 학습장애 선별 및 진단 절차를 설명할 수 있다.
- 국내 학습장애 선별 및 진단 절차를 설명할 수 있다.
- 학습장애 판별을 위한 다양한 진단 모델을 설명할 수 있다.
- 국내 학습장애 진단 모델의 동향을 설명할 수 있다.

학습장애 선별(screening)과 진단(diagnosis)은 학습장애를 판별하는 과정에서 이루어진다. 선별은 학습장애로 의심되는 학생을 선발하는 데 목적이 있다. 이와는 달리 진단은 학습장애 적격성(eligibility)을 판단하는 데 목적이 있다. 이 장에서는 미국 및 국내의 학습장애 선별 및 진단 절차를 제시하고자 한다. 또한 학습장애를 진단하는 데 사용되는 다양한 모델을 소개한 다음, 국내 학습장애 진단 모델의 동향을 살펴보고자 한다. 마지막으로 국내에서 학습장애 선별 및 진단에 활용할 수 있는 검사도구를 소개하고자 한다.

1. 미국 학습장애 선별 및 진단 절차

미국의 경우, 학습장애학생은 일반적으로 선별 및 의뢰, 진단·평가, 진단위원회 결정(Bocian, Beebe, MacMillan, & Gresham, 1999)의 절차를 거쳐 판별된다.

첫째, 선별은 주로 일반교사에 의해 이루어진다. 일반교사는 학생에 대한 관찰 및 경험을 바탕으로 학업 문제를 보이는 학생을 선별하거나, 집단검사의 형식으로 치러지는 학업성취 평가에서 낮은 수행을 보이는 학생을 선별한다(김애화, 이동명, 2005). 미국에서는 학습장애 위험군 학생으로 선별된 학생을 대상으로 의뢰 전 중재(prereferral intervention)를 실시할 것을 제안하고 있다. 의뢰 전 중재란 일반학급에서 학습장애 위험군 학생에게 일정 기간 동안 '특수한' 도움을 제공하는 것으로 학습장애가 아닌 학생이 학습장애로 잘못 판별되는 것을 줄이는 데 목적이 있다. 그러나 의뢰 전 중재를 받은 후에도 지속적으로 학업 문제를 보이는 학생은 진단·평가에 의뢰된다.

둘째, 진단·평가에 의뢰된 학생을 대상으로 학업성취도검사, 인지처리검사, 지능검사 등을 포함한 다양한 영역에서 진단·평가를 실시한다. 진단·평가 시에는 표준화된 규준참조검사 도구를 사용하여야 하며, 검사 도구에 제시된 절차에 따라

검사를 실시하고, 채점하고, 결과를 해석하여야 한다. 이러한 객관적인 평가 결과는 학습장애를 진단하는 데 활용된다.

셋째, 진단·평가 결과를 중심으로 진단위원회가 구성되어 학습장애 적격성 여부 및 교육적 배치를 결정한다. 진단위원회는 선별과 진단을 통해 수집한 정보뿐 아니라 사회문화적 요인과 환경적 요인을 고려하여 학습장애 적격성 여부와 교육적 배치에 관한 팀 결정을 내린다. 즉, 학습장애 진단과 배치 결정에 있어서 선별을 통해 수집한 학생의 학업성취에 대한 객관적 자료, 진단을 통해 수집한 학생의 학업성취, 인지처리, 지능 등에 대한 객관적 자료, 그리고 사회문화적·환경적 요인 등을 고려한 학생의 능력 및 성취도에 대한 자료를 활용한다.

2. 국내 학습장애 선별 및 진단 절차

국내 학습장애 선별 및 진단 절차는 「장애인 등에 대한 특수교육법」 제3장(특수교육 대상자의 선정 및 학교 배치 등)과 동법 시행규칙을 중심으로 살펴보고자 한다. 「장애인 등에 대한 특수교육법」에는 영유아의 장애 및 장애 가능성을 조기에 발견하기 위해 선별검사를 실시하도록 규정하고 있으나, 학습장애 선별에 관한 구체적인 조항은 마련되어 있지 않다. 「장애인 등에 대한 특수교육법」과 동법 시행규칙에 제시된 '특수교육대상자 진단·평가의뢰서 제출 및 처리 절차'(〈표 4-1〉 참조)에 따르면, 학습장애학생은 '의뢰, 진단·평가, 선정, 배치'의 절차를 거쳐 판별된다.

첫째, 보호자 또는 각급 학교의 장은 학습장애를 가지고 있거나 학습장애를 가지고 있다고 의심되는 학생을 발견하였을 경우 진단·평가의뢰서를 작성하여 교육감 또는 교육장에게 제출한다. 각급 학교의 장이 진단·평가를 의뢰한 경우에는 의뢰 전에 반드시 보호자의 사전 동의를 받아야 한다. 각급 학교의 장이 의뢰할 경우에는 일반적으로 일반교사가 학생에 대한 관찰 및 경험을 바탕으로 학업 문제를

〈표 4-1〉 특수교육대상자 진단 · 평가의뢰서 제출 및 처리 절차

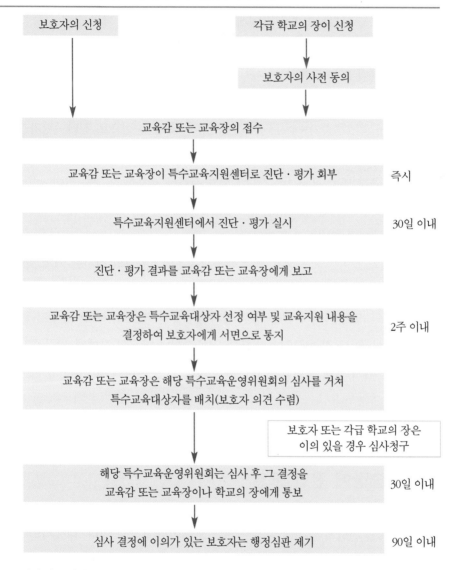

※ 작성 시 유의사항

(가) 각급 학교의 장이 신청하는 경우 특수교육 대상자의 보호자가 작성한 동의서를 첨부할 것.

(나) 접수번호: 시 · 도(하급) 교육청에서 부여하므로 지원자는 기재하지 아니함.

(다) 의뢰서의 기재사항을 수정할 때에는 반드시 해당 학교의 장 또는 시 · 도 교육감(고등학교 입학자격검정고시 합격자에 한함)의 날인이 있어야 함.

출처: 「장애인 등에 대한 특수교육법」 시행규칙(교육과학기술부령 제86호)

보이는 학생이나, 집단검사의 형식으로 치러지는 학업성취 평가에서 낮은 수행을 보이는 학생을 선별하여 학교장에게 전달하고, 이를 각급 학교 장이 검토한 후 진단·평가를 신청하는 형식으로 진행한다.

둘째, 교육감 또는 교육장은 진단·평가의뢰서를 접수 받은 즉시 이를 특수교육지원센터로 회부한다. 특수교육지원센터는 30일 이내에 학습장애 진단·평가 영역(지능검사, 기초학습기능검사, 시지각발달검사 등)을 중심으로 진단·평가를 실시하고, 그 결과를 교육감 또는 교육장에게 보고하여야 한다.

셋째, 교육감 또는 교육장은 진단·평가 결과를 검토한 후, 2주 이내에 학습장애를 지닌 특수교육대상자로의 선정(학습장애 적격성) 여부 및 교육지원 내용을 결정하여 보호자에게 서면으로 통지한다.

넷째, 교육감 또는 교육장은 해당 특수교육운영위원회의 심사를 거쳐 학습장애 학생을 배치하여야 하며, 이 과정에서 보호자 의견을 수렴한다. 만일 보호자 또는 각급 학교의 장이 이의가 있을 경우 심사청구할 수 있으며, 해당 특수교육운영위원회는 심사 후 그 결정을 교육감 또는 교육장이나 학교의 장에게 30일 이내 통보한다. 또한 심사 결정에 이의가 있는 보호자는 90일 이내에 행정심판을 제기할 수 있다.

3. 학습장애 진단 모델

학습장애를 진단하기 위해 다양한 진단 모델이 사용되고 있다. 대표적인 학습장애 진단 모델로는 불일치 모델, 중재반응 모델, 저성취 모델, 학업성취와 인지처리를 통한 진단 모델을 들 수 있다. 각각의 진단 모델에 대한 설명과 문제점은 다음과 같다.

1) 불일치 모델(discrepancy model)

1962년에 Kirk가 학습장애 정의(제1장 참고)를 소개한 이후 불일치 모델은 학습장애 진단 과정에서 중요한 요소로 언급되기 시작하였다. 초기 불일치 모델에서는 개인내 차(intra-individual difference)[1]와 발달적 불균형(developmental imbalances)[2] 등 '인지적 불일치' 개념을 적용하였다(Gallagher, 1966; Kirk, 1962). 그러나 인지적 불일치(cognitive discrepancy) 개념은 1980년대 발표된 연구를 통해 타당성에 대한 도전을 받았다.

이러한 인지적 불일치 개념에 대한 비판으로 '능력-성취 불일치' 개념이 대두되었다. Bateman(1965)이 처음 소개한 능력-성취 불일치 개념은 현재까지 학습장애를 진단하는 데 가장 많이 사용된 전통적인 학습장애 진단 모델이다(Mercer, Jordan, Allsopp, & Mercer, 1996). 능력-성취 불일치를 결정하는 다양한 공식이 제안되었는데, 대표적인 불일치 계산 공식으로는 학년수준편차 공식, 기대학령 공식, 표준점수 비교 공식, 회귀 공식 등이 있다.

(1) 불일치 공식

학년수준편차(deviation from grade level) 공식 학년수준편차 공식은 불일치 공식 중 가장 단순한 공식(식 1)으로 다음과 같다. 〈표 4-2〉는 학년수준편차 공식을 적용한 예다.

---

1) 학습장애는 어느 하나 혹은 소수의 영역에서 어려움을 보이지만 다른 영역에서는 평균 혹은 그 이상의 성취를 보임.
2) 학습장애는 지능검사(Wechsler Intelligence Scale for Children: WISC) 결과에서 일반학생과 다른 강점과 약점의 패턴을 보임.

| 학년수준편차 공식 | 식 1: EGL−AGL
(미국의 경우 EGL = CA−5, 우리나라의 경우 EGL = CA−6 [* 숫자 5, 6은 학교에 입학하기 전까지의 연수를 의미], AGL = 학업성취도 검사의 학년규준 점수 사용) |

※ EGL(Expected Grade Level, 기대되는 학년 수준), CA(Chronological Age, 생활연령[3]), AGL(Actual Grade Level, 실제 학년 수준)

〈표 4−2〉 학년수준편차 공식을 적용한 예

김다빈	초등학교 3학년 (수학 학습장애 위험군 학생으로 선별되어 진단 · 평가에 의뢰)
생년월일	2001년 1월 2일
검사 실시일	2010년 3월 2일
학업성취도 검사명	기초학습기능검사−셈하기
학업성취도 검사 결과	원점수(15) → 학년규준 점수(1.6)
진단공식 및 기준	학년수준편차 공식(현저한 차이 기준: 1학년 이상)
학년수준편차 공식 적용	EGL−AGL = (CA−6)−학년규준 점수 = 3.2−1.6 = 1.6
진단 결정	불일치 점수로만 보았을 때, 학습장애로 진단할 수 있으나 학습장애로 진단하기 위해서는 배제준거 등도 함께 고려하여어 함.

앞의 공식에서 볼 수 있듯이, 학년수준편차 공식은 기대되는 학년 수준과 실제 학년 수준 간의 차이를 산출하여 불일치 정도를 파악하는 것이다. 기대되는 학년 수준은 학생의 생활연령에 근거하여 산출된 학년을 의미하고, 실제 학년 수준은 학생의 학업성취도검사를 통해 산출된 학년 규준점수를 의미한다. 기대되는 학년 수준을 산출할 때 미국의 경우에는 학생의 생활연령에서 5를 빼지만 우리나라의 경우에는 6을 뺀다. 그 이유는, 미국은 만 6세에 초등학교에 입학하므로 학교에 입학하기 전까지의 연수가 5년인 반면, 우리나라는 만 7세에 초등학교에 입학하므로

---

3) 생활연령은 검사실시일에서 생년월일을 빼서 산출함.

입학하기 전까지의 연수가 6년이 되기 때문이다.

학년수준편차 공식을 사용하여 학습장애를 진단하려면 기대되는 학년 수준과 실제 학년 수준 간에 현저한 차이가 나야 한다. 이때 현저한 차이의 기준은 두 점수 간에 1~2학년 이상의 차이가 나는 것을 의미한다. 일반적으로 현저한 차이의 기준은 고학년으로 갈수록 증가하며, 학자마다 다소 차이가 있는 것으로 나타났다. Richek, List와 Lerner(1989)는 기대되는 학년 수준과 실제 학년 수준 간의 차이가 초등학교 저학년의 경우 1.0학년, 초등학교 고학년의 경우 1.5학년, 중학생의 경우 2.0학년 이상, 고등학교의 경우 2.5학년 이상일 때 현저한 차이가 있다고 제안하였다. 그러나 어떤 학자들은 초등학교 저학년은 0.5학년, 초등학교 고학년은 1.0년 학년, 중학생은 1.5학년, 고등학생은 2.0학년 이상일 때 현저한 차이가 있다고 제안하였다(정대영, 1998). 또 다른 학자의 경우에는 초등학교 저학년은 1.0학년, 초등학교 고학년은 1.5년 학년, 중학생은 2.0학년 이상일 때 현저한 차이가 있다고 제안하였다(이상훈, 1999; 이나미, 윤점룡, 1990).

학년수준편차 공식은 계산이 용이하여 학습장애를 진단하는 데 쉽게 사용할 수 있다는 장점이 있는 반면, 다음의 단점을 지닌다.

첫째, 이 공식은 학생의 지능과는 상관없이 단지 학생의 생활연령에 근거하여 기대되는 학년 수준을 산출하기 때문에 지능이 낮은(IQ 70~90) 학생이 학습장애로 과잉 판별되는 현상이 나타난다(Cone & Wilson, 1981; Reynolds, 1984-1985; Sinclair & Alexson, 1986).

둘째, 학년 수준의 개념이 모호할 뿐 아니라, 학년규준 및 연령규준 점수를 등간 척도처럼 사용하는 문제점(학년에 따른 다른 의미의 편차 값)을 지니고 있다(Mercer, 1997). 예를 들어, 한 학년에서의 2학년 차이는 다른 학년에서의 2학년 차이와는 다른 의미를 지닌다.

셋째, 검사도구마다 학년규준 점수나 연령규준 점수의 의미가 다르기 때문에 학년규준 및 연령규준 점수를 사용함으로써 생기는 측정적 문제가 있다(Hanna, Dyck, & Holen, 1979).

기대학령(expectancy formulas) 공식   기대학령 공식은 학생의 생활연령뿐 아니라 지능 및 재학 연수 등을 고려한 불일치 공식이다. Bond와 Tinker 공식(1973, 식 2)이 대표적이다. 〈표 4-3〉은 기대학령 공식을 적용한 예다.

Bond와 Tinker 공식	식 2: $(YIS \times \dfrac{IQ}{100} +1.0)-AGL$ (YIS = 검사 직전까지 학교에 재학한 연수, AGL = 학업성취도 검사의 학년규준 점수 사용)

※ YIS(Years in School, 재학 연수), IQ(Intelligence Quotient, 지능지수), AGL(Actual Grade Level, 실제 학년 수준)

〈표 4-3〉 기대학령 공식 적용의 예

김다빈	초등학교 3학년 (수학 학습장애 위험군 학생으로 선별되어 진단·평가에 의뢰)
생년월일	2001년 1월 2일
검사 실시일	2010년 3월 2일
학업성취도 검사명	기초학습기능검사-셈하기
학업성취도 검사 결과	원점수(15) → 학년규준 점수(1.6)
지능검사명	K-WISC III
지능검사 검사 결과	전체 지능지수(100)
진단공식 및 기준	기대학령 공식(현저한 차이 기준: 1학년 이상)
기대학령 공식 적용	$(YIS \times \dfrac{IQ}{100} + 1.0) - AGL = (2 \times \dfrac{100}{100} + 1.0) -$ 학년규준 점수 $= 3-1.6 = 1.4$
진단 결정	불일치 점수로만 보았을 때, 학습장애로 진단할 수 있으나 학습장애로 진단하기 위해서는 배제준거 등도 함께 고려하여야 함.

기대학령 공식을 사용하여 학습장애를 진단하려면 기대되는 학년 수준과 실제 학년 수준 간에 현저한 차이가 나야 하며, 학년수준편차 공식과 동일한 기준이 적용된다. 기대학령 공식은 지능 및 재학 연수 등을 고려하여 기대되는 학년수준을 계산함

으로써 학년수준편차 공식의 문제점을 보완하려 하였지만, 근본적으로 학년수준편차 공식과 비슷한 통계적 문제를 지니고 있다(Reynolds, 1984-1985). 우선 기대학령 공식은 학년규준 및 연령규준 점수를 등간척도 혹은 비율척도인 것처럼 사용하는 문제점을 들 수 있다. 또한 학년규준 및 연령규준 점수를 사용함으로써 생기는 측정적 문제가 있다(예, 검사도구별로 학년규준 점수나 연령규준 점수가 다름; Hanna, Dyck, & Holen, 1979). 그 밖에도 기대학령 공식을 초등학교 저학년(특히 1학년과 2학년)과 중학교 이상의 학생에게 적용할 경우 신뢰성이 떨어지는 점 등이 문제점으로 지적된다. 이러한 문제점으로 인해 여러 편의 연구에서 기대학령 공식이 학습장애학생을 진단하는 데 적절치 않은 것으로 밝혀졌다. Sinclair와 Alexson(1986)은 기대학령 공식을 사용하였을 때, 학습장애로 진단된 학생의 64%가 학습장애 기준을 충족시키지 못한다는 결과를 보고하였다. 또한 Forness, Sinclair와 Guthrie(1983)는 기대학령 공식의 유형에 따라 학습장애 출현율이 상당히 달라진다고(11~33%) 보고하였다.

표준점수 비교(standard score comparison) 공식   표준점수 비교 공식은 지능지수와 학업성취 점수를 표준점수로 변환하여 두 점수를 비교하는 공식이다(Elliot, 1981; Erickson, 1975; Hanna et al., 1979). 표준점수 비교 공식에서는 학년규준 점수나 연령규준 점수를 사용하는 학년수준편차 공식과 기대학령 공식의 문제점을 보완하기 위해 표준점수를 사용한다. 대표적인 표준점수 비교 공식에는 표준점수(standard score) 공식과 차이점수(difference score) 공식이 있다. 〈표 4-4〉는 표준점수 비교 공식을 적용한 예다.

표준점수 공식(식 3)은 지능지수와 학업성취 점수를 평균이 100이고 표준편차가 15인 표준점수로 변환한 후 두 점수를 비교하는 것으로 다음과 같다. 두 점수 간의 차이가 약 1~2표준편차(standard deviation: SD)일 때 현저한 불일치를 보이는 것으로 평가한다.

차이점수 공식(식 4)은 지능검사와 학업성취도 점수를 Z 점수로 변환한 후, 두 측정값의 차이를 표준오차(standard error of the difference)로 나누어 산출하는 것으

표준점수 공식	식 3: 지능지수 − 학업성취 점수 (두 점수 모두 평균이 100, 표준편차가 15인 표준 점수)

| 차이점수 공식 | 식 4: $\dfrac{Z_{achi}-Z_{abil}}{\sqrt{(1-r_{xx})+(1-r_{yy})}}$

(Z_{achi}=성취 Z 점수, Z_{abil}=지능 Z 점수, r_{xx}=성취검사 신뢰도, r_{yy}=지능검사 신뢰도) |

〈표 4-4〉 표준점수 비교 공식 적용의 예

최용석	초등학교 3학년 (읽기 학습장애 위험군 학생으로 선별되어 진단·평가에 의뢰)
학업성취도 검사명	기초학습기능검사-읽기 II(신뢰도 = .98)
학업성취도 검사 결과[4]	원점수(29) → 학년별 백분위(16) → Z 점수(−1) → 표준점수(85)
지능검사명	K-WISC III(지능검사 신뢰도 = 0.84)
지능검사 검사 결과	전체 지능지수(표준점수 95) → Z 점수(−0.33)
진단 공식 및 기준	표준점수 비교 공식(표준점수 공식, 차이점수 공식) (현저한 차이 기준: 1SD → 표준점수 15점 차이)
표준점수 공식 적용	95−85 = 10
진단 결정	표준점수 15보다 작기 때문에 학습장애로 진단할 수 없음.
차이점수 공식 적용	$\dfrac{(-1)-(-.33)}{\sqrt{(1-.98)+(1-.84)}} = -1.57$
진단 결정	불일치 점수로만 보았을 때, 학습장애로 진단할 수 있으나 학습장애로 진단하기 위해서는 배제준거 등도 함께 고려하여야 함.

로 다음과 같다. 이렇게 산출된 값과 이미 정한 불일치 기준값(cut-off SD)을 비교하여 현저한 차이 여부를 결정한다.

---

4) 규준점수들 간의 변환표는 〈부록 1〉을 참조.

표준점수 비교 공식은 학년수준편차 공식과 기대학령 공식의 측정적 비판을 어느 정도 상쇄시키는 반면, 여전히 평균으로의 회귀현상의 문제를 내포하고 있다(Cone & Wilson, 1981; Sinclair & Alexson, 1986, 재인용). 평균으로의 회귀현상은 두 측정값이 완전한 상관이 아닐 때 나타나는 현상이다(김동일, 신종호, 이대식 2003), 표준점수 비교 공식은 지능과 학업성취 값이 완벽한 상관이라는 것을 가정한다. 즉, 지능지수가 100인 학생은 학업성취 점수도 100, 지능지수가 85인 학생은 학업성취 점수도 85일 것으로 가정한다. 그러나 지능지수와 학업성취 점수가 완전한 상관이 아닐 때, 지능지수가 100 이상인 학생의 학업성취 점수가 지능지수보다 낮게 나타나는 경향을 보이는 반면, 지능지수가 100 이하인 학생의 학업성취 점수는 지능지수보다 높게 나타나는 경향을 보인다. 이러한 평균으로의 회귀현상으로 인해 표준점수 비교 공식은 지능이 높은 학생을 과잉 판별하고 지능이 상대적으로 낮은 학생은 과소 판별하는 문제가 있다(Evans, 1992; Braden & Weiss, 1988; Furlong, 1988; Cone & Wilson, 1981).

회귀(regression analysis) 공식　회귀 공식은 표준점수 비교 공식의 문제점을 보완하기 위해 두 측정값이 완전한 상관이 아닐 때 나타나는 평균으로 회귀하는 현상을 통계적으로 재조정한 공식이다(Reynolds, 1985; Shepard, 1980). 회귀 공식은 두 측정값의 상관관계와 지능을 고려하여 '기대되는 학업성취 점수(predicted achievement score)'를 산출하고(식 5), 측정의 표준오차(standard error of measurement: SEM)를 고려하여 기대되는 학업성취 점수의 신뢰구간을 설정한다(식 6). 95% 신뢰구간을 설정할 경우, 기대되는 학업성취 점수의 신뢰구간은 '기대되는 학업성취 점수 ±1.96[5]×측정의 표준오차'가 되며, 설정된 신뢰구간과 실제 학생의 학업성취 점수를 비교하여 불일치 여부를 결정한다. 〈표 4-5〉는 회귀 공식을 적용한 예다.

회귀 공식은 평균으로의 회귀현상과 측정의 오류를 고려하는 등 불일치 공식 중

---

5) 95% 신뢰구간 산출 시 Z 점수는 1.96임.

기대되는 학업성취	식 5: $= r_{xy}(IQ-100)+100$ (r_{xy} =두 측정값의 상관계수)
측정의 표준오차	식 6: (SEM) $= SD \sqrt{(1-r_{xy})}$ (r_{xy} =두 측정값의 상관계수)

〈표 4-5〉 회귀 공식 적용의 예

최용석	초등학교 3학년 (읽기 학습장애 위험군 학생으로 선별되어 진단·평가에 의뢰)
학업성취도 검사명	기초학습기능검사-읽기 II(신뢰도 = .98)
학업성취도 검사 결과[6]	원점수(29) → 학년별 백분위(16) → Z 점수(-1) → 표준점수(85)
지능검사명	K-WISC III(지능검사 신뢰도 = 0.84)
지능검사 검사 결과	전체 지능지수(표준점수 95) → Z 점수(-0.33)
학업성취도 검사와 지능검사의 상관[7]	0.64
진단 공식 및 기준	회귀 공식(현저한 차이 기준: 기대되는 학업성취도 점수의 95% 신뢰구간 내에 실제 학업성취도 점수가 속하지 않을 경우)
회귀 공식	기대되는 학업성취 = 0.64(95-100)+100 = 96.8 측정의 표준오차 = $15\sqrt{(1-0.64)}$ = 9 기대되는 학업성취도 점수의 신뢰구간(95% 신뢰구간) = 96.8±1.96(9) =79.16~114.44
진단 결정	실제 학업성취도 점수가 85이고, 85는 95% 신뢰구간 안에 해당하는 점수이기 때문에, 현저한 불일치를 보인다고 판단할 수 없고, 따라서 학습장애로 진단할 수 없음.

문제가 상대적으로 적은 방법으로 평가된다(Evans, 1990; Reynolds, 1985). 국내외 연구에서 다른 공식과 비교하여 회귀 공식이 전체 지능지수 범위에 걸쳐 비교적 골고루 학습장애학생을 판별할 수 있는 방식으로 평가하였다(박현숙, 1992; Payette,

6) 규준점수들 간의 변환표는 이 장의〈부록 1〉을 참조
7) 두 검사 간 상관의 추정 계산공식: $.7071 \sqrt[\pi]{r_{xx} \pi r_{yy}}$

Clarizio, Phillips, & Bennett, 1995). 이러한 장점에도 불구하고, 회귀 공식이 지닌 통계적 복잡성으로 인해 학교 현장에서 적용하는 데 다소 어려운 결과를 초래하였다. 또한 두 측정값의 상관계수는 대규모의 표본을 통해 얻을 수 있는데, 이러한 이상적인 방법으로 상관계수가 제시되지 않아 상관계수를 추정(estimate)해야 하는 경우가 자주 발생한다. 상관계수를 추정할 경우, 불일치 결과의 타당성 및 일반화에 문제가 생긴다고 할 수 있다.

(2) 불일치 모델의 문제점

앞에서 살펴본 바와 같이 학습장애를 진단하는 데에서 불일치 모델이 지닌 한계점이 지적되면서 보다 타당하고 신뢰할 수 있는 불일치 공식을 개발하기 위한 시도가 이루어졌다. 현재까지 제안된 불일치 모델 중 표준점수 비교 공식과 회귀 공식이 상대적으로 나은 공식으로 평가되었다(Cone & Wilson, 1981). 그럼에도 불구하고 1990년대 말에 들어오면서 불일치 모델 전반에 대한 비판이 제기되기 시작하여 '지능-성취 불일치 개념은 학습장애학생을 진단하는 데 필수 조건도 충분 조건도 아니다.'라는 평가를 받기에 이르렀다(Bradley et al., 2002: 796).

능력-성취 불일치 모델이 지닌 대표적인 문제점을 요약하면 다음과 같다(Hallahan & Mercer, 2002; Vaughn, Linan-Thompson, & Hickman, 2003).

첫째, 지능은 학생의 잠재능력(potential ability)의 척도가 아니라는 점이다(Siegel, 1989).

둘째, 불일치 점수의 신뢰성 문제와 불일치 공식 및 판단기준에 따라 학습장애 적격성 여부가 다르게 나타난다는 점이다.

셋째, 불일치가 얼마나 타당하게 학습장애와 학습부진을 차별화하는지에 대한 의문점을 들 수 있다(Fletcher et al., 1994).

넷째, 학생의 학교교육 이전의 교육경험에 대해 통제할 수 없으므로 내적인 원인으로 인한 학습의 어려움과 교육경험의 부족으로 인한 학습의 어려움을 차별화하는 것이 어렵다.

다섯째, 진단 과정에서 학생의 교육적 요구 및 특성에 대한 파악이 중요한 비중을 차지하지 못하고, 진단 결과가 교수 계획에 주는 시사점이 부족하다.

여섯째, 표준화 검사 도구의 심리측정적 특성(psychometric properties)상 만 9세 이전에 학습장애로 진단하기 어려워 조기 중재가 쉽지 않다(Fletcher et al., 1998).

(3) 수정된 불일치 모델

앞에서 언급한 바와 같이 여러 측면에서 불일치 모델에 대한 비판이 제기되었으나, Kavale과 Forness(2000)는 불일치 모델은 학습장애의 정의에서 여전히 중요한 요소이기 때문에 불일치 모델을 포기하는 것은 적절치 않다고 주장하면서 '수정된 불일치 모델'을 제안하였다. Kavale과 Forness(2000)는 불일치 모델을 기본으

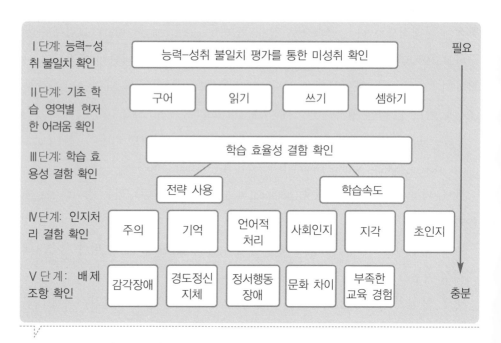

[그림 4-1] Kavale과 Forness의 학습장애 판별 5단계

출처: Kavale, K. A. & Forness, S. R. (2000). What definitions of learning disability say don't say: A critical analysis. *Journal of Learning Disabilities, 33*(3), 239-256.

로 하되 다양한 평가를 함께 활용하여 학습장애를 판별하자고 주장하면서 다음의
5단계 진단 모델([그림 4-1] 참조)을 제안하였다. 1단계에서는 전체 지능 점수와 전
체 학업성취도 점수 사이의 불일치 여부를 확인한다. 2단계에서는 기초학습 영역
인 읽기, 쓰기, 수학 및 구어 영역별로 현저한 어려움이 있는지 여부를 확인한다.
3단계에서는 전략 사용과 학습 속도를 평가하여 학습효율성에 결함이 있는지의
여부를 확인한다. 4단계에서는 인지처리 결함을 확인한다. 5단계에서는 1~4단계
에서 보인 어려움이 배제조항에 해당하는 이유로 인한 것인지를 확인한다. 여기서
Kavale과 Forness(2002)는 불일치가 미성취(under achievement)[8]를 확인하는 중요
한 기능을 갖고 있음을 강조하면서, 불일치 평가를 1단계에서 실시할 것을 제안하
였다. 또한 Kavale과 Forness(2002)는 불일치 평가가 필요조건이지 충분조건은 아
니라고 강조하며, 다양한 평가를 함께 활용하여 학습장애 적격성 여부를 결정하여
야 한다고 주장하였다.

2) 중재반응 모델

  중재반응 모델(response to intervention model)은 불일치 모델의 문제점을 보완한
학습장애 진단 모델로 조기 선별과 조기 중재를 강조한 모델이다. 불일치 모델은
학생의 학습문제가 심각하게 진행된 후에야 학습장애 적격성을 결정하기 때문에
일부 학자들은 불일치 모델을 '실패할 때까지 기다리는 모델(wait to fail model)'이
라고 비판하였다. 이러한 불일치 모델의 문제점이 대두되면서 2004년에 개정된
미국의 「장애인교육법」에서는 대안적인 학습장애 진단 모델로 중재반응 모델을
사용할 수 있다고 명시하고 있다.

---

8) 미성취(under achievement)는 자신의 능력에 비해 낮은 성취를 의미하는 반면, 저성취(low achieve-
  ment)는 같은 학년 학생과 비교했을 때 낮은 성취(즉, 성취 자체를 놓고 보았을 때 낮은 성취)를 의미
  한다.

중재반응 모델은 학업문제를 가진 학생(학습장애 위험군 학생)을 조기에 선별하여 조기 중재를 실시하고, 중재에 대한 학생 반응에 따라 학습장애 적격성을 결정하는 모델이다. 이러한 중재반응 모델은 다음의 두 가지 장점을 지닌다.

첫째, 불일치 모델과는 달리 진단 자체보다는 교육을 강조함으로써 최대한 빨리 학습장애 위험군 학생을 선별하여 적절한 교육적 지원을 해 줌으로써 학생의 학업성취도를 극대화할 수 있다. 즉, 불일치 모델에서는 학습장애로 진단될 때까지 일반교육 이외에 교육적 지원을 받지 못하는 반면, 중재반응 모델에서는 일단 학업문제가 확인되면 즉시 교육적 지원이 제공된다.

둘째, 중재반응 모델에서는 학습장애 위험군 학생에게 먼저 중재를 제공하고 중재에 대한 학생 반응에 따라 학습장애 적격성을 결정하기 때문에 외적인 요인(예, 교육경험의 결핍, 가정환경 등)에 의한 학습부진과 내적 원인에 의한 학습장애의 변별이 가능하다. 즉, 학습장애 위험군 학생 중, 외적 요인에 의해 학업문제를 보였던 학생(학습부진학생)은 조기 중재를 받음으로써 학업성취를 향상할 수 있다. 반면, 내적 요인으로 학업문제를 보였던 학생(학습장애학생)은 동일한 조기 중재를 받았음에도 불구하고 학업성취도의 향상이 상대적으로 더디게 나타날 것이다.

(1) 3단계 모델

대표적인 중재반응 모델로는 Vaughn Gross Center for Reading & Language Arts(2003)에서 제안한 3단계 모델(three-tiered model)을 들 수 있다. [그림 4-2]은 3단계 예방 모델을 그림으로 보여 주며, 〈표 4-6〉은 3단계 예방 모델을 소개하는 내용을 포함하고 있다. 1단계 교육은 일반교육, 2단계 교육은 학습장애 위험군 학생으로 선별된 학생을 대상으로 실시하는 지원교수, 3단계 교육은 학습장애학생을 대상으로 실시하는 집중적인 개별화 중재를 의미한다. 3단계 교육은 특수교육의 성격을 띨 수 있으며, 이는 3단계 교육의 대상자를 학습장애학생으로 진단한다는 것을 의미한다.

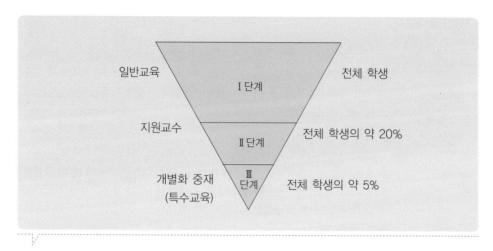

[그림 4-2] 3단계 예방 모델

출처: Vaughn Gross Center for Reading & Language Arts (2003). *3-Tier reading model: Reducing reading difficulties for kindergarten through third grade students.* Austin, TX: Vaughn Gross Center for Reading & Language Arts 수정.

(2) 중재반응 모델의 문제점

앞서 제시한 중재반응 모델의 장점에도 불구하고, 이를 학습장애 진단에 적용하기 위해서는 여러 가지 사항이 요구된다. 무엇보다도 과학적으로 검증된 교수 프로그램, 학습장애 위험군 학생을 선별할 수 있는 선별 검사, 그리고 2단계와 3단계 교육에서 학생의 학업성취 진전도를 모니터링할 수 있는 진전도 검사 등이 필요하다. 그 밖에 일반교육과 특수교육 간의 협력, 행정적·재정적 지원(예, 2단계와 3단계 교육을 제공하는 교사 비용 및 지원, 일반교사와 특수교사 간 협의회를 위한 시간 및 공간 지원 등) 등이 제공되어야 한다.

이와 관련하여 현 상황에서 중재반응 모델을 적용하여 학습장애를 진단하는 데는 무리가 있다. 현재까지 읽기를 제외한 나머지 학업 영역(예, 쓰기, 수학)에서는 과학적으로 검증된 교수 프로그램에 대한 연구가 부족하기 때문이다. 예를 들어, 수학의 경우에는 수와 연산 및 문장제 문제 해결을 제외한 나머지 내용 영역에 관

〈표 4-6〉 3단계 예방 모델 내용

	대상	프로그램	집단구성	시간/담당자	평가
1단계 교육: 일반교육	모든 학생	• 일반교육 프로그램이 과학적으로 검증된 요소를 반영	다양한 집단구성 활용(대집단, 소집단, 협동학습, 또래교수 등)	• 일반교육과정에서 배정된 시간 • 일반교사	전체 학생을 대상으로 학습장애 위험군 학생을 선별하는 평가(benchmark assessment)를 1년에 2회 실시(1학기 초, 2학기 초)
2단계 교육: 지원교수	1단계 교육에 반응하지 않은 학생으로 전체 학생의 약 20% 정도	• 체계적이고 과학적으로 검증된 교육 프로그램을 통해 1단계 교육 보충·지원 • 연습 기회 확대, 지원 확대, 선수 개념 및 기술 교수 등 효과적인 교수전략 활용 • 지속적인 성취도 모니터링	교사 1명당 학생 4~6명 정도의 소집단	• 1단계 교육을 받은 상태에서 주 3회, 회기당 30분 또는 1시간씩 추가적으로 교수 • 학교에서 지정한 자(특수교육교사)	적어도 2주에 한 번 학생의 성취 진전도 모니터링
3단계 교육: 개별화 중재 (특수교육)	2단계 교육에 반응하지 않은 학생으로 전체 학생의 약 5% 정도	• 집중적이고 과학적으로 검증된 교육 프로그램을 통해 개별화된 교육적 요구 충족 • 효과적인 교수전략을 활용한 집중적 교수 실시(집중적, 개별화된 중재) • 지속적인 성취도 모니터링	교사 1명당 학생 3명 이하 정도의 소집단	• 매일 1시간씩 추가적으로 교수; 또는 주 3회, 회기당 2시간씩 추가적으로 교수 • 학교에서 지정한 자(특수교육교사)	적어도 2주에 한 번 학생의 성취 진전도 모니터링

출처: Vaughn Gross Center for Reading & Language Arts (2003). *3-Tier reading model: Reducing reading difficulties for kindergarten through third grade students*. Austin, TX: Vaughn Gross Center for Reading & Language Arts 수정.

한 연구가 극히 제한적으로 발표되었다. 이와 비슷하게 읽기를 제외한 나머지 학업 영역에서 학습장애 위험군 선별 검사 및 학업성취 진전도 검사가 아직 부족한 상황이다. 또한 학업 영역별 학습 문제(예, 읽기장애, 수학장애, 쓰기장애 등)를 지닌 이질적인 학습장애학생에 대한 다양한 평가와 교수를 어떻게 체계적으로 적용할 것인가에 관한 문제점이 지적되고 있다. 마지막으로 중재반응 모델은 학습장애 위험군 학생에 대한 예방 모델로의 기능을 하고 이를 위한 절차를 명확하게 제시하고 있으나, 실제 학습장애학생을 진단하기 위한 형식적인 절차를 명확하게 제시하지 못하는 상황이다. 즉, 언제, 어떠한 결과를 토대로 학습장애 위험군 학생을 학습장애학생으로 진단할 것인가, 중재에 반응하지 않음에 대한 기준을 무엇으로 할 것인가 등에 대한 명확한 답을 제시하고 있지 못하는 상황이다(Kavale, 2002).

3) 저성취 모델

저성취 모델(low-achieving model)은 학업성취에 대해 절선점수(cut point)를 정하고 이를 기준으로 학습장애 적격성을 결정하는 모델이다(Fletcher et al., 2002, 2003; Siegel, 1992). 일반적으로 지능지수가 정신지체 기준(약 70 이상)보다 높으면서 학업성취도가 16~25백분위 이하에 속하는 학생을 판별한다(Fletcher & Denton, 2003; Mattison, Hooper, & Glassberg, 2002). 〈표 4-7〉는 저성취 모델을 적용한 예다.

저성취 모델은 지능-성취 불일치를 보이는 학생과 지능-성취 불일치는 보이지 않으나 학업성취도가 낮은 학생(이하 저성취 학생)은 차이점보다 공통점이 많다는 일련의 연구 결과로부터 도출된 모델이다(예, Fletcher, Francis, Rouke, Shaywitz, & Shaywitz, 1992; Siegel, 1992; Ysseldyke et al., 1982). 여러 연구 결과에 따르면, 이 두 집단은 인지적 특성(예, 지능, 작동기억 등) 및 학업성취도에서 차이를 보이지 않는 것으로 나타났다. 이러한 연구 결과를 토대로 저성취 모델에서는 학업성취도 결과 자체를 진단의 중요한 기준으로 활용한다.

〈표 4-7〉 저성취 모델 적용의 예

김다빈	초등학교 3학년 (수학 학습장애 위험군 학생으로 선별되어 진단 · 평가에 의뢰)
생년월일	2001년 1월 2일
검사 실시일	2010년 3월 2일
학업성취도 검사명	기초학력검사(KISE-BAAT)-읽기(가형)
학업성취도 검사 결과	전체 원점수(60)-백분위(16)
지능검사명	K-WISC III
지능검사 검사 결과	전체 지능지수 85
진단 모델 및 기준	저성취 모델(진단 기준: 지능 70 이상, 학업성취도 16 백분위 이하)
진단 결정	학습장애로 진단 가능함.

　학업성취도를 기준으로 학습장애를 판별하는 저성취 모델은 적용하기 용이한 장점이 있지만, 학습장애로 인한 기대하지 않은 저성취와 다른 요인(예, 교육경험, 사회경제적 요인 등)으로 인한 저성취를 차별화하기 어렵다는 단점이 있다. 또한 학업성취도 평가 과정에서 하나의 검사 도구만을 활용할 경우 저성취 모델의 신뢰성에 관한 문제를 제기할 수 있다(Francis et al., 2005). 저성취 모델은 한 차례 실시한 학업성취도 평가의 결과가 정해진 기준(절선점수)보다 낮은 학생을 학습장애로 판별하기 때문에 평가도구의 측정 오류(measurement error)에 관한 문제와 학습장애 판별 기준이 임의적이라는 점 등에서 능력-성취 불일치 모델과 비슷한 문제점을 지닌다(Francis et al., 2005; Stuebing et al., 2002).

4) 학업성취 및 인지처리를 통한 진단 모델

　최근 국내외의 여러 학자에 의해 학습장애 진단을 위한 '학업성취 및 인지처리를 통한 진단 모델'이 제안되었다(김애화, 김의정, 유현실, 2011; 김자경, 2005; Fuchs, Hale, & Kearns, 2011). 학업성취 및 인지처리를 통한 진단 모델은 크게 다음과 같은 두 가지 측면을 강조한다.

첫째, 학습장애학생은 인지처리 결함을 지니고 있기 때문에 학습장애 진단 과정에서 인지처리 능력을 평가하여야 한다. Fletcher 등(2011)은 중재에 반응하는 학생, 중재에 반응하지 않는 학생(읽기장애학생) 그리고 일반학생의 특성을 비교하였다. 그 결과, 음운인식, 빠른 자동 이름대기, 언어지식, 처리속도, 어휘 등의 인지처리 변인이 이들 집단을 구분하는 중요한 특성인 것으로 나타났다. 즉, 중재에 반응하지 않는 학생(읽기장애학생)은 다른 집단에 비해 인지처리(음운인식, 빠른 자동 이름대기, 언어지식, 처리속도, 어휘 등) 능력이 떨어진다고 보고하였다. 이러한 인지처리 결함은 특정 읽기 영역별(예, 단어인지, 읽기유창성, 읽기이해)로 다르게 나타나기 때문에, 특정 읽기 영역별 인지처리 능력을 평가하여야 한다. 김애화, 김의정과 유현실(2011)은 읽기장애의 하위 유형인 단어인지 읽기장애를 진단할 때에는 단어인지 평가 이외에 단어인지의 기저에 관여하는 인지처리 능력(예, 자모지식, 빠른 자동 이름대기, 음운기억, 어휘)을 평가하여야 한다고 제안하였다. 또한 읽기장애의 하위 유형인 읽기유창성 읽기장애를 진단할 때에는 읽기유창성 평가 이외에 읽기유창성의 기저에 관여하는 인지처리 능력(예, 빠른 자동 이름대기, 어휘)을 평가하여야 한다고 제안하였다. 그리고 읽기장애의 하위 유형인 읽기이해 읽기장애를 진단할 때에는 읽기이해 평가 이외에 읽기이해의 기저에 관여하는 인지처리 능력(예, 어휘, 문장 따라 말하기, 듣기이해)을 평가하여야 한다고 제안하였다.

둘째, 학습장애학생의 중재에 대한 반응 여부는 중재 이전에 실시한 사전평가 점수로 예측이 가능하므로 학습장애를 진단하기 위해서는 '형식적이고 포괄적인 평가'를 실시하여 학업성취 및 인지처리 능력을 파악하는 것이 중요하다. 예를 들어, Vaughn 등(2010)은 3년에 걸친 종단연구를 실시한 결과, 1차 년도에 실시한 읽기성취검사에서 저성취를 보인 학생이 3차 년도에 실시한 중재에도 잘 반응하지 않았다고 보고하면서, 중재에 대한 반응을 가장 잘 예측하는 변인은 사전평가 점수임을 강조하였다. 이와 비슷하게 Tran, Sanchez, Arellano와 Swanson(2011)이 중재에 반응한 학생과 중재에 반응하지 않은 학생의 특성을 비교한 13편의 연구 결과를 분석한 결과, 사전평가 점수가 중재에 대한 반응을 예측하는 중요한 변인

인 것으로 나타났다. 특히, 사전에 측정하였던 읽기성취검사(단어인지검사, 읽기이
해검사)와 읽기 인지처리검사(빠른 자동 이름대기, 음운기억검사) 결과가 중재에 대
한 반응을 예측하는 중요한 변인인 것으로 나타났다. 이는 중재에 반응을 하지 않
을 학생은 사전평가 결과를 토대로 예측이 가능하다는 것을 보여 주는 결과라고
할 수 있다. 이러한 연구 결과를 근거로 몇몇 연구자들은 중·고등학교에 재학 중
인 학생을 학습장애로 진단할 경우에는 중재반응 모델의 2단계 교육을 거치지 않
고 바로 학습장애로 진단할 것을 제안하였다(Fuchs, Fuchs, & Compton, 2010;
Vaughn & Fletcher, 2010).

이와 같은 결과를 종합하면, 학업성취 및 인지처리를 통한 진단 모델에서는 다
음과 같은 학습장애 진단 과정을 제안한다고 볼 수 있다.

첫째, 학습장애를 진단하기 위해서는 형식적이고 포괄적인 평가를 실시하여야
한다.

둘째, 형식적이고 포괄적인 평가를 할 때는 학업성취 평가와 인지처리 평가를
실시하여야 하며, 평가 결과에서 낮은 점수(16백분위 이하)를 보이는지를 확인하여
야 한다.

셋째, 지능은 전체 지능지수 70 이상을 기준으로 한다.

넷째, 학업성취 평가와 인지처리 평가에서의 낮은 점수는 다른 장애의 결과로
나타나는 것이 아니어야 한다(김애화, 김의정, 유현실, 2011).

4. 국내 학습장애 진단 모델의 동향

김애화, 이동명(2005)이 국내 학습장애 진단 모델을 분석한 결과에 따르면, 국내
에서는 불일치 모델이 가장 빈번하게 사용되었고, 저성취 모델이 그 뒤를 잇는 것
으로 나타났다. 특히 불일치 모델 중 학년수준편차 공식이 가장 많이 사용되는 것
으로 나타난 반면, 현재까지 중재반응 모델을 사용하여 학습장애를 진단한 사례는

거의 보고된 바가 없다. 이는 학습장애 진단 모델로 중재반응 모델을 사용할 것을 최초로 제안한 미국의 경우에도 중재반응 모델을 적용하기 시작한지 얼마 되지 않은 점을 고려할 때 당연한 결과라고 할 수 있다.

최근 한국특수교육학회(2008)에서 제시한 학습장애 정의에는 학습장애 진단 모델로 불일치 모델(또는 저성취 모델)과 중재반응 모델을 제안하였다. 한국특수교육학회에서 제안한 학습장애 진단모델을 구체적으로 살펴보면 다음과 같다.

- 불일치 모델 또는 저성취 모델[9]: 개인의 표준화 학력검사 또는 표준화 발달검사의 결과가 동일 학년집단이나 연령집단에 비해 −2 표준편차 이하에 속한 경우 또는 −2~−1 표준편차에 속하면서 전문가에 의해 학습상의 문제가 심각하다고 판정되는 경우에 학습장애로 진단할 수 있다.
- 중재반응 모델: 개인 내적 요인으로 인하여 듣기, 말하기, 주의집중, 지각, 기억, 문제 해결 등의 기본적 심리과정이나 읽기, 쓰기, 수학 등 학업성취 영역에서 현저하게 어려움이 나타나고 이러한 문제가 6개월 정도의 집중적인 교육에도 불구하고 해결되지 않은 경우에 학습장애로 진단할 수 있다.

또한 국립특수교육원(2009)에서 발표한 특수교육대상아동 선별·진단 지침에서는 학습장애 진단 모델로 불일치 모델(또는 저성취 모델), 중재반응 모델 그리고 결합 모델을 제안하였다. 국립특수교육원에서 제안한 학습장애 진단 모델을 구체적으로 살펴보면 다음과 같다.

- 불일치 모델 또는 저성취 모델: 학생의 연령이나 학년과 학업성취도 간의 현저

---

9) 이 모델의 설명을 볼 때, 지능 또는 잠재적 능력이 언급되지 않았기 때문에 불일치 모델로도 볼 수 있고, 저성취 모델로도 볼 수 있다.

한 불일치를 보이며, 이러한 불일치가 다른 장애 조건(예, 정신지체, 행동장애, 감각장애)이나 외적 요인(예, 교육기회의 결핍, 문화, 사회경제적 불이익 등)의 결과로 나타나는 것이 아님이 확인될 때 학습장애로 진단할 수 있다. 일반적으로 현저한 불일치는 표준화 학업성취도검사 결과가 동일 연령 및 학년 수준의 평균에서 1~2학년 혹은 1~2 표준편차가 떨어지는 경우를 의미한다.

- 중재반응 모델: 학생의 연령이나 학년에 비해 학업성취도가 유의미하게 떨어져서 최소 6개월 이상 일반교육(1단계 교수) 외에 체계적인 지원 서비스(2단계 교수)를 받았음에도 불구하고 지속적으로 현저하게 낮은 학업성취도를 보이는 경우 학습장애로 진단할 수 있다.

- 결합 모델: 기본적으로 중재반응 모델을 따르되, 3단계 교육대상자의 학습장애 적격성(eligibility) 결정을 위해서는 '포괄적인 평가'를 실시한 결과를 함께 고려하여 학습장애를 진단할 수 있다. '포괄적인 평가'란 표준화 지능검사와 학업성취도검사뿐 아니라 표준화 인지처리검사(cognitive assessments; 주의, 기억, 지각, 실행기능을 포함한 사고 검사 등)를 포함한다. 이는 최근 김애화, 김의정과 유현실(2011)이 제안한 학업성취 및 인지처리를 통한 진단 모델과 비슷하다고 할 수 있다.

5. 선별 및 진단 검사

국내에는 학습장애 선별 및 진단 과정에서 사용할 수 있는 다음의 검사 도구들이 개발되었다. 각 검사 도구의 타당도, 신뢰도, 표준화된 시점 등을 고려하여 검사 도구를 선정하여야 한다.

1) 선별 검사

학습장애 위험군 학생을 선별하는 과정에서 학습장애 선별 검사와 교과학습 진단평가 등을 사용할 수 있다. 〈표 4-8〉은 국내 학습장애 선별 과정에서 사용할 수 있는 선별 검사를 보여 준다.

〈표 4-8〉 국내 학습장애 선별 과정에서 사용할 수 있는 검사 도구

검사 도구	학습장애 선별검사(LDSS)	김애화, 신현기, 이준석(2009)
	한국판 학습장애 평가 척도(K-LDES)	신민섭, 조수철, 홍강의(2007)
	KISE 학습장애선별검사	정대영, 정동영(1997)

학습장애 위험군 학생을 선별할 때는 각각의 선별 검사에서 제시하는 학습장애 위험군 학생 기준을 따라야 한다. 학습장애 선별 검사는 교사의 관찰과 경험을 객관적인 자료로 나타내는 도구이며, 학습장애 선별 검사의 결과와 함께 교사의 관찰보고서 등의 증빙자료를 활용하는 것이 바람직하다.

학습장애 위험군 학생의 선별 과정에서 학기 초 각 학교에서 실시하는 교과학습 진단평가 결과를 활용할 수 있다. 교과학습 진단평가 결과에서 '부진' 선정 기준에 부합하는 학생을 학습장애 위험군 학생으로 선별할 수 있다.

2) 진단 검사

학습장애학생을 진단하는 과정에서 표준화된 규준참조 지능검사, 표준화된 규준참조 학업성취도검사, 표준화된 규준참조 인지처리검사 등을 사용할 수 있다. 〈표 4-9〉는 국내 학습장애 진단 과정에서 사용할 수 있는 지능검사, 학업성취도 검사, 인지처리검사, 학업성취도와 인지처리를 모두 포함한 검사 등을 보여 준다.

〈표 4-9〉 국내 학습장애 진단 과정에서 사용할 수 있는 검사 도구

진단 검사 도구	지능 검사	한국 웩슬러 아동 지능검사(K-WISC IV)	곽금주, 오상우, 김청택(2011)
		카우프만 아동용 지능검사(K-ABC)	문수백, 변창진(1997)
		KISE 한국형 개인지능검사(KISE-KIT)	박경숙, 정동영, 정인숙(2008)
	학업 성취도 검사	KISE 기초학력검사(KISE-BAAT): 읽기(선수기능, 단어인지, 읽기이해), 쓰기(표기, 작문), 수학 측정	박경숙, 김계옥, 송영준, 정동영, 정인숙(2008)
		기초학습기능검사: 정보처리, 읽기(단어인지, 읽기이해), 쓰기(철자 재인), 수학 측정	박경숙, 윤점룡, 박효정(1989)
	인지 처리 검사	한국판 시지각 발달검사(K-DTVP-2): 시지각과 시각-운동 통합기술의 발달 수준 측정	문수백, 여광응, 조용태(2006)
		스트룹 아동 색상-단어 검사(STROOP): 억제 과정의 효율성(실행기능) 측정	신민섭, 박민주(2007)
		아동 색 선로 검사(CCTT): 지각 추적 능력, 정신 운동 속도, 순차적 처리 능력 및 분할 시각 주의력과 지속적 시각 주의력(실행 기능) 측정	신민섭, 구훈정(2007)
		아동용 한국판 보스톤 이름대기검사(K-BNT-C): 표현 어휘 측정	김향희, 나덕렬(2007)
		그림어휘력검사: 수용 어휘 측정	김영태, 장혜성, 임선숙, 백현정(1995)
		구문의미이해력검사: 구문 의미 이해(통사 처리) 측정	배소영, 임선숙, 이지희, 장혜성(2004)
		한국 아동 토큰 검사(K-TTFC-2): 듣기이해	신문자, 김영태, 정부자, 김재옥(2011)
		아동용 Rey-Kim 기억검사: 기억 측정	김홍근(1999)
		아동용 Kims 전두엽-관리기능 신경심리검사: 실행기능 측정	김홍근(2001)
	학업성취 및 인지 처리 검사	읽기 성취 및 읽기 인지처리 검사: 읽기 성취(단어인지 성취, 읽기유창성 성취, 읽기이해 성취)와 읽기 인지처리(단어인지 인지처리, 읽기유창성 인지처리, 읽기이해 인지처리) 측정	김애화, 김의정, 황민아, 유현실(2012 출판 예정)

언어기반읽기평가: 읽기 성취(단어인지)와 읽기 인지처리(음운인식, 듣기이해, 문법형태소나 어휘) 측정	배소영, 김미배 (2012 출판 예정)

요약

이 장에서는 학습장애의 선별 및 진단에 대해 살펴보았다.

첫째, 미국의 학습장애 판별은 선별 평가, 진단·평가, 진단위원회 결정의 절차에 따라 이루어진다. 우리나라의 학습장애 판별은 「장애인 등에 대한 특수교육법」과 동법 시행령에 명시된 의뢰, 진단·평가, 선정 및 배치 절차에 따라 이루어진다. 선별은 학습장애 위험군 학생을 선발하는 단계이며, 진단은 학습장애 적격성을 지닌 학생을 진단하는 단계다.

둘째, 학습장애 진단 모델로는 불일치 모델, 저성취 모델, 중재반응 모델, 학업성취 및 인지처리를 통한 진단 모델 등이 있다. 불일치 모델은 학생의 능력과 성취 사이에 현저한 불일치가 있을 경우 학습장애로 진단한다. 불일치 공식에는 학년수준편차 공식, 기대학령 공식, 표준점수 비교 공식, 회귀 공식 등이 있다. 1990년대 말부터 불일치 모델에 대한 비판이 제기되면서 수정된 불일치 모델이 발표되었다. 수정된 불일치 모델은 능력−성취 불일치만을 확인하는 것이 아니라, 특정 학업 영역별 저성취를 확인하고 인지처리 특성에 대한 평가 등을 추가할 것을 제안하였다. 중재반응 모델은 불일치 모델의 문제점을 보완하기 위해 제안된 대안적 학습장애 진단 모델이다. 대표적인 중재반응 모델로는 3단계 모델을 들 수 있는데, 1단계 교육은 일반교육, 2단계 교육은 학습장애위험군 학생으로 선별된 학생을 대상으로 실시하는 지원교수, 3단계 교육은 집중적인 개별화 중재를 의미한다. 중재반응 모델에서는 1단계와 2단계 교육을 받고도 중재에 적절히 반응하지 않는 학생을 학습장애학생으로 진단한다. 저성취 모델은 학업성취에 대해 절선점수를 정하고 이를 기준으로 학습장애 적격성을 결정한다. 일반적으로 지능점수가 정신지체 기준(약 70 이상)보다 높으면서 학업성취도에서 백분위

16~25 이하에 속하는 학생을 학습장애로 판별한다. 최근에는 학업성취 및 인지처리를 통한 진단 모델이 제안되었으며, 이 모델에서는 학업성취뿐 아니라 인지처리 능력을 측정하여 저성취를 보이는 학생을 학습장애로 진단한다.

국내 진단 모델을 분석한 결과에 따르면, 2000년대 초반까지는 불일치 모델이 가장 빈번하게 적용되었고, 저성취 모델이 그 뒤를 잇는 것으로 나타났다. 최근에 들어와 국내에서도 학습장애 진단 모델로 불일치 모델뿐 아니라, 중재반응 모델, 학업성취 및 인지처리를 통한 학습장애 진단 모델 등이 제안되었다.

국내의 학습장애 위험군 학생의 선별 과정에서 학습장애 선별 검사와 교과학습 진단 평가 등을 사용할 수 있다. 또한 학습장애 진단 과정에서 표준화된 규준참조 지능검사, 표준화된 규준참조 학업성취도검사, 표준화된 규준참조 인지처리검사 등을 사용할 수 있다. 학습장애 선별 및 진단 과정에 사용되는 검사 도구의 신뢰도, 타당도, 표준화된 시점 등을 고려하여 적절한 검사 도구를 선정하는 것이 중요하다.

〈부록 1〉 규준점수들 간의 변환표

표준점수	백분위	z 점수	표준점수	백분위	z 점수	표준점수	백분위	z 점수
150	>99.9		113	81	+0.75	76	5	
149	>99.9		112	79		75	5	−1.67
148	99.9		111	77		74	4	
147	99.9		110	75	+0.67	73	4	−1.75
146	99.9		109	73		72	3	
145	99.9	+3.0	108	70	+0.55	71	3	
144	99.8		107	68		70	2	−2.00
143	99.8		106	66		69	2	
142	99.7	+2.75	105	63	+0.33	68	2	−2.25
141	99.7		104	61		67	1	
140	99.6	−2.67	103	58		66	1	
139	99.5		102	55	+0.25	65	1	−2.33
138	99		101	53		64	1	
137	99	+2.50	100	50	0.00	63	1	−2.50
136	99		99	47		62	1	
135	99	+2.33	98	45	−0.25	61	0.5	
134	99		97	42		60	0.4	−2.67
133	99	+2.25	96	40		59	0.3	
132	98		95	37	−0.33	58	0.2	−2.75
131	98		94	34		57	0.1	
130	98	+2.00	93	32	−0.50	56	0.1	
129	97		92	30		55	0.1	−3.00
128	97	+1.75	91	27		54	0.1	
127	96		90	25	−0.67	53	0.1	
126	96		89	23		52	0.1	
125	95	+1.67	88	21	−0.75	51	<0.1	
124	95	+1.50	87	19		50	<0.1	
123	94		86	18				
122	93		85	16	−1.00			
121	92	+1.33	84	14				
120	91		83	13	−1.25			
119	90	+1.25	82	12				
118	88		81	10				
117	87		80	9	−1.33			
116	86	+1.00	79	8				
115	84		78	7	−1.50			
114	82		77	6				

 참고문헌

곽금주, 오상우, 김청택(2011). 한국판 웩슬러 아동용 지능 검사 Ⅳ(K-WISC Ⅳ). 서울: 학지사 심리 검사연구소.

교육과학기술부(2010). 장애인 등에 대한 특수교육법 시행규칙[시행 2010. 12. 20] [교육과학기술 부령 제86호, 2010. 12. 20. 일부 개정].

국립특수교육원(2009). 특수교육대상아동 선별검사 개발. 충남: 국립특수교육원.

김동일, 신종호, 이대식(2003). 학습장애아동교육. 서울: 학지사.

김영태, 장혜성, 임선숙, 백현정(1995). 그림어휘력검사. 서울: 서울장애인 종합복지관.

김애화, 김의정, 유현실(2011). 한국형 학습장애 진단 모형 탐색: 읽기 성취와 읽기 심리처리 를 통한 읽기장애 진단 모형. 학습장애연구, 8(2), 47-64.

김애화, 김의정, 황민아, 유현실(2012, 출판 예정). 읽기 성취 및 읽기 인지처리 검사.

김애화, 신현기, 이준석(2009). 학습장애 선별 검사(LDSS). 서울: 굿에듀.

김애화, 이동명(2005). 학습장애 선별 및 진단에 관한 문헌분석. 특수교육학회지, 40(3), 191-230.

김자경(2001). 학습장애의 판별방법 및 절차에 관한 고찰-학습장애 정의에 따른 관련논문분 석을 중심으로. 특수교육학연구, 36(1), 101-126.

김자경(2005). 초등학교 학습장애 판별 결과에 관한 논의: 불일치 준거와 대안적인 방안을 중 심으로. 특수 아동교육연구, 7(4), 255-276.

김향희, 나덕력(2007). 아동용 한국판 보스톤 이름대기검사(K-BNT-C). 서울: 학지사 심리검사연 구소.

김홍근(1999). 아동용 Rey-Kim 기억검사. 대구: 도서출판 신경심리.

김홍근(2001). 아동용 Kims 전두엽-관리기능 신경심리검사. 대구: 도서출판 신경.

문수백, 변창진(1997). 카우프만 아동용 개별 지능검사(K-ABC). 서울: 학지사 심리검사연구소.

문수백, 여광응, 조용태(2006). 한국판 시지각 발달검사(K-DTVT-2). 서울: 학지사 심리검사연구소.

박경숙, 김계옥, 송영준, 정동영, 정인숙(2008). KISE 기초학력검사(KISE-BAAT). 경기: 국립특수 교육원.

박경숙, 윤점룡, 박효정(1989). 기초학습기능검사. 서울: 한국교육개발원.

박경숙, 정동영, 정인숙(2008). KISE 한국형 개인지능검사(KISE-KIT). 서울: 교육과학사.

박현숙(1992). 학습장애아 판별방법간 비교 연구. 논총(교육학 논집), 61(3), 205-229.

배소영, 김미배(2012 출판 예정). 언어기반 읽기 평가.

배소영, 임선숙, 이지희, 장혜성(2004). 구문의미 이해력 검사. 서울: 서울장애인종합복지관.

신문자, 김영태, 정부자, 김재옥(2011). 한국아동 토큰 검사(K-TTFC-2). 서울: 학지사 심리검사
　　연구소.

신민섭, 구훈정(2007). 아동 색 선로 검사(CCTT). 서울: 학지사 심리검사연구소.

신민섭, 박민주(2007). 스트룹 아동 색상-단어 검사(STROOP). 서울: 학지사 심리검사연구소.

신민섭, 조수철, 홍강의(2007). 한국판 학습장애 평가 척도(K-LDES). 서울: 학지사 심리검사연구소.

이나미, 윤점룡(1990). 학습장애아의 특성분석과 진단 도구 개발. 서울: 한국교육개발원.

이상훈(1999). 학습장애아의 정의와 사정에 대한 논의. 정서학습장애연구, 15(2), 101-120.

정대영(1998). 학습장애의 개념, 분류, 진단. 현장특수교육. 1998년 여름호.

정대영, 정동영(1997). KISE 학습장애 선별검사. 안산: 국립특수교육원.

최성규, 노선옥, 김애화, 김형일, 남상석, 박순희, 유장순, 이성봉, 이효자, 정영욱, 정은희, 한
　　경근, 김수연(2009). 특수교육대상아동 선별, 진단 검사 지침. 충남: 국립특수교육원.

한국특수교육학회(2008). 특수교육대상자 개념 및 선별기준. 한국특수교육학회.

Bateman, B. (1965). Learning disabilities: An overview. *Journal of School Psychology, 3*(3),
　　1-12.

Bocian, K. M., Beebe, M. E., MacMillan, D. L., & Gresham, F. M. (1999). Competing para-
　　digms in learning disabilities classification by schools and the variations in the mean-
　　ing of discrepant achievement. *Learning Disabilities Research & Practice, 14*(1), 1-14.

Bond, G. L., & Tinker, M. (1973). *Reading difficulties: Their diagnosis and correction* (3rd
　　ed.). New York: Appleton-Century-Crofts.

Braden, J. P., & Weiss, L. (1988). Effects of simple difference versus regression discrepancy
　　methods: An empirical study. *Journal of School Psychology, 26*(2), 133-142.

Bradley, R., Danielson, L., & Hallahan, D. P. (2002). *Identification of learning disabilities:
　　Research to practice.* Mahwah, NJ: Erlbaum.

Cone, T. E., & Wilson, L. R. (1981). Quantifying a severe discrepancy: A critical analysis.
　　Learning Disability Quarterly, 4(4), 359-371.

Elliot, A. J. (1981). *Child language.* Cambridge University Press.

Erickson, M. T. (1975). The z-score discrepancy method for identifying reading-disabled children. *Journal of Learning Disabilities, 8,* 308-312.

Evans, L. D. (1990). A conceptual overview of the regression discrepancy model for evaluating severe discrepancy between I.Q. and achievement scores. *Journal of Learning Disabilities, 23,* 406-412.

Evans, L. D. (1992). The magnitude and prevalance of significant regressed discrepancies at common test values. *Psychology in the Schools, 29*(2), 151-154.

Fletcher, J. M., Shaywitz, S. E., Shankweiler, D. P., Katz, L., Liberman, I, Y., Stuebing, K. K., Francis, D. J., Fowler, A. E., & Shaywitz, B. A. (1994). Cognitive profiles of reading disability: Comparisons of discrepancy and low achievement definitions. *Journal of Educational Psychology, 86*(1), 6-23.

Fletcher, J. M., Foorman, B. R., Francis, D. J., Schatschneider, C., & Mehta, P. (1998). The role of instruction in learning to read: Preventing reading failure in at-risk children. *Journal of Educational Psychology, 90*(1), 37-55.

Fletcher, J. M., Carolyn, A. D., & Vaughn, S. (2003). Bringing research-based practice in reading intervention to scale. *Learning Disabilities Research & Practice, 18*(3), 201-211.

Fletcher, K., Barkley, R. A., Fischer, M., & Smallish, L. (2002). The persistence of attention-deficit/hyperactivity disorder into young adulthood as a function of reporting source and definition of disorder. *Journal of Abnormal Psychology, 111*(2), 279-289.

Fletcher, J. M., & Denton, C. (2003, December). *Validity of alternative approaches to the identification of LD: Operationalizing unexpected underachievement.* Paper presented at the National Research Center on Learning Disabilities Responsiveness-to-Intervention Symposium, Kansas City, MO.

Fletcher, J. M., Francis, D. J, Rourke, B. P., Shaywitz, S. E., & Shaywitz, B. A. (1992). The validity of discrepancy-based definitions of reading disabilities. *Journal of Learning Disabilities, 25*(9), 555-561.

Fletcher, J. M., Simos, P. G., Rezaie, R., Juranek, J., Passaro, A. D., Li, Z., Cirino, P. T., & Papanicolaou, A. C. (2011). Functional disruption of the brain mechanism for reading: Effects of comorbidity and task difficulty among children with developmental learning problems. *Neuropsychology, 25*(4), 520-534.

Forness, S. R., Sinclair, E., & Guthrie, D. (1983). Learning disability discrepancy formulas: Their use in actual practice. *Learning Disability Quarterly, 6*(2), 107-114.

Francis, D. J., Fletcher, J. M., Stuebing, K. K., Lyon, G. R., Shaywitz, B. A., & Shaywitz, S. E. (2005). Psychometric approaches to the identification of learning disabilities: IQ and achievement scores are not sufficient. *Journal of Learning Disabilities, 38*(2), 98-108.

Fuchs, L. S., Fuchs, D., & Compton, D. L. (2010). Rethinking response to intervention at middle and high school. *School Psychology Review, 39*(1), 22-28.

Fuchs, L. S., Fuchs, D., & Karns, K. (2001). Enhancing kindergartener's mathematical development: Effects of peer-assisted learning strategies. *Elementary School Journal, 101,* 495-510.

Fuchs, D., Hale, J. B., & Kearns, D. (2011). On the importance of a cognitive processing perspective: An introduction. *Journal of Learning Disabilities, 44,* 99-104.

Furlong, M. J. (1988). An examination of an implementation of the simple difference score distribution model in learning disability identification. *Psychology in the Schools, 25*(2), 132-143.

Gallagher, J. J. (1966). *The Teacher of brain-injured children: A discussion of the bases for competency.* Syracuse university press.

Hallahan, D. P., & Mercer, C. D. (2002). Learning disabilities: Historical perspectives. In R. Bradley, L. Danielson, & D. P. Hallahan (Eds.), *Identification of learning disabilities: Research to practice* (pp. 1-67). Mahwah, NJ: Erlbaum.

Hanna, G. S., Dyck, N. J., & Holen, M. C. (1979). Objective analysis of achievement-aptitude discrepancies in LD classification. *Learning Disability Quarterly, 2*(4), 32-38.

Kavale, K. A. (2002). Discrepancy models in the identification of learning disability. In R. Bradley, L. Danielson, & D. P. Hallahan (Eds.), *Identification of learning disabilities: Research to practice* (pp. 369-426). Mahwah, NJ: Erlbaum.

Kavale, K. A., & Forness, S. R. (2000). What definitions of learning disability say and dont' s say- A critical analysis. *Journal of Learning Disabilities, 33*(3), 239-256.

Kirk, S. A. (1962). *Educating exceptional children.* Boston: Houghton Mifflin.

Lerner, J. W. (1989). Educational interventions in learning disabilities. *Journal of the American Academy of Child and Adolescent Psychiatry, 28*, 326-331.

Mattison, R., E., Hooper, R. S., & Glassberg, L. A. (2002). Three-year course of learning disorders in special education students classified as behavioral disorder. *Journal of the American Academy of Child and Adolescent Psychiatry, 41*(12), 1454-1461.

Mercer, C. D. (1997). *Students with learning disabilities* (5th ed.). Upper Saddle River, NJ: Merrill.

Mercer, C. D., Jordan, L., Allsopp, D. H., & Mercer, A. R. (1996). Learning disabilities definitions and criteria used by state education department. *Journal of Learning Disabilities, 19*, 217-232.

Payette, K. A., Clarizio, H. F., Phillips, S. E., & Bennett, D. E. (1995). Effects of simple and regressed discrepancy models and cutoffs on severe discrepancy determination. *Psychology in the Schools, 32*(2), 93-102.

Reynolds, C. R. (1984-1985). Critical measurement issues in learning disabilities. *Journal of Special Education, 18*, 451-476.

Reynolds, C. R. (1985). Measuring the aptitude-achievement discrepancy in learning disability diagnosis. *Remedial and Special Education, 6*, 37-55.

Ricehck, M. A., List, L. K., & Lerner, J. (1989). Incheasing the achievement of your remedial reading students. Paso Ronles, CA: Bureau of Education and Research.

Shepard, L. (1980). An evaluation of the regression discrepancy method for identifying children with learning disabilities. *Journal of Special Education, 14*, 79-91.

Siegel, L. S. (1989). IQ is irrelevant to the definition of learning disabilities. *Journal of Learning Disabilities, 22*, 469-486.

Siegel, L. S. (1992). Dyslexic vs. poor readers: Is there a difference? *Journal of Learning Disabilities, 25*, 618-629.

Sinclair, E., & Alexson, J. (1986). Learning disability discrepancy formulas: Similarities and differences among them. *Learning Disabilities Research, 1*, 112-118.

Stuebing, K. K., Fletcher, J. M., LeDoux, J. M., Lyon, G. R., Shaywitz, S. E., & Shaywitz, B. A. (2002). Validity of IQ-discrepancy classifications of reading disabilities: A meta-analysis. *American Educational Research Journal, 39*, 469-518.

Tran, L., Sanchez, T. Arellano, B., & Swanson, H. L. (2011). A meta-analysis of the RTI literature for children at-risk for learning disabilities. *Journal of Learning Disabilities, 44*(3), 283-295.

Vaughn, S., Cirino, P. T., Wanzek, J., Fletcher, J. M., Denton, C. A., Barth, A., Romain, M., & Francis, D. J. (2010). Response to intervention for middle school students with reading difficulties: Effects of a primary and secondary intervention. *School Psychology Review, 39*(1), 3-21.

Vaughn, S., & Fletcher, J. M. (2010). Thoughts on Rethinking Response to Intervention With Secondary Students. *School Psychology Review, 39*(2), 296-299.

Vaughn, S., Linan-Thompson, S., & Hickman, P. (2003). Responsive to instruction as a means of identifying students with reading/learning disabilities. *Exceptional Children, 69*(4), 391-409.

Vaughn Gross Center for Reading & Language Arts (2003). *3-Tier reading model: Reducing reading difficulties for kindergarten through third grade students.* Austin, TX: Vaughn Gross Center for Reading & Language Arts.

Ysseldyke, J. E., Algozzine, B., Shinn, M. R., & McGue, M. (1982). Similarities and differences between low achievers and students classified as learning disabled. *The Journal of Special Education, 16*, 73-85.

PART 2

학습장애학생을 위한
효과적인 교과 지원

읽기 이해 및 지도

이 장을 통해 학습장애에 관한 다음의 지식과 기술을 습득하게 될 것이다.

- 읽기 교수의 영역을 설명할 수 있다.
- 학습장애학생의 읽기 교수 영역별 특성을 설명할 수 있다.
- 효과적인 읽기 선수 기술 교수법을 설명할 수 있다.
- 효과적인 단어인지 교수법을 설명할 수 있다.
- 효과적인 읽기유창성 교수법을 설명할 수 있다.
- 효과적인 어휘 교수법을 설명할 수 있다.
- 효과적인 읽기이해 교수법을 설명할 수 있다.

1. 학습장애학생을 위한 읽기 교수 개관

읽기는 글에서 의미를 얻는 복잡한 과정으로 다양한 지식과 기술을 요구한다. 성공적인 읽기를 위해 요구되는 지식과 기술은 크게 읽기 선수 기술, 단어인지, 읽기유창성, 어휘 및 읽기이해로 나뉜다(National Reading Panel, 2000). 따라서 이러한 지식과 기술은 중요한 읽기 교수의 영역이다. 읽기 선수 기술은 향후 읽기 능력을 갖추기 위해 필요한 선수 기술을 의미한다. 단어인지는 개별 단어를 소리 내어 정확하게 읽고 그 의미를 파악하는 것을 말한다. 읽기유창성은 글을 빠르고 정확하고 표현력 있게 읽는 것을 의미한다. 어휘는 개별 단어에 대한 지식뿐 아니라 문맥에서 단어의 의미를 유추하고, 단어와 단어 사이의 연관성 이해 및 문맥에 적절한 단어를 활용하는 능력 등을 포함한다. 마지막으로 읽기이해는 글과의 상호작용을 통해 글의 의미를 파악하는 능력을 말하며, 읽기 교수의 궁극적인 목적이다(National Reading Panel, 2000).

[그림 5-1]은 읽기 교수의 최종 목표인 읽기이해가 이루어지는 과정과 읽기 교수 영역 간의 관련성을 보여 준다. 읽기이해 과정은 단어 수준 이해, 문장 수준 이해 및 글 수준 이해로 진행되며, 이러한 읽기이해 과정에서 읽기 교수의 영역이 밀접하게 관련이 되어 있음을 알 수 있다. 예를 들어, 단어 수준 이해는 읽기 선수 기술(예, 음운인식, 자모지식, 낱자-소리 대응관계 등)과 단어인지와 관련이 있고, 문장 수준 이해는 읽기유창성과 어휘와 관련이 있으며, 글 수준 이해는 읽기이해와 관련이 있다. 읽기이해 과정을 구체적으로 살펴보면 다음과 같다.

첫째, 단어 수준의 이해(lexical comprehension)는 개별 단어(예, 시소)를 읽고 그 의미를 이해하는 것을 말한다. 성공적인 단어 수준의 이해를 위해서는 읽기 선수 기술인 음운인식, 자모지식, 낱자-소리의 대응관계 등과 단어인지 능력이 요구된다.

둘째, 문장 수준의 이해(syntactic comprehension)는 문장을 구성하고 있는 단어들을 빠르고 정확하게 읽을 뿐만 아니라 문장구조를 고려하여 적절히 끊어서 읽고,

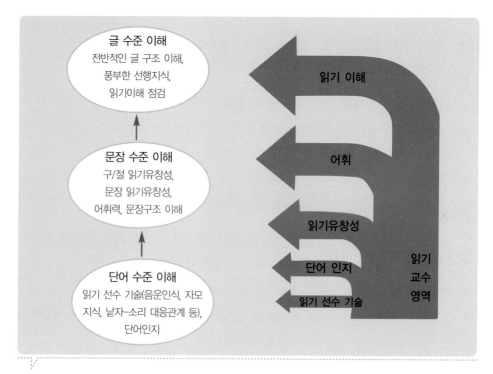

[그림 5-1] 읽기이해의 과정과 읽기 교수 영역과의 관련성

문장의 의미를 이해하는 것을 말한다. 성공적인 문장 수준의 이해를 위해서는 구/절 읽기유창성, 문장 읽기유창성, 어휘력, 문장구조 이해 등이 요구된다.

셋째, 글 수준의 이해(text comprehension)는 여러 문장으로 구성된 문단 혹은 여러 문단으로 구성된 글을 읽고 이해하는 것을 의미한다. 성공적인 글 수준 이해를 위해서는 글 구조 이해, 주제와 연관된 선행지식, 읽기이해 점검력 등이 요구된다. 따라서 읽기 교수의 최종 목적인 읽기이해가 잘 이루어지기 위해서는 앞서 언급한 읽기 교수 영역들이 서로 잘 맞물려 작용하여야 한다.

2. 읽기 교수의 영역

1) 읽기 선수 기술

(1) 읽기 선수 기술의 정의 및 학습장애학생의 읽기 선수 기술 특성

'발현적 문해(emergent literacy)' 또는 '문해 출현(emergent literacy)'은 어린 아동의 초기 읽기 및 쓰기 행동(예, 그림책 페이지 넘기기, 낙서하기 등)을 말하며, 이러한 행동은 궁극적으로 읽기 및 쓰기 능력으로 발전하게 된다(Sulzby & Teale, 1991). 여기서는 읽기에 한정하기 위해 발현적 문해 또는 문해 출현을 '읽기 선수 기술'이라는 용어로 사용하고자 한다. 읽기 선수 기술은 향후 읽기 능력에 영향을 미치는 것으로 프린트 인식, 자모지식, 음운인식 및 듣기이해를 포함한다.

읽기 선수 기술은 일반적으로 초등학교 취학 전에 중요하게 다루는 기술이다. 여러 연구에서 취학 전 아동과 초등학교 저학년 아동의 읽기 선수 기술(특히, 자모지식과 음운인식)은 향후 읽기 능력과 밀접한 관련이 있다고 보고하였으며, 학습장애 위험군 아동들의 경우 취학 전에 읽기 선수 기술 능력이 부족했던 것으로 보고되었다(Crain-Thoreson & Dale, 1992; Payne, Whitehurst, & Angell, 1994; Scarborough & Dobrich, 1994).

(2) 읽기 선수 기술 교수법

프린트 인식   프린트 인식(print awareness)은 아동이 문자 언어(written language, 이하 문어라고 함)가 어떻게 사용되는지를 이해하는 능력을 의미한다. 구체적으로 프린트 인식은 두 가지의 개념을 포함하며, 하나는 프린트의 기능에 대한 인식(print function awareness)이고, 다른 하나는 프린트의 관례에 대한 인식(print convention awareness)이다. 프린트의 기능에 대한 인식은 문어가 메시지(message) 또는 의미(meaning)를 전달한다는 것을 이해하는 능력을 뜻한다. 프린트의 관례에 대한 인식은 프린트의 특성 및 구조에 대한 관례적인 지식(예, 왼쪽에서 오른쪽으로 읽는다는 것 등)을 이해하는 능력을 뜻한다. 〈표 5–1〉는 프린트 인식의 하위 기술과 각 하위 기술에 대한 예시 과제다(Rathvon, 2004).

〈표 5–1〉 프린트 인식의 하위 기술 및 예시 과제

프린트 인식의 하위 기술	예시 과제
책 오리엔테이션 (book orientation)	책의 앞면, 뒷면 식별하기
프린트 대 그림 (print versus picture)	어디를 읽어야 하는지 가리키기(그림이 아닌 프린트를 가리켜야 함)
프린트 읽는 방향 (print directionality)	책을 읽을 때 왼쪽에서 오른쪽으로 읽는 것을 알고, 손가락으로 책 읽는 방향 가리키기
소리–단어 연결 (voice-word matching)	교사가 읽는 단어를 손가락으로 가리키기
글자, 단어, 문장 (letter, word, sentence)	단어의 경계를 알고, 단어가 시작되는 부분과 끝나는 부분을 손가락으로 가리키기
문장 부호	마침표의 의미 알기

1990년대 이전에 발표된 여러 연구에 따르면, 어린 아동의 프린트 인식은 향후 읽기 능력과 유의한 관련성을 갖는 것으로 나타났다(Scarborough, 1998). 그러나 최근 발표된 연구에서는 프린트 인식이 읽기 능력과 상관이 있기는 하지만, 음운인식과 자모지식 같은 읽기 관련 변인이 함께 투입되었을 때 더 이상 향후 읽기 능력에 대한 추가적인 예측력을 지니지 않는 것으로 보고하였다(Sénéchal, LeFevre, Smith-Chant, & Colton, 2001). 즉, 프린트 인식이 읽기 능력과 관련성이 있기는 하지만, 음운인식과 자모지식만큼 밀접한 관련성을 지니지는 않는다는 것을 의미한다.

아동은 프린트와 관련된 다양한 경험을 통해 프린트의 기능과 관례를 이해하게 된다. 프린트는 말(speech)과는 다르지만 말과 마찬가지로 메시지(의미)를 전달하는 기능이 있다는 것을 알게 된다. 예를 들어, 장보기 목록은 마트에서 어떤 물건을 구입해야 하는지 알려 주며, 요리책은 맛있는 과자를 만들 수 있는 방법을 알려 준다는 것을 알게 된다. 즉, 아동은 장보기 목록이나 요리책 등에 프린트가 사용되고, 프린트는 메시지(의미)를 전달하는 데 유용하다는 것을 알게 된다. 또한 아동은 부모가 동화책을 읽어 주는 것을 보고 들으면서 동화책의 내용뿐 아니라 글을 읽을 때는 페이지의 맨 위에서 아래로, 왼쪽에서 오른쪽으로, 한 줄이 끝나면 다음 줄로 내려가서 읽는다는 것, 한 페이지를 다 읽으면 다음 페이지로 넘어간다는 것 등 프린트의 관례를 알게 된다.

아동에 따라 취학 전 프린트와 관련된 경험의 폭이 다양하기 때문에(Mason & Allen, 1986), 아동의 프린트 인식 정도가 상당히 다를 수 있다. 따라서 교사는 아동의 프린트 인식 능력을 평가하여 필요한 경우 프린트 인식을 향상시킬 수 있는 교수 활동을 계획하고 진행하는 것이 필요하다. 다음은 교사나 부모가 아동의 프린트 인식 능력을 향상시키는 데 활용할 수 있는 지침이다(Kame'enui, Adams, & Lyon, 2002).

- 프린트의 기능 및 관례 가르치기: 교사는 책을 왼쪽에서 오른쪽으로, 위에서 아래로 읽는다는 것, 페이지의 순서를 나타내기 위해 페이지 번호가 있다는 것, 책을 읽는 목적은 책에서 전달하고자 하는 메시지(의미)를 얻기 위해서라는 것을 아는 것 등 책의 구조에 대해 지도하도록 한다.
- 책 읽어 주기: 책을 읽어 줄 때는 큰 책(big book; 글자 크기가 일반책보다 훨씬 큰 책)을 사용하여 아동이 책에 있는 글자와 단어를 볼 수 있도록 하는 것이 좋다. 또한 책을 읽는 동안 아동이 책에 자주 나오는 단어에 주의를 기울이고 관심을 갖도록 유도하고, 자주 나오는 구두점(예, 마침표)에 관심을 갖도록 하여야 한다.
- 프린트를 자주 접할 수 있도록 주위 환경 마련하기: 카드를 활용하여 집이나 유치원에 있는 다양한 공간 및 물건에 이름표를 붙이는 것이 좋다. 예를 들어, 아동

의 사물함에 아동의 이름을 써서 붙이거나, 언어 영역에는 '언어'라고 써서 붙이거나, 미끄럼틀에는 '미끄럼틀'이라고 써서 붙임으로써 아동이 글자에 관심을 갖도록 돕는 것이 좋다.

- 프린트를 활용하는 놀이하기: 아동이 장보기 목록을 작성하는 것을 흉내 내는 놀이, 자신의 이름을 쓰는 것을 흉내 내는 놀이, 편지나 생일 카드를 쓰는 것을 흉내 내는 놀이 등을 하도록 기회를 제공하는 것이 좋다.

- 구어와 문어 간의 관련성을 이해하도록 돕기: 책을 읽으면서, 아동이 자신의 이름을 구성하는 글자와 같은 글자를 찾도록 하는 활동은 아동이 구어와 문어 간의 관련성을 이해하는 데 도움이 된다. 예를 들어, "여기에 '우산'이라는 단어가 있네요. 여기서 '우'는 '김지우'할 때 '우'와 똑같네요."라고 말하면서, 구어와 문어의 관련성을 알도록 한다.

- 프린트의 기능 강화하기: 주위 환경에서 쉽게 볼 수 있는 프린트가 적힌 포스터, 이름표, 간판 등을 가리키며, 프린트가 중요한 메시지(의미)를 전달해 주기 때문에 유용하다는 것을 알려 주는 것이 좋다.

- 프린트의 관례 강화하기: 책을 읽을 때, 책을 읽는 방향이나 단어에 대한 개념(첫 번째 단어, 두 번째 단어, 한 단어/두 단어), 구두점 등에 대해 질문하고, 아동이 정확하게 답을 할 경우 이를 강화하고, 필요한 경우 교정적인 피드백을 제공하도록 한다.

- 책읽기를 통해 프린트 관례에 대한 질문하기: 아동의 연령에 적절한 책을 선정하고, 책읽기를 통해 프린트 인식 능력을 평가한다.
  - 책의 맨 앞면을 가리키세요.
  - 책의 제목을 가리키세요.
  - 어디서부터 읽기 시작해야 하는지 가리키세요.
  - 글자를 가리키세요.
  - 단어를 가리키세요.
  - 문장의 첫 번째 단어를 가리키세요.

-문장의 마지막 단어를 가리키세요.

-마침표를 가리키세요.

-책의 뒷면을 가리키세요.

자모지식　자모지식이란 자음자와 모음자의 이름에 대한 지식, 자음자와 모음자의 소리에 대한 지식, 자음자와 모음자의 이름과 소리를 빠르고 정확하게 인출하는 능력 등을 말한다. Smith(1928)는 일찍이 자모지식이 단어인지에 대한 높은 예측력을 지닌 변인임을 밝혔으며, 이후 많은 학자에 의해 자모지식이 읽기 능력(단어인지)과 높은 상관이 있다는 것을 보고하였다(예, Catts, Fey, Zhang, & Tomblin, 2001; Holopainen, Ahonen, & Lyytinen, 2001; Schatschneider et al., 2004). 또한 국내에서 취학 전 및 초등학교 1학년 학생을 대상으로 단어인지 능력에 대한 예측연구를 실시한 결과, 취학 전 및 초등학교 저학년 학생의 자모지식이 같은 기간에 측정한 단어인지 능력뿐 아니라 1년 후에 측정한 단어인지 능력에서도 유의한 예측 변인으로 나타났다(김애화, 유현실, 김의정, 2010a, 2010b; Kim, 2009).

〈표 5-2〉는 자모지식의 하위 기술과 각 하위 기술에 대한 예시 과제다. 이 중 자모 이름과 자모 소리가 향후 읽기 능력을 예측하는 중요한 변인으로 보고되었다(김애화, 유현실, 김의정, 2010a, 2010b; Badian, McAnulty, Duffy, & Als, 1990; Byrne & Fielding-Barnsley, 1993; Scanlon & Vellutino, 1996; Scarborough, 1998).

〈표 5-2〉 자모지식의 하위 기술 및 예시 과제

자모지식의 하위 기술	예시 과제
같은 자모 인식	자음자와 모음자의 이름을 듣고 해당 자모 가리키기
자모 이름 암송	자음자와 모음자의 이름을 순서대로 암송하기
자모 이름	무작위 순서로 제시된 자음자와 모음자를 보고 이름 말하기
자모 소리	무작위 순서로 제시된 자음자와 모음자를 보고 소리 말하기

자모지식은 유치원 및 학교에서 실시하는 다양한 활동뿐 아니라 가정에서 자모와 관련된 경험을 통해 학습할 수 있다. 다음은 교사나 부모가 아동의 자모지식을 향상시키는 데 활용할 수 있는 지침이다(Baker, Kame'enui, & Simmons, 1994).

- 자모 관련 책이나 자모 블럭 등을 자주 접할 수 있도록 하기
- 개별 자모의 이름 가르치기: 개별 자모의 이름을 가르치는 예로는 'ㄱ'을 보여 주면서, "이 낱자의 이름은 기역입니다."라고 지도한다.
- 개별 자모의 소리 가르치기(즉, 낱자–소리 대응관계 가르치기): 개별 자모의 소리를 가르칠 때는 먼저 초성 소리를 가르치고, 아동이 초성 소리를 명확하게 알게 된 후, 종성 소리를 가르친다. 예를 들어, 'ㄱ'을 보여 주면서, "이 낱자는 /ㄱ/ 소리(초성 소리)가 납니다." 아동이 /ㄱ/라는 소리를 명확하게 알면, 'ㄱ'이 /윽/ 소리(종성 소리)가 난다는 것을 가르친다.
- 개별 자모의 이름과 소리를 가르칠 때, 음운인식 활동과 결합하기: 개별 자모의 이름과 해당 자모의 소리를 확실하게 알게 된 후, 음운인식 활동의 하나인 음소 합성(blending) 활동과 결합하여 교수하는 것이 좋다. 예를 들어, 아동이 'ㄱ'이 /ㄱ/라는 소리가 나고, 'ㅏ'가 /ㅏ/라는 소리가 난다는 것을 알게 되면, /ㄱ/와 /ㅏ/라는 소리를 합치면, /가/라는 소리가 된다는 것을 가르친다.

음운인식　음운인식이란 말소리를 식별하는 능력으로 같은 소리로 시작되는 단어와 다른 소리로 시작되는 단어를 인식하는 능력, 단어를 구성하는 음소를 셀 수 있는 능력, 단어를 구성하는 소리들을 합성, 분절 또는 조작할 수 있는 능력 등을 말한다.

음운인식의 하위 기술 및 음운인식의 발달 수준을 어떻게 구분하느냐에 대해서는 학자들마다 다소 차이를 보인다. 그러나 〈표 5–3〉에서 보여 주는 것과 같이 음운인식은 일반적으로 음운인식 단위(phonological units; 음절, 초성–각운 또는 음절체–종성, 음소) 및 음운인식 과제 유형(phonological awareness tasks; 변별, 분리, 합성,

〈표 5-3〉 음운 인식단위 및 과제 유형에 대한 예시

음운인식의 하위 기술		예시 과제
음절 (syllable)	변별 (sound matching)	-앞에 있는 종이에 그림들이 있어요. ('사자, 두부, 버섯, 고추' 그림을 각각 손으로 짚으면서) 이 그림은 '사자, 두부, 버섯, 고추'예요. ○○가 /두/로 시작하는 그림을 찾으세요. [답: 두부]
	분리 (isolation)	-선생님을 따라 하세요. /고추/. (학생이 '고추'라고 따라 한다.) /고추/에서 첫소리가 무엇이죠? [답: 고] -선생님을 따라 하세요. /다리미/. (학생이 '다리미'라고 따라 한다.) /다리미/에서 가운뎃소리가 무엇이죠? [답: 리]
	합성 (blending)	-선생님이 단어를 따로따로 나눠서 말할 거예요. 그러면, ○○가 듣고, 합쳐서 말하는 거예요. /사-자/ [답: 사자] -선생님이 단어를 따로따로 나눠서 말할 거예요. 그러면, ○○가 듣고, 합쳐서 말하는 거예요. /지-우-개/ [답: 지우개]
	분절 (segmenting)	-선생님을 따라 하세요. /두부/. (학생이 '두부'라고 따라 한다.) 이번에는 ○○가 /두부/를 따로따로 나눠서 말해 주세요. [답: 두-부] -선생님을 따라 하세요. /고양이/. (학생이 '고양이'라고 따라 한다.) 이번에는 ○○가 /고양이/를 따로따로 나눠서 말해 주세요. [답: 고-양-이]
	탈락 (deletion)	-선생님을 따라 하세요. /고추/. (학생이 '고추'라고 따라 한다.) 이번에는 /고/를 빼고 말해 보세요. [답: 추] -선생님을 따라하 세요. /자전거/. (학생이 '자전거'라고 따라 한다.) 이번에는 /거/를 빼고 말해 보세요. [답: 자전]
	대치 (substitution)	-선생님을 따라 하세요. /공부/. (학생이 '공부'라고 따라 한다.) 이번에는 /부/를 /기/로 바꾸어 말해 보세요. [답: 공기] -선생님을 따라 하세요. /무지개/. (학생이 '무지개'라고 따라 한다.) 이번에는 /지/를 /니/로 바꾸어 말해 보세요. [답: 무니개]
초성-각운 (onset-rime)	변별 (sound matching)	-앞에 있는 종이에 그림들이 있어요. ('달, 눈, 집, 밤' 그림을 각각 손으로 짚으면서) 이 그림은 '달, 눈, 집, 밤'이에요. ○○가 /알/로 끝나는 그림을 찾으세요. [답: 달]
	합성 (blending)	-선생님이 단어를 따로따로 나눠서 말할 거예요. 그러면, ○○가 듣고, 합쳐서 말하는 거예요. /프-울 / [답: 풀]
	분절 (segmenting)	-선생님을 따라 하세요. /발/. (학생이 '발'이라고 따라 한다.) 이번에는 ○○가 /발/을 따로따로 나눠서 말해 주세요. [답: 브-알]

음절체-종성 (body-coda)	변별 (sound matching)	–앞에 있는 종이에 그림들이 있어요. ('달, 눈, 집, 밤' 그림을 각각 손으로 짚으면서) 이 그림은 '달, 눈, 집, 밤'이에요. ○○가 /누/로 시작하는 그림을 찾으세요. [답: 눈]
	합성 (blending)	–선생님이 단어를 따로따로 나눠서 말할 거예요. 그러면, ○○가 듣고, 합쳐서 말하는 거예요. /기-음/ [답: 김]
	분절 (segmenting)	–선생님을 따라 하세요. /잠/ (학생이 '잠'이라고 따라 한다.) 이번에는 ○○가 /잠/을 따로따로 나눠서 말해 주세요. [답: 자-음]
음소 (phoneme)	변별 (sound matching)	–앞에 있는 종이에 그림들이 있어요. ('도, 레, 미, 파' 그림을 각각 손으로 짚으면서) 이 그림은 '도, 레, 미, 파'예요. ○○가 /드/로 시작하는 그림을 찾으세요. [답: 도]
	분리 (isolation)	–선생님을 따라 하세요. /게/. (학생이 '게'라고 따라 한다.) /게/에서 첫소리가 무엇이죠? [답: 그] –선생님을 따라 하세요. /형/. (학생이 '형'이라고 따라 한다.) /형/에서 끝소리가 무엇이죠? [답: 응]
	합성 (blending)	–선생님이 단어를 따로따로 나눠서 말할 거예요. 그러면 ○○가 듣고, 합쳐서 말하는 거예요. /그-애/ [답: 개] –선생님이 단어를 따로따로 나눠서 말할 거예요. 그러면 ○○가 듣고, 합쳐서 말하는 거예요. /드-아-을/ [답: 달]
	분절 (segmenting)	–선생님을 따라 하세요. /구/. (학생이 '구'라고 따라 한다.) 이번에는 ○○가 /구/를 따로따로 나눠서 말해 주세요. [답: 그-우] –선생님을 따라 하세요. /돈/. (학생이 '돈'이라고 따라 한다.) 이번에는 ○○가 /돈/을 따로따로 나눠서 말해 주세요. [답: 드-오-은]
	탈락 (deletion)	–선생님을 따라 하세요. /새/. (학생이 '새'라고 따라한다.) 이번에는 /스/를 빼고 말해 보세요. [답: 애] –선생님을 따라 하세요. /귤/. (학생이 '귤'이라고 따라 한다.) 이번에는 /을/을 빼고 말해 보세요. [답: 규]
	대치 (substitution)	–선생님을 따라 하세요. /나/. (학생이 '나'라고 따라 한다.) 이번에는 /아/를 /이/로 바꾸어 말해 보세요. [답: 니] –선생님을 따라 하세요. /별/(학생이 '별'이라고 따라 한다.) 이번에는 /을/을 /응/으로 바꾸어 말해 보세요. [답: 병]

출처: 김애화, 유현실, 김의정(2010). 취학 전 및 초등학교 1학년 아동의 음운인식 구조 탐색 연구. 초등교육연구, 23(3), 173-192.

분절, 탈락, 대치)에 따라 구분된다. 연구에 따르면, 음운인식 단위에서는 문장 내 단어 인식, 끝소리가 같거나 다른 단어의 인식, 음절 인식, 초성-각운 인식 또는 음절체-종성 인식, 음소 인식 순으로 발달한다. 음운인식 과제 유형에서는 각 음운인식 단위별로 변별과제가 가장 먼저 발달하고, 그다음으로는 합성, 분리, 분절, 수세기 등이 발달하고, 탈락과 대치가 가장 나중에 발달하는 것으로 보고되었다(예, Adams, 1990; Chard & Dickson, 1999; Yopp, 1988). 음운인식 단위 및 과제 유형 중에서 음절분리, 음절탈락, 음절대치, 음소변별, 음소대치가 읽기 능력에 대한 예측도가 높은 것으로 나타났다(김애화, 김의정, 유현실, 2011).

음운인식은 읽기 능력과 높은 상관이 있으며, 더 나아가 향후 읽기 능력(단어인지, 읽기유창성, 읽기이해 포함)을 예측하는 강력한 변인(robust predictor)으로 밝혀졌다(김미경, 서경희, 2003; 김선옥, 공숙자, 조희숙, 2004; 김애화, 박현, 2007; 김애화, 유현실, 김의정, 2010a, 2010b; 김애화, 유현실, 황민아, 김의정, 고성룡, 2010; Bradley & Bryant, 1983; Calfee, Lindamood, & Lindamood, 1973; Juel, 1988; Liberman, Shankweiler, Fisher, & Carter, 1974; McBride-Chang & Kail, 2002; Schatschneider et al., 2004; Stanovich, Cunningham, & Cramer, 1984; Yopp, 1988). 특히 음운인식은 지능, 어휘지식, 기억 및 사회경제적 지위 등을 통제한 후에도 여전히 읽기 능력을 유의하게 예측하는 변인인 것으로 나타났다(Bryant, MacLean, Bradley, & Crossland, 1990; Lonigan, Burgess, & Anthony, 2000; Wagner, Torgesen, & Rashotte, 1994; Wagner, Torgesen, Rashotte, Burgess, & Hecht, 1997).

음운인식 능력은 향후 읽기 능력에 영향을 주는 요인이므로 취학 전 및 초등학교 저학년 아동에게 특히 중요하다. National Reading Panel(2000)에 따르면, 음운인식 교수는 읽기장애아동, 읽기부진아동, 일반아동의 읽기 능력(단어인지 능력)을 향상시키는 데 효과적인 것으로 나타났다. 다음은 교사가 아동의 음운인식 능력을 향상시키는 데 활용할 수 있는 지침이다(National Reading Panel, 2000).

• 아동의 발달수준에 적합한 음운인식 교수 실시하기: 아동의 발달 수준을 고려하여

음절인식 활동, 초성-각운 및 음절체-종성 활동, 음소 활동 중 적절한 음운인식 단위를 선택하여 지도한다. 또한 아동의 발달수준을 고려하여 변별 활동, 합성 및 분절 활동, 탈락 및 대치 활동 중 적절한 음운인식 과제유형을 선택하여 지도한다.

- 음소 분절 및 음소 합성 활동하기: 음운인식 과제유형 중, 음소 분절과 음소 합성 과제는 음운인식 및 읽기 능력 향상에 특히 효과적이다. 따라서 음소 분절과 음소 합성을 강조하여 교수하는 것이 바람직하다. 음소 분절 활동의 예는 "/마/는 /ㅁ/와 /ㅏ/라는 소리로 떨어질 수 있어요."이며, 음소 합성 활동의 예로는 "/ㅁ/와 /ㅏ/ 소리를 합치면, /마/가 되요."다.

- 구체물 활용하기: 소리는 추상적이므로 음운인식 교수 시 구체물을 활용하는 것이 아동의 음운인식 능력을 향상시키는 데 효과적이다. 단어를 구성하는 음소의 수와 구체물의 수는 1:1 비율이므로 음소의 수만큼 구체물을 준비하는 것이 필요하다. 아동은 교사의 지시에 따라 하나의 음소에 하나의 구체물(예, 플라스틱 칩 등)을 대응하면서 구체물을 조작하는 음운인식 활동에 참여한다. [그림 5-2]는 구체물을 활용한 음소 분절 및 음소 합성 활동인 '발음하고 옮기기 활동'의 예다.

- 낱자-소리의 대응관계를 결합한 음운인식 교수 실시하기: 음운인식과 낱자-소리의 대응관계를 결합한 교수가 음운인식 교수의 효과를 더 높일 수 있다. 낱자-소리의 대응관계를 결합한 음운인식 교수는 음소 단위의 과제 유형인 음소 분절과 음소 합성 활동 시 실시한다. 예를 들어, 각 음소를 구체물 대신 그 음소에 대응하는 낱자카드를 사용하여 음소 분절 및 합성 활동을 할 수 있다. [그림 5-3]은 낱자-소리 대응관계를 결합한 음소 분절 및 음소 합성 활동의 예다. 교사가 /마/라는 소리를 나누고 합쳐 보라고 하면 아동은 다음의 단계에 따라 활동을 수행한다. 첫째, 'ㅁ'이라고 적힌 낱자카드를 선택한다. 둘째, 'ㅁ'에 대응하는 /ㅁ/ 소리를 낸다. 셋째, 'ㅏ'라고 적힌 낱자카드를 선택한다. 넷째, 'ㅏ'에 대응하는 /ㅏ/ 소리를 낸다. 마지막으로, 'ㅁ'과 'ㅏ' 카드를

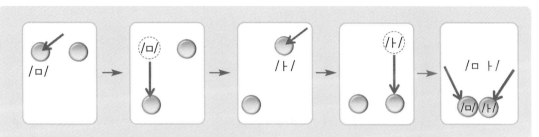

교사: /마/라는 소리를 나누고 합쳐 보세요.

학생:

1. 첫 번째 플라스틱 칩을 손으로 짚으면서, /ㅁ/라고 한다.
2. /ㅁ/를 발음하면서 아래로 플라스틱 칩을 내린다.
3. 두 번째 플라스틱 칩을 손으로 짚으면서, /ㅏ/라고 한다.
4. /ㅏ/를 발음하면서 아래로 플라스틱 칩을 내린다.
5. 두 개의 플라스틱 칩을 가까이 놓으면서, 두 소리를 합친다.   /ㅁ//ㅏ//마/

※각각의 플라스틱 칩은 음소를 상징한다.

※첫 번째 플라스틱 칩은 첫소리인 /ㅁ/를, 두번째 플라스틱 칩은 두번째 소리인 /ㅏ/를 상징한다.

[그림 5-2] 구체물을 활용한 음소 분절 및 합성 활동 - '발음하고 옮기기 활동'의 예

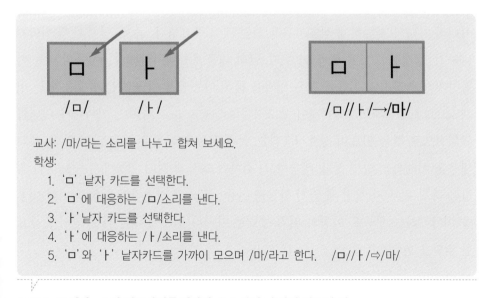

교사: /마/라는 소리를 나누고 합쳐 보세요.

학생:

1. 'ㅁ' 낱자 카드를 선택한다.
2. 'ㅁ'에 대응하는 /ㅁ/소리를 낸다.
3. 'ㅏ' 낱자 카드를 선택한다.
4. 'ㅏ'에 대응하는 /ㅏ/소리를 낸다.
5. 'ㅁ'와 'ㅏ' 낱자카드를 가까이 모으며 /마/라고 한다.   /ㅁ//ㅏ/⇨/마/

[그림 5-3] 낱자-소리 대응관계를 결합한 음소 분절 및 합성 활동의 예

가까이 모으며 /마/라고 한다.

- 소집단 교수 실시하기: 대집단 교수보다 소집단 교수를 할 때, 음운인식 교수의 효과를 더욱 높일 수 있다.
- 교사의 음소 인식 과제에 대한 시범 보이기: 교사는 구체적으로 음소인식 과제에 대한 시범을 보여야 한다. 특히, 교사는 각 음소를 어떻게 발음하는지를 구체적으로 시범 보여야 한다. 예를 들어, 음소 합성 과제일 경우, 교사는 각 음소를 따로 따로 명확하게 발음(/ㅁ/ /ㅏ/)한 다음, 음소를 합쳐서 발음(/마/)하는 것을 시범 보인다.
- 학생에게 연습 기회 제공하기: 교사의 명시적인 시범 후, 학생에게 비슷한 과제를 반복적으로 연습할 수 있는 기회를 제공하여야 한다.

구어를 통한 듣기 이해   아동에게 책을 읽어 주는 활동은 조기 읽기 발달에 상당히 중요한 영향을 미친다(Hiebert, 1988; Morrow et al., 1990). Morrow 등(1990)에 따르면, 아동에게 책을 읽어 주는 것과 향후 읽기 발달 간에 관련성이 있는 것으로 나타났다. 특히, 부모가 자녀에게 책을 읽어 줄 때 단순히 글을 읽어 주는 것만이 아니라 자녀와 활발하게 상호작용을 하는 것이 중요하다. 즉, 그림에 대해 이야기 나누기, 적절한 속도로 글 읽어 주기, 글의 내용에 대해 질문하기, 아동의 답을 반복하거나 확장시키기 등과 같은 일과를 통해 아동의 읽기 능력을 발달을 위한 비계(scaffolding)를 제공하는 것이 필요하다(Sulzby & Teale, 1991). 어머니가 자녀와 규칙적으로 책을 읽으며 상호작용하는 일과를 통해 아동은 책을 읽는 방법, 책의 내용을 이해하는 방법 등을 터득하고, 점차적으로 책 읽기 활동에서 주도적인 역할을 하게 된다. 이처럼 책 읽기 활동과 아동-부모 간 상호작용을 통해 책의 내용을 이야기하는 활동은 아동의 읽기 능력뿐 아니라 읽기에 대한 태도 형성에 중요한 역할을 한다.

2) 단어인지

(1) 단어인지 정의 및 학습장애학생의 단어인지 특성

단어인지는 단어를 빠르게 소리 내어 읽고, 단어의 의미를 파악하는 능력을 의미한다(Harris & Hodges, 1995). 단어인지와 음독(decoding)을 동일한 개념으로 사용하는 경우가 있으나, 음독은 단어인지보다는 좁은 개념이다. 음독은 낱자(군)-소리의 대응관계를 활용하여 낯선 또는 모르는 단어를 읽는 과정을 의미한다. 음독은 단어인지를 위해 반드시 이루어져야 하는 과정이기 때문에, 단어인지 교수에서 음독이 차지하는 비중은 상당히 크다.

음독은 단어를 구어로 바꾸는 과정(Carnine, Silbert, & Kame'enui, 1997)이다. 일반적으로 음독의 초기 단계에서는 다음의 과정을 거쳐 글을 읽는다. 첫째, 글자를 구성하는 낱자(군)를 인식한다. 둘째, 낱자(군)-소리의 대응관계를 활용하여 낱자(군)를 소리로 바꾼다. 셋째, 소리를 합친다. 예를 들어, '가'라는 글자를 보고, '가'가 'ㄱ'과 'ㅏ'라는 낱자로 이루어져 있음을 인식하고, 'ㄱ'은 /ㄱ/로, 'ㅏ'는 /ㅏ/라는 소리로 바꾼 다음 /ㄱ/과 /ㅏ/라는 소리를 합쳐 /가/라고 읽는다. 이러한 과정이 자동화되면 '가'라는 글자를 보고 즉시 /가/라고 읽게 된다.

학습장애학생과 일반학생의 단어인지 특성을 비교한 국내외의 연구에 따르면, 첫째 학습장애학생은 일반학생에 비해 단어인지 능력이 현저하게 떨어지는 것으로 나타났다. 둘째, 규칙 단어(예, 수건/수건)보다 불규칙 단어(또는 음운변동 단어, 예, 나뭇잎/나문닙/)와 무의미 단어(예, 맑하다/말카다/)를 읽을 때 오류를 더 많이 보이는 것으로 나타났다(김애화, 강은영, 2010; Jimenez & Hernandez, 2000; Landerl, 2001; Snowling, Goulandris, & Defty, 1996; Van den Broeck, van den Bos, & Geudens, 2010). 특히 학습장애학생과 일반학생의 단어인지 성취 및 오류 유형을 비교·분석한 국내 연구에 따르면, 학습장애학생은 일반학생에 비해 모든 단어인지 하위 검사에서 현저하게 낮은 성취를 보였으며, 다음과 같은 오류를 보이는 것으로 나타났다.

첫째, 규칙 단어를 읽을 때, 대치 오류가 가장 많이 나타났으며(예, '놀라다' → '놀리다'로 읽는 오류), 종성에서의 대치 오류를 상대적으로 많이 보이는 것으로 나타났다.

둘째, 음운변동이 일어나는 단어를 읽을 때, 읽기장애학생과 일반학생 모두 연음, 구개음화, 설측음화, 설측음의 비음화 규칙에서 오류를 많이 보였으며, 음운변동 규칙을 단어의 일부분에만 적용하는 오류를 많이 보이는 것으로 나타났다(예, 만용/마뇽/을 /만뇽/으로 읽는 오류; 김애화, 강은영, 2010).

(2) 단어인지 교수법

파닉스 교수(phonics instruction)   파닉스 교수는 음운인식과 낱자(군)—소리 대응관계를 활용하여 단어를 읽을 수 있도록 가르치는 읽기 교수법이며, 수많은 연구에서 단어인지 능력을 향상시키는 데 효과적인 것으로 보고되었다. Ehri 등(2001)은 파닉스 교수의 효과성을 조사한 66편의 실험—비교 연구를 분석한 결과, 파닉스 교수가 단어인지 능력을 향상시키는 데 효과적이었다고 보고하였다. 또한 파닉스 교수는 다양한 연령층의 학생, 다양한 사회경제적 지위(SES)에 속한 가정의 학생, 다양한 읽기 능력을 지닌 학생에게 효과적인 것으로 나타났으며, 특히 유치원과 초등학교 1학년 학생, 저소득층 학생, 그리고 읽기장애 위험군 학생에게 더욱 효과가 있는 것으로 나타났다.

따라서 파닉스 교수는 단어인지 능력을 향상시키는 연구기반 교수로 지지를 받고 있다. 심지어는 총체적 언어 교수를 지지하는 학자들도 단어인지 교수를 할 때, 파닉스 교수를 포함시킬 것을 제안하였다. 예를 들어, 총체적 언어 교수를 지지하는 학자인 Routman은 "파닉스를 가르치지 않는 것은 무책임한 일이다. 미디어는 우리(총체적 언어 교수를 실시하는 자)가 파닉스를 무시한다고 이야기하고 있는데, 이것은 사실이 아니다. 나는 훌륭한 교사 중 파닉스를 가르치지 않는 이를 본 적이 없다."(1996: 91)라고 말하였다.

■ 파닉스 교수의 유형

파닉스 교수의 유형에는 합성 파닉스(synthetic phonics), 분석 파닉스(analytic phonics), 유추 파닉스(analogy phonics), 임베디드 파닉스(embeded phonics) 등이 있다. 이 중 어떤 유형의 파닉스 교수가 더 효과적인가에 대해서는 학자들마다 견해 차이가 있으나, 66편의 파닉스 교수의 효과성을 종합적으로 분석한 Ehri 등 (2001)의 연구에 따르면 합성 파닉스 교수가 가장 효과적인 것으로 나타났다.

• 합성 파닉스

합성 파닉스는 부분-전체 접근법(part-to whole approach)을 적용하여 단어를 구성하는 각각의 낱자를 소리로 바꾼 후 이 소리들을 합쳐서 단어를 읽도록 가르치는 단어인지 교수법이다. 이를 위해 교사는 학생에게 단어를 구성하는 각각의 낱자에 대응하는 소리를 가르친 다음, 이 소리들을 합쳐서 단어를 읽도록 지도한다. 대표적인 합성 파닉스 프로그램인 직접교수(Direct Instruction: DI) 프로그램은 스크립트화된 프로그램을 주로 사용한다. [그림 5-4] 스크립트(대본)화 된 합성 파닉스 교수법의 일부 예이며, 교사는 스크립트에 따라 합성 파닉스 교수를 실시한다.

> 교사: (칠판에 '나'라는 단어를 쓴 다음) 선생님이 이 단어를 읽어 볼게요. (단어를 구성하고 있는 낱자 'ㄴ', 'ㅏ'의 소리를 각각 따로 발음한다.) /ㄴ/, /ㅏ/⇨(소리를 순서대로 합쳐서 발음한다.) /ㄴ…ㅏ/⇨/나/.

[그림 5-4] 합성 파닉스 교수법의 예

• 분석 파닉스

분석 파닉스는 합성 파닉스와 반대로 전체-부분 접근법(whole-to-part approach)을 적용하여 각 낱자에 대응하는 소리를 따로 가르치지 않고 단어 내에서 낱자-소리의 대응관계를 파악하도록 가르치는 단어인지 교수법이다. 이를 위해 교사는 학생이 이전에 습득한 단어 중 같은 소리를 포함한 단어들(예, 바위, 바지, 바다)을 제시한 후, 학생이 이 단어들은 모두 /ㅂ/라는 소리로 시작되고 /ㅂ/라는 소리는 'ㅂ'이라고 쓴다는 것을 파악하게 하도록 지도한다.

합성 파닉스는 낱자의 소리를 따로 따로 가르치고, 각 낱자의 소리들을 합쳐서 단어를 읽도록 가르치기 때문에 '명시적 파닉스(explicit phonics)'라고 부르기도 한다. 이와는 달리 분석 파닉스는 단어 내에서 낱자-소리의 대응관계를 파악하도록 가르치기 때문에 '암시적 파닉스(implicit phonics)'라고 부르기도 한다(Gunning, 2002).

• 유추 파닉스

유추 파닉스는 학생이 알고 있는 단어나 단어의 부분(word parts)을 활용하여 새로운 단어를 읽도록 가르치는 단어인지 교수법이다. 즉, 'depend'라는 새로운 단어를 지도할 때, 교사는 학생이 알고 있는 'he'와 'send'라는 단어와 'depend'라는 단어의 비슷한 특성(he/de; send/pend)을 비교함으로써 'depend'를 유추하여 읽을 수 있도록 지도한다. 한글을 예로 들어 설명하면, '사용하다'를 가르칠 때, 학생이 알고 있는 '미용'과 '자다'와 '사용하다'라는 단어의 비슷한 특성(미용/사용; 자다/하다)을 비교함으로써 '사용하다'를 유추하여 읽을 수 있도록 지도한다. 또 다른 예로는 '무너뜨리다'라는 새로운 단어를 지도할 때, 교사는 학생이 알고 있는 '빠뜨리다'라는 단어와 '무너뜨리다'라는 단어의 동일한 특성(뜨리다)을 인식함으로써, '무너뜨리다'라는 단어를 유추하여 읽을 수 있도록 지도한다.

대표적인 유추 파닉스 프로그램인 '기준 단어 인지 프로그램(Benchmark Word Identification Program)'에서는 책에 자주 나오는 단어의 부분(예, -is, -atch, -er)에 대한 120개의 핵심어를 가르치고, 이를 활용하여 새로운 단어를 읽을 수 있도록 가르친다. 예를 들어, 'dispatcher'라는 새로운 단어의 경우, dis를 읽을 때는 핵심어인 this를 활용하고, patch를 읽을 때는 핵심어인 catch를 활용하고, er를 읽을 때는 핵심어인 her를 활용하도록 지도한다(Gaskins, Gaskins, & Gaskins, 1991, 1992).

• 임베디드 파닉스

임베디드 파닉스는 글을 읽는 과정에서 파닉스 교수를 삽입하여 단어를 읽도록 가르치는 단어인지 교수법이다. 임베디드 파닉스는 주로 총체적 언어 프로그램의 일부로 활용된다. 총체적 언어 프로그램에서 파닉스 교수를 강조하지 않지만, 필요에 따라 미니레슨(mini-lesson) 형태로 파닉스 교수를 삽입하는 경우도 있다. 임베디드 파닉스의 핵심은 '글' 이라는 맥락 안에서 글의 의미를 파악하는 데 도움을 주는 방법 중 하나로 파닉스 교수의 요소를 포함한다는 점이다. 따라서 임베디드 파닉스는 일반적인 파닉스 교수처럼 순서성과 체계성에 따라 낱자(군)-소리를 가르치는 것이 아니라, 해당 글에 포함된 단어를 중심으로 가르치는 낱자(군)-소리가 선택된다.

■ 합성 파닉스에 근거한 단어인지 교수

파닉스 교수의 기본은 알파벳 원리(alphabetic principle)를 이해하는 것이다. 알파벳 원리는 낱자-소리의 대응관계(letter-sound correspondence)를 활용하여 글을 읽는 알파벳 언어(예, 한글, 영어) 습득에 필수적인 요소다. 알파벳 원리란 단어는 낱자(군)로 구성되어 있고 이러한 낱자(군)는 소리를 가지고 있다는 것을 알며, 단어를 구성하는 낱자의 순서가 구어의 소리 순서와 같다는 것을 이해하는 것을 의미한다. 낱자군은 자음군(consonant blend & digraph)과 모음군(vowel digraph & diphthong)을 포함한다. 알파벳 원리에 따른 합성 파닉스 교수의 예는 다음과 같다.

• 예 1: 낱자-소리의 대응관계를 활용한 받침 없는 글자 읽기

이 예는 낱자-소리의 대응관계를 활용하여 소리 나는 대로 표기되는 받침 없는 글자(예, 가, 마, 수 등) 및 단어(예, 소리, 나무, 바다 등) 읽기를 지도하는 데 적합하다. 여기서는 우선 낱자-소리의 대응관계에 대한 교수를 실시하여야 한다. 아동이 낱자-소리의 대응관계를 파악하고 나면 목표 단어를 구성하는 낱자의 소리를 합쳐 전체 단어를 발음하는 교수를 실시하여야 한다. 예를 들어, 아동이 'ㄱ'은 /ㄱ/

소리가 나고, 'ㅏ'는 /ㅏ/ 소리가 난다는 것을 알면 '가'라는 글자를 읽을 때, 'ㄱ'을 /ㄱ/와, 'ㅏ'를 /ㅏ/와 대응시키고, /ㄱ/와 /ㅏ/라는 소리를 합쳐 /가/라고 읽도록 지도한다.

[그림 5-5]은 김애화와 김의정(2011)의 소리 나는 대로 표기되는 받침 없는 의미, 무의미 글자 및 단어 읽기를 지도하기 위해 개발한 음운인식 활동을 결합한 합성 파닉스 교수의 절차다. 1단계에서는 낱자 카드(예, 'ㅅ' 'ㅏ')를 사용하여 낱자의

1단계: 낱자 이름과 소리 가르치기
　- 예) ㅅ: 시옷(이름), /ㅅ/(초성 소리)
　　　　1-1: 낱자 이름 가르치기
　　　　1-2: 낱자 소리 가르치기
　　　　1-3: 키워드 사용하여 낱자 소리 강화하기
　　　　1-4: 낱자 쓰기 활동

2단계 :음소 합성
　- 예) 사: /ㅅ/와 /ㅏ/를 합쳐서 /사/

3단계: 낱자-소리 대응관계를 활용하여 CV글자 읽기
　- 예) 사: 'ㅅ' 낱자 카드와 'ㅏ'낱자 카드를 합쳐서 '사'라는 글자를 만들어 읽기

4단계: 낱자-소리 대응관계를 활용하여 CV글자 만들기
　- 예) 사: 'ㅅ' 낱자 카드와 'ㅏ'낱자 카드를 합쳐서 '사'라는 글자 만들기

5단계: CV 글자 읽고 쓰기
　- 예) ㅅ/ㅅ/……ㅏ/ㅏ/→사/사/

6 단계: 낱자-소리 대응관계를 활용하여 CVCV 단어 읽기
　- 예) 사다

7 단계: 글자/단어를 단어은행에 모아두고 연습하기
　- 이미 학습한 글자/단어들을 누적 연습하기

[그림 5-5] 음운인식 활동과 결합한 합성 파닉스 교수-소리 나는 대로 표기되는 받침 없는 글자 및 단어 읽기

출처: 김애화, 김의정, 표소래(2011). 스크립트화된 합성 파닉스 교수가 읽기장애학생의 한글 단어인지에 미치는 효과. 특수교육저널: 이론과 실천, 12(3), 613-638에서 수정.

1단계: 낱자 이름과 소리 가르치기

1) 이름 가르치기

시범	○○는 엄마 아빠가 멋있는 이름을 지어 주셨지요? ('ㅅ' 카드를 교사가 한 손으로 들고 'ㅅ'을 가리키며) 이 낱자도 ○○처럼 이름이 있어요. 얘 이름은 '시옷'이예요. 다시 한 번 잘 들어 보세요. (카드를 가리키며) 얘 이름은 '시옷'이예요.
안내지도	선생님과 같이 한번 해 볼까요? ('ㅅ' 카드를 교사가 한 손으로 들고 'ㅅ'을 가리키며) 얘 이름이 뭐라고 했지요? (이때 손인형을 사용하여) '시옷.' (교사와 학생이 함께 따라 한다.) 잘했어요. (한 번 더 반복하고 필요시 여러 번 반복한다.)
학생연습	자 그럼 ○○가 혼자서 해 볼까요? ('ㅅ' 카드를 학생 앞으로 가져가며) 얘 이름은 무엇이지요? (학생 반응 - '시옷') 잘했어요. (한 번 더 반복하고 필요시 여러 번 반복한다.)

2) 소리 가르치기

시범	('ㅅ' 카드를 교사가 한 손으로 들고 'ㅅ'을 가리키며) 얘는 /ㅅ/소리를 내요. 참 신기하지요? 자 보세요. /ㅅ/. ('ㅅ' 카드를 교사가 한 손으로 들고 'ㅅ'을 가리키며) 이제부터는 얘를 보면, /ㅅ/라고 소리를 내는 거예요.
안내지도	선생님이랑 같이 한번 해 볼까요? (이때 손인형을 사용하여) /ㅅ/(교사와 학생이 함께 따라 한다). 잘했어요. (한 번 더 반복하고 필요시 여러 번 반복한다.)
학생연습	자 그럼 ○○이 혼자서 해 볼까요? ('ㅅ' 카드를 학생 앞으로 가져가며) 무슨 소리를 내지요? (학생 반응 -/ㅅ/) 참 잘했어요. (한 번 더 반복하고 필요시 여러 번 반복한다.)

3) 키워드 사용하여 낱자 소리 강화하기

시범	(사과 그림을 학생에게 보여 주며) 이게 뭐지요? 맞아요. 사과예요. (사과 그림을 'ㅅ' 카드 위에 붙이면서) /ㅅ/사과, /ㅅ/사과.
안내지도	선생님이랑 같이 한번 해 볼까요? /ㅅ/사과, /ㅅ/사과 (교사와 학생이 함께 따라 한다). 잘했어요. (한 번 더 반복하고 필요시 여러 번 반복한다.)
학생연습	자 그럼 ○○이 혼자서 해 볼까요? (학생 반응 -/ㅅ/사과) 참 잘했어요. (한 번 더 반복하고 필요시 여러 번 반복한다.)

4) 낱자 쓰기

시범	이번에는 선생님이 이 낱자를 써 볼게요. 낱자를 쓸 때는 이름과 소리를 말하면서 쓸 거예요. 자 보세요. (비읍, /ㅂ/ 클립보드에 점선 낱자가 2개 쓰인 종이를 놓고 학생이 보도록 한 후, 낱자를 쓰면서 낱자 이름을 말하고, 바로 이어서 낱자 소리를 말한다. 이 과정을 2번 반복한다.)
안내지도	선생님이랑 같이 한번 해 볼까요? (교사가 신체적 촉구를 주면서 글자의 이름과 소리를 말하면서 쓴다.)
학생연습	자 그림 ○○이 혼자서 해 볼까요?

[그림 5-6] 음운인식 활동과 결합한 합성 파닉스 교수 1단계 스크립트의 예

출처: 김애화, 김의정, 표소래(2011). 스크립트화된 합성 파닉스 교수가 읽기장애학생의 한글 단어인지에 미치는 효과. 특수교육저널: 이론과 실천, 12(3), 613-638.

이름(예, '시옷' '아')과 소리(예, /ㅅ/, /ㅏ/)를 가르친다(1단계에 대한 스크립트의 예시는 [그림 5-6] 참고). 2단계에서는 용수철을 사용하여 단어를 구성하는 소리가 분절될 수도 있고 합성될 수도 있다는 것을 보여 준 다음, 음소 합성(예, /ㅅ…ㅏ/ /사/)에 대한 교수를 실시한다(예, 용수철을 두 손으로 잡고 있다가 오른쪽 손으로 용수철을 오른쪽으로 당기며 /ㅅ/라고 하고, 왼쪽 손으로 용수철을 왼쪽으로 당기며 /ㅏ/라고 한다. 그다음 용수철을 합치면서 /ㅅ…ㅏ/→/사/라고 한다). 3단계에서는 낱자 카드(예, 'ㅅ' 'ㅏ')를 가지고 낱자-소리의 대응관계를 활용하여 1음절 글자(consonant-vowel: CV; 예 '사')를 음독(예, /사/)하도록 지도한다. 4단계에서는 낱자 카드(예, 'ㅅ' 'ㅏ')를 활용하여 교사가 구두로 제시한 1음절 글자(예, '사')를 만드는 활동을 실시한다. 5단계에서는 1음절 글자를 구성하는 각각의 낱자(예, 'ㅅ' 'ㅏ')를 쓰면서 각 낱자의 소리(예, /ㅅ/ /ㅏ/)를 발음한 후, 소리들을 합쳐서 1음절 글자(예, '사')를 읽는 활동을 실시한다. 6단계에서는 낱자 카드 4개(예, 'ㅅ' 'ㄷ' 'ㅏ' 'ㅏ')를 가지고 낱자-소리의 대응관계를 활용하여 2음절 단어(consonant-vowel-consonant-vowel: CVCV; 예 '사다')를 읽는 활동을 실시한다. 마지막으로 7단계에서는 매 회기에 배

운 글자 및 단어와 이전 시간에 배웠던 글자 및 단어들을 섞어서 글자 또는 단어를 반복적으로 읽을 수 있는 연습 기회를 제공한다.

• 예 2: 낱자군-소리의 대응관계를 활용한 받침 있는 글자 읽기

이 예는 낱자-소리 대응관계를 통해 소리 나는 대로 표기되는 받침 없는 글자(CV) 읽기가 어느 정도 가능해진 다음, 소리 나는 대로 표기되는 받침이 있는 글자(예, '밥' '솜' '상' 등) 및 단어(예, '상품' '공장' 등) 읽기를 지도하는 데 적합하다. 여기서는 받침이 있는 1음절 글자(consonant$_1$-vowel-consonant$_2$: C_1VC_2, 예 '상')나 받침이 있는 2음절 단어(consonant$_1$-vowel-consonant$_2$-consonant$_1$-vowel-consonant$_2$: $C_1VC_2C_1VC_2$, 예 '상품')에서 C_1V(예, '하')를 낱자군으로 처리하고, 거기에 C_2(예, 'ㄹ'), 즉 받침을 더하는 형식의 낱자군-소리 대응관계를 활용하여 글자나 단어를 읽도록 지도한다. 예를 들어, '밥'이라는 글자를 읽을 때, '바'를 낱자군으로 인식하여 '바'를 /바/와, 'ㅂ'을 /읍/(종성 소리)과 대응시키고, /바/와 /읍/이라는 소리를 합쳐 /밥/이라고 읽도록 지도한다.

[그림 5-7]은 김애화와 김의정(2011)이 소리 나는 대로 표기되는 받침 있는 의미, 무의미 글자 및 단어 읽기를 지도하기 위해 개발한 음운인식 활동과 결합한 합성 파닉스 교수의 절차다. 1단계에서는 낱자 카드를 사용하여 낱자의 이름(예, 'ㅅ')과 소리(예, /읏/, 종성 소리)를 가르친다. 2단계에서는 용수철을 사용하여 단어를 구성하는 소리가 분절될 수도 있고 합성될 수도 있다는 것을 알도록 한 후, 소리 합성(예, /예…읏/ /옛/)에 대한 교수를 실시한다. 3단계에서는 C_1V 낱자군 카드(예, '예')와 C_2 낱자 카드(예, 'ㅅ')를 가지고 낱자군-소리의 대응관계를 활용하여 1음절 글자(예, '옛')를 음독(예, /옛/)하도록 지도한다. 4단계에서는 C_1V 낱자군 카드(예, '예')와 C_2 낱자 카드(예, 'ㅅ')를 활용하여 교사가 구두로 제시한 1음절 글자(예, '옛')를 만드는 활동을 실시한다. 5단계에서는 1음절 글자를 구성하는 각각의 낱자군(예, '예')과 낱자(예, 'ㅅ')를 쓰면서 낱자군의 소리(예, /예/)와 낱자의 소리(예, /읏/)를 발음한 후, 소리들을 합쳐서(예, /예/…읏/→/옛/) 1음절 글자(예, '옛')

1단계: 낱자 이름과 소리 가르치기
 – 예) ㅅ: 시옷(이름), /읃/(종성 소리)

2단계: 소리 합성
 – 예) 옛: /예/와 /읃/을 합쳐서 /옏/

3단계: 낱자군–소리 (음절체–종성) 대응관계를 활용하여 C_1VC_2 글자 읽기
 – 예) 옛: '예' 낱자군 카드와 'ㅅ' 낱자 카드를 합쳐서 '옛'이라는 글자를 만들어 읽기

4단계: 낱자군–소리 (음절체–종성) 대응관계를 활용하여 C_1VC_2 글자 만들기
 – 예) 옛: '예' 낱자군 카드와 'ㅅ' 낱자 카드를 합쳐서 '옛'이라는 글자 만들기

5단계: C_1VC_2 글자 읽고 쓰기
 – 예) 예/예/…ㅅ/읃/→옛/옏/

6 단계: 낱자군–소리(음절체–종성) 대응관계를 활용하여 $C_1VC_2C_1VC_2$ 단어 읽기
 – 예) 옛탓

7 단계: 글자/단어를 단어은행에 모아두고 연습하기
 – 이미 학습한 글자/단어들을 누적 연습하기

[그림 5-7] 음운인식 활동과 결합한 합성 파닉스 교수–소리 나는 대로 표기되는 받침 있는 글자 및 단어 읽기

출처: 김애화, 김의정, 표소래(2011). 스크립트화된 합성 파닉스 교수가 읽기장애학생의 한글 단어인지에 미치는 효과. 특수교육저널: 이론과 실천, 12(3), 613-638.

를 읽는 활동을 실시한다. 6단계에서는 C_1V 낱자군 카드 2개(예, '예', '타')와 C_2 낱자 카드 2개(예, 'ㅅ' 'ㅅ')를 가지고 낱자군–소리의 대응관계를 활용하여 2음절 단어(예, '옛탓')를 음독(예, /옏탇/)하도록 지도한다. 마지막으로 7단계에서는 매 회기에 배운 글자 및 단어와 이전 시간에 배웠던 글자 및 단어들을 섞어서 글자 또는 단어를 반복적으로 읽을 수 있는 연습 기회를 제공한다.

■ 음운변동이 적용되는 단어에 대한 교수
낱자(군)–소리의 대응관계가 명확하게 소리 나는 대로 표기되는 단어인지 능력

이 어느 정도 수준에 이르면, 음운변동이 일어나는 단어에 대한 교수를 실시하여야 한다. 한글의 경우, 음운변동이 일어나는 단어가 상당수이며, 자음자와 모음자의 음가가 음운변동으로 인하여 단어 내의 위치에 따라서 변하게 된다(예, '국물'이 /궁물/로 발음, '국어'가 /구거/로 발음).

Carnine 등(1997)은 낱자−소리의 대응관계가 명확하지 않은 불규칙적 단어들도 낱자군(letter combination; 예, tight, fight)이나 음절 패턴〔syllable patterns; 예, r-controlled patten(예, fire, porter), silent e pattern(예, basement, compile)〕 등과 같이 일정한 규칙에 따라 분류될 수 있으며, 이러한 단어들도 규칙별로 명시적이고 체계적으로 가르칠 것을 강조하였다. 이와 마찬가지로 일정한 음운변동 규칙(예, 연음, 구개음화, 설측음화, 설측음의 비음화 등)이 적용되는 한글 단어들도 규칙별로 명시적이고 체계적으로 가르치는 것이 필요하다.

[그림 5−8]은 김애화와 김의정(2012)이 음운변동 규칙이 적용되는 단어를 지도하기 위해 개발한 교수의 절차다. 1단계에서는 음운변동 규칙이 적용되는 단어(예, '웃음'이라는 단어는 음운변동 규칙 중 연음 규칙이 적용)를 그림과 함께 소개한다. 2단계에서는 음운 변동 규칙(예, '웃음'처럼 연음 규칙이 적용되는 낱말을 활용하여 앞 글자에 받침이 있고 바로 뒤에 오는 글자가 'ㅇ'으로 시작하면 받침은 'ㅇ' 자리로 오고 원래 있던 'ㅇ'은 물방울처럼 날아가 버리기 때문에 /우슴/이라고 발음되는 연음 규칙)을 가르친다. 3단계에서는 학생이 음운 변동 규칙이 적용되는 원리(예, '앞으로'라는 단어의 첫 번째 음절의 'ㅍ'과 두 번째 음절의 'ㅇ'을 색 펜으로 표시한 다음 'ㅍ'을 'ㅇ' 자리로 옮기자 'ㅇ'이 날아가 버려서 '앞으로'라는 단어가 '아프로'가 되는 것과 이로 인해 '앞으로'가 /압으로/로 발음되지 않고 /아프로/로 발음되는 연음 규칙 원리)를 연습한다. 4단계에서는 학생이 음운변동 규칙이 일어나는 단어와 일어나지 않는 단어를 분류한다(예, '걸음' '국어'와 같은 단어처럼 연음 규칙에 적용되는 단어끼리 모으고, '칠판' '동생'과 같은 단어처럼 음운변동이 일어나지 않는 단어끼리 모음). 마지막으로 5단계에서는 매 회기에 배운 글자 및 단어와 이전 시간에 배웠던 글자 및 단어를 섞어서 글자 또는 단어를 반복적으로 읽을 수 있는 연습 기회를 제공한다.

1단계: 음운변동 규칙이 적용되는 단어를 선택하여 그림과 함께 소개하기
- 예) 연음 규칙이 적용되는 단어(예, 웃음)와 웃는 그림

2단계: 음운변동 규칙 가르치기
- 예) 연음 규칙: 앞 글자에 받침이 있고, 바로 뒤에 오는 글자가 'ㅇ'으로 시작하면, 받침은 'ㅇ' 자리로 오고 'ㅇ'은 물방울처럼 날아가 버리는 연음 규칙 가르치기

3단계: 음운변동 규칙이 적용되는 원리 연습하기
- 예) 연음 규칙: '앞으로'에서 첫 번째 음절의 'ㅍ'과 두 번째 음절의 'ㅇ'을 색 펜으로 표시하면서 연음규칙이 적용되는 원리 연습하기

4단계: 음운변동 규칙이 일어나는 단어와 그렇지 않은 단어 분류하기
- 예) 연음 규칙 적용 단어: 걸음, 국어
- 예) 연음 규칙이 적용되지 않은 단어: 칠판, 동생

5 단계: 글자/단어를 단어은행에 모아 두고 연습하기
- 이미 학습한 글자/단어들을 누적 연습한다.

[그림 5-8] 음운변동이 적용되는 단어에 대한 교수

　총체적 언어/통언어적 교수(whole language instruction)　총체적 언어 교수는 읽기능력이 자연적으로 습득된다는 철학에 기반을 두고 있다. 따라서 총체적 언어 교수에서는 낱자–음소의 대응관계를 활용하여 단어를 해독하도록 가르치는 파닉스 교수와는 달리 '의미 있는(meaningful)' 읽기 활동을 통해 단어를 가르칠 것을 강조한다. 따라서 총체적 언어 교수에서는 학생에게 의미 있는 단어를 선택하고 이를 반복적으로 접할 수 있는 기회를 제공함으로써 학생이 단어의 시각적 형태, 발음 그리고 의미를 연결할 수 있도록 지도한다.

　총체적 언어 교수에서는 학생에게 의미 있는 단어를 선택하여 가르치기 때문에, 단어인지 교수를 할 때, 낱자(군)의 난이도와 순서를 특별히 고려하여 지도하지 않는다. 예를 들어, 파닉스 교수에서는 '냉장고'라는 받침이 있는 단어는 받침이 없는 단어를 가르친 후에 가르치지만, 총체적 언어 교수에서는 이러한 면에 초점을 두지 않는다. 또한 총체적 언어 교수에서는 아동이 다양한 문학작품(authentic literature)을 접할 수 있도록 하는 것을 강조하기 때문에 아동이 읽는 문학작품 내에서 단어를 선택하여 가르친다. 그러나 앞에서 언급하였던 것처럼 파닉스 교수가 단어 인지 능력을 향상시킨다는 충분한 근거가 제시된 이후부터 총체적 언어 교수에서 도 임베디드 파닉스를 삽입하여 단어를 가르치는 경우가 많다.

3) 읽기유창성

(1) 유창성 정의 및 학습장애학생의 읽기유창성 특성

읽기유창성은 글(읽기지문)을 빠르고 정확하게, 그리고 적절한 표현력을 가지고 읽는 능력을 의미한다(National Reading Panel, 2000). 즉, 읽기유창성은 정확도(accu-racy), 속도(speed) 및 표현력(prosody)이라는 세 가지 특성을 포함한 개념이다. 읽기 유창성이 부족한 학생은 글을 읽을 때 개별 단어를 해독하고 단어의 의미를 파악 할 때 인지적 자원(cognitive capacity)을 많이 사용하기 때문에 상대적으로 읽기이해 에 사용할 인지적 자원이 부족하여 전체 글을 이해하는 데 어려움을 초래하게 된 다(LaBerge & Samuel, 1974). 이와는 반대로 유창한 독자는 글을 이해하는 데 집중할 수 있으므로 글의 흐름을 파악하여 내용을 이해할 수 있다(National Reading Panel, 2000). 따라서 읽기유창성은 글을 읽고 이해하는 능력과 높은 관련성을 지닌다.

학습장애학생과 일반학생의 읽기유창성 특성을 비교한 연구에 따르면, 학습장 애학생은 일반학생보다 읽기유창성이 현저히 떨어지는 것으로 나타났다(김미경, 서경희, 2003; 김애화, 박성희, 2011; 정난숙, 안성우, 김자경, 2005). 특히, 학습장애학생 과 일반학생의 읽기유창성 수행력과 오류 유형을 비교ㆍ분석한 국내 연구 결과에 따르면, 학습장애학생은 일반학생에 비해 모든 읽기유창성 과제에서 낮은 수행 수 준과 더 높은 오류율을 보였으며, 다음과 같은 오류 유형 특성을 보이는 것으로 나 타났다.

첫째, 학습장애학생은 일반학생보다 음운변동이 일어나는 단어에서 오류를 많 이 보였다.

둘째, 학습장애학생은 일반학생보다 대치 오류(예, 원래 글에 있던 단어를 다른 단어로 대치해서 읽는 오류, 조사나 어미 등 형식형태소를 대치하는 오류 등)를 많이 보였다.

셋째, 학습장애학생은 일반학생보다 의미가 통하지 않는 오류를 더 많이 보였다 (예, '줄기가 곧게 자라고 위에서 가지가 갈라져(/갈라져/) 나오지요.' → '줄기가 곧게 자라고 위에서 가지가 /갈려고/ 나오지요.'로 읽는 오류; 김애화, 박성희, 2011).

(2) 읽기유창성 교수법

『National Reading Panel』(2000) 보고서가 발표되기 전까지 읽기유창성의 결함은 단어인지의 결함에서 기인한다고 가정하여, 읽기유창성 향상을 위해 읽기유창성 교수를 실시하기보다는 단어인지 교수에 초점을 두는 경우가 많았다(Allington, 1983; Kame'enui & Simmons, 2001). 그러나 단어인지 교수와 읽기유창성 교수가 읽기유창성에 미치는 영향을 비교한 연구 결과를 통해 읽기유창성이 읽기 교수의 중요한 요소로 평가되기 시작했다. 여러 연구에서 단어인지 교수가 단어인지 능력 향상에는 효과적이었으나 읽기유창성 향상을 이끌지 못하는 것으로 보고되었다 (Meyer & Felton, 1999). 또한 개별 단어 수준에서의 유창성을 강조한 교수와 글 수준에서의 읽기유창성을 강조한 교수의 효과를 비교한 연구에서도 글 수준에서의 읽기유창성을 강조한 교수가 읽기유창성 향상에 더 효과적임을 보고하였다(Daly & Martens, 1994; LaVasseur, Macaruso, & Shankweiler, 2008).

효과적인 읽기유창성 교수의 일반적인 특성 읽기유창성 중재연구를 종합적으로 분석한 결과에 따르면, 동일한 글을 소리 내어 반복하여 읽는 것이 읽기유창성 향상에 효과적인 것으로 나타났다. 특히, 읽기유창성 교수 시 유창하게 읽는 것을 먼저 시범 보이고, 오류 교정 절차를 체계적으로 적용하고, 학생에게 동일한 글을 세 번 이상 반복하여 읽게 하거나 정해진 기준에 도달할 때까지 반복해서 읽게 했을 때, 더욱 효과적인 것으로 나타났다(Chard, Vaughn, & Tyler, 2002; National Reading Panel, 2000; Therrien, 2004).

이에 최근 Begeny 등(2010)은 앞에서 제시한 효과적인 반복읽기 교수의 특성들(예, 세 번 이상 반복 읽기, 체계적인 오류 교정 절차 적용 등)을 반영한 읽기유창성 교수를 비교집단과 비교하였다. 연구 결과, 효과적인 반복읽기 교수의 특성들(예, 세 번 이상 반복 읽기, 체계적인 오류 교정 절차 적용 등)을 반영한 읽기유창성 교수를 제공받은 실험집단이 비교집단에 비해 읽기유창성과 읽기이해가 더욱 향상된 것으로 나타났다. 또한 읽기유창성 교수를 일주일에 세 번 이상 실시하는 것이 효과적인 것으로 나타났다(Begeny, 2011). 이와 비슷하게 국내에서 실시된 일련의 연구에서도 반복 읽기가 학습장애학생의 읽기유창성과 읽기이해 능력을 향상시키는 것으로 보고하였다(이혜선. 2009).

읽기유창성 교수를 계획할 때는 다음과 같은 사항을 고려해야 한다. 우선 학생이 읽기유창성 교수에 필요한 기본적 읽기 기술(즉, 적절한 단어인지 능력)을 가지고 있을 때 실시하여야 한다. 또한 학생의 읽기 수준에 적절한 글을 선택하여야 한다. 적절한 글이란 학생이 글에 포함된 단어의 약 90% 이상을 정확하게 읽을 수 있는 수준을 의미한다. 요약하면, 효과적인 읽기유창성 교수의 특성은 다음과 같다.

첫째, 학생에게 동일한 글을 소리 내어 반복하여 읽도록 한다.

둘째, 소리 내어 반복 읽기를 실시할 때, 먼저 글을 유창하게 읽는 사람(교사나 또래)이 유창하게 글을 읽는 것을 시범 보인 다음, 학생에게 같은 글을 소리 내어 읽도록 한다.

셋째, 학생이 글을 읽을 때 오류를 보이면 체계적인 오류 교정 절차를 적용하여 오류를 교정한다.

넷째, 학생이 동일한 글을 세 번 이상 소리 내어 반복하여 읽도록 한다.

다섯째, 일주일에 세 번 이상 읽기유창성 교수를 실시한다.

여섯째, 학생이 글에 포함된 단어의 약 90% 이상을 정확하게 읽을 수 있는 글을 선택하여 읽기유창성 교수에 사용한다.

'짝과 함께 반복 읽기'와 '끊어서 반복 읽기'는 효과적인 읽기유창성 교수의 특성을 반영한 대표적인 읽기유창성 교수 프로그램의 예다.

짝과 함께 반복 읽기 '짝과 함께 반복 읽기(Partner Reading)'는 또래 교수를 활용한 읽기 프로그램의 한 유형으로 읽기유창성을 향상시키는 목적으로 개발되었다 (Vaughn Gross Center for Reading & Language Arts, 2003). '짝과 함께 반복 읽기'는 읽기유창성이 좋은 또래 친구와 짝을 이루어 소리 내어 반복 읽기를 하는 교수다. '짝과 함께 반복 읽기'는 학습장애학생을 위해 별도로 적용할 수도 있고, 학습장애학생이 포함된 일반학급에서 학급 전체를 대상으로 적용할 수도 있다. 다음은 '짝과 함께 반복 읽기' 교수의 구성 요소 및 절차를 간단히 설명한 것이다.

- 짝 정하기(학생 A, 학생 B): 두 명이 짝이 되도록 구성하되, 학생 A는 글을 더 유창하게 읽는 학생, 학생 B는 글을 덜 유창하게 읽는 학생으로 구성한다.
- 학생 B의 수준에 적합한 글 선택하기: 학생 B가 글에 포함된 단어의 90%를 정확하게 읽을 수 있는 읽기 지문(예, 10단어 중 1단어 정도를 잘 못 읽는 정도 수준의 읽기 지문)을 선택한다.
- '짝과 함께 반복 읽기' 절차를 명시적으로 설명하고 연습하기: 교사는 '짝과 함께 반복 읽기'를 적용하기에 앞서, 반드시 '짝과 함께 반복 읽기' 절차를 명시적으로 설명하고 이에 대한 시범을 보여야 한다. 그다음 학생과 함께 전체 절차를 연습해 봄으로써 학생이 '짝과 함께 반복 읽기' 절차를 명확하게 숙지할 수 있도록 해야 한다. 다음은 '짝과 함께 반복 읽기'의 절차다.
  - 각자 3분씩 읽기: 학생 A가 먼저 3분 동안 읽기 지문을 소리 내어 반복 읽기를 하고, 그다음 학생 B가 3분 동안 소리 내어 반복 읽기를 한다(이때 학생 A는 학생 B에게 시범자의 역할을 한다.).
  - 체계적으로 오류 교정해 주기(특히, 학생 B가 읽기 지문을 읽는 동안, 학생 A가 오류 교정 및 지원해 주기): [그림 5-9]는 체계적인 오류 교정을 해 주는 방법에 대한 예시이며, [그림 5-10]은 읽기유창성에서의 오류 분석 기준이다.
  - 각자 1분씩 '최대한 잘 읽기': 학생 A가 먼저 1분 동안 읽기 지문을 소리 내어 읽고, 그다음 학생 B가 1분 동안 소리 내어 읽는다. 1분 읽기는 차시별

[글자를 잘못 읽었을 때]
- 다시 읽어 보자.
- 3초 기다림
- 3초 안에 올바로 읽으면, "잘했어. 이 글자가 들어간 문장 전체를 다시 읽어 보자."
- 3초 안에 올바로 읽지 못하면, "이 글자는 ○○야. 무슨 글자라고? (짝의 응답 기다림) 맞
  았어. 이 글자가 들어간 문장 전체를 다시 읽어 보자."

[글자를 생략하고 읽을 때]
(생략한 글자가 들어간 문장을 가리키며) "이 문장을 다시 읽어 보자."

[3초 이상 기다렸는데 반응하지 않으면]
"이 글자는 ○○야. 무슨 글자라고? (짝의 응답을 기다림) 맞았어. 이 글자가 들어간 문장
전체를 다시 읽어 보자."

[그림 5-9] 체계적인 오류 교정 방법의 예

읽기유창성 평가 활동이다.
- 읽기유창성 점수 계산하기: 각자 자기 짝의 읽기유창성 점수를 계산한 후,
  서로 확인한다. 읽기유창성 점수는 1분 동안 정확하게 읽은 단어 수이며 계
  산하는 방법은 다음과 같다.
  1분 동안 읽은 전체 단어 수-잘못 읽은 단어 수=1분 동안 정확하게 읽은
  단어 수
- 읽기유창성 그래프 그리기: 차시별 읽기유창성 점수를 막대그래프의 형식
  으로 학생 스스로 기록하게 한다.
• '짝과 함께 반복 읽기' 적용하기: 학생이 '짝과 함께 반복 읽기' 절차를 숙지한 다
  음, 학생이 각자 짝과 함께 '짝과 함께 반복 읽기'를 진행하도록 한다. 이때 전
  체 시간 관리는 교사가 학급 전체를 대상으로 진행하는 것이 좋다.

- 대치: 제시된 어절을 다른 의미 단어로 대치하는 경우, 제시된 어절을 무의미 단어로 대치하는 경우, 제시된 어절에서 어미, 조사 등 형식형태소를 다른 형식형태소로 대치한 경우
  - 예 1) 의미 대치: 어머니가 그만 견디다 못해 청개구리를 <u>내쫓았지</u>.
    → 어머니가 그만 견디다 못해 청개구리를 <u>쫓아냈지</u>.
  - 예 2) 무의미 대치: <u>아무리</u> 어린 신랑이지만 너무 졸라댔다.
    → <u>아무른</u> 어린 신랑이지만 너무 졸라댔다.
  - 예 3) 형식형태소 대치: 하루는 배고픈 <u>여우가</u> 산길을 어슬렁거리고 있었어.
    → 하루는 배고픈 <u>여우는</u> 산길을 어슬렁거리고 있었어.

- 생략: 제시된 어절의 전체가 생략된 경우 또는 제시된 어절에서 어미, 조사 등 형식형태소가 생략된 경우
  - 예 1) 전체 어절 생략: <u>죽지</u> 않고 살려는 욕심은 같았나 봅니다.
    → ( ) 않고 살려는 욕심은 같았나 봅니다.
  - 예 2) 형식형태소 생략: <u>옛날에</u> 시골 마을에 똥을 빨리 누는 사람이 살았대.
    → <u>옛날</u> 시골 마을에 똥을 빨리 누는 사람이 살았대.

- 첨가: 새로운 단어나 어절이 첨가된 경우 또는 제시된 어절에 어미, 조사 등 형식형태소가 첨가된 경우
  - 예 1) 전체 어절 첨가: 산속에서 <u>자라는</u> 익모초 말이에요.
    → 산속에서 잘 <u>자라는</u> 익모초 말이에요.
  - 예 2) 형식형태소 첨가: <u>사또</u>, 죄송하지만 잠깐 똥을 싸고 오겠습니다.
    → <u>사또는</u>, 죄송하지만 잠깐 똥을 싸고 오겠습니다.

- 반복: 제시된 어절 전체를 반복한 경우, 제시된 어절의 첫음절을 반복한 경우, 제시된 어절의 일부를 반복한 경우
  - 예 1) 전체 어절 반복: 옛날에 <u>시골</u> 마을에 똥을 빨리 누는 사람이 살았대.
    → 옛날에 <u>시골 시골</u> 마을에 똥을 빨리 누는 사람이 살았대.
  - 예 2) 첫음절 반복: <u>하루는</u> 배고픈 여우가 산길을 어슬렁거리고 있었어.
    → <u>하 하루는</u> 배고픈 여우가 산길을 어슬렁거리고 있었어.
  - 예 3) 부분어절 반복: 캬, <u>정말이로구나</u>.
    → 캬, <u>정말 정말이로구나</u>.

- 자기 교정: 오류를 보인 후 자기 스스로 교정하여 정반응하는 경우
  - 예) 캬, <u>정말이로구나</u>.
    → 캬, <u>장멀 정말이로구나</u>.

[그림 5-10] 읽기유창성에서의 오류 분석 기준

끊어서 반복 읽기   '끊어서 반복 읽기(Chunked Repeated Reading)'는 '끊어 읽기'와 '반복 읽기'를 결합한 교수다. 끊어 읽기는 글을 구성하는 문장을 의미가 통하는 구나 절 단위로 끊어서 제시하는 방법으로, 읽기유창성의 요소 중 표현력(prosody)의 향상에 효과적인 것으로 보고되었다(LeVasseuruso, Macaruso, & Shankweiler, 2008). LeVasseur 등(2008)은 끊어 읽기와 반복 읽기를 결합한 교수, 반복 읽기 교수, 전통적인 교수를 비교한 결과, 끊어 읽기와 반복 읽기를 결합한 교수와 반복 읽기 교수 모두 전통적인 교수에 비해 읽기유창성을 향상하는 데 효과가 있음을 보고하였다. 또한 끊어 읽기와 반복 읽기를 결합한 교수와 반복 읽기 교수를 비교한 결과, 읽기유창성의 요소 중 정확도와 속도에는 유의한 차이가 없지만, 끊어 읽기와 반복 읽기를 결합한 교수가 표현력을 높이는 데 더욱 효과적이었다고 보고하였다. 다음은 '끊어서 반복 읽기' 교수의 구성 요소 및 절차를 간단히 설명한 것이다.

- 끊어서 반복 읽기 활동에 필요한 읽기 지문 준비하기: 교사는 미리 읽기 지문을 분석하여, 의미가 통하는 구나 절 단위로 끊기는 부분을 표시한다([그림 5-11] 참고).
- 교사가 끊어 읽기 시범 보이기: 교사는 구나 절 단위로 끊기는 부분이 표시된 읽기 지문을 사용하여, 적절한 곳에서 끊어 읽으면서 유창하게 읽는 것을 시범 보인다.
- 학생과 함께 끊어 읽기 연습하기: 학생과 함께 적절한 곳에서 끊어 읽으면서 유

우리는/ 여러 용도의 질그릇에서/ 선조들의 해박한 과학 지식과/ 위생 관념을/ 확인할 수 있다./ 우선,/ 질그릇 밥통부터/ 살펴보자./ 현대 문명의 산물인 전기 밥통은/ 보온은 되나,/ 시간이 지나면/ 밥이 누렇게 변색되고/ 냄새도 난다./ 그러나/ 질그릇 밥통은/ 통 속에 서려 있는 김을/ 그릇 자체가 흡수하여/ 신선한 밥맛을 보존하는/ 위생적인 그릇이다./

[그림 5-11] 끊어 읽기 표시가 된 지문

창하게 읽는 것을 연습한다.

• 학생이 독립적으로 끊어서 반복읽기: 두 명이 짝을 구성하여 번갈아 가며 끊어서 반복읽기를 연습하도록 한다. 짝과 연습할 때의 절차는 앞에서 언급한 '짝과 함께 반복 읽기'의 절차와 동일하게 사용할 수 있다.

4) 어 휘

(1) 어휘 정의 및 학습장애학생의 어휘 특성

어휘(vocabulary)는 단어(word)와 구별되는 개념으로, 단어가 모여서 이루어진 집합을 지칭한다(김광해, 2003; 이관규, 2004). 즉, 단어가 개별적 단위라면 어휘는 단어들이 모인 집합을 의미한다. 이렇듯 어휘는 집합 개념을 띠고 있기 때문에, 어휘지식은 단일 단어에 대한 지식뿐만 아니라 문맥 속의 단어 의미 추론 및 단어 사이의 연관성 이해 및 활용(예, 문맥에 맞는 단어의 사용) 능력 등을 포함한다.

어휘지식은 크게 양적 어휘지식과 질적 어휘지식으로 나눌 수 있다. 양적 어휘지식은 어휘의 양(vocabulary size)을 의미하며, 학습자가 몇 개의 어휘 의미(표면적 지식)를 알고 있는지와 관련이 있다. 질적 어휘지식 혹은 어휘의 깊이(depth of vocabulary knowledge)는 학습자가 어휘의 의미를 얼마나 잘 이해하는지와 관련이 있다. 질적 어휘지식은 어휘의 특성(예, 형태소와 관련된 단어 구조), 어휘의 조직 (organization; 예, 다른 어휘와의 관계 이해), 어휘의 화용(예, 맥락에 적절한 어휘 사용) 등이 포함된다. 이러한 어휘의 깊이 측면에서 볼 때, 학습자의 어휘지식 정도는 어휘의 의미를 전혀 모르는 것에서부터 어휘의 의미를 완벽하게 이해하는 것까지를 모두 포함하게 된다. 따라서 어떤 학자는 어휘지식의 수준을 '조금 이해(minimal knowledge), 부분적 이해(partial knowledge), 충분한 이해(full knowledge)'로 나누어 표현하기도 하고(예, Beck & McKeown, 1991), 어떤 학자는 어휘지식의 수준을 '결합지식(associative knowledge), 이해지식(comprehension knowledge), 생성지식 (generative knowledge)'으로 구분하기도 한다(예, Baumann & Kame'enui, 1991; [그림

결합 지식(associative knowledge or verbal-association level):
목표 어휘와 정의 연결, 단일 맥락에서 어휘 의미 이해

↓

이해지식(comprehension knowledge or partial-concept level):
목표 어휘를 관련 어휘들과 연결 지어 범주화, 목표 어휘의 다양한 의미 이해

↓

생성지식(generative knowledge or full-concept level):
여러 상황에 어휘 적용, 비슷한 어휘들 간의 구분, 다양한 어휘 범주 이해

[그림 5-12] Baumann과 Kame'enui(1991)이 제안한 어휘 지식의 수준

5-12] 참고).

학습장애학생의 어휘지식 관련 특성 연구는 양적 어휘 지식 측면에서 먼저 이루어졌다. Beck과 McKeown(1991)에 따르면, 학습장애학생의 어휘 수는 일반학생과 비교하여 약 4배 정도 부족한 것으로 나타났다. 또한 Simmons와 Kame'enui(1990)는 10세와 12세의 학습장애학생과 일반학생을 비교한 결과, 학습장애학생의 어휘 수가 일반학생에 비해 적다는 것을 밝혔다. 특히, Simmons와 Kame'enui(1990)의 연구에서는 10세의 학생보다 12세의 학생의 경우, 어휘력과 읽기이해력 사이에 더 강한 상관이 보였는데, 이는 학년이 증가하면서 어휘력이 읽기이해력에 미치는 영향이 더 크다는 것으로 해석할 수 있다. 한편 양적 어휘지식 측면에 영향을 주는 또 다른 요인으로 사회·경제적 지위(social economic status)를 들 수 있다. Hart와 Risley(1995)는 사회경제적 지위가 낮은 부모는 전문직에 종사하는 부모에 비해 현저하게 적은 수의 어휘를 활용한다고 보고하였다.

학습장애학생의 질적 어휘 특성에 대한 연구 결과에 따르면, 학습장애학생은 양적 어휘지식뿐 아니라 질적 어휘지식에서도 일반학생과 차이를 보이는 것으로 나타났다(Simmons & Kame'enui, 1990). 즉, 학습장애학생은 어떤 어휘의 의미를 안다

고 하였을 때 그 어휘의 의미를 표면적으로 이해하거나 부분적으로 이해하는 경우가 많은 반면, 일반학생의 경우에는 그 어휘의 의미를 보다 포괄적으로 이해한다고 볼 수 있다. 이를 [그림 5–12]에 제시된 Baumann와 Kame'enui(1991)이 분류한 어휘지식 수준에 따라 정리해 보면, 학습장애학생 및 학습부진학생의 어휘 지식 수준은 결합지식 수준(저수준 어휘 지식)에 머무는 경우가 많다고 할 수 있다.

최근 들어 어휘의 중요성이 상당히 강조되고 있는데, 그 이유는 어휘가 읽기이해 능력을 예측하는 중요한 변인으로 밝혀졌기 때문이다(김애화 외, 2010; 김애화, 황민아, 2008; 이일화, 2005; 정미란, 2009; Ouellette, 2006; Ricketts, Nation, & Bishop, 2007; Yovanoff, Duesbery, Alonzo, & Tindal, 2005). 특히 초등학교 저학년뿐 아니라 고학년까지, 더 나아가 중등학생과 성인을 대상으로 실시한 연구에서도 어휘가 읽기이해에 유의한 영향을 주는 것으로 보고되었다.

(2) 어휘 교수법

직접교수법과 간접교수법　어휘 교수법은 크게 직접교수법과 간접교수법으로 구분할 수 있다. 직접교수법은 교사가 목표 어휘를 직접적으로 가르치는 것을 의미한다. 이에 비해 간접교수법은 직접적으로 목표 어휘를 가르치는 것이 아니라, 여러 맥락에서 다양한 어휘를 접할 수 있는 기회를 마련해 줌으로써 학생이 간접적으로 어휘를 획득할 수 있도록 하는 것을 의미한다. 대표적인 간접교수법으로는 다양한 장르의 책을 다독(wide reading)할 수 있도록 하는 방법을 들 수 있다. 또 다른 간접교수법으로는 학교생활 및 일상생활에서의 수업이나 대화 중 의도하지는 않았지만 새롭거나 어려운 어휘를 사용해야 하는 경우에 그 기회를 어휘를 가르치는 기회로 활용하는 우연 교수(incidental teaching)를 들 수 있다.

어휘 발달은 아주 어려서부터 시작하였기 때문에 초등학교 입학 직전 아동은 이미 약 3,000~5,000개 정도의 어휘를 알고(김광해, 2003; 김종훈, 1975), 초등학교 시기에는 약 15,000~20,000개 정도의 어휘를 아는 것으로 보고되었다(국어연구소, 1987; 이응백, 이인섭, 김승렬, 1982; 정우상, 1987). 또한 미국에서 수행한 연구 결과에 따르면, 학령기 학생은 일반적으로 1년에 약 3,000단어, 즉 하루에 약 8개의 새로운 단어를 학습하는 것으로 나타났다(Baker, Simmons, & Kame'enui, 1998). 이와 같이 학생은 상당히 많은 어휘를 학습해야 하는데, 이러한 어휘를 모두 직접교수를 통해 가르치는 것은 어려운 일이다. 따라서 학교에서 교과 수업에 필요한 어휘는 직접교수를 통해 가르치지만, 직접교수 못지않게 간접교수의 중요성을 인식하고 간접교수의 기회를 제공하는 것이 필요하다.

특히, 다양한 장르의 책을 통해 새로운 어휘를 접하는 것은 어휘력을 향상시키는 데 매우 중요한 역할을 한다. 그러나 학습장애학생은 일반학생에 비해 독서량이 상당히 부족하다. Cunningham과 Stanovich(1998)에 따르면, 상위 98백분위 읽기 능력을 가진 학생은 1년 동안 다양한 독서를 통해 4,358,000단어를 읽는 반면, 하위 10백분위 읽기 능력을 가진 학생은 같은 기간 동안 8,000개의 단어 정도를 읽는 것으로 나타났다. 더욱이 하위 2백분위에 속하는 학생의 경우에는 학교 이외의 곳에서는 책을 거의 읽지 않는다고 보고하였다. 이러한 독서량의 차이는 어휘력의 발달에 영향을 주어, 학년이 올라갈수록 상위 학생과 하위 학생의 어휘력의 차이가 더 크게 벌어지는 현상이 나타나게 된다. 따라서 교사는 학생이 다양한 장르의 책을 다독할 수 있는 기회를 제공하고 이를 지속할 수 있도록 지원 및 관리하는 것이 필요하다(National reading panel, 2000).

어휘 지식 수준에 따른 교수법 앞서 언급하였듯이, 어휘지식의 수준은, 첫째 조금 이해 수준(결합 지식: 목표 어휘의 단순한 정의를 아는 수준), 둘째 부분적 이해 수준(이해지식: 목표 어휘를 관련 어휘와 연결 지어 범주화할 수 있는 수준), 셋째 충분한 이해 수준(생성지식: 여러 상황에 어휘를 적절하게 적용하는 수준)으로 나눌 수 있다. 이와 같은 어휘지식의 수준은 효과적인 어휘지식 교수를 계획하는 데 중요한 시사점을 준다. [그림 5-12]에서 볼 수 있듯이, 어휘지식 수준에 따라 교수방법이 다를 수 있다. 다음은 [그림 5-13]에 제시된 어휘지식에 따른 어휘 교수법을 예시와 함께 간단히 설명한 것이다.

조금 이해 수준(결합 지식; associa-tive knowledge or verbal-associ-ation level): 목표 어휘와 정의 연결 , 단일 맥락에서 어휘 의미 이해

– 사전적 정의(definitional method)
– 키워드 기억전략(keyword method)
– 컴퓨터 보조 교수 (computer-assisted instruction)

부분적 이해 수준(이해지식; compre-hension knowledge or partial-concept level): 목표 어휘를 관련 어휘들과 연결 지어 범주화, 목표 어휘의 다양한 의미 이해

– 의미 지도(semantic mapping)
– 개념 지도(concept map), 개념 다이어그램(concept diagram)
– 의미 특성 분석 (semantic feature analysis)
– 기타 어휘 확장 교수법 (enriched training)

충분한 이해 수준(생성지식; generative knowledge or full-concept level): 여러 상황에 어휘 적용, 비슷한 어휘들 간의 구분, 다양한 어휘 범주 이해

– 빈번한, 풍부한, 확장하는 어휘교수 (frequent, rich, extended instruction)
– 다양한 장르의 책을 다독(wide reading)

[그림 5-13] 어휘 지식 수준에 따른 어휘 교수

출처: Baker, S. K., Simmons, D. C., & Kame'enui, E. J. (1998). Vocabulary acquisition: Research bases. In D. C. Simmons & E. J. Kame'enui (Eds.), *What reading research tells us about children with diverse learning needs* (pp. 183-217). Mahwah, NJ: Erlbaum에서 수정.

■ 1단계 교수법(결합 지식 교수법)

1단계 어휘 수준은 '조금 이해 수준(결합지식)'으로, 목표 어휘와 대표적인 정의를 연결할 수 있는 수준을 의미한다. 이러한 어휘 수준을 목표로 하는 어휘 교수법

으로는 사전적 정의 활용, 키워드 기억 전략, 컴퓨터 보조 교수 등을 들 수 있다.

• 사전적 정의

사전적 정의(definitional method)를 찾는 방법은 전통적인 어휘 교수법 중 하나다. 교사는 학생에게 목표 어휘의 사전적 의미를 찾고, 해당 어휘를 사용하여 문장을 만들고, 간단히 평가하는 형식으로 수업을 구성할 수 있다. 사전적 정의를 찾는 방법은 목표 어휘의 의미를 간단하게 이해하는 데는 도움이 되지만, 여기서의 어휘이해 정도는 다소 표면적인 수준이고, 충분한 이해 수준을 이끄는 데는 한계를 지닌다(Nagy, 1988). 또한 이 방법은 학생이 실제로 해당 어휘를 '어떻게 활용할 것인가'를 가르치는 데 한계가 있다.

• 키워드 기억 전략

키워드 기억 전략(keyword method)은 목표 어휘와 학생이 이미 알고 있는 키워드를 연결하여 목표 어휘를 가르치는 방법이다(Baumann & Kame'enui, 1991). 여기서 '키워드'는 학생이 이미 알고 있는 단어 중, 목표 어휘(예, carlin)와 청각적으로 비슷한 어휘(예, car)다. [그림 5-14]는 Pressley, Levin과 McDaniel(1987)이 키워드 기억 전략을 사용하여 목표 어휘를 가르친 예다. 예에서 볼 수 있듯이 키워드 기억 전략은 목표 어휘의 다양한 의미 이해 및 관련 어휘와의 연결(이해지식)보다는 목표 어휘의 단순한 정의를 연결하는 것(결합지식)을 목적으로 한다.

키워드 기억 전략은 과학이나 사회와 같은 내용 교과 수업 시, 중요한 어휘 개념을 가르칠 때 유용하다. 예를 들어, Scruggs, Mastropieri, McLoone와 Levin(1987)의 연구에서는 광물의 특성을 키워드 기억 전략을 활용하여 가르쳤을 때와 스스로 학습하였을 때의 효과를 비교하였다. 예를 들어, 홍연석(crocoite)은 강도가 약하고(soft), 가정용(home use)으로 활용된다는 것을 가르치기 위해, 아기(soft의 특성을 나타내는 baby)가 오렌지색 악어(crocoite를 위한 키워드인 crocodile, 오렌지색)를 갖고 마루(가정용을 나타내는 living room)에서 노는 그림을 활용하였다([그림 5-15] 참고).

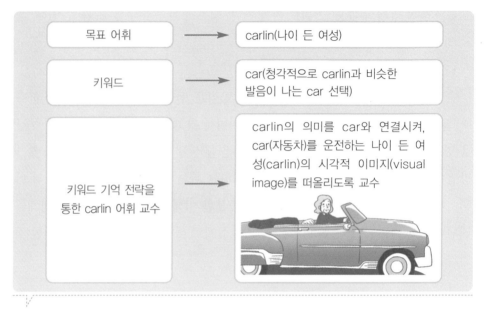

[그림 5-14] 키워드 기억 전략의 예

[그림 5-15] 키워드를 이용한 '홍연석' 기억 전략

출처: Scruggs et al.(1987a)를 수정하여 '김애화, 박현(2010). 학습장애학생 및 학습부진학생을 위한 과학교수에 관한 문헌분석. 특수교육 이론과 실천, 11(1), 147-175'에서 제시.

• 컴퓨터 보조 교수

선행연구에 나타난 컴퓨터 보조 교수(computer-assisted instruction)의 특성을 살펴보면, 어려운 어휘의 정의를 제공하거나(Reinking & Rickman, 1990), 어려운 어휘를 쉬운 어휘로 바꿔 주는(Higgins & Boone, 1990) 등의 방법을 적용한 것을 알 수 있다.

■ 2단계 교수법(이해지식 교수법)

2단계 어휘 수준은 '부분 수준(이해지식)'으로, 목표 어휘를 관련 어휘들과 연결하여 범주화할 수 있는 수준을 의미한다. 이러한 어휘 수준을 목표로 하는 어휘 교수법으로는 그래픽 조직자를 통해 목표 어휘와 관련 어휘와의 관계를 보여 주는 것을 들 수 있으며, 의미 지도(semantic mapping), 의미 특성 분석(semantic feature analysis), 개념 지도(concept map), 개념 다이어그램(concept diagram), 기타 어휘 확장 교수법 등이 이에 해당한다.

• 의미 지도

의미 지도(semantic maps)는 목표 어휘를 중심으로 이와 관련되는 어휘를 열거하고, 그 어휘들을 그래픽 조직자를 활용하여 범주화하고, 각각의 범주에 명칭을 부여하는 방법이다(Vaughn Gross Center for Reading & Language Arts, 2000; [그림 5-16] 참고). 따라서 의미 지도는 목표 어휘와 관련된 다양한 어휘 간의 관계를 파악하도록 함으로써, 학생이 어휘를 보다 조직적으로 기억하도록 도와준다. 의미 지도는 학생이 자신의 선행지식과 연결(integration)하여 새로운 어휘의 의미를 이해하고 어휘력을 확장하는 데 유용한 방법이다. 여기서 그래픽 조직자의 활용은 학생이 어휘 간의 관련성을 이해하도록 도와주며, 또한 완성된 의미 지도에 대한 활발한 논의는 의미 지도의 효과성을 극대화할 수 있다(Stahl & Clark, 1987; Stahl & Vancil, 1986).

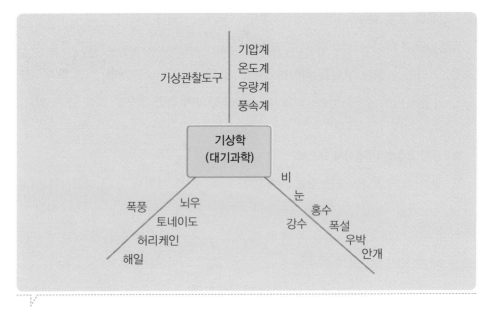

[그림 5-16] 의미 지도의 예

출처: Vaughn Gross Center for Reading & Language Arts(2000). *Promoting vocabulary development: Components of effective vocabulary instruction.* Austin, TX: Vaughn Gross Center for Reading & Language Arts 수정.

• 개념 지도와 개념 다이어그램

개념 지도(concept map)는 목표 어휘의 정의, 예, 예가 아닌 것으로 구성된 그래픽 조직자다(Vaughn Gross Center for Reading & Language Arts, 2000; [그림 5-17] 참고). 개념 다이어그램(concept diagram)은 개념 비교표를 만들어서 학생이 개념의 특성(반드시 갖추어야 하는 특성, 가끔 갖추고 있는 특성, 절대 갖추고 있지 않는 특성), 예와 예가 아닌 것 등을 비교함으로써 목표 개념을 이해하도록 도와주는 방법이다(Bulgren, Schumaker, & Deshler, 1988; [그림 5-18] 참고).

• 의미 특성 분석

의미 특성 분석(semantic feature analysis)은 목표 어휘(가로 줄 구성)와 그 어휘들의

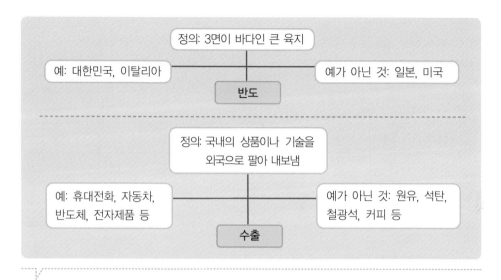

[그림 5-17] 개념 지도의 예

개념	화석
정의	지질시대에 살던 동식물의 유해 또는 그 흔적이 퇴적물 속에 매몰된 채로 보존되어 남아 있는 것

개념 속에 나타난 특성:

반드시 갖추고 있는 특성	가끔 갖추고 있는 특성	절대 갖추고 있지 않은 특성
유해 또는 흔적	암석 속	살아 있는 것
동물 또는 식물	빙하 속	부패된 것
오랜 시간 보존되어 남아 있는 것	화산재 속	동물 또는 식물이 아닌 것

예	예가 아닌 것
호박 속의 곤충	신발자국
빙하 속에서 발견된 매머드	석고상
석회암에서 발견된 어류	현재 아프리카에 사는 코끼리

[그림 5-18] 개념 다이어그램의 예

출처: Bos, C., & Vaughn, S. (2002). *Strategies for teaching students with learning and behavior problems.* Needham Heights, MA: Allyn & Bacon.

〈수학 어휘의 의미 특성 분석의 예〉

목표 어휘 주요 특성	정사각형	직사각형	평행사변형	마름모	사다리꼴
네 변	+	+	+	+	+
두 쌍의 변이 평행	+	+	+	+	−
모든 각이 직각	+	+	−	−	−
모든 변이 합동	+	−	−	−	−

[그림 5-19] 의미 특성 분석을 활용한 예

주요 특성(세로 줄 구성)들 간의 관계를 격자표(grid)로 정리하는 방법으로, 학생들은 각 어휘가 각 특성과 관련이 있는지(+ 표시) 없는지(− 표시)를 파악함으로써 목표 어휘의 의미를 폭넓게 이해할 수 있게 된다(이재승, 1997; Vaughn Gross Center for Reading & Language Arts, 2003). 의미 특성 분석은 목표 어휘를 관련 어휘 및 학습자의 선행지식과 연결함으로써 학습자의 어휘에 관한 이해의 정도를 확장시키는 것을 목표로 한다. [그림 5-19]는 수학 어휘를 의미 특성 분석을 활용하여 가르치는 예다.

• 기타 어휘 확장 교수법

기타 어휘 확장 교수법으로는 어휘 관련시키기 활동(word association)과 질문-이유-예 활동 등을 들 수 있다. 어휘 관련시키기 활동은 이미 학습한 어휘의 의미를 강화하고 확장시키는 방법으로, 유의어, 반의어 및 유추 어휘를 찾는 형식으로 구성된다. 유추 어휘는 일반적으로 유의어, 반의어, 상위-하위 개념, 부분-전체, 원인-결과 등의 개념을 적용하여 어휘들 간의 관련성을 파악하는 과제로 구성된다(Vaughn Gross Center for Reading & Language Arts, 2003; [그림 5-20] 참고).

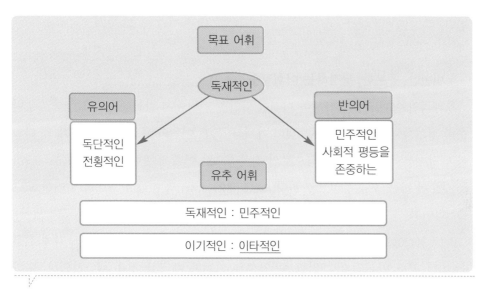

[그림 5-20] **어휘 관련시키기 활동의 예**

질문-이유-예 활동은 해당 어휘를 사용한 이유를 이야기하고, 해당 어휘와 관련된 자신의 경험을 예로 들어 이야기해 보는 활동이다(Beck et al., 2002). 예를 들어, "지난 월드컵 스위스 전에서 패했을 때, 선수들은 침통한 표정을 지었습니다."에서 "왜 침통한 표정을 지었을까요?"와 같은 질문을 통해 이유를 이야기하고, "침통한 기분을 느낀 경험을 이야기해 보세요."와 같은 질문을 통해 자신의 경험을 예로 들어 이야기해 보는 활동이다. 여기서 이유를 설명하도록 하는 것은 중요한데, 학생은 이유를 설명함으로써 목표 어휘와 예의 관계를 명확하게 이해할 수 있기 때문이다.

■ **3단계 교수법(생성지식 교수법)**

3단계 어휘 수준은 충분한 이해 수준(생성지식)으로, 여러 상황에 어휘를 적절하게 적용하는 수준을 의미한다. 이러한 어휘 수준을 목표로 하는 어휘 교수법으로는 빈번한, 풍부한, 확장하는 어휘교수와 다양한 장르의 책을 다독하는 것을 들 수 있다.

• 빈번한, 풍부한, 확장하는 어휘교수

효과적인 어휘교수는 학생이 어휘를 다양한 맥락에서 반복적으로 접함으로써 단순히 정의를 아는 것에 그치는 것이 아니라, 목표 어휘와 관련 어휘의 관계 및 다양한 맥락에서의 의미를 파악함으로써 점차적으로 어휘에 관한 '소유권(owner ship)'을 갖도록 하는 것을 목적으로 한다. Beck, McKeown과 Kucan(2002)은 이러한 교수를 '빈번한, 풍부한, 확장하는 어휘교수'라고 명명하였다.

Beck 등(2002)은 일반적으로 매주 약 10개의 새로운 어휘를 가르치고, 각 어휘를 8~10번 정도 반복적으로 접할 수 있도록 기회를 제공할 것을 제안하였다. 또한 Beck 등(2002)은 이미 학습한 어휘와 새로 학습한 어휘를 분배(일정하게 갈라서 나눔)하여 복습하기(distributed review)를 실시하는 것이 좋다고 제안하였는데, 분배하여 복습하기는 학습장애학생을 위한 효과적인 교수에서 매우 중요한 요소로 평가되었다(Swanson, 2001).

풍부한 어휘교수란 단순히 어휘의 정의를 제시하는 것 이상의 교수로서, 목표 어휘의 다양한 의미를 이해하고 관련 어휘 및 학습자의 선행지식과 연결 짓도록 하는 것을 의미한다(Beck et al., 2002).

마지막으로 확장하는 어휘교수란 학생이 수업 시간에 학습한 어휘를 다양한 상황에서 활용할 수 있도록 하는 교수를 의미한다(Beck et al., 2002).

• 다양한 장르의 책을 다독

다양한 장르의 책을 다독(wide reading)하는 것은 간접 교수법이다. 그러나 이를 3단계 어휘교수법에 포함시킨 이유는 학습장애학생을 위해서는 이들이 다양한 장르의 책을 다독할 수 있도록 계획하고 지원하고 관리하는 것이 필수적이기 때문이다. 앞서 언급하였듯이 학습장애학생은 일반학생에 비해 독서하는 양이 상당히 부족하다. 따라서 교사는 학습장애학생이 다양한 장르의 책을 지속적으로 읽을 수 있도록 계획, 지원 및 관리하여야 한다. 또한 학생이 책을 읽다가 모르는 어휘가 나오면 스스로 파악할 수 있도록 돕는 전략을 가르쳐야 한다. 이러한 전략들의 예로는 문맥 분석 전략(contextual analysis)과 단어 형태 분석 전략(morphemic analysis) 등을 들 수 있다. 문맥 분석 전략은 모르는 어휘가 포함된 문장을 읽거나, 앞뒤 문장을 읽으면서 어휘의 뜻을 유추하도록 돕는 것을 의미한다. 단어 형태 분석 전략은 단어를 구성하는 형태소(예, 어근/접사, 어간/어미)를 파악하여 모르는 어휘의 뜻을 파악하도록 돕는 것을 의미한다.

5) 읽기이해

(1) 읽기이해 정의 및 학습장애학생의 읽기이해 특성

읽기이해는 자신의 선행지식과 글에서 제시되는 정보를 연결하여 의미를 형성해 가는 과정을 의미하며(Williams, 1998), 이는 읽기 교수의 궁극적인 목적이다(National Reading Panel, 2000). 성공적인 읽기이해를 위해서는 [그림 5-1]에서 제시하는 것과 같이, 단어 수준 이해, 문장 수준 이해 그리고 글 수준 이해라는 3단계의 이해 과정이 필요하다.

읽기이해의 어려움은 하나의 요인에 기인하기보다는 여러 가지 요인에 기인하기 때문에, 읽기이해에 어려움을 갖는 학습장애학생은 이질적인 특성을 지닌다. 학습장애학생의 읽기이해 특성은 다음과 같다.

첫째, 자신이 읽은 글의 내용을 기억하는 데 어려움을 보인다(Spring & Prager, 1992; Warren & Fitzgerald, 1997).

둘째, 중심내용과 세부내용을 파악하는 데 어려움을 보인다(Baumann, 1984).

셋째, 불필요한 정보를 무시하는 데 어려움을 보인다(Williams, 1993).

넷째, 읽은 글의 내용을 바탕으로 추론하는 데 어려움을 보인다(Holmes, 1985).

다섯째, 글을 전략적으로 읽고 이해하는 데 어려움을 보인다.

여섯째, 읽기이해 점검을 잘 수행하지 못한다(Baker, 1982; Torgesen, 1980; Vaughn et al., 2000).

일곱째, 글의 구조를 이해하고 활용하는 데 어려움을 보인다(Englert & Thomas, 1987).

(2) 읽기이해 교수법

학습장애학생을 위한 읽기이해 교수의 개발 및 효과성 연구는 지난 30여 년간 활발하게 이루어져 왔다. 또한 지난 10여 년간 읽기이해 교수의 효과성을 종합적으로 분석한 문헌분석 연구가 여러 편 발표되었다(Gersten, Fuchs, Williams, & Baker, 2001; Gajria, Jitendra, Sood, & Gabriell, 2007; Mastropieri & Scruggs, 1997 National Reading Panel, 2000; Swanson, 1999). 이들 연구에서는 공통적으로 읽기이해 전략을 교사가 명시적으로 가르칠 것을 강조하였다. 명시적 교수란 교사의 모델링, 교사의 적절한 비계와 피드백이 제공되는 안내된 연습, 학생이 배운 전략을 충분히 적용해 볼 수 있는 독립적 연습 기회를 포함한다.

연구를 통해 효과가 검증된 읽기이해 전략으로는 선행지식 활성화하기, 중심 내용 파악하기, 글의 구조(다양한 장르의 글의 구조에 대한 교수, 예 이야기 글의 경우, 이야기 문법 교수 등)에 대한 교수, 읽기이해 점검 전략(자기 질문 포함), 협동학습, 그래픽 조직자의 활용, 읽기이해 질문에 답하기 및 읽기이해 질문 만들기, 요약하기 등이 있다. 이러한 읽기이해 전략은 크게 읽기 전, 읽기 중, 읽기 후 전략으로 나눌 수 있다. 다음은 대표적인 읽기 전, 읽기 중, 읽기 후 전략이다.

읽기 전 전략 글을 읽기 전에 선행지식을 활성화하는 것은 읽기이해에 도움이 된다(Kaufman, 1992; Snider, 1989). 선행지식을 활성화하는 대표적인 전략으로는 브레인스토밍과 예측하기를 들 수 있다(Graves, Juel, & Graves, 2001; Weisenback, 1988).

• 브레인스토밍: 브레인스토밍은 크게 선행지식 생성하기, 선행지식 조직하기 그

리고 선행지식 정교화하기의 단계로 진행할 수 있다(Anderson-Inman & Horney, 1997). 즉, 학생은 앞으로 읽을 글에 대한 제목을 보고, 제목에 대해 이미 알고 있는 것을 자유스럽게 말하고, 교사는 이를 그래픽 조직자 등의 형식을 사용하여 시각적으로 조직한다. 학생이 다 말하고 난 후에 교사는 학생과 함께 학생이 말한 내용을 비슷한 내용끼리 분류한다. 정교화 단계에서는 학생이 정리된 내용을 보고, 더 추가할 내용이 있는지를 확인하고 필요할 경우 새로운 내용을 추가한다.

- 예측하기: 예측하기는 글을 읽기 전에 글의 제목, 소제목, 그림 등을 훑어본 다음, 앞으로 읽을 글에 대한 내용을 예측하는 활동이다(Englert & Mariage, 1990). Palincsar와 Brown(1984)에 따르면, 학생은 글을 읽는 동안 예측하기 활동을 통해 자신이 예측한 내용이 실제 글의 내용과 비슷한지 여부를 점검하게 되고, 필요에 따라 자신이 예측한 내용을 변경하는 등 보다 능동적인 독자로서의 특성을 보이게 된다고 하였다.

읽기 중 전략　읽기 중 전략으로는 글의 구조(다양한 장르의 글의 구조에 대한 교수)에 대한 교수, 중심내용 파악하기, 읽기이해 점검 전략(자기 질문 포함), 협동학습, 그래픽 조직자의 활용 등을 들 수 있다. 여기서는 이 중 글 구조에 대한 교수와 중심내용 파악하기 전략을 제시하고자 한다. 그래픽 조직자는 글 구조 교수 및 중심내용 파악하기 교수 등에 통합적으로 활용할 수 있다.

■ 글 구조에 대한 교수

글 구조(text structure)는 글에 나타나는 조직적인 특성으로, 글의 프레임을 제시하는 역할을 한다(Englert & Thomas, 1987). 대표적인 글의 유형에는 이야기 글(narrative text)과 설명글(expository text)이 있다. 이야기 글의 구조는 인물, 배경(때와 장소), 발단 사건, 문제(또는 목적), 사건, 결말 등을 포함하는 이야기 문법(story grammar)의 형태가 대표적이다(예, Gurney, Gersten, Dimino, & Carnine, 1990; Idol, 1987).

설명글의 구조는 종류가 서술식 구조, 열거식 구조, 비교-대조 구조 등을 포함한다. 설명글의 구조는 다양하지만, 설명글은 공통적으로 각 문단(혹은 여러 문단)별로 중심내용(main idea)과 세부내용(supporting details)을 포함하고 있다(예, Anderson & Armbruster, 1984; Meyer & Freedle, 1984; Taylor, 1980).

여러 연구에 따르면, 체계적인 글 구조에 대한 교수는 학습장애학생의 이야기 글과 설명글에 대한 읽기 이해력을 높이는 것으로 나타났다(Bakken, Mastropieri, & Scruggs, 1997; Baumann & Bergeron, 1993; Dimino, Gersten, Carnine, & Blake, 1990; Gardill & Jitendra, 1999; Gurney, Gersten, Dimino, & Carnine, 1990; Idol, 1987; Idol & Croll, 1987). 글의 구조에 대한 교수는 앞서 설명한 대표적인 글의 구조에 대해 명시적으로 가르치는 것을 말한다(Englert & Hiebert, 1984). 즉, 이야기 글의 경우에는 이야기 문법에 대한 명시적 교수를 실시하는 것을 의미하며, 설명글의 경우에는 서술식 구조, 열거식 구조, 비교-대조 구조 등을 명시적으로 가르치는 것을 의미한다.

이야기 글의 구조인 이야기 문법을 가르치는 방법 중 하나로 이야기 지도(story map)를 활용하는 방법이 있다. [그림 5-21]은 Idol(1987)이 개발한 이야기 지도를 일부 수정한 것이다. [그림 5-21]에서 보여 주는 것처럼 이야기 지도는 글의 중요한 내용을 시각적으로 기록하게 함으로써 학생이 글의 내용을 파악하는 데 도움을 준다. 이야기 문법 교수는 초등학교 저학년뿐 아니라 중등학생에게도 적용되는데, 특히 중등학생의 경우에는 기본적인 이야기 문법 요소 외에 이야기의 주제(theme)를 파악하는 것을 추가적으로 가르친다(Wilder & Williams, 2001; Williams, 2002).

설명글 중 비교-대조 구조에 대한 교수 요소 및 절차를 설명하면 다음과 같다(Williams et al., 2005). Willams 등(2005)은 다음과 같은 교수 요소를 포함하여 비교-대조 글 구조(예, 개와 고양이, 사자와 악어 등)에 대한 교수를 실시하였다. 첫째, 단서 단어에 대한 교수, 둘째 어휘 교수, 셋째 문단을 읽으면서 내용 분석하기, 넷째 비교-대조 구조에 대한 이해를 돕는 그래픽 조직자 사용하기, 다섯째 비교-대조 질문하기, 여섯째 요약하기 등이다.

첫째, 단서 단어에 대한 교수는 '이와 비슷하게, 둘 다, 모두, 그리고, 반면, 하

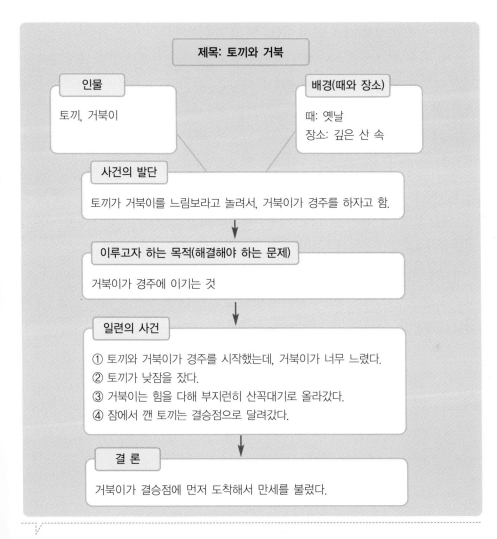

[그림 5-21] 이야기 지도의 예시

지만, 그러나, ~보다, ~와는 반대로' 등의 비교-대조 구조를 이해하는 데 도움이 되는 단어를 가르치고, 이러한 단어가 문장 내에서 어떻게 사용되는지를 교수한다.

둘째, 단서 단어에 대한 교수가 끝나면, 교사는 오늘 읽을 글에 포함된 중요한 단어들(예, 온혈, 냉혈, 산소 등)에 대한 교수를 실시한다.

셋째, 학생이 먼저 스스로 해당 문단을 읽고, 교사가 학생과 함께 다시 읽는다. 이때 학생이 두 동물의 비슷한 점과 차이점을 파악하여 표시하면서 글을 읽도록 하고, 글을 다 읽은 다음에는 학생이 분석한 내용에 대해 이야기한다.

넷째, 비교-대조 구조에 대한 이해를 돕는 그래픽 조직자를 사용하여 중요한 내용을 시각적으로 정리한다.

다섯째, 비교-대조 질문을 제시함으로써, 학생이 글의 내용을 정리하도록 돕는다. 예를 들어, 교사는 "이 문단은 무엇을 비교하고 있나요?" "두 동물은 무엇이 비슷한가요?" "두 동물은 무엇이 다른가요?" 등의 질문을 제시한다.

여섯째, 학생은 지금까지 내용을 정리하여 각 문단의 중심내용을 요약한다. 교사는 학생에게 [그림 5-22]에 제시된 것과 같은 문단 요약 틀을 제공해 줌으로써 학생이 내용을 요약하는 것을 도울 수 있다.

이 문단은 _____과 _____에 대해 비교하고 있다. 사자와 악어는 _____라는 공통점을 지니고 있다. 반면, 사자와 악어는 _____라는 차이점을 지니고 있다.

동물	몸이 무엇으로 덮여 있나요?	
	털	비늘
사자	○	
악어		○

[그림 5-22] 비교-대조 구조에 대한 이해를 돕는 그래픽 조직자와 문단 요약 틀의 예시

■ **중심내용 파악하기**

중심내용 파악하기(generating main ideas)는 해당 문단의 중요 내용을 찾고 이를 자신의 말로 표현하는 전략이다(Bryant et al., 2000; Klingner & Vaughn, 1999; Vaughn et al., 2001). 글을 읽고 중심내용을 찾는 것은 읽기이해에 중요한 역할을 하며, 특히 설명글의 이해에서 더욱 중요한 역할을 차지한다. 중심내용을 파악하는 전략은 중심내용을 찾는 방법에 초점을 맞추어 교수를 진행한다.

일반적으로 중심내용 파악하기 전략은 다음의 세 단계로 구성된다. 첫째, 각 문단이 '무엇' 또는 '누구'에 관한 내용인가를 파악하기, 둘째 각 문단에서 '무엇' 또는 '누구'에 관해 가장 중요한 내용 파악하기, 셋째 1~2단계에서 파악한 내용을 10어절 이내의 문장으로 표현하기 등이다(Vaughn, Gersten, & Chard, 2000; Vaughn et al., 2001). 그러나 2단계(이 문단에서 '무엇'에 관해 가장 중요한 내용은 무엇인가?)에서 요구하는 내용을 파악하는 것은 상당히 어려운 과제이기 때문에 김애화와 김의정(2012)은 2단계의 활동을 비계할 수 있는 전략을 추가하였다. 또한 김애화와 김의정(2012)는 중심내용 파악하기뿐 아니라, 중심내용을 지지할 세부내용 찾기 단계를 추가하여 4단계 중심내용 파악하기 전략을 개발하였다([그림 5-23] 참고). 또한 김애화와 김의정(2012)은 중심내용 파악하기 전략을 적용할 때, [그림 5-24]에서 제시

1단계: 문단의 주인공 찾기

2단계: 문단에서 가장 중요한 내용 찾기
    2-1) 각 문장을 자세히 읽기
    2-2) 비슷한 문장끼리 묶기
    2-3) 지우기를 적용하여 가장 중요한 내용을 찾기
        • 지우기 ①: 같은 내용 반복 지우기
        • 지우기 ②: 구체적인 설명 지우기
        • 지우기 ③: 예 지우기

3단계: 주인공과 문단에서 가장 중요한 내용을 합하여 10개의 어절이 넘지 않도록 중심내용 문장 만들기

4단계: 중심내용을 지지하는 세부내용 찾기

[그림 5-23] 중심내용 파악하기 전략 단계

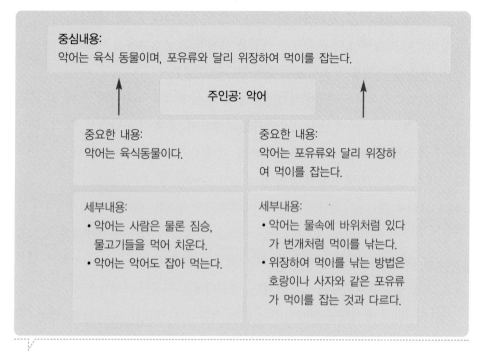

중심내용:
악어는 육식 동물이며, 포유류와 달리 위장하여 먹이를 잡는다.

주인공: 악어

중요한 내용:
악어는 육식동물이다.

중요한 내용:
악어는 포유류와 달리 위장하여 먹이를 잡는다.

세부내용:
• 악어는 사람은 물론 짐승, 물고기들을 먹어 치운다.
• 악어는 악어도 잡아 먹는다.

세부내용:
• 악어는 물속에 바위처럼 있다가 번개처럼 먹이를 낚는다.
• 위장하여 먹이를 낚는 방법은 호랑이나 사자와 같은 포유류가 먹이를 잡는 것과 다르다.

[그림 5-24] 중심내용 파악하기 전략 교수에 사용되는 그래픽 조직자의 예시

한 것과 같은 그래픽 조직자를 함께 활용함으로써 학생이 문단의 내용을 시각적으로 조직하여 정리할 수 있도록 하였다.

읽기 후 전략   읽기 후 전략의 목표는 글 전체의 내용을 종합하는 데 있다(Carnine et al., 1997). 대표적인 읽기 후 전략으로는 읽기이해 질문에 답하기, 읽기이해 질문 만들기, 요약하기 등이 있다.

■ 읽기이해 질문에 답하기 및 읽기이해 질문 만들기

읽기이해 질문에 답하기는 전통적인 읽기이해 교수에서 일반적으로 사용하는 교수법이다. 교사는 읽은 글의 내용에 관한 질문을 만들어 학생에게 제시하고, 학생은 질문에 대한 답을 하는 형식으로 수업을 진행한다(Tierney & Cunningham,

1991). 1990년대 이후에는, 읽기이해 질문에 학생이 답하는 데 그치는 것이 아니라, 학생이 스스로 읽기이해 질문을 만드는 전략을 제안하였다. 읽기이해 질문 만들기 전략은 학생이 자신이 읽은 내용을 다시 한 번 복습하게 하고, 특히 중심내용을 다시 한 번 살피고 기억하는 데 효과적이라고 보고되었다(Andre & Anderson, 1978-1979; Texas Center for Reading And Language Arts, 2000).

읽기이해 질문 만들기 전략을 효과적으로 적용하기 위해서는 학생에게 '좋은 질문'에 대한 명시적 교수를 실시하여야 하는데, 좋은 질문이란 중심내용을 강조하고, 단편적인 지식보다는 글의 내용을 통합적으로 파악하여 답할 수 있는 질문을 의미한다(Carnine et al., 1997; Wong, 1986).

■ 요약하기

요약하기 전략은 읽은 글의 전체 내용을 종합적으로 파악하여 필요 없는 내용은 버리고 중요한 내용에 초점을 맞추어 정리하는 것을 돕는 전략이다(Gajria & Salvia, 1992). 글을 다 읽은 후의 요약하기 전략은 학생이 전체 글의 내용 및 글 구조를 다시 한 번 살피고, 문단별 중심내용을 다시 한 번 확인하고 기억하는 데 도움이 된다(Carnine et al., 1997).

요약하기 전략의 대표적인 다섯 가지 원리는, 첫째 별로 중요하지 않은 내용 버리기, 둘째 불필요한 내용 버리기, 셋째 상위 단어를 사용하여 여러 개념을 한꺼번에 표현하기, 넷째 중심문장 고르기, 다섯째 중심내용 만들기다(Brown & Day, 1983). 교사는 이 다섯 가지 원리를 가르치고, 학생이 상황에 맞게 다섯 가지 원리 중 필요한 원리를 적용하여 전체 글의 내용을 요약하도록 돕는다.

다전략 교수 읽기이해 관련 초기 연구에서는 각각의 읽기이해 전략의 효과성을 검증하는 연구가 주를 이루었다. 그러나 읽기이해의 역동적 개념을 구체화하고(즉, 학생이 읽기 전, 읽기 중, 읽기 후 능동적으로 의미를 구성해 가는 과정) 읽기 활동에서 학생의 능동적인 참여를 강조하면서 여러 읽기이해 전략을 결합하여 사용하는 다전략 교수(multiple strategy instruction)의 효과를 검증하는 연구가 증가하였다.

최근 발표된 National Reading Panel(2000)의 연구 결과에 따르면, 여러 읽기이해 전략을 결합하여 사용하는 다전략 교수는 읽기이해력과 교과 지식의 향상에 긍정적인 영향을 미쳤다. 특히 중등학생에게 효과적인 것으로 나타났다. 그러나 다전략 교수 시 주의할 점은 너무 많은 전략을 결합하여 사용하는 것은 학생에게 혼동을 가져올 수 있기 때문에, Pikulski(1998)는 약 네 개의 전략을 결합한 교수법이 적절하다고 주장하였다. 여기서는 대표적인 다전략 교수에 대해 설명하고자 한다.

■ 상보적 교수

Palincsar와 Brown(1985)이 개발한 상보적 교수(reciprocal teaching)는 교사와 학생이 글에 대해 구조화된 대화(dialogue)를 함으로써 학생의 읽기이해력을 향상시키는 것을 목적으로 한다. 교사는 학생과의 대화를 통해 요약하기, 질문 만들기, 명료화하기, 예측하기 전략의 사용을 가르치고, 점차적으로 학생이 대화를 이끌어 갈 수 있도록 돕는다. 여기서 네 가지 전략은 순서대로 한 번 사용하고 끝나는 것이 아니라, 문단별(또는 한 두 문단별)로 순환적으로 사용한다.

첫째, 예측하기는 글을 읽는 목적을 설정하는 데 도움을 준다. 즉, 학생은 자신이 예측한 내용이 맞는지 여부를 점검하면서 글을 읽게 된다. 글을 읽기 전에는 글을 전반적으로 훑어봄으로써 앞으로 읽을 내용에 대해 예측하게 하고, 글을 읽는 중간에는 지금까지 읽은 내용을 바탕으로 앞으로 이어질 내용을 예측하게 한다.

둘째, 질문 만들기는 학생이 자신이 읽은 글에서 중요한 내용에 집중할 수 있도록 돕는 전략이다. 학생이 해당 문단을 읽으면서, 그 문단의 중요한 내용을 반영한 질문을 만들도록 한다. 이때 질문을 만드는 데 필요한 키워드 등을 사용할 수 있는데, 이러한 키워드는 글의 장르에 따라 달라질 수 있다. 예를 들어, 이야기 글의 경우에는 누가, 언제, 어디서, 무엇을, 어떻게, 왜 등의 키워드를 사용하여 질문을 만들 수 있다.

셋째, 명료화하기는 학생이 자신의 글에 대한 이해 여부를 점검하도록 돕는 전략이다. 즉, 학생이 자신이 모르는 단어나 이해하지 못한 내용이 있는지를 점검하고, 자신이 이해하지 못한 부분에 대해 명료화한 후에 다음 문단으로의 읽기를 진행한다.

넷째, 요약하기는 학생이 자신이 읽은 글의 내용을 정리하고, 중요한 내용을 기억하는 것을 돕는 전략이다. 즉, 학생은 이야기 글의 경우에는 이야기 문법 요소를 중심으로 내용을 요약하고, 설명글의 경우에는 문단별 중심내용을 중심으로 전체 글의 내용을 요약할 수 있다. [그림 5-26]은 학생이 상보적 교수의 절차 및 전략을

〈예측하기〉	〈질문 만들기〉
나는 _____에 대해 읽게 될 것이라고 생각한다.	누가? 무엇을? 언제? 어디서? 왜? 어떻게? 만일?
〈명료화하기〉 • 어려운 단어 - 다시 읽기 - 어려운 단어가 포함된 문장, 앞 문장과 뒷 문장 읽기 - 단어형태 분석해 보기 - 사전 찾기 • 이해가 되지 않는 내용 - 다시 읽기 - 문맥의 뜻을 파악하기 위해 앞 문장과 뒷 문장을 읽어 보기 - 친구 또는 교사와 이야기하기	〈요약하기〉 이 글의 내용은 _____ _____ _____ _____ _____

[그림 5-26] 상보적 교수 단서 카드의 예시

기억하고 적용하는 데 도움을 주기 위해 사용하는 단서 카드에 대한 예시다.

■ 협력 전략적 읽기

협력 전략적 읽기(Collaborative Strategic Reading: CSR)는 학습장애학생에게 효과적인 읽기이해 전략에 관한 연구 결과와 Pikulski(1998)의 주장에 근거하여 개발되었다(Klingner & Vaughn, 1999; Klingner, Vaughn, & Schumm, 1998). 협력 전략적 읽기는 상보적 교수(Palincsar & Brown, 1984)와 효과적인 교수-학습 이론의 특징(예, 직접 교수, 협력 활동)을 결합하여 개발된 읽기이해 교수법이다. 협력 전략적 읽기는 이미 연구를 통해 효과성이 검증된 네 가지의 읽기이해 전략(사전검토, 읽기이해 점검, 중심내용 파악하기, 마무리)을 함께 사용함으로써 학생이 읽기 전, 읽기 중, 읽기 후 활동에 능동적으로 참여하여 읽기이해를 향상시키는 데 목적을 두고 있다.

읽기 전 전략인 사전검토(preview)는 글의 주제에 대한 학생의 선행지식을 활성화시키고 읽기에 관한 흥미와 관심을 높이기 위한 브레인스토밍 전략과 예측하기 전략으로 구성되어 있다. 즉, 글을 읽기 전에 학생은 브레인스토밍 전략을 사용하여 글의 제목을 보고 제목과 관련된 자신의 선행지식을 활성화시킨다. 또한 예측하기 전략은 학생이 글의 제목, 소제목, 그림이나 표 혹은 각 문단의 첫 번째 문장 등을 훑어본 후 글의 내용을 예측함으로써 글을 읽는 활동에 대한 흥미와 관심을 높일 수 있다.

읽기 중 전략은 읽기이해 점검 전략과 중심내용 파악하기 전략으로 구성되어 있다. 읽기이해 점검 전략을 사용함으로써 학생은 글을 읽는 동안 자신의 이해 정도를 지속적으로 점검하고 자신이 읽은 내용을 이해하지 못한 경우에는 읽기이해 수정 전략을 사용한다. 읽기 이해 수정 전략에는 문맥 활용하기 전략과 단어를 구성하는 부분(예, 접두사/접미사)을 분석하여 단어의 의미 파악하기 전략이 포함된다. 중심내용 파악하기 전략은 보통 한두 문단의 글을 읽은 후 읽은 문단의 주요 내용을 파악하는 데 사용된다. 중심내용 파악하기 전략은 [그림 5-23]에 제시된 1~4단계와 동일하다.

읽기 후 전략인 마무리는 읽은 내용을 요약하고 공고히 하는 것을 목적으로 하며, 질문 만들기와 읽은 내용 요약하기로 구성되어 있다. 질문 만들기 전략을 사용하여 학생은 주요 내용에 관한 질문을 만드는데, 사전에 다음과 같은 세 가지 질문 유형을 가르치고 다양한 유형의 질문을 만들도록 지원한다. 첫째 바로 거기(right there) 유형(답이 글에 그대로 드러나는 질문), 둘째 생각하고 찾기(search and find) 유형(답이 글 속에 있으나 한 곳에 드러나는 것이 아니라 학생이 읽은 내용을 결합하여 답하여야 하는 질문), 셋째 작가와 나(author and you) 유형(답이 글 속에 없고 학생이 자신의 선행지식과 읽은 내용을 관련시킴으로써 답을 추측하여야 하는 질문)이다. 마지막으

〈사전검토; preview〉 • 브레인스토밍 • 예측하기 – 제목, 소제목, 그림 등 훑어보고 읽을 내용 예측하기	〈읽기이해 점검; click and clunk〉 • 글의 내용을 이해하고 있는지 여부를 파악하기 • 글의 내용을 이해하지 못하였을 때 – 다시 읽기 – 문맥의 뜻을 파악하기 위해 이해가 잘 안 되는 문장의 앞 문장과 뒷 문장을 읽어 보기 – 단어 형태 분석해 보기(접두사, 접미사, 어간/어미 등) – 사전 찾기 – 친구 또는 교사와 이야기 나누기
〈중심내용 파악하기; get the gist〉 – 이 문단은 '무엇'에 관한 내용인가? – 이 문단에서 '무엇'에 관한 가장 중요한 내용은 무엇인가? – 10어절 이하로 표현하기	〈마무리; wrap-up〉 • 질문 만들기 – 바로 거기 유형 – 생각하고 찾기 유형 – 작가와 나 유형 • 요약하기 이 글의 전체 내용은 _____ _____ _____

[그림 5-27] 협력 전략적 읽기 단서 카드의 예시

로, 요약하기는 주요 내용 파악하기 전략 사용으로 이미 파악한 각 문단의 중심내용을 바탕으로 전체 글의 내용을 종합적으로 요약한다. [그림 5-27]는 협력 전략적 읽기 교수 시, 학생이 협력 전략적 읽기의 절차 및 전략을 기억하고 적용하는데 도움을 주는 단서 카드에 대한 예시다.

■ K-W-L 전략

K-W-L(What I Know, What I Want To Learn, What I Learned) 전략은 앞으로 읽을 글에 대하여 선행지식을 활성화하고 읽은 내용을 요약하는 것을 돕는 전략이다. 일반적으로 K-W-L 전략은 K-W-L 그래픽 조직자와 함께 활용하는데, [그림 5-28]은 K-W-L 그래픽 조직자의 예다.

K-W-L 전략은 3단계로 구성되는데, 첫째 읽을 글의 제목에 대해 자신이 이미 알고 있는 것에 대해 기록하고, 둘째 앞으로 글을 읽음으로써 배우고 싶은 내용을 기록하고, 셋째 글을 다 읽은 후, 자신이 글을 통해 배운 것을 요약한다. 특히 요약을 할 때는 글의 중심내용에 초점을 맞춘다(Ogle, 1986).

K (이미 알고 있는 것)	W (배우고 싶은 것)	L (글을 읽고 배운 것)

[그림 5-28] K-W-L 그래픽 조직자의 예시

요 약

이 장에서는 읽기 교수의 영역을 읽기 선수 기술, 단어인지, 읽기유창성, 어휘, 읽기 이해로 나누어, 각각의 정의, 학습장애학생의 하위 영역별 특성, 하위 영역별 효과적인 교수법에 대해 살펴보았다. 읽기 선수 기술에는 프린트 인식, 자모지식, 음운인식, 구어를 통한 듣기이해가 포함된다. 단어인지는 단어의 발음을 파악하여 읽고, 그 단어의 의미를 파악하는 것을 의미한다. 읽기유창성은 읽기 지문(글)을 빠르고 정확하게 적절한 표현력을 갖고 읽는 것을 의미한다. 어휘는 단어가 모여서 이루어진 집합을 지칭하며, 어휘지식에는 양적 어휘지식과 질적 어휘지식이 속한다. 읽기이해는 자신의 선행지식을 글에서 제시되는 정보와 합치면서 의미를 형성해 가는 과정을 의미한다. 여기서 언급한 읽기 교수 영역이 서로 맞물려 잘 돌아갈 때 읽기 교수의 궁극적인 목표인 읽기이해가 이루어진다.

학습장애학생은 다양한 읽기 교수 영역에서 어려움을 보이는 것으로 나타났으며, 이러한 학생을 위한 읽기 교수 하위 영역별 연구기반교수법이 제시되었다.

첫째, 프린트 인식은 아동이 문자 언어가 어떻게 사용되는지를 이해하는 능력을 의미한다. 교사나 부모는 프린트 인식 능력을 향상하기 위해 책을 자주 읽어 주고, 프린트를 자주 접할 수 있도록 해 주고, 프린트를 갖고 다양한 활동을 할 수 있도록 하고, 구어와 문어 간 관련성을 이해하도록 돕고, 책을 읽으면서 프린트 인식에 대한 질문을 하는 등의 활동을 할 수 있다.

둘째, 자모지식은 자모의 이름에 대한 지식, 자모의 소리에 대한 지식, 자모의 이름과 소리를 빠르고 정확하게 인출하는 능력을 의미한다. 자모지식 능력을 향상하기 위해 자모 관련 책이나 자모 블럭 등을 자주 접할 수 있도록 하고, 개별 자모의 이름과 소리를 가르치고, 자모 소리를 합쳐서 글자를 발음하는 활동 등을 할 수 있다.

셋째, 음운인식은 말소리를 식별하는 능력으로, 말소리를 합성, 분절, 조작(첨가, 탈락, 대치)할 수 있는 능력을 의미한다. 교사나 부모는 음운인식을 향상하기 위해 아동의 발달 수준을 고려한 음운인식 활동을 제공하고, 음소분절과 음소합성 활동을 제공하고, 구체물을 조작하면서 음운인식 활동에 참여할 수 있게 하고, 낱자–소리 대응관계를 결합한 음운인식 활동을 제공할 수 있다.

넷째, 구어를 통한 듣기이해 능력을 향상하기 위해서는 책을 자주 읽어 주고, 책을 읽는 동안 글의 내용에 대해 이야기하는 등의 활발한 상호작용을 하도록 노력해야 한다.

다섯째, 단어인지는 단어의 발음을 파악하여 읽고, 그 단어의 의미를 파악하는 것을 의미한다. 학습장애학생은 일반학생에 비해 단어인지 수행력이 현저하게 떨어진다. 파닉스 교수는 음운인식과 낱자(군)–소리 대응관계를 바탕으로 소리 나는 대로 표기되는 단어를 가르치는 읽기 교수법으로, 수많은 연구를 통해 효과적인 단어인지 교수법으로 지지되었다. 음운변동이 적용되는 단어는 음운변동 규칙에 대한 명시적이고 체계적인 교수를 실시한 후, 목표 음운변동 규칙을 적용하는 단어를 분류하는 활동을 실시하는 것이 좋다. 총체적 언어 교수에서의 단어인지 교수는 의미 있는 단어 또는 문학작품 내에서 단어를 선택하여 가르치며, 학생이 전체 단어의 시각적 형태와 발음, 의미를 연결할 수 있도록 가르친다.

여섯째, 읽기유창성은 읽기 지문(글)을 빠르고 정확하게 적절한 표현력을 갖고 읽는 것을 의미한다. 학습장애학생은 일반학생에 비해 읽기유창성이 현저하게 떨어진다. 효과적인 읽기유창성 교수로는 반복 읽기가 대표적이며, 특히 소리 내어 반복 읽기 활동은 유창하게 글을 읽는 것을 시범보이고, 체계적인 오류 교정 절차를 적용하고, 세 번 이상을 반복해서 읽거나 정해진 기준에 도달할 때까지 반복해서 읽을 때 더욱 효과적이다. 이러한 특성을 반영한 읽기유창성 교수로는 짝과 함께 반복 읽기와 끊어서 반복 읽기가 있다.

일곱째, 어휘는 단어가 모여서 이루어진 집합을 지칭하며, 어휘지식에는 양적 어휘지식과 질적 어휘지식이 속한다. 양적 어휘지식은 학습자가 몇 개의 어휘 의미(표면적 지식)를 알고 있는가와 관련이 있고, 질적 어휘지식은 학습자가 어휘의 의미를 얼마나 잘 이해하는지와 관련이 있다. 학습장애학생은 일반학생에 비해 양적 및 질적 어휘지식이 모두 부족하다. 어휘교수법은 크게 직접교수법과 간접교수법으로 구분할 수 있다. 직접교수법은 교사가 목표 어휘를 직접적으로 가르치는 교수를 의미한다. 이에 비해 간접교수법은 다양한 맥락에서 다양한 어휘를 접할 수 있는 기회를 마련해 줌으로써 학생이 간접적으로 어휘를 획득할 수 있도록 하는 교수를 의미하며, 다양한 장르의 책을 다독할 수 있도록 하는 방법이 이에 속한다. 또한 어휘 교수는 목표로 하는 어휘지식 수준에 따라 실시하는 게 좋은데, 목표로 하는 어휘지식 수준이 조금 이해 수준일 경우에는 사전적 정의 활용, 키워드 기억 전략, 컴퓨터 보조 교수 등을 적용할 수 있다. 목표로 하는 어휘지식 수준이 부분적 이해 수준일 경우에는 그래픽 조직자를 통해 목표 어휘와 관련 어휘의 관계를 보여 주는 교수를 사용하는 것이 좋으며, 의미 지도, 의미자질분석, 개념 지도, 개념 다이어그램, 기타 어휘 확장 교수법 등이 이에 속한다. 목표로 하는 어휘지식 수준이 충분한 이해 수준일 경우에는 자주, 풍부하고, 확장하는 어휘 교수 제공 및 다양한 장르의 책을 다독하도록 하는 것이 좋다.

여덟째, 읽기이해는 자신의 선행지식과 글에서 제시되는 정보를 합치면서 의미를 형성해 가는 과정을 의미하며, 읽기 교수의 궁극적인 목적이다. 학습장애학생은 일반 학생보다 읽기이해 능력이 현저하게 낮다. 읽기이해의 어려움은 하나의 요인에 기인하기보다는 여러 가지 요인에 기인하기 때문에, 읽기이해에 어려움을 갖는 학습장애학생은 이질적인 특성을 지닌다. 효과적인 읽기 전, 읽기 중, 읽기 후 읽기이해 전략은 다음과 같다. 읽기 전 전략으로는 선행지식 꺼내기와 예측하기를 들 수 있다. 읽기 중 전략으로는 글의 구조(다양한 장르의 글의 구조에 대한 교수)에 대한 교수, 중심내용 파악하기, 읽기이해 점검 전략(자기 질문 포함), 협동학습, 그래픽 조직자의 활용 등을 들 수 있다. 읽기 후 전략으로는 읽기이해 질문 만들기 및 질문 답하기, 요약하기 등을 들 수 있다.

참고문헌

국어연구소(1987). 국민학교 교육용 어휘: 4, 5, 6학년용. 서울: 국어연구소.

김광해(2003). 등급별 국어교육용 어휘. 서울: 박이정.

김미경, 서경희(2003). 읽기장애 아동의 음운처리 능력 특성 연구. 특수교육저널: 이론과 실천, 4(4), 241-258.

김선옥, 공숙자, 조희숙(2004) 음운처리 과정이 4세와 5세 유아의 읽기에 미치는 영향. 한국심리학회지: 발달 17(2), 37-57.

김애화, 강은영(2010). 초등학교 읽기장애 학생과 일반 학생의 단어인지 특성 비교 연구. 언어청각장애연구, 15(4), 632-647.

김애화, 김의정, 유현실(2011). 조기 문식성 검사의 개발 및 표준화 연구. 언어청각장애연구, 16(4), 597-613.

김애화, 김의정(2012, 출판 예정). 음운변동 규칙 교수가 읽기장애학생의 단어인지에 미치는 효과.

김애화, 김의정(2012, 출판 예정). 중심내용 파악하기 전략이 읽기장애학생의 설명글 읽기이해 성취에 미치는 효과.

김애화, 김의정, 표소래(2011). 스크립트화된 합성 파닉스 교수가 읽기장애학생의 한글 단어인지에 미치는 효과. 특수교육저널: 이론과 실천, 12(3), 613-638.

김애화, 박성희(2011). 초등학교 읽기장애 학생과 일반 학생의 읽기유창성 특성 및 오류 유형 비교 연구. 특수교육저널: 이론과 실천, 11(4), 323-344.

김애화, 박현(2007). 국내 음운인식 연구에 관한 문헌분석. 초등교육연구, 20(3), 75-105.

김애화, 박현(2010). 학습장애학생 및 학습부진학생을 위한 과학교수에 관한 문헌분석. 특수교육 이론과 실천, 11(1), 147-175

김애화, 유현실, 김의정(2010a). 음운인식, 빠른 자동 이름대기, 자모지식, 단기기억, 작동기억과 한글 단어인지 능력 간의 관련성에 관한 연구: 읽기장애 조기선별을 위한 기초연구. 특수교육학연구, 45(1), 247-267.

김애화, 유현실, 김의정(2010b). 단어인지, 읽기유창성, 읽기이해에 대한 예측 연구: 5세와 6세 아동을 대상으로 실시한 종단연구. 초등교육연구, 23(4), 427-453.

김애화, 유현실, 김의정(2010). 취학 전 및 초등학교 1학년 아동의 음운인식 구조 탐색 연구. 초등교육연구, 23(3), 173-192.

김애화, 유현실, 황민아, 김의정, 고성룡(2010). 초등학생의 읽기이해 능력 예측변인에 관한 연구. 언어청각장애연구, 15(3), 357-380.

김애화, 황민아(2008). 초등학교 고학년의 읽기 능력에 영향을 미치는 읽기관련변인에 관한 연구. 언어청각장애연구, 13(1), 1-25.

김종훈(1975). 어린이말 연구. 서울: 개문사.

이관규(2004). 학교 문법론. 서울: 월인.

이응백, 이인섭, 김승렬(1982). 국민 학교 학생의 어휘력 조사 연구. 국어교육, 42-43 합본호. 한국국어교육연구회.

이일화(2005). 읽기 저성취 초등학생의 언어 지식과 독해력과의 관계. 서울대학교 대학원. 미간행 박사학위논문.

이재승(1997). 쓰기 과정에서의 자동성과 통제성. 국어교육, 95, 57-82.

이혜선(2009). 반복읽기와 질문전략을 결합한 읽기중재가 초등학교 저학년 읽기장애 학생의 읽기이해와 읽기유창성에 미치는 효과. 단국대학교 대학원. 미간행 석사학위논문.

정난숙, 안성우, 김자경(2005). 읽기장애아동의 독해력 설명변인연구. 특수교육저널: 이론과 실천, 6(4), 385-403.

정미란(2009). 초등학교 3-6학년 읽기이해 부진학생의 읽기이해력 예측 변인 탐색. 단국대학교 대학원. 미간행 박사학위논문.

정우상(1987). 글짓기 지도의 실제. 서울: 배영사.

Adams, M. J. (1990). *Beginning to read: Thinking and learning about print.* Cambridge, MA: MIT Press.

Allington, R. L. (1983). The reading instruction provided readers of differing reading abilities. *Elementary School Journal, 83*(5), 548-559.

Andre, M. E. D. A., & Anderson, T. H. (1978~1979). The development and evaluation of a self-questioning study techniques. *Reading Research Quarterly, 14,* 605-623.

Anderson, T. H., & Armbruster, B. B. (1984). Content area textbooks. In R. C. Anderson, J. Osborn, & R. J. Tierney (Eds.), *Learning to read in American schools* (pp. 193-224).

Hillsdale, NJ: Erlbaum.

Anderson-Inman, L., & Horney, M. (1997). Computer-based concept mapping: Enhancing literacy with tools for visual thinking. *Journal of Adolescent and Adult Literacy, 40*(4), 302-306.

Badian, N. A.. McAnulty, G. B., Duffy, F. H., & Als, K. (1990). Prediction of dyslexia in kindergarten boys. *Annals of Dvslexia, 40*, 152-169.

Baker, L. (1982). An evaluation of the role of metacognitive deficits in learning disabilities. *Topics in Learning and Learning Disabilities, 2*, 27-35.

Baker, S., Kame'enui, E. J., & Simmons, D. C., & Stahl, S. A. (1994). Beginning reading: Educational tools for diverse learners. *School Psychology Review, 23*, 372-391.

Baker, S. K., Simmons, D. C., & Kame'enui, E. J. (1998). Vocabulary acquisition: Research bases. In D. C. Simmons, & E. J. Kame'enui (Eds.), *What reading research tells us about children with diverse learning needs* (pp. 183-217). Mahwah, NJ: Erlbaum.

Bakken, J. P., Mastropieri. M. A., & Scruggs, T. E. (1997). Reading comprehension of expository science materials and students with learning disabilities: A comparison of strategies. *Journal of Special Education, 31*, 300-325.

Baumann, J. F. (1984). Coping with reading disability: Portrait of an adult disabled reader. *Journal of Reading, 27*(60), 530-35.

Baumann, J. F., & Bergeron, B. S. (1993). Story map instruction using children's literature: Effects on first graders' comprehension of central narrative elements. *Journal of Reading Behavior, 25*, 407-437.

Baumann, J. F., & Kame'enui, E. J. (1991). Research on vocabulary instruction: Ode to Voltaire. In J. Flood, J. M. Jensen, D. Lapp, & J. R. Squire (Eds.), *Handbook of research on teaching the English language arts* (pp. 604-632). New York: Macmillan.

Beck, I. L., & McKeown, M. G. (1991). Social studies texts are hard to understand: Mediating some of the difficulties. *Language Arts, 68*(6), 482-490.

Beck, I. L., McKeown, M. G., & Linda K. (2002). *Bringing Words to Life.* New York: The Guilford Press.

Beck, I. L., McKeown, M. G., & Kucan, L. (2002). *Bringing words to life: Robust vocabulary instruction.* New York: Guilford.

Begeny, J. C., Laugle, K. M., Krouse, H. E., Lynn, A. E., Parker, M., & Stage, S. A. (2010). A control-group comparison of two reading fluency programs: The Helping Early Literacy with Practice Strategies(HELPS) program and the Great Leaps K-2 reading program. *School Psychology Review, 39,* 137-155.

Begeny, J. C. (2011). Effects of the helping early literacy with practice strategies(HELPS) reading fluency program when implemented at different frequencies. *School Psychology Review, 40*(1), 149-157.

Bondanza, A., Kelly, K., & Treewater, A. (1998). Means of improving reading comprehension(Eric Document Reproduction Service No. ED 424 567).

Bos, C., & Vaughn, S. (2002). *Strategies for teaching students with learning and behavior problems.* Needham Heights, MA: Allyn & Bacon.

Bradley, L., & Bryant, P. E. (1983). Categorizing sounds and learning to read: A causal connection. *Nature, 301*(5899), 419-421.

Brown, A. L., & Day, J. D. (1983). Macrorules for summarizing texts: The development of expertise. *Journal of Verbal Learning & Verbal Behavior, 22*(1), 1-14.

Bryant, D. P., Bryant, B. R., & Hammill, D. D. (2000). Characteristic behaviors of students with LD who have teacher-identified math weaknesses. *Journal of Learning Disability, 33*(2), 168-177.

Bryant, P. E., MacLean, M., Bradley, L. L., & Crossland, J. (1990). Rhyme and alliteration, phonemic detection, and learning to read. *Developmental Psychology, 26,* 429-438.

Byrne, B., & Fielding-Barnsley, R. (1993). Evaluation of a program to teach phonemic awareness to young children: A 1-year follow-up and a new preschool trial. *Journal of Educational Psychology, 85,* 104-111.

Bulgren, J., Schumaker, J. B., & Deschler, D. D. (1988). Effectiveness of a concept teaching routine in enhancing the performance of LD students in secondary-level mainstream classes. *Learning Disability Quarterly, 11*(3), 3-17.

Calfee, R. G., Lindamood, P., & Lindamood, C. (1973) Acoustic phonetic skills and reading: Kindergarten through twelfth grade. *Journal of Educational Psychology, 64,* 293-298.

Carnine, D., Silbert, J., & Kame'enui, E. (1997). *Direct instruction reading* (3rd ed.). New York: Merrill.

Catts, H. W., Fey, M. E., Zhang, X., & Tomblin, J. B. (2001). Estimating the risk of future reading difficulties in kindergarten children: A research-based model and its clinical implication. *Language, Speech, and Hearing Services in Schools, 32*(1), 38-50.

Chard, D. J., & Dickson, S. V. (1999). Phonological awareness: Instructional and assessment guidelines. *Intervention in School and Clinic, 34*(5), 261-270.

Chard, D. J., Vaughn, S., & Tyler, B. J. (2002). A synthesis of research on effective interventions for building fluency with elementary students with learning disabilities. *Journal of Learning Disabilities, 35*, 386-406.

Crain-Thoreson, C., & Dale, P. S. (1992). Do early talkers become early readers? Linguistic precocity, preschool language, and emergent literacy. *Developmental Psychology, 28*, 421-429.

Cunningham, A. E., & Stanovich, K. E. (1998). What reading does for the mind. *American Educator, 22*(1-2), 8-15.

Daly, E. J., & Martens, B. K. (1994). A comparison of three interventions for increasing oral reading performance: Application of the instructional hierarchy. *Journal of Applied Behavior Analysis, 27*, 459-469.

Dimino, J., Gersten, R., Carnine, D., & Blake, G. (1990). Story grammar: An approach for promoting at-risk secondary students' comprehension of literature. *The Elementary School Journal, 91*(1), 17-32.

Ehri, L. C., Nunes, S. R., Willows, D. M., Schuster, B. V., Yaghoub-Zadeh, Z., & Shanahan, T. (2001). Phonemic awareness instruction helps children learn to read: Evidence from the National Reading Panel's meta-analysis. *Reading Research Quarterly, 36*, 250-287.

Englert, C. S., & Hiebert, E. H. (1984). Children's developing awareness of text structures in expository materials. *Journal of Educational Psychology, 76*(1), 65-75.

Englert, C. S., & Mariage, T. V. (1990). Send for the POSSE: Structuring the comprehension dialogue. *Academic Therapy, 25*, 473-487.

Englert, C. S., & Thomas, C. C. (1987). Sensitivity to text structure in reading and writing: A comparison between learning disabled and non-learning disabled students. *Learning Disability Quarterly, 10*(2), 93-105.

Gajria, M., Jitendra, A. K., Sood, S., & Gabriell, S. (2007). Improving comprehension of expository text in students with LD. *Journal of Learning Disabilities, 40*, 210-225.

Gajria, M., & Salvia, J. (1992). The effects of summarization instruction on text comprehension of students with learning disabilities. *Exceptional Children, 58*, 508-516.

Gardill, M. C., & Jitendra, A. K. (1999). Advanced story map instruction: Effects on the reading comprehension of students with learning disabilities. *The Journal of Special Education, 33*(1), 2-17.

Gaskins, R. W., Gaskins, J. C., & Gaskins, I. W. (1991). A decoding program for poor readers-and the rest of the class, too! *Language Arts, 68*, 213-225.

Gaskins, R. W., Gaskins, J. C., & Gaskins, I. W. (1992). Using what you know to figure out what you don't know: An analogy approach to decoding. *Reading and Writing Quarterly, 8*, 197-221.

Gersten, R., Fuchs, L. S., Williams, J. P., & Baker, S. (2001). Teaching reading comprehension strategies to students with learning disabilities: A review of the research. *Review of Educational Research, 71*, 279-320.

Graves, M. F., Juel, C., & Graves, B. B. (2001). *Teaching Reading in the 21st Century* (2nd ed.). Boston: Allyn & Bacon.

Gunning, T. G. (2002). *Assessing and correcting reading and writing difficulties* (2nd ed.). Boston, MA: Allyn & Bacon.

Gurney, D., Gersten, R., Dimino, J., & Carnine, D. (1990). Story grammar: Effective literature instruction for high school students with learning disabilities. *Journal of Learning Disabilities, 23*(6), 335-342.

Harris, T., & Hodges, R. (1995). *The literacy dictionary: The vocabulary of reading and writing*. Newark, DE: International Reading Association.

Hart, B., & Risley, R. T. (1995). *Meaningful differences in the everyday experience of young American children*. Baltimore: Paul H. Brookes.

Hiebert, E. (1988). The role of literacy experiences in early childhood programs. *The Elementary School Journal, 89*(2), 161-171.

Higgins, K., Boone, R., & Lovitt, T. C. (1990). Teaching social studies to learning disabled high school students: Effects of a hypertext study guide. *British Journal of Educational Technology, 21*, 118-131.

Holopainen, L., Ahonen, T., & Lyytinen, H. (2001). Predicting delay in reading achievement in a highly transparent language. *Journal of Learning Disabilities, 34*, 401-413.

Holmes, B. C. (1985). The effect of four different modes of reading on comprehension. *Reading Research Quarterly, 20*, 575-85.

Idol, L. (1987). Group story mapping: A comprehension strategy for both skilled and unskilled readers. *Journal of Learning Disabilities, 20*(4), 196-205.

Idol, L., & Croll, V. J. (1987). Story-mapping training as a means of improving reading comprehension. *Learning Disability Quarterly, 10*(3), 214-229.

Jimenez, G. J. E., & Hernandez, V. I. (2000). Word identification and reading disorders in the Spanish language. *Journal of Learning Disabilities, 33*, 44-60.

Juel, C. (1988). Learning to read and write: A longitudinal study of 54 children from first through forth grade. *Journal of Educational Psychology, 80*, 437-447.

Kame'enui, E. J., Adams, M., & Lyon, G. R. (2002). Print awareness activities: Noticing print, knowing how to handle a book and knowing how to follow the words on a page. *Reading Rockets,* Washington, DC: US. Department of Education.

Kame'enui, E. J., & Simmons, D. C. (2001). Introduction to this special issue: The DNA of reading fluency. *Scientific Studies of Reading, 5*, 203-210.

Kaufman, M. (1992). *Enhancing reading comprehension and critical thinking skills of first grade ESOL students through the use of semantic webbing*(ERIC Document Reproduction Service No. ED 345 579).

Kim, Y. S. (2009). The foundation of literacy skills in Korean: The relationship between letter-name knowledge and phonological awareness and their relative contribution to literacy skills. *Reading and Writing, 22*, 907-931.

Klingner, J. K., & Vaughn, S. (1999). Teaching reading comprehension through collaborative strategic reading. *Intervention in Clinic and School, 34,* 284-292.

Klingner, J. K., & Vaughn, S., & Schumm, J. S. (1998). Collaborative strategic reading in heterogeneous classrooms. *The Elementary School Journal, 99,* 3-21.

LeVasseur, D., & Samuels, S. J. (1974). Toward a theory of automatic information process in reading. *Cognitive Psychology, 6,* 293-323.

Landerl, K. (2001). Word Recognition Deficits in German: More Evidence from a Representative Sample. *Dyslexia, 7,* 183-196.

LeVasseuru, V. M., Macaruso, P., & Shankweiler, D. (2008). Promoting gains, in reading fluency: A comparison of three approaches. *Reading and Writing, 21,* 205-230.

Liberman, I. Y., Shankweiler, D., Fischer, F. W., & Carter, B. (1974). Explicit syllable and phoneme segmentation in the young child. *Journal of Experimental Child Psychology, 18,* 201-212.

Lonigan, C. J., Burgess, S. R., & Anthony, J. L. (2000). Development of emergent literacy and early reading skills in preschool children: Evidence from a latent-variable longitudinal study. *Developmental Psychology, 36*(5), 596-613.

Mason, J. M., & Allen, J. (1986). A review of emergent literacy with implications for research and practice in reading. In E. Rothkopf (Ed.), *Review of Research in Education, 13,* 3-47.

Mastropieri, M. A., & Scruggs, T. E. (1997). Best practices in promoting reading comprehension in students with learning disabilities: 1976 to 1996. *Remedial and Special Education, 18*(4), 197-213.

McBride-Chang, C., & Kail, R. V. (2002). Cross-cultural similarities in the predictors of reading acquisition. *Child Development, 73,* 1392-1407.

Meyer, M. S., & Felton, R. H. (1999). Repeated reading to enhance fluency: Old approaches and new directions. *Annals of Dyslexia, 49,* 283-306.

Meyer, B. J. F., & Freedle, R. O. (1984). Effects of discourse type on recall. *American Educational Research Journal, 21,* 121-143.

Morrow, L. M. (1990). Preparing the Classroom environment to promote literacy during play. *Early Childhood Research Quarterly, 5,* 537-554.

Nagy, W. (1988). *Teaching vocabulary to improve reading comprehension.* Urbana, IL:

National Council of Teachers of English; Newark, DE: International Reading Association. [ED 298 471]

National Reading Panel (2000). *Report of the national reading panel. Teaching children to read: An evidence-based assessment of the scientific research literature on reading and its implications for reading instructions* (NIH Publication No. 00-4769). Washington, DC: U.S. Government Printing Office.

Ogle, D. (1986). K-W-L: A teaching model that develops active reading of an expository text. *The Reading Teacher, 39,* 564-570.

Ouellette, G. (2006). What's meaning got to do with it: The role of vocabulary in word reading and reading comprehension. *Journal of Educational Psychology, 98,* 554-566.

Palincsar, A. S., & Brown, A. L. (1984). Reciprocal teaching of comprehension-fostering comprehension-monitoring activities. *Cognition and Instruction, 1*(2), 117-175.

Palincsar, A. S., & Brown, A. L. (1985). Reciprocal teaching: Activities to promote reading with your mind. In T. L. Harris & E. J. Cooper (Eds.), *Reading, thinking and concept development: Strategies for the classroom.* New York: The College Board.

Payne, A. C., Whitehurst, G. J., & Angell, A. L. (1994). The role of literacy environment in the language development of children from low-income families. *Early Childhood Research Quarterly, 9,* 427-440.

Pikulski, J. J. (1998). February, *Improving reading achievement: Major instructional considerations for the primary grades.* Paper presented at the Commissioner's Second Annual Reading Conference, Austin, TX.

Pressley, M., Levin, J. R., & McDaniel, M. A. (1987). Remembering versus inferring what a word means; Mnemonic and contextual approaches. In M. C. McKeown & M. E. Curtis (Eds.), *The nature of vocabulary acquisition* (pp. 107-127). Hillsdale, NJ: Erlbaum.

Ricketts, J., Nation, K., & Bishop, D. V. (2007). Vocabulary is important for some, but not all reading skills. *Scientific Studies of Reading, 11,* 235-257.

Reinking, D., & Rickman, S. S. (1990). The effects of computer-mediated texts on the vocabulary learning and comprehension of intermediate-grade readers. *Journal of Reading*

Behavior, 22, 395-411.

Routman, R. (1996). *Literacy at the crossroads.* Portsmouth, NH: Heinemann.

Scanlon, D. M., & Vellutino, F. R. (1996) Prerequisite skills, early instruction, and success in first grade reading: Selected results from a longitudinal study. *Mental Retardation and Development Disabilities, 2,* 54-63.

Scarborough, H. S. (1998). Predicting the future achievement of second graders with reading disabilities: Contributions of phonemic awareness, verbal memory, rapid serial naming, and IQ. *Annals of Dyslexia, 48,* 115-136.

Scarborough, H. S., & Dobrich, W. (1994). On the efficacy of reading to preschoolers. *Developmental Review, 14,* 245-230.

Schatschneider, C., Fletcher, J. M., Francis, D. J., Carlson, C. D., & Foorman, B. R. (2004). Kindergarten prediction of reading skills: A longitudinal comparative analysis. *Journal of Educational Psychology, 96*(2), 265-282.

Scruggs, T. E., Mastropieri, M. A, McLoone, B. B. & Levin, J. R. (1987). Mnemonic facilitation of learning disabled students' memory for expository prose. *Journal of Educational Psychology, 79*(1), 27-34.

Sénéchal, M., LeFevre, J., Smith-Chant, B. L., & Colton, K. (2001). On refining theoretical models of emergent literacy: The role of empirical evidence. *Journal of School Psychology, 39,* 439-460.

Simmons, D. C., & Kame'enui, E. J. (1990). The effect of task alternatives on vocabulary knowledge: A comparison of students with and without learning disabilities. *Journal of Learning Disabilities, 23,* 291-297, 316.

Smith, N. B. (1928). Matching ability as a factor in first grade reading. *Journal of Educational Psychology, 19,* 560-570.

Snider, V. E. (1989). Reading comprehension performance of adolescents with learning disabilities. *Learning Disability Quarterly, 12,* 87-95.

Snowling, M, J., Goulandris, N., & Defty, N. (1996). A longitudinal study of reading development in dyslexic children. *Journal of Educational Psychology, 88*(4), 653-669.

Spring, C., & Prager, J. (1992). Teaching community-college students to follow the train of thought in expository texts. *Reading and Writing: An Interdisciplinary Journal, 3*, 33-54.

Stahl, S. A., & Clark, C. H. (1987). The effects of participatory expectations in classroom discussion on the learning of science vocabulary. *American Educational Research Journal, 24,* 541-555.

Stahl, S. A., & Vancil, S. J. (1986). Discussion is what makes semantic maps work. *The Reading Teacher, 40,* 62-67.

Stanovich, K. E., Cunningham, A. E., & Cramer, B. B. (1984). Assessing phonological Awareness in kindergarten children: Issues of task comparability. *Journal of Experimental Child Psychology, 38*(2), 175-190.

Sulzby, E., & Teale, W. (1991). Emergent literacy. In R. Barr, M. L. Kamil, P. Mosenthal, & P. D. Pearson (Eds.), *Handbook of reading research, Vol. II* (pp. 727-757). New York: Longman.

Swanson, H. L. (1999). Reading research for students with LD: A meta-analysis of intervention outcomes. *Journal of Learning Disabilities, 32,* 504-532.

Swanson, H. L. (2001). Searching for the best model for instructiong students with learning disabilities. *Focus on Exceptional Children, 34*(2), 1-15.

Taylor, B. M. (1980). Children's memory for expository text after reading. *Reading Research Quarterly, 15,* 399-411.

Texas Center for Reading & Language Arts(2000). *Professional development guide: Enhancing reading comprehension for secondary students-part II.* Austin, TX: Texas Center for Reading & Language Arts.

Therrien, W. J. (2004). Fluency and comprehension gains as a result of repeated reading: A meta-analysis. *Remedial and Special Education, 25,* 252-261.

Tierney, R. J., & Cunningham, J. W. (1991). Research on teaching reading comprehension. In R. Barr, M. L. Kamil, P. B. Mosenthal, & P. D. Pearson. *Handbook of reading.* Mahwah, NJ: Erlbaum.

Torgesen, J. K. (1980). Conceptual and educational implications of the use of efficient task strategies by learning disabled children. *Journal of Learning Disabilities, 13,* 364-371.

Van den Broeck, G. W., & van den Bos, K. P., & Geudens, A. (2010). The nonword-reading deficit of disabled readers: A developmental interpretation. *Developmental Psychology, 46*(3), 717-734.

Vaughn, S., Gersten, R., & Chard, D. J. (2000). The underlying message in LD intervention research: Finding from research syntheses, *Exceptional Children, 67*(1), 99-114.

Vaughn Gross Center for Reading & Language Arts(2003). *Special education reading project elementary institute.* Austin, TX: Vaughn Gross Center for Reading & Language Arts.

Vaughn, S., Klingner, J. K., & Bryant, D. P. (2001). Collaborative strategic reading as a means to enhance peer-mediated instruction for reading comprehension and content area learning. *Remedial and Special Education, 22*(2), 66-74.

Wagner, R. K., Torgesen, J. K., & Rahotte, C. A. (1994). Development of reading-related phonological processing abilities: New evidence of bidirectional causality from a latent variable longitudinal study. *Developmental Psychology, 30*(1), 73-87.

Wagner, R. K., Torgesen, J. K., Rashotte, C. A., Hecht, S. A., Barker, T. A., Burgess, S. R., Donahue, J., & Garon, T. (1997). Changing relations between phonological process-ing abilities and word-level reading as children develop from beginning to skilled readers: A 5-year longitudinal study. *Developmental Psychology, 33*, 468-479.

Warren, L., & Fitzgerald, J. (1997). Helping parents to read expository literature to their chil-dren: Promoting main-idea and detail understanding. *Reading Research and Instruction, 36*, 341-360.

Weisenback, E. L. (1988). The "I don't know" kids. *Academic Therapy, 23*(4), 417-423.

Williams, J. P. (1993). Comprehension of students with and without learning disabilities: Identification of narrative themes and idiosyncratic text representations. *Journal of Educational Psychology, 85*, 631-641.

Williams, J. P. (1998). Improving comprehension of disabled readers. *Annals of Dyslexia, 48*, 213-238.

Wilder, A. A., & Williams, J. P. (2001). Students with severe learning disabilities can learn higher order comprehension skills. *Journal of Educational Psychology, 93*, 268-278.

Williams, J. P. (2002). Reading comprehension strategies and teacher preparation. In A. Farstrup & J. Samuels (Eds.), *What research has to say about reading instruction* (3rd ed., pp. 243-260). Newark, DE: International Reading Association.

Williams, J. P., Hall, K. M., Lauer, K. D., Stafford, K. B., De Sisto, L. A., & deCani, J. S. (2005). Expository text comprehension in the primary grade classroom. *Journal of Educational Psychology, 97*, 538-550.

Wong, B. Y. L. (1986). Problems and issues in the definition of learning disabilities. In J. K. Torgesen & B. Y. L. Wong (Eds.), *Psychological and educational perspectives on learning disabilities* (pp. 1-25). San Diego: Academic Press.

Yopp, H. K. (1988). The validity and reliability of phonemic awareness tests. *Reading Research Quarterly, 23*, 159-177.

Yovanoff, P., Duesbery, L., Alonzo, J., & Tindal, G. (2005). Grade-level invariance of a theoretical causal structure predicting reading comprehension with vocabulary and oral reading fluency. *Educational Measurement: Issues and Practice, 24*(3), 4-12.

쓰기 이해 및 지도

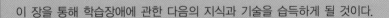

이 장을 통해 학습장애에 관한 다음의 지식과 기술을 습득하게 될 것이다.

- 쓰기 교수의 영역을 설명할 수 있다.
- 학습장애학생의 쓰기 하위 영역별 특성을 설명할 수 있다.
- 대표적인 글씨 쓰기 교수법을 설명할 수 있다.
- 대표적인 철자 교수법을 설명할 수 있다.
- 대표적인 작문 교수법을 설명할 수 있다.

1. 학습장애학생을 위한 쓰기 교수에 관한 개관

많은 학습장애학생이 쓰기 영역에서 어려움을 보인다. 읽기 영역과 달리, 학습장애학생의 쓰기 특성 및 이들을 위한 쓰기 교수에 관한 연구는 최근에 들어서 활발하게 진행되고 있다(Bender, 2008).

쓰기는 복잡한 언어 영역으로 듣기, 말하기, 읽기 능력에 기초를 둔다(Mercer & Mercer, 1997). 쓰기는 글씨 쓰기/손으로 쓰기(이하 글씨 쓰기), 철자, 작문/쓰기표현(이하 작문)을 포함한다. Berninger 등(2002)은 쓰기의 궁극적인 목표를 작문으로 보고, 이를 위해 맞춤법에 맞게 표기하는 것과 쓰기 과정에서 요구되는 실행적 기능(계획, 초안 작성, 검토, 수정 등)이 필요하다고 하였다.

쓰기발달의 초기에는 글씨 쓰기 능력과 맞춤법에 맞게 표기하는 능력이 발달하기 때문에 이 시기의 쓰기 교수에서는 글씨 쓰기와 철자법이 강조된다. 아동의 연령이 증가하면서 작문 능력이 발달하고, 초기에는 부모나 교사의 안내를 받아 글을 쓰다가 점차적으로 자기 스스로 쓰기 과정에 따라 글을 쓰게 된다. 이 시기의 쓰기 교수에서는 쓰기 과정에 따라 글을 쓰는 작문이 강조된다.

2. 쓰기 교수의 영역

1) 글씨 쓰기

(1) 글씨 쓰기에 대한 개관

글씨 쓰기(handwriting)는 쓰기의 하위 요소 중 하나로 손으로 글자를 쓰는 능력을 의미한다. 글씨 쓰기 능력은 단순히 소근육 운동 기술(fine motor skills)뿐만 아니라 표기처리 능력(낱자 및 글자의 형태에 대한 인식)에 의해 더 많이 영향을 받는 것으로 나타났다(Abbott & Berninger, 1993; Berninger, 2001). 즉, 글자의 형태를 잘 알고 있을수록 글씨 쓰기를 잘 한다는 것이다. 이렇듯 글씨 쓰기 능력은 단순 운동 능력이 아니라 글자의 형태에 대한 인지능력에 의해 영향을 많이 받는다. 따라서 예전에는 글씨 쓰기 교수법에서 소근육 운동 기술에 초점을 두었던 것에 비해, 1990년대 이후부터는 운동 기술뿐 아니라 글자의 형태 자체에 대한 교수를 강조하고 있다(Graham & Weintraub, 1996).

학습장애학생의 글씨 쓰기 특성으로는 글씨를 지나치게 천천히 쓰거나(속도), 글자 크기가 크거나(크기) 일정하지 않으며, 글자 형태(형태)가 이상한 것 등을 들 수 있다(김애화 외, 2006; 신성웅, 조수철, 2001).

(2) 글씨 쓰기 교수법

일반적으로 국어 교육에서 글씨 쓰기 교수를 다소 소홀히 다루는 경향이 있다. 그러나 연구에 따르면, 글씨 쓰기 능력은 초등학생의 작문의 양과 질에 유의한 영향을 준다(Graham, Berninger, Abbott, Abbott, & Whitaker 1997). 따라서 교사는 학생의 글씨 쓰기 능력을 평가하고, 글씨 쓰기에 필요한 다양한 기술을 가르쳐야 한다. 교사는 기본적으로 학생이 바른 자세, 올바르게 연필 쥐는 법, 올바른 종이의 위치(3p: posture, pencil grip, position of the paper)를 이해하고 있는지를 확인하여야 한다. 글씨 쓰기 교수를 할 때는 다음의 내용에 유의하여 지도하는 것이 중요하다.

첫째, 잘 알아볼 수 있도록 글씨를 쓰도록 지도한다. 잘 알아볼 수 있도록 글씨를 쓰는 것은 글자 형태, 글자 기울기, 글자 크기, 글자 및 단어 사이의 간격, 줄 맞춰 쓰기 등의 영향을 받는다.

둘째, 글씨를 유창하게 쓰도록 지도한다. 글씨를 유창하게 쓴다는 것은 글씨를 알아볼 수 있도록 쓸 뿐 아니라 빠르게 쓰는 것을 의미한다. 따라서 교사는 학생이 어느 정도 글씨를 알아볼 수 있도록 쓰게 되면, 글씨 쓰기의 속도를 높이는 데 신경을 써야 한다.

효과적인 글씨 쓰기 교수의 일반적인 특성   글씨 쓰기 교수는 알아볼 수 있도록 글씨를 쓰는 것과 글씨를 유창하게 쓰는 것에 초점을 두어 지도하는 것이 필요하다. 여러 연구에 따르면, 글씨 쓰기에 어려움을 갖는 학생에게 명시적인 글씨 쓰기 교수를 실시한 결과, 글씨 쓰기 능력이 향상된 것으로 나타났다(Berninger et al., 1997; Graham & Harris, 2006). 여러 연구에서 제안하는 효과적인 글씨 쓰기 교수의 특성은 다음과 같다(Berninger et al., 1997; Graham & Harris, 2002; Vander Hart, Fitzpatrick, & Corteas, 2010).

- 글씨 쓰기를 명시적이고 직접적으로 가르쳐야 한다. 글씨 쓰기의 정확성과 유창성에 어려움을 보이는 학생에게는 글씨 쓰기 교수 시간을 별도로 마련하여 일주일에 적어도 세 번 이상, 최소 10분 정도씩 꾸준히 지도하여야 한다.
- 글씨 쓰기 연습을 반복적으로 할 수 있도록 기회를 제공하여야 한다. 특정 글자 몇 개를 하루에 집중적으로 지도하고 다음 글자로 넘어가는 것보다 여러 개의 글자를 며칠에 걸쳐 반복적으로 연습하는 것이 좋다.
- 올바른 글씨 쓰기에 대한 명시적 시범을 보여야 한다.
  - 글씨 쓸 때의 바른 자세, 바르게 연필 잡는 법, 종이의 위치를 바르게 하는 것에 대해 명확하게 시범 보이기(교사는 종이를 올바른 위치에 놓고, 바른 자세로 연필을 쥐고 쓰는 방법을 시범 보인다).
  - 올바른 글자 형태를 산출하는 방법에 대해 명시적으로 시범 보이기(교사는 각 낱자 및 글자를 올바르게 쓰는 방법을 시범 보인다).
- 글씨 쓰기에 대한 안내된 연습을 제공하여야 한다.
- 교사와 학생이 함께 글씨 쓰기에 대해 안내된 연습을 한 후, 학생이 스스로 글씨 쓰기 연습을 할 수 있도록 기회를 제공하여야 한다.
  - 학생이 스스로 글씨 쓰기와 관련하여 정확성과 유창성(정해진 시간 동안 얼마나 많은 글자를 쓸 수 있는지)에 대한 목표를 설정하게 한다.
  - 학생이 자신의 글씨 쓰기 정확성과 유창성을 스스로 확인하도록 한다.

• 학생이 쓴 글씨에 대한 피드백을 제공하여야 한다.
  – 교사는 학생이 올바르게 쓰지 못한 글씨에 대해서 교정적 피드백을 제공하여야 한다.
  – 교사는 학생이 올바르게 쓴 글씨에 대해 긍정적 피드백(예, 칭찬)을 제공하여야 한다.

다음은 이와 같은 특성을 반영한 글씨 쓰기 교수의 대표적인 예다.

■ 시각 단서+기억 인출 교수법

시각 단서(use of visual cues)와 기억 인출(memory retrieval) 교수법은 대표적인 글씨 쓰기 교수법이다. 시각 단서 교수법은 글자의 필순과 진행 방향을 화살표와 번호로 표시한 학습지를 사용하여 글씨를 쓰는 방법에 대해 시각적으로 보여 주면서 글씨 쓰기를 가르치는 방법이다(Berninger et al., 1997). 교사는 학생에게 화살표와 번호를 잘 보도록 지시한 후, 올바른 글자의 필순과 진행 방향을 보여 준다. 그다음, 학생에게 화살표와 번호에 따라 글씨 쓰기 연습을 하도록 한다.

기억 인출 교수법은 글자를 주의 깊게 살펴보도록 지시한 후, 가림판으로 글자를 가린 상태에서 글자를 기억하여 쓰도록 하는 방법이다. 처음에는 글자를 가리고 1초 후에 글자를 기억하여 쓰도록 하다가, 점차적으로 시간을 늘려서 3초 후, 6초 후, 9초 후에 글자를 기억하여 쓰도록 하는 '지속적인 시간 지연법(constant time delay)'을 사용하도록 한다.

Berninger 등(1997)은 시각 단서와 기억 인출 교수법 모두 효과적이었지만, 특히 시각 단서와 기억 인출 교수법을 결합한 '시각 단서+기억 인출 교수법'이 가장 효과적이었다고 보고하였다. [그림 6-1]는 시각 단서+기억 인출 교수법을 한글에 적용한 예다.

1. 19개 자음(ㄱ, ㄴ, ㄷ, ㄹ, ㅁ, ㅂ, ㅅ, ㅇ, ㅈ, ㅊ, ㅋ, ㅌ, ㅍ, ㅎ, ㄲ, ㄸ, ㅃ, ㅆ, ㅉ)과 21개 모음(ㅏ, ㅑ, ㅓ, ㅕ, ㅗ, ㅛ, ㅜ, ㅠ, ㅡ, ㅣ, ㅐ, ㅒ, ㅔ, ㅖ, ㅘ, ㅙ, ㅚ, ㅝ, ㅞ, ㅟ, ㅢ)으로 구성할 수 있는 399개의 글자를 자음 기준으로 총 21세트가 되도록 구성한다.[1] 각 세트는 19개의 글자로 이루어진다. 예를 들어, 1세트는 '가, 나, 다, 라, 마, 바, 사, 아, 자, 차, 카, 타, 파, 하, 까, 따, 빠, 싸, 짜'다.

2. 1주일에 세 번 이상, 1회당 10분씩 글씨 쓰기 활동을 한다.

3. 각 세트에 포함된 글자를 유창하게 쓴다고 판단될 때까지 반복하여 쓰도록 한다. 이때 매 수업에서 사용하는 세트에 포함된 글자 순서는 서로 다르게 구성한다. 예를 들어, 1세트를 첫 수업에서는 '가, 나, 다, 라, 마, 바, 사, 아, 자, 차, 카, 타, 파, 하, 까, 따, 빠, 싸, 짜'로 구성하고, 두 번째 수업시간에서는 '짜, 가, 따, 다, 마, 빠, 타, 사, 카, 자, 아, 나, 파, 바, 하, 까, 라, 싸, 차' 등으로 구성한다.

4. 글자의 필순과 진행 방향을 표시한 학습지를 준비한다.

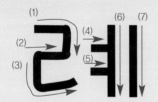

5. 교사는 학생에게 필순과 진행 방향을 주의 깊게 볼 것을 강조하면서, 글씨를 쓰는 시범을 명시적으로 보인다.

6. 교사는 학생에게 필순과 진행 방향을 주의 깊게 볼 것을 다시 한 번 지시한다.

7. 학생에게 글자를 가림판으로 가리도록 한다.

8. 교사가 '쓰세요'라고 말하면, 가린 글자를 기억하여 쓰도록 한다.

9. 글자를 가리는 시간을 1초에서, 3초, 6초, 9초로 점차적으로 늘리면서, 학생이 글자를 기억하여 쓰도록 한다.

[그림 6-1] 시각 단서+기억 인출 교수법

---

1) 여기서는 받침 없는 글자를 예로 제시하였지만, 학생이 받침 없는 글자의 쓰기를 잘 수행하게 되면, 받침이 있는 글자(간, 난, 단 등) 쓰기를 포함하여 구성할 수 있다.

베껴 쓰기　베껴 쓰기(Coying) 교수법은 전통적인 글씨 쓰기 교수법으로, 교사가 먼저 글씨 쓰는 것을 시범 보인 후, 학생이 같은 글자를 베껴 쓰도록 하는 방법이다. 교사는 글씨 쓰는 것을 시범 보일 때, 글자를 구성하는 낱자의 이름과 글자의 필순을 말로 표현한다(예, '가'를 쓸 때, 교사는 다음과 같이 말로 표현한다. " 'ㄱ'을 먼저 쓰고, 그다음 'ㅏ'를 쓰자."). 또한 글씨 쓰기 유창성을 높이는 목적으로 베껴 쓰기 교수를 적용할 경우에는 학생이 제한된 시간 동안 베껴 쓰기를 한 다음, 학생이 베껴 쓴 글자의 수를 기록하게 한다. 한편, 연필로 베껴 쓰기를 하는 대신 손가락으로 글자를 따라 쓰는 방법(tracing)을 사용하기도 한다.

2) 철 자

(1) 철자에 대한 개관

철자(spelling)는 쓰기의 또 다른 하위 요소로 단어를 맞춤법에 맞게 쓰는 것을 의미한다. 한글 맞춤법은 소리대로 적되, 어법에 맞도록 쓰는 것을 원칙으로 한다. 즉, 한글은 낱자와 소리(음소) 사이에 일대일 대응을 원칙으로 하는 반면, 하나의 뜻을 나타내는 글자의 형태가 상황에 따라 다르게 발음되는 경우(예, 읽다, 읽어서, 읽는)가 상당히 많다. 이러한 특성에 따라 맞춤법에 맞게 철자를 쓰기 위해서는 낱자, 글자, 단어와 관련된 상당히 복잡한 지식이 요구되는데, 많은 학습장애학생은 이러한 요구에 적절하게 대응하는 데 필요한 지식과 기술이 부족하다.

철자는 많은 학습장애학생이 어려움을 겪는 영역일 뿐 아니라, 향후 작문 능력을 예측하는 중요한 변인이다(Graham, Berninger, Abbott, Abbott, & Whitaker, 1997). 철자 능력에 영향을 주는 변인으로는 음운처리(낱자 및 글자의 소리에 대한 인식, 낱자-소리 대응관계에 대한 인식)와 표기처리(낱자 및 글자의 형태에 대한 인식), 형태처리(형태소에 대한 인식)를 들 수 있다(Abbott & Berninger, 1993; Berninger & Abbott, 1994; Berninger, Cartwright, Yates, Swanson, & Abbott, 1994; Berninger, Hart, Abbott, & Karovsky, 1992). 철자 교수법도 이러한 연구 결과를 반영하여 음운처리를 강조한 교수법, 표기처리를 강조한 교수법, 그리고 형태처리를 강조한 교수법으로 나뉜다. 교사는 철자 평가를 실시한 결과를 분석하여, 학생이 철자 오류를 범하는 원인이 음운처리의 문제인지, 표기처리의 문제인지, 형태처리의 문제인지를 파악하여 원인에 알맞은 철자 교수를 제공하여야 한다. 철자 오류의 유형(음운처리 오류, 표기처리 오류, 형태처리 오류)에 대해 좀 더 자세히 설명하면 다음과 같다.

첫째, 음운처리 오류는 낱자-소리 대응관계를 제대로 적용하지 않은 오류(예, '예쁜'을 '여쁜'으로 표기)다. 즉, 소리 나는 대로 표기되는 단어를 철자로 쓸 때, 소리가 다른 단어로 잘못 쓰는 오류를 의미한다.

둘째, 표기처리 오류는 소리 나는 대로 표기되지 않는 단어를 정확하게 쓰지 못하는 오류를 의미한다. 소리 나는 대로 표기되지 않는 단어(음운변동이 적용되는 단어)를 철자로 쓸 때, 소리만으로는 올바른 표기를 할 수 없고 낱자 및 글자의 형태에 대한 인식(즉, 표기처리) 능력이 요구된다. 표기처리 오류에는 받침을 다른 낱말로 대치하는 오류(예, '부엌'을 '부엌'으로 표기, '믿는다'를 '밑는다'로 표기, '밟다'를 '밝다'로 표기, '읽어'를 '일어'로 표기), 전체 단어를 소리 나는 대로 표기하는 오류(예, '깊이'를 '기피'로 표기), 단어의 일부를 소리 나는 대로 표기하는 오류(예, '만약'를 '만냑'로 표기), 실제 발음상 구분이 되지 않는 글자에서의 오류(예, '외국'과 '왜국', '천천히'와 '천천희') 등이 포함된다.

셋째, 형태처리 오류는 단어를 구성하는 형태소에 대한 인식이 부족하여 나타나는 오류다. 대표적으로는 어간과 어미의 경계를 구분하지 못하는 오류(예, '앉아서'를 '안자서'로 표기), 시제 선어말 어미를 제대로 인식하지 못하는 오류(예, '빛난다'를 '빛났다'로 표기), 어미를 변환하는 오류(예, '죽음'을 '죽은'으로 표기), 동음이의어로 혼동하는 오류(예, '반듯이'를 '반드시'로 표기) 등이 포함된다.

학습장애학생과 일반학생의 철자 특성을 비교한 연구에 따르면, 학습장애학생의 철자쓰기 성취도는 일반학생에 비해 유의하게 낮은 것으로 나타났다(Bailet, 1990; McNaughton, Hughes, & Clark, 1994; Moats, 1995; Templeton & Morris, 1999; Worthy & Invernizzi, 1990). 특히 국내 연구에 따르면, 학습장애학생은 단어를 쓸 때 글자/낱자(특히, 받침)를 빠뜨리거나(예, '가족' 대신 '가조', '왼쪽' 대신 '외쪽'), 맞춤법에 맞지 않게 쓰는 특성(예, '예술' 대신 '애술', '무릎' 대신 '무릅', '찾아갔다' 대신 '차자갔다')을 보이는 것으로 나타났다. 또한 규칙 단어(예, 수용)보다는 음운변동 단어(예, 나뭇잎/나문닙/)에서 철자 오류를 더 자주 보이는 것으로 나타났다(김애화, 최한나, 김주현, 2010; 백은정, 김자경, 2012).

(2) 철자 교수법

학습장애학생을 위한 철자 교수의 효과성 연구는 지난 20년간 꾸준히 이루어져 왔다. 지난 10여 년 동안 철자 교수의 효과성을 종합적으로 분석한 문헌분석 연구가 많이 발표되었고, 국내에서도 철자 교수의 효과성을 연구한 논문이 여러 편 발표되었다(권현욱, 김길순, 변찬석, 2010; 백은정, 김자경, 2012; 이윤경, 2006; Fulk & Stormont-Spurgin, 1995; Gordon, Vaughn, & Schumm, 1993; McNaughton, Hughes, & Clark, 1994; Wanzek et al., 2006). 이들 연구에서 제안하는 효과적인 철자 교수의 특성은 다음과 같다.

- 교사는 학생이 철자를 바르게 쓰도록 명시적으로 가르쳐야 한다.
- 철자를 반복적으로 연습할 수 있도록 충분한 기회를 제공하여야 한다.
- 학생이 쓴 단어에 대한 피드백을 제공하여야 한다.
  - 교사는 학생이 단어를 올바르게 쓰지 못한 경우, 그에 대한 교정적 피드백을 제공하여야 한다.
  - 교사는 학생이 단어를 올바르게 쓴 경우, 그에 대한 긍정적 피드백(예, 칭찬)을 해 주어야 한다.
- 한 번에 너무 많은 단어를 가르치지 않는 것이 좋다(한 번에 약 3~5단어 정도가 적당).
- 학생에게 철자를 쓰도록 한 후, 약간의 시간(예, 약 3초)을 주어 학생 자신이 쓴 것을 검토하도록 하고, 학생이 검토한 결과에 따라 긍정적 혹은 교정적 피드

백을 제공한다.

- 학생이 스스로 자신이 올바르게 글자를 썼는지 여부를 점검하게 한다.
- 파닉스 교수법 등과 같은 읽기 교수와 철자 교수를 결합하여 적용하는 것이 좋다.
- 작문 교수와 철자 교수를 결합하여 적용하는 것이 좋다.

철자 교수를 할 때는 여기서 제시한 철자 교수의 특성을 반영하되, 학생의 철자 오류가 음운처리 문제로 인한 것인지, 표기처리의 문제로 인한 것인지 또는 형태 처리의 문제로 인한 것인지를 파악한 후, 학생의 철자오류 특성에 따라 지도하여야 한다. [그림 6-2]는 학생의 철자 특성에 따른 철자 교수의 특성을 간단히 정리한 것이다. 일반적으로 학생은 철자 발달 단계에 따라 음운처리 중심 교수법을 먼저 필요로 하고, 그다음 표기처리 중심 교수법, 그다음 형태처리 중심 교수법을 필요로 한다.

여기서는 음운처리, 표기처리, 형태처리에 초점을 둔 철자 교수법을 소개하고, 이어서 기타 철자 교수법(가리고 베껴 쓰고 비교하기, 지속적인 시간 지연법, 목표 단어 반복 쓰기 등)을 소개하고자 한다.

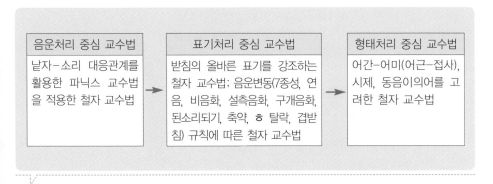

[그림 6-2] 철자 특성에 따른 철자 교수법

음운처리 중심 교수법　음운처리는 소리(음소)의 인식뿐 아니라 낱자-소리의 대응관계에 관여하며, 음운처리에 문제가 있는 학생은 소리 나는 대로 표기하는 단어의 철자에서 오류를 보인다. 예를 들어, '교실' 대신 '교시'라고 쓰거나, '예술' 대신 '애술'이라고 쓰는 경우다. 음운처리 문제로 철자에 오류를 보이는 경우, 우선 교사는 학생이 어떤 자음과 모음에서 어떠한 오류(예, 생략, 첨가, 대치)를 보이는지를 평가하여야 한다.

일반적으로 음운처리 중심 철자 교수법을 적용할 때는 자주 사용하는 낱자-소리 대응관계(예, 기본 자음, 기본 모음)를 먼저 가르친다. 그다음 이중모음과 겹자음 순으로 가르친다. 또한 시각적인 형태나 발음이 비슷한 낱자를 동시에 가르치지 않도록 한다.

음운처리에 문제가 있을 경우에는 낱자-소리 대응관계를 활용한 파닉스 교수

1단계: 낱자 이름과 소리 가르치기
- 예) ㅅ: 시옷(이름), /ㅅ/(초성 소리)
    1-1: 낱자 이름 가르치기
    1-2: 낱자 소리 가르치기
    1-3: 키워드 사용하여 낱자 소리 강화하기
    1-4: 낱자 쓰기 활동

2단계 : 낱자-소리 대응관계를 활용하여 CV 글자 읽고 쓰기
- 예) 사: 'ㅅ' 낱자를 쓰면서 /ㅅ/라고 발음하고, 'ㅏ'낱자를 쓰면서 /ㅏ/라고 발음하고, 다시 옆에 '사'라고 쓰면서 /사/라고 발음하기

3 단계: 낱자-소리 대응관계를 활용하여 CVCV 글자 읽고 쓰기
- 예) 사다

4 단계: 글자/단어를 단어은행에 모아두고 연습하기
- 이미 학습한 단어들을 누적하여 철자 쓰기 연습하기

[그림 6-3] 파닉스 교수를 적용한 음운처리 중심 철자 교수

법을 적용하여 철자 교수를 실시하는 것이 효과적이다. 즉, 학생이 낱자의 소리를 명확하게 변별하여 철자할 수 있도록 도와야 한다. 제5장에서 설명한 파닉스 교수는 음운처리 중심 철자 교수법과 연계하여 지도하는 것이 좋다. [그림 6-3]는 제5장에 소개한 김애화, 김의정과 표소래(2011)의 파닉스 교수 절차를 철자 교수에 적합하게 수정하여 제시한 것이다.

표기처리 중심 교수법   표기(orthography)는 말소리를 나타내는 문자 체계를 의미한다. 음운처리는 말소리에 대한 민감도를 나타내는 반면, 표기처리는 말소리를 나타내는 문자와의 친밀도를 의미한다(Foorman, 1994; Vellutino et al., 2000). 즉, 표기처리는 학생이 올바른 단어 표기를 인지하는 능력(Cassar & Treiman, 1997)이라고 할 수 있다. 표기처리의 문제는 일반적으로 소리 나는 대로 표기되지 않는 단어에서 나타나게 된다. 표기처리에 문제를 보이는 학생은 실제 단어와 같게 발음되지만, 표기법이 다른 단어를 철자하는 데 오류를 보인다. 표기처리 오류에는, 첫째 같은 소리가 나는 다른 낱자로 대치하는 오류(예, '부엌'을 '부엒'으로 표기), 둘째 전체 단어를 소리나는 대로 표기하는 오류(예, '깊이'를 '기피'로 표기), 셋째 단어의 일부를 소리나는 대로 표기하는 오류(예, '앉아서'를 '앉자서'로 표기), 넷째 실제 발음상 구분이 되지 않는 글자에서의 오류(예, '외국'과 '왜국', '천천히'와 '천천희') 등이 포함된다.

한글 철자 오류에서 가장 빈번하게 나타나는 것이 바로 표기처리의 문제로 인한 오류인데, 그 이유는 한글의 음운변동 현상 때문이라고 할 수 있다. 한글의 경우, 음운변동이 일어나는 단어가 매우 많기 때문에 자모의 음가가 단어 내에서의 위치에 따라 변하게 된다(예, '국물'을 /궁물/로 발음, '국어'를 /구거/로 발음). 즉, 음절과 음절이 만날 때 두 음절의 경계에 있는 소리가 바뀌고, 이에 따라 단어의 소리만으로는 올바르게 철자를 쓸 수 없으므로 표기처리 능력(낱자 및 글자의 형태에 대한 인지)이 요구된다.

표기처리에 문제가 있을 경우에는 다음의 두 가지 방법을 활용할 수 있다. 첫째,

음운변동 규칙별로 단어를 묶어서 소개(예, 연음규칙이 적용되는 단어: 걸음, 국어, 웃음, 돌아서다)하고, 같은 음운변동 규칙이 적용되는 단어끼리 분류하는 활동(word sorting; 예, 걸음, 국어, 웃음, 돌아서다-연음규칙/ 습한, 쌓고, 시작하다, 내놓다-축약규칙/ 쌓여, 낳은, 찧어서, 놓아서-ㅎ 탈락)을 적용할 수 있다(김애화, 김의정, 2012; Bear, Invernizzi, Templeton, & Johnston, 2008). 음운변동 규칙별 단어 분류 활동 시, 처음에는 두 가지 음운변동 규칙을 비교하여 분류하는 활동으로 시작하여야 하며, 점차적으로 학생의 반응에 따라 음운변동 규칙의 수를 늘리는 것을 고려할 수 있다. 또한 평가를 실시하여, 학생이 잘 모르는 음운변동 규칙을 파악한 뒤, 학생의 특성에 맞게 교수 내용을 구성하는 것이 좋다. 같은 음운변동 규칙이 적용되는 단어들끼리 분류하는 활동(word sorting)의 구체적인 절차를 소개하면 다음과 같다.

① 단어들을 분류하기 전에 모든 단어 읽기: 교사는 학생이 분류 활동에 사용할 단어들을 정확하게 읽을 수 있는지를 확인하여야 한다. 이때 단어들을 음운변동별로 나누어 읽지 않고, 섞어서 읽는다.
예) 연음규칙: 웃음, 움직이다, 걸음, 찾아가다, 만약
축약규칙: 국화, 시작하다, 쌓고, 그렇지만, 내놓다
② 음운변동 규칙이 적용되는 단어 소개하기: 교사는 분류해야 하는 음운변동 규칙을 간단히 소개한다. 이때 각 음운변동 규칙을 대표하는 단어(keyword)와 그림을 선택하여 제시한 후, 단어 분류를 진행하는 것이 좋다. [그림 6-4]와 같이, 교사는 먼저 각 음운변동 규칙을 대표하는 단어와 그림을 제시하면서 음운변동 규칙에 대한 설명을 간략하게 한다. 예를 들어, 연음규칙의 경우에는 "앞 글자에 받침이 있고, 뒷 글자가 'ㅇ'으로 시작되면 앞글자의 받침이 뒷 글자 'ㅇ' 자리로 옮겨 온다."로 소개할 수 있다. 이때 교사는 대표 단어를 사용하여 앞글자의 받침과 뒷글자의 'ㅇ'에 집중할 수 있도록 학생을 안내하여야 한다.
③ 교사가 단어 분류 활동에 대해 시범보이기: 교사는 각 음운변동 규칙의 대표 단어

[그림 6-4] 음운변동 규칙별 단어 분류 활동의 예

와 그림을 맨 위에 놓고, 단어들을 하나씩 읽으면서 어디에 속하는지 결정하는 과정을 명시적으로 시범 보인다([그림 6-4] 참고).

④ 학생이 단어 분류하기: 교사가 시범을 보인 후, 학생이 단어들을 분류하게 한다. 이때 또래교수를 활용하여 학생이 함께 단어를 분류하도록 할 수 있다.

⑤ 학생이 분류한 단어를 점검하도록 하기: 학생이 단어 분류를 모두 마치면, 해당 음운변동 규칙에 속하는 단어들을 이어서 읽으면서 분류를 정확하게 했는지 점검하도록 한다.

⑥ 확인하기: 학생에게 '왜 이렇게 분류했는지'를 물으면서, 각 음운변동 규칙의 특성과 음운변동 규칙이 적용되는 단어를 확인한다.

⑦ 가리고, 베껴 쓰고, 비교하기: 각 음운변동 규칙별로 한 단어씩 제시한 다음, 가린 상태에서 학생이 기억하여 쓰도록 하고, 가린 단어를 다시 보여 주어 자신이 쓴 단어와 비교한 뒤 자신이 쓴 단어가 맞았는지 확인하도록 한다. 또한 학생이 단어를 외워서 베껴 쓰도록 할 때, 처음에는 단어를 가린 후 1초 후에 단어를 기억하여 쓰도록 하다가, 점차 시간을 늘려서 3초, 6초, 9초 후에 단어

를 기억하여 쓰도록 하는 '지속적인 시간 지연법'을 사용하도록 한다.

둘째, 문장 안에서 단어의 쓰임을 인식할 수 있도록 하는 것이 좋다. 예를 들어, '좋은' 이라는 단어를 '오늘은 기분 좋은 날이다.' 라는 문장과 함께 제시하여 학생이 '좋은' 의 의미를 파악하는 데 도움을 주고, 이것이 궁극적으로 학생이 '좋은' 의 기본형인 '좋다' 와 연결하여 올바른 철자를 쓸 수 있도록 한다(김애화, 2009).

형태처리 중심 교수법　형태소(morpheme)는 의미의 최소 단위를 의미하며, 명사나 용언의 어근/어간과 같이 단독으로 사용하는 실질형태소와 조사, 용언의 어미, 접사 등과 같은 형식형태소로 구분된다. 형태처리 오류는 단어를 구성하는 형태소에 대한 인식이 부족하여 나타나는 오류다. 대표적으로는 실질형태소와 형식형태소의 경계를 구분하지 못하는 오류(어간과 어미의 경계를 구분하지 못하는 오류; 예, '앉아서' 를 '안자서'로 표기), 시제 선어말어미를 제대로 인식하고 철자하지 못하는 오류(예, '빛난다' 를 '빛났다'로 표기), 어미를 변환하는 오류(예, '죽음' 을 '죽은' 으로 표기), 동음이의어로 혼동하여 철자하는 오류(예, '반듯이' 를 '반드시'로 표기) 등이 포함된다.

형태처리 오류를 살펴보면, 어미에 대한 인식과 관련된 오류가 높은 것을 알 수 있는데, 어간과 어미의 경계를 구분하지 못하는 오류, 어미를 변환하는 오류, 선어말어미를 제대로 인식하지 못하는 오류 등이 이에 해당한다. 특히 어간과 어미의 경계를 구분하지 못하고, 이로 인해 단어의 발음에 영향을 받아 변형되는 형태로 단어를 적게 되는 오류가 자주 나타나는 것으로 보고되었다(김애화, 최한나, 김주현, 2010). 예를 들어, '앉아' 를 '안자' 라고 적거나, '많고' 를 '만코' 라고 적는 것이 이에 해당한다.

형태처리에 문제가 있을 경우에는 다음의 두 가지 방법을 활용할 수 있다. 첫째, 용언의 기본형과 용언의 변형을 연결하여 교수하는 방법으로, 어미의 종류에 따라 단어를 분류하는 활동을 할 수 있다(Bear, Invernizzi, Templeton, & Johnston, 2008).

기본형, 종결어미 –다	연결어미 –고	연결어미 –으니	전성어미 –음	전성어미 –은
좋다	좋고	좋으니	좋음	좋은
높다	높고	높으니	높음	높은
밟다	밟고	밟으니	밟음	밟은
젊다	젊고	젊으니	젊음	젊은

[그림 6-5] 어미의 종류별 단어 분류 활동의 예

어미의 종류에 따라 단어를 분류하는 활동의 절차를 소개하면 다음과 같다.

① 단어들을 분류하기 전에 모든 단어 읽기: 교사는 학생이 분류 활동에 사용할 단어들을 정확하게 읽을 수 있는지 확인한다. 이때 기본형과 용언의 활용형별로 나누어 읽지 않고, 단어들을 섞어서 읽는다.

② 어간과 어미를 명확히 알려 주기: 교사는 기본형을 소개하고, 기본형에서 어간은 변하지 않음을 명확하게 알려 준다. [그림 6-5]에서와 같이, 어간에 색깔로 표시되어 있는 기본형(예, 좋다)을 제시하면서, '좋–'은 어간이고, 뒤에 붙는 어미가 바뀌어도 '좋–'의 형태는 변하지 않음을 명확히 설명한다. 또한 뒤에 붙는 어미가 무엇이냐에 따라 단어의 발음이 바뀔 수는 있지만, 발음이 바뀌더라도 어간의 형태는 바뀌지 않기 때문에 기본형의 어간 그대로 철자됨을 명확하게 알려 준다.

③ 교사가 단어를 분류하는 활동에 대해 시범 보이기: 교사는 [그림 6-5]에서와 같이, 대표 단어(예, 좋다)를 맨 위에 놓고, 단어들을 하나씩 읽으면서 어디에 속하는지 결정하는 과정을 명시적으로 시범 보인다.

④ 학생이 단어를 분류하도록 하기: 교사가 시범을 보인 후, 학생이 단어들을 분류하도록 한다. 이때 또래교수를 활용하여 학생이 함께 단어를 분류하도록 할 수 있다.

⑤ 학생이 분류한 단어 점검하도록 하기: 학생이 단어 분류를 모두 마치면, 같은 어미가 붙은 단어들을 이어서 읽으면서 자신이 분류한 것이 맞는지 체크하도록 한다.

⑥ 확인하기: 학생에게 '왜 이렇게 분류했는지'를 물으면서, 각각의 어미가 붙은 단어들을 확인하다.

⑦ 가리고, 베껴 쓰고, 비교하기: 어미별로 한 단어씩 제시한 다음, 가린 상태에서 학생이 기억하여 쓰도록 하고, 가린 단어를 다시 보여 주어 자신이 쓴 단어와 비교하여 자신이 쓴 단어가 맞았는지를 확인하도록 한다. 또한 학생이 단어를 외워서 베껴 쓰도록 할 때, 처음에는 단어를 가린 후 1초 후에 단어를 기억하여 쓰도록 하다가, 점차 시간을 늘려서 3초, 6초, 9초 후에 단어를 기억하여 쓰도록 하는 '지속적인 시간 지연법'을 사용하도록 한다.

둘째, 문장 안에서 단어의 쓰임을 인식할 수 있도록 하는 것이 좋다. 예를 들어, '뚫다'라는 단어를 '구멍을 뚫고 끈을 넣었다.'라는 문장과 함께 제시하여 학생이 '뚫고'의 의미를 파악하는 데 도움을 주고, 학생이 '뚫고'에서 '뚫'이 어간이고 '고'는 어미임을 인식하여 올바른 철자를 할 수 있도록 한다.

기타 철자 교수법 기타 철자 교수법에는 자기 교정법(가리고, 베껴 쓰고, 비교하기 포함), 지속적인 시간 지연법, 목표 단어 반복 쓰기 등이 있다.

자기 교정법은 학생 자신이 쓴 단어와 정답을 비교하여, 자신이 잘못 철자한 단어를 확인하여 수정한 후, 단어를 바르게 베껴 쓰는 방법이다. 가리고, 기억하여 쓰고, 비교하기(cover, copy, compare)는 자기 교정법에 속하는 활동이다. 학생에게 단어를 보여 준 다음, 단어를 가리고(cover), 약간의 시간(예, 약 3초)을 주어 학생이 단어를 외워서 쓰도록 하고(copy), 그다음 다시 단어를 보여 주어 해당 단어와 자신의 답을 비교하여 답을 확인하게 한다(compare). 만일 학생이 잘못 철자하면, 잘못 철자된 부분에 학생이 스스로 표시하는 것도 좋은 방법이다(문향은, 최승숙, 2010). 교사는 이 활동을 할 때, 〈표 6-1〉과 같이 구성하여 사용할 수 있다. 종이를 다섯 칸으로 나누어, 첫째 칸에는 정답을 제시하고, 둘째 칸에는 정답을 먼저 살펴본 다음 정답을 가리고 기억하여 단어를 쓰도록 한다. 그다음 정답과 비교하여 틀린 부분에 체크하고, 셋째 칸에 올바른 철자를 자기 교정하여 쓰도록 한다. 이와 같은 과정을 넷째 칸과 다섯째 칸에 반복한다.

〈표 6-1〉 자기 교정법의 예

정답	학생이 기억하여 쓰기	자기 교정	자기 교정	자기 교정
무릎	무릅	무릎	무릎	무릎
닭았다	닥았다	닭았다	닭았다	닭았다

지속적인 시간 지연법(constant time delay)은 다음과 같이 적용할 수 있다. 학생이 단어를 외워서 베껴 쓰는 활동을 할 때, 처음에는 단어를 가린 후 1초 후에 단어를 기억하여 쓰도록 하다가, 점차적으로 시간을 늘려서 3초, 6초, 9초 후에 단어를 기억하여 쓰도록 한다. 마지막으로 목표 단어 반복 쓰기는 전통적인 철자교수 방법으로 목표 단어를 반복적으로 베껴 쓰는 방법이다.

3) 작 문

(1) 작문에 대한 개관

작문(쓰기 표현, composing/written expression)은 글쓴이가 쓰고자 하는 바를 글로 표현하는 것을 의미하며, 쓰기 교수의 궁극적인 목표는 작문(쓰기 표현) 능력을 향상시키는 것이다(Berninger et al., 2002). 최근 발표된 미국의 쓰기 교수에 관한 보고서인 「Writing Next」에서는 '잘 쓴 글(writing quality)'이란 '주제와 관련된 중심 아이디어와 뒷받침하는 정보 및 예들이 응집력 있게 조직된 글'을 의미한다고 정의하였다(Graham & Perin, 2007: 14). 작문의 평가는 양적인 평가와 질적인 평가로 나뉜다(Abbott & Berninger, 1993). 일반적으로 양적인 평가는 제한된 시간 동안 산출된 단어나 절(words or clause)의 수로 평가하고, 질적인 평가는 산출한 글의 내용, 구조, 표현 등을 루브릭(rubric)을 통해 평가한다. 작문 교수는 작문의 양적인 측면(글의 길이)과 질적인 측면(글의 내용) 모두를 목표로 해야 한다는 것을 의미한다.

학습장애학생은 일반학생에 비해 작문의 양(길이 등의 양적 측면)과 질(내용, 글구성 등의 질적 측면)에서 낮은 성취를 보이는 것으로 보고되었다. 학습장애학생의 구체적인 특성을 살펴보면 다음과 같다.

첫째, 학습장애학생은 쓰기 유창성이 떨어지는 것으로 보고되었다(예, 문장에 포함된 단어의 수가 적다, 문장의 길이가 짧다, 전체 쓴 글의 길이가 짧다; 김애화 외, 2006; Kame'enui & Simmons, 1990).

둘째, 불완전 문장을 쓰거나 겹문장(안긴문장, 이어진 문장)의 사용에 어려움이 있고, 단순한 단어(짧은 단어, 쉬운 단어 등)를 많이 사용하거나, 같은 단어를 반복적으로 사용하여 글을 쓰는 것으로 보고되었다(김애화 외, 2006).

셋째, 학습장애학생은 글의 내용을 산출하는 초안 작성만을 글쓰기의 과정으로 생각하고(Scardamalia & Bereiter, 1987), 글쓰기 전에 계획 단계를 거의 거치지 않는 것으로 보고되었다(Graham & Harris, 2003).

넷째, 학습장애학생은 주제와 관련된 내용 간의 관련성을 고려하여 내용을 조직적으로 구성하여 쓰지 못하고, 주제와 관련된 생각들을 단순히 나열하는 형태의 글을 쓰는 것으로 보고되었다(Graham & Harris, 2003).

다섯째, 초안을 검토하고 수정하는 데 어려움이 있다. 수정을 할 때에도 내용에 대한 수정이 아니라 구두점, 맞춤법 등과 같은 기계적인 측면에 대한 교정에 집중하는 경향이 있는 것으로 보고되었다(MacArthur & Grahma, 1987; MacArthur,

Grahma, & Schwartz, 1991).

(2) 작문 교수법

학습장애학생을 위한 쓰기 교수 효과성 연구는 지난 20년간 꾸준히 이루어져 왔다. 2000년대 이후로 쓰기 교수의 효과성을 종합적으로 분석한 연구가 많이 발표되었으며, 국내에서도 작문 교수의 효과성을 연구한 논문이 여러 편 발표되었다(고혜정, 박현숙, 2005; 김자경, 김지훈, 정세영, 구자현, 2011; 민천식, 김상규, 2006; 윤송이, 강옥려, 2008; 이선화, 김자경, 서주영, 2006; 정영희, 김유, 안성우, 김자경, 2006; Barker, Chard, Ketterlin-geller, Apichatabutra, & Doabler, 2009; Graham & Perin, 2007; Gersten & Baker, 2001; Rogers & Graham, 2008). 이들 연구에서 제안하는 효과적인 작문 교수는 다음과 같고, 〈표 6-2〉는 각각에 대한 설명을 제시하고 있다.

- 명시적이고, 직접적이고, 체계적인 교수(explicit, direct, and systematic instruction)
- 쓰기 과정에 대한 명시적 전략 교수: 계획하기, 초안 작성하기, 수정하기(strategy instruction: planning/drafting/revising)
- 자기 조절 전략 교수(self regulated strategy development)
- 글의 구조에 대한 명시적 교수(explicit instruction on text structure)
- 계획하기 활동(prewiritng activities)
- 요약하기에 대한 명시적 교수(explicit instruction on summarization)
- 목표 설정(goal Setting) 및 자기 점검(self-monitoring)
- 안내된 피드백(guided feedback)
- 또래 교수 활용(peer assistance when writing)
- 문장 작성에 대한 명시적 교수(explicit instruction on sentence construction or sentence combining)

〈표 6-2〉 효과적인 작문 교수

명시적인, 직접적인, 체계적인 교수	작문 교수의 유형과 상관없이, 가능한 모든 작문 교수는 명시적이고, 직접적이고, 체계적인 교수로 제공되어야 함을 말한다.
쓰기 과정에 대한 명시적 전략 교수 (Strategy instruction: Planning/drafting/revising;	쓰기의 과정인 계획하기, 초안 작성하기, 수정하기를 명시적이고 체계적으로 가르치는 교수를 말한다. 초기에는 쓰기 과정에 대한 전략 사용에 대한 시범 및 교사의 안내를 받으며 작문을 하지만, 궁극적으로 쓰기 과정에 대한 전략을 내면화하여 학생 스스로 전략을 적용하는 것을 목표로 한다.
자기 조절 전략 교수 (Self-Regulated Strategy Development 포함)	자기 조절 전략 교수는 쓰기 과정에 대한 명시적 전략 교수를 기본으로 하되, 자기 조절적 요소(예, 목표 설정, 자기 점검, 자기 강화)를 포함하여 구성된 전략 교수다.
글의 구조에 대한 명시적 교수 (Explicit instruction on text structure)	글의 장르별로 글의 구조에 대해 명시적이고 체계적으로 가르치는 교수를 말한다. 이야기 글의 경우에는 이야기 문법(story grammer)을 중심으로 글의 구조를 가르치고, 설명글의 경우에는 서술, 비교-대조, 열거 등 글의 구조를 가르친다. 또한 논설문의 경우 주장, 근거, 결론 등의 구조를 가르친다.
계획하기 활동 (prewiritng activities)	글을 쓰기 전에 생각 꺼내기 활동을 함으로써 학생이 작문에 대한 아이디어를 생성하고 조직하도록 하는 것을 말한다. 이때 의미 지도(semantic webs) 등과 같은 그래픽 조직자를 활용하는 경우가 많다. 계획하기 활동은 개별적으로 또는 집단 활동으로 진행할 수 있다.
요약하기에 대한 명시적 교수 (Explicit instruction on summarization)	읽기와 결합된 작문 교수로, 글을 읽은 다음 읽은 내용을 요약하여 쓰는 것을 말한다.
목표 설정(Goal setting) 및 자기 점검(Self-monitoring)	글을 쓰기에 앞서 글쓰기의 목표(예, 작문의 양, 전략 사용 등)를 설정하고, 글을 쓰는 과정에서 목적 달성 여부를 점검하도록 하는 것을 말한다. 목표를 설정할 때는 가능한 구체적으로 설정하는 것이 좋다. 자기 점검은 자기 점검표를 제작하여 학생에게 제공하여, 학생이 자기 점검표에 자신의 목표 달성 여부를 스스로 표시하여 기록하도록 한다.
안내된 피드백(Guided feedback)	학생이 작성한 글에 대해 교사나 또래 친구들이 피드백을 제공하는 것을 말한다.
또래 교수 활용 (Peer assistance when writing)	쓰기 과정(계획, 초안 작성, 수정 등)에서 또래와 함께 작업을 하도록 하는 것을 말한다.
문장 작성에 대한 명시적 교수 (Explicit instruction on sentence construction or sentence combining)	문장 구조, 특히 복문의 산출에 대한 명시적인 교수를 제공하는 것을 말한다.

〈표 6-2〉는 효과적인 작문 교수를 독립적으로 제시하고 있으나, 실제 교수 상황에서는 몇 가지 교수가 결합된 형태로 사용되는 경우가 많다. 예를 들어, 쓰기 과정에 대한 명시적 전략 교수는 글의 구조에 대한 명시적 전략 교수와 결합되어 사용된다. 또한 목표 설정 및 자기 점검도 쓰기 과정에 대한 명시적 전략 교수와 결합된 형태로 사용하기도 한다. 계획하기 활동도 쓰기 과정에 대한 명시적 전략 교수와 결합된 형태로 사용할 수 있다. 특히 안내된 피드백과 또래 교수는 독립적으로 사용하기보다는 다른 교수들과 결합하여 사용하는 경우가 많다. 이와 같이 결합된 형태의 작문 교수를 살펴보면, 쓰기 과정에 대한 명시적 전략 교수가 기본적으로 강조됨을 알 수 있다.

여기서는 쓰기 과정에 대해 명시적 전략 교수에 관한 일반적인 특성을 먼저 살펴보고, 쓰기 과정에 대한 전략 교수를 기본으로 하되 자기 조절적 요소를 포함하여 구성된 자기 조절 발달 교수를 설명하고자 한다. 마지막으로 글의 구조에 대한 교수를 설명하고자 한다.

쓰기 과정에 대한 명시적 전략 교수: 계획하기, 초안 작성하기, 수정하기 쓰기의 과정은 크게 계획하기, 초안 작성하기 및 수정하기의 3단계로 나뉜다. 여기에 추가적으로 수정하기 단계를 내용 수정하기와 쓰기의 기계적인 측면(예, 철자, 구두점) 교정하기로 나누고, 마지막에 발표하기 단계를 추가하여 5단계 쓰기 과정(계획하기, 초안 작성하기, 내용 수정하기, 쓰기의 기계적인 측면 교정하기, 발표하기)으로 제안하는 학자도 있다(Patthey-chavez, Matsumura, & Valdes, 2004).

교사는 각 단계를 명확하게 교수하고, 각 단계별 활동을 예를 들어 설명하며, 학생의 연습을 지원하여야 한다. 〈표 6-3〉은 5단계 쓰기 과정 교수에 대한 설명을 보여 주는 것이며, 〈표 6-4〉는 편집하기 점검표를, [그림 6-6]은 계획하기 정리표의 예시를 보여 준다.

한편, 박성희(2011)는 쓰기 과정에 대한 기억 전략(mnemonic)인 '미쓰 수'를 개발하여 전략 교수를 실시하였다. '미쓰 수'는 미리 계획하기, 쓰기, 수정 및 검토하

〈표 6-3〉 5단계 쓰기 과정 교수

1단계: 계획하기	• 글감 선택하기 • 쓰기의 목적 고려하기 • 독자 선택하기 • 생각 생성 및 조직하기
2단계: 초안 작성하기	• 문법, 철자 보다 내용을 생성하고 조직하면서 글을 작성하는 데 초점 맞추기
3단계: 내용 수정하기	• 내용에 초점을 맞춰 수정하기 • 초고를 다시 읽고, 보충하고, 다른 내용으로 바꾸고, 필요 없는 부분을 삭제하고, 내용을 옮기는 등의 수정하기 • 또래 교수를 사용한 수정 전략(MacArthur et al., 1991): 서로의 글을 읽고, 잘 쓰인 곳 한 곳과 개선이 필요한 곳 두 곳(이해가 잘 안 되는 부분, 내용이 더 필요한 부분)을 골라 수정하기
4단계: 쓰기의 기계적인 측면 교정하기	• 쓰기의 기계적인 측면(예, 철자, 구두점, 문장구성)에 초점을 맞춰 교정하기 • 또래 교수를 사용한 편집하기 전략: 서로의 글을 읽고, 철자, 구두점, 완전한 문장인지 여부, 문단 들여쓰기 여부 등을 표시하여 교정하기
5단계: 발표하기	• 쓰기 결과물을 게시하거나 제출하기(학급신문이나 학교문집 활용) • 적절한 기회를 통하여 학급에서 자기가 쓴 글을 다른 학생에게 읽어 주거나 학급 게시판에 올리기

〈표 6-4〉 편집하기 점검표

	예	아니요	수정 완료 여부
1. 각 문장이 온점이나 물음표 혹은 느낌표로 끝났습니까?			
2. 각 문장이 완전한 문장입니까?			
3. 각 문단의 시작을 들여 썼습니까?			
4. 잘못 쓰인 철자는 없습니까?			

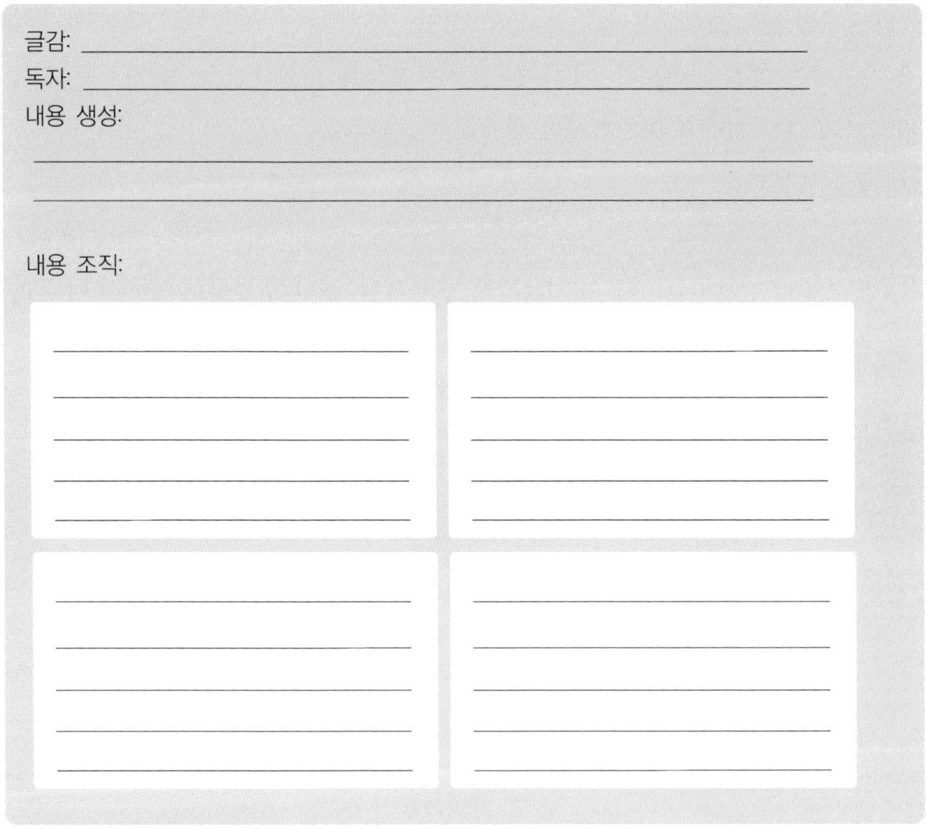

글감: _____

독자: _____

내용 생성:

_____

_____

내용 조직:

[그림 6-6] 계획하기 정리표

출처: Englert, C. S., Raphael, T. E., & Anderson, L. M. (1992). Socially mediated instruction: Improving students' knowledge and talk about writing. *The Elementary School Journal, 92*(4), 411-449에서 수정.

기의 첫 글자를 따서 만든 단어로써 유명 가수 '미쓰 A'와 연결하여 쓰기 과정을 암기하는 것을 돕도록 개발하였다.

- 미: 미리 계획하기(계획하기)
- 쓰: 쓰기(초안 작성하기)
- 수: 수정 및 검토하기(내용 수정하기, 편집하기)

자기 조절 전략 교수 자기 조절 전략 교수는 작문 과정에서 '자기 조절'의 역할을 강조하는 학습 전략이다. 자기 조절 전략 교수는 계획하기, 초안 작성하기, 수정하기에 대한 전략을 명시적이고 체계적으로 교수하는 것을 목표로 하여 다음의 5단계로 구성된다.

- 논의하라: 교사는 전략을 명시적으로 소개하고, 전략의 목적과 전략의 장점 등을 명시적으로 제시한다.
- 시범을 보여라: 교사는 전략을 어떻게 사용하는지 정확하게 시범을 보인다.
- 외우도록 하라: 학생은 기억 전략(mnemonic)을 사용하여 전략 사용의 단계를 외운다.
- 지원하라: 교사는 학생이 전략 사용 단계에 따라 전략을 적용하는 데 필요한 지원을 한다.
- 독립적으로 사용하게 하라: 학생은 궁극적으로 교사의 지원 없이 전략을 독립적으로 사용한다.

또한 이와 같은 5단계로 전략 교수가 진행되는 동안 자기 조절 기술(self-regulated skills)을 가르치는데, 여기에는 목표 설정(goal setting), 자기 점검(self-monitoring), 자기 교수(self-instruction) 및 자기 강화(self-reinforcement)가 포함된다. 이러한 자기 조절 기술은 학생 스스로 쓰기 과정과 전략 사용 등을 조절하고 운영할 수 있도록 돕는다(Graham & Harris, 1989; Harris, Graham, & Mason, 2003). 〈표 6-5〉는 자기 조절 전략 교수에서 사용하는 기억 전략의 종류들이며, [그림 6-7]은 POW+WWW What 2 How 2 기억 전략을 적용한 수업지도안 예시다. 또한 이 기억 전략과 함께 사용되는 [그림 6-8]과 [그림 6-9]는 계획하기 그래픽 조직자와 자기 점검표다.

2. 쓰기 교수의 영역

〈표 6-5〉 자기 조절 전략 교수

이야기 글 쓰기	POW+WWW What 2 How 2	• Pick my idea(쓸 내용에 대한 생각을 꺼내라.) • Organize my notes(생각을 조직하라.) • Write and say more(생각을 추가하면서 써라.) • Who(누가에 대해 써라.) • When(언제에 대해 써라.) • Where(어디서에 대해 써라.) • What 2(무엇을 원했는지, 무슨 일이 일어났는지에 대해 써라.) • How 2(어떻게 끝났는지, 어떤 느낌이었는지에 대해 써라.)
주장하는 글 쓰기	POW+TREE	• Pick my idea(쓸 내용에 대한 생각을 꺼내라.) • Organize my notes(생각을 조직하라.) • Write and say more(쓰면서 더 생각을 꺼내라.) • Topic sentence(주장 문장을 제시하라.) • Reasons(주장에 대한 근거를 제시하라.) • Explain(근거를 설명하라.) • Ending(결론을 써라.)

■ **논의하라:** 교사는 전략을 소개하고, 전략의 목적과 전략의 이점 등을 명시적으로 제시한다.

• 'POW+WWW What 2 How 2' 소개 및 전략의 목적 및 이점 설명

　☞ 오늘은 'POW+WWW What 2 How 2' 전략에 대해 공부할 거예요. 'POW+WWW What 2 How 2' 전략은 글을 잘 쓰는 사람이 사용하는 방법입니다.

　☞ 'P'는 '나의 생각을 꺼내기'입니다.

　☞ 'O'는 '나의 생각을 조직하기'입니다.

　☞ 'W'는 '생각을 추가하며 쓰기'입니다.

　☞ 'POW'는 우리에게 글을 잘 쓰는 데 필요한 'POWER(힘)'를 줍니다.

• 'WWW What 2 How 2' 소개 및 전략의 목적 및 이점 설명

　☞ 잘 쓰인 글은 중요한 요소를 포함하고 있습니다. 중요한 요소는 누가(who), 언제(when), 어디서(where), 무엇을(what), 어떻게(how)입니다.

　– 누가(who): 누가 주인공인가?

　– 언제(when): 언제 이야기가 일어났는가?

- 어디서(where): 어디서 이야기가 일어났는가?
- 무엇을 1(what): 인물이 무엇을 원했는가?
- 무엇을 2(what): 무슨 일이 일어났는가?
- 어떻게 1(how): 이야기가 어떻게 끝났는가?
- 어떻게 2(how): 인물의 느낌 또는 감정이 어땠는가?

■ **시범을 보여라:** 교사는 전략을 어떻게 사용하는지 명시적으로 시범을 보인다.
- POW+WWW What 2 How 2 기억 전략을 제시하면서 전략 단계를 복습
- POW+WWW What 2 How 2 기억 전략을 적용해서 글을 쓸 수 있도록 구성된 그래픽 조직자([그림 6-8 참고])를 사용하면서 시범을 보인다.
  ☞P는 '나의 생각을 꺼내기'이니까, 어떤 내용의 글을 쓸 것인지를 생각할 거예요. 좋은 내용을 잘 생각하기 위해서는 시간을 갖고 생각할 거예요.
  ☞ 'O'는 '나의 생각을 조직하기'이니까, 이야기 글에 어떤 중요한 요소를 포함해야 하는지를 생각하면서 생각을 조직할 거예요. 이야기 글에 포함되어야 하는 중요한 요소는 누가(who), 언제(when), 어디서(where), 무엇을(what), 어떻게(how)입니다〔교사는 각 요소에 따라 생각을 정리하면서 그래픽 조직자([그림 6-8] 참고)에 생각을 쓰는 것을 시범을 보인다. 이때 교사는 꼭 WWW What 2 How 2 순서로 정리할 필요가 없으며, 생각이 떠오르는 대로 말하면서 그래픽 조직자에 정리한다〕.
  ☞ 'W'는 '생각을 추가하며 쓰기'이니까, 그래픽 조직자에 기록한 내용을 읽어 보고 더 필요한 내용을 추가하여 쓰거나 더 좋은 말로 바꿔 쓸 거예요. 선생님은 새 종이에 글을 옮겨 쓰면서 더 필요한 내용을 추가하거나 더 좋은 말로 바꿔 쓸 거예요.

■ **외우도록 하라:** 학생은 전략 사용 단계에 대한 기억 전략을 사용하여 전략 사용의 단계를 외운다.
- POW+WWW What 2 How 2 기억 전략을 외우도록 연습
  ☞(POW가 적힌 종이를 학생에게 주고) P와 O와 W가 무엇을 해야 하는 것인지 각각 말해 볼래요?
  ☞(WWW What 2 How 2가 적힌 종이를 학생에게 주고) W, W, W, What 2, How 2가 무엇을 해야 하는 것인지 각각 말해 볼래요?

■ **지원하라:** 교사는 학생이 전략 사용 단계에 따라 전략을 적용하는 데 필요한 지원을 한다.
- 학생이 목표를 설정하도록 지원

☞오늘의 목표는 POW+WWW What 2 How 2 전략을 사용해서 좋은 글을 쓰는 것입니다. 내가 쓴 글에 중요한 요소(누가, 언제, 어디서, 무엇을, 어떻게)가 포함되도록 글을 쓰도록 합시다.

☞POW+WWW What 2 How 2 전략을 적용해서 글을 쓰도록 구성된 그래픽 조직자를 활용하여 글을 쓰도록 합시다.

☞POW 전략 기억하지요? P는 나의 생각을 꺼내기예요. 시간을 갖고 어떤 내용의 글을 쓸 것인지 생각해 보세요.

☞O는 생각을 조직하기예요. 이야기 글에 포함되어야 하는 누가, 언제, 어디서, 무엇을, 어떻게에 따라 생각을 조직하세요. 생각을 정리하고 쓰면서 새로운 생각이 나면 계속 추가하면서 그래픽 조직자에 정리하세요.

☞W는 생각을 추가하며 쓰기입니다. 새 종이에 글을 옮겨 쓰면서 더 필요한 내용을 추가하거나 더 좋은 말로 바꿔 쓰세요.

■ **독립적으로 사용하게 하라**: 학생은 교사의 지원 없이 전략을 독립적으로 사용한다.
- 학생이 목표 설정
  ☞오늘의 목표를 생각해 보세요. (학생이 POW+WWW What 2 How 2 전략을 사용해서 좋은 글쓰기를 목표로 설정하도록 한다.)
- 학생이 POW+WWW What 2 How 2 전략을 적용해서 글을 쓸 수 있도록 한다.
  ☞POW+WWW What 2 How 2 POW 전략을 기억하지요? 이 전략을 사용하여 글을 써 보세요. (교사는 필요시 지원을 한다.)
- 목표 달성 확인하기
  ☞자신의 글을 읽어 보고, 중요한 요소(1. 누가, 2. 언제, 3. 어디서, 4. 무엇을, 5. 무엇을, 6. 어떻게, 어떻게)가 모두 포함되었는지를 확인하고, 자기 점검표에 중요한 요소가 포함된 만큼 자기 점검표에 숫자를 기록하세요([그림 6-9] 참고).

[그림 6-7] 자기 조절 전략 교수를 할 때, POW+WWW What 2 How 2를 적용한 수업의 예

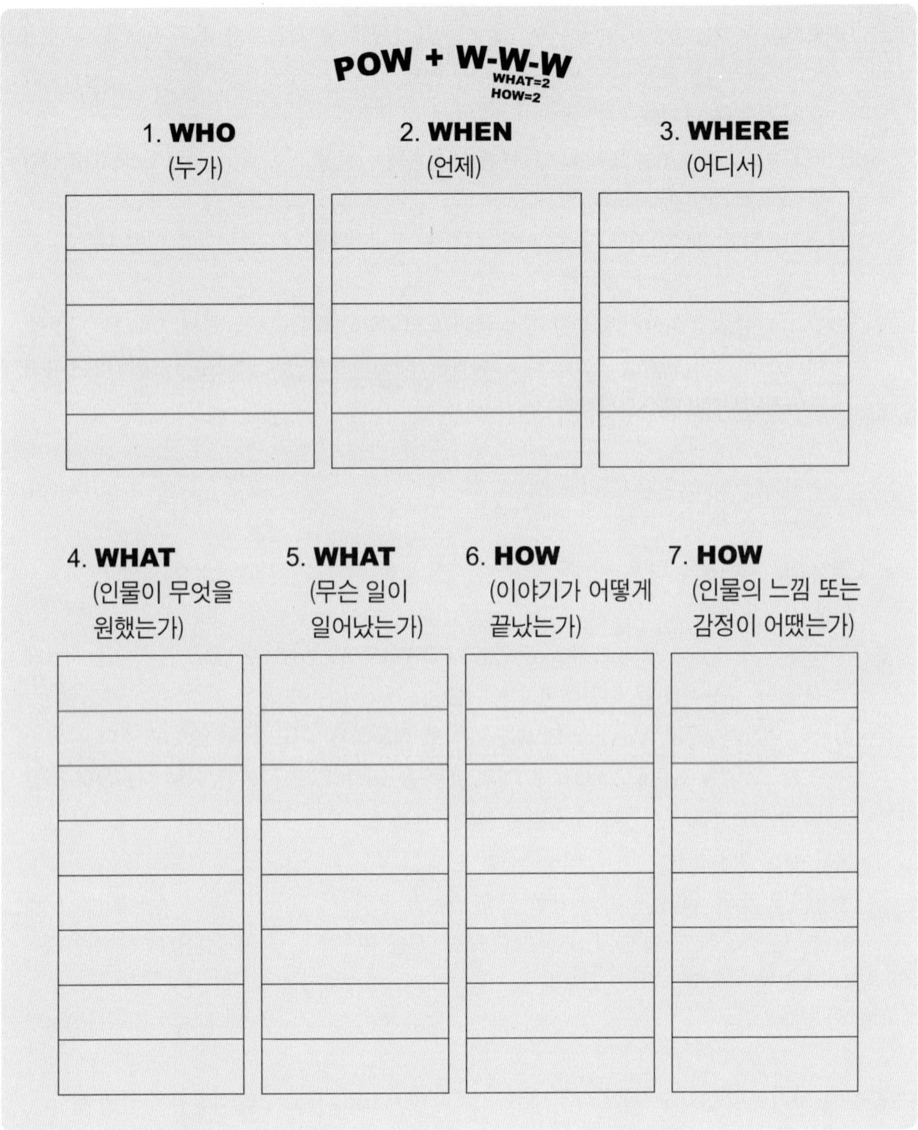

POW + W-W-W
WHAT=2
HOW=2

1. **WHO** (누가)	2. **WHEN** (언제)	3. **WHERE** (어디서)

4. **WHAT** (인물이 무엇을 원했는가)	5. **WHAT** (무슨 일이 일어났는가)	6. **HOW** (이야기가 어떻게 끝났는가)	7. **HOW** (인물의 느낌 또는 감정이 어땠는가)

[그림 6-8] 계획하기 그래픽 조직자

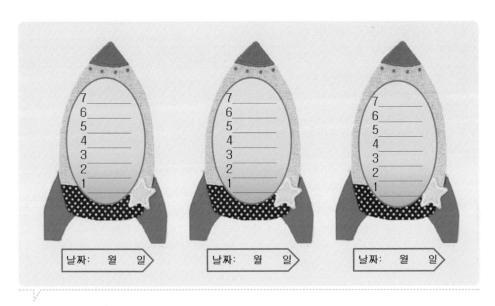

[그림 6-9] 자기 점검표

글의 구조에 대한 교수 앞서 언급하였듯이, 글의 구조에 대한 교수는 쓰기 과정에 대한 교수와 결합하여 사용하는 경우가 많다. 글의 구조를 가르치기 위해 교사는 각각의 글의 구조를 명확하게 소개하고, 다양한 예를 제시하여야 하며, 학생이 초안을 작성하는 과정 중에 단서를 충분히 제공하여야 한다. 글의 구조는 글의 장르별로 다른데, 이야기 글은 이야기 문법(주인공, 배경, 문제, 목적, 일련의 사건, 결말 등)에 대한 명시적 교수를 제공하는 것이 좋다. 대표적인 설명글의 구조에는 비교-대조, 열거, 예시, 서술, 원인-결과 등이 있으며, 각 구조를 구성하는 요소에 대한 명시적인 교수를 제공하여야 한다. 논설문은 주장, 일련의 근거, 근거에 대한 예시, 결론 등을 중심으로 제공하는 것이 좋다(Simmons & Kame'enui, 1998).

다음은 설명글 중 비교-대조 구조에 대한 명시적 교수를 제시하고자 한다. 일반적으로 설명글은 세부적인 글의 구조(예, 비교-대조, 열거 등)가 무엇이든지 간에, 처음-가운데-끝의 구조를 갖고 있다. 따라서 처음-가운데-끝의 구조가 1차적인 글의 구조가 되고, 그 안에 해당 구조(예, 비교-대조)에 대한 2차적인 글의 구조가

〈표 6-6〉 설명글의 비교-대조 구조

	설명글: 비교-대조 구조

처음	• 글의 주제에 대한 소개
	  예) 청설모와 다람쥐의 공통점과 차이점을 비교할 것임을 소개
	• 관심 유도
	  – 글의 주제에 대한 독자들의 관심을 끌 수 있는 내용

가운데	• 문단 구성
	  – 비교 및 대조하고자 하는 특성 언급
	    예) 다름쥐와 청설모의 생김새는 비슷한 점도 있고, 차이점도 있다.
	  – 비교 및 대조한 결과에 대한 서술(구체적인 정보 및 예시 등을 포함)
	    예) 다람쥐와 청설모는 같은 다람쥐과라서 얼핏 보면 비슷하다. 하지만 다람쥐는 작고,
	      청설모는 크다. 또한 다람쥐는 갈색에 줄무늬가 있는데, 청설모는 회갈색이다.
	• 위와 동일한 요소를 포함한 3문단 이상을 구성

끝	• 전체 내용 정리

출처: MacArthur, C. A. A., & Philippakos, Z. (2010). Instruction in a strategy for compare-contrast writing with students with learning disabilities. *Exceptional Children, 76*, 438-456 수정.

결합되어야 한다. 〈표 6-6〉은 MacArthur와 Philippakos(2010)가 제안한 설명글의 비교-대조 구조를 수정하여 제시한 것이다. 이때 비교-대조 구조에 관한 그래픽 조직자를 활용할 수 있다([그림 6-10] 참고). 또한 [그림 6-11]은 MacArthur와 Philippakos(2010)가 제안한 비교-대조 구조의 요소를 반영하여 박성희(2011)가 개발한 '흥분한 주전자 요정' 기억 전략과 이를 그래픽 조작자를 적용한 예다.

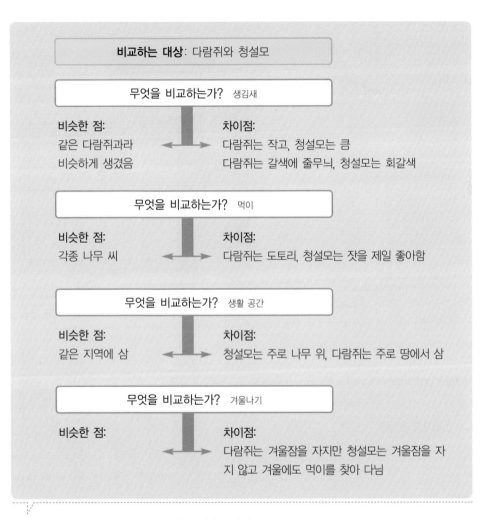

[그림 6-10] 비교-대조 구조에 대한 그래픽 조직자

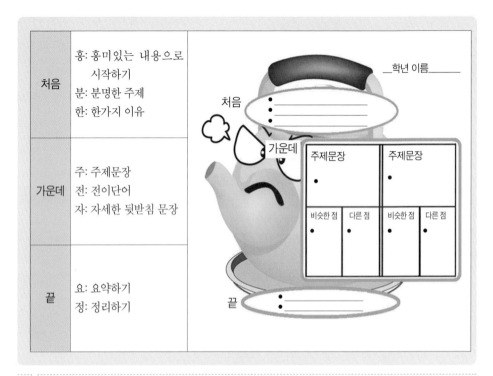

처음	흥: 흥미있는 내용으로 시작하기 분: 분명한 주제 한: 한가지 이유
가운데	주: 주제문장 전: 전이단어 자: 자세한 뒷받침 문장
끝	요: 요약하기 정: 정리하기

[그림 6-11] 비교-대조 구조에 대한 기억 전략과 그래픽 조직자

출처: 박성희(2012). 쓰기전략 교수가 학습장애학생의 설명적 글쓰기 능력에 미치는 효과. 단국대학교 박사학위 논문.

요약

이 장에서는 쓰기의 영역을 글씨 쓰기, 철자, 작문으로 나누어 각각의 정의, 영역별 학습장애학생의 특성, 영역별 효과적인 교수법을 살펴보았다. 우선 글씨 쓰기는 손으로 글자를 쓰는 것을 의미하며, 쓰기의 중요한 구성 요소다. 학습장애학생의 글씨 쓰기 특성으로는 지나치게 천천히 쓰거나(속도), 글씨가 크거나(크기), 글자 형태가 이상하고(형태), 글자 사이의 간격이 넓은 반면 단어 사이의 간격이 좁다는 등의 특성이 있다. 글씨 쓰기 교수의 초점은 알아볼 수 있도록 글씨 쓰기와 유창하게 글씨 쓰기에 있다.

효과적인 글씨 쓰기 교수의 특성은 다음과 같다. 글씨 쓰기를 명시적이고 직접적으로 가르치며, 반복적으로 연습 할 수 있도록 기회를 제공하여야 한다. 이때 교사는 글씨 쓰기에 대한 명시적 시범과 안내된 연습을 제공하고, 학생이 스스로 글씨 쓰기 연습을 할 수 있는 기회를 제공해야 하며, 학생이 쓴 글씨에 대한 피드백을 제공하여야 한다. 시각 단서(use of visual cues)와 기억 인출(memory retrieval) 교수법은 이와 같은 특성을 반영한 글씨 교수법의 예다.

철자는 단어를 맞춤법에 맞게 쓰는 것을 의미하며 쓰기의 중요한 구성 요소다. 학습장애학생은 일반학생에 비해 유의하게 낮은 철자 성취도를 보이며, 특히 단어를 쓸 때 글자(특히, 받침)를 빠뜨리거나, 맞춤법에 맞지 않게 쓰는 특성을 보이는 것으로 보고되었다. 효과적인 철자교수법에는 음운처리 중심 교수법, 표기처리 중심 교수법, 형태처리 중심 교수법이 포함되며, 이러한 교수법은 학생의 철자 발달 단계에 따라 순서적으로 제공되어야 한다. 또한 가리고-베껴 쓰고-비교하기, 지속적인 시간 지연법, 자기 교정, 목표 단어 반복 쓰기 등도 효과적인 철자 교수법의 예다.

작문은 글쓴이가 쓰고자 하는 바를 글로 표현하는 것이며, 쓰기 교수의 궁극적인 목표는 작문 능력을 향상하는 것이다. 학습장애학생은 일반학생에 비해 작문의 양(길이 등)과 질(내용, 글 구성 등)에서 낮은 성취를 보이는 것으로 보고하였다. 효과적인 작문 교수법으로는 명시적이고 직접적인 체계적인 교수, 쓰기 과정에 대한 명시적 전략 교수, 자기 조절 전략 교수, 글의 구조에 대한 명시적 교수, 계획하기 활동, 요약하기에 대한 명시적 전략 교수, 목표 설정 및 자기 점검, 안내된 피드백, 또래 교수 활용, 문장 작성에 대한 명시적 교수 등을 들 수 있다.

참고문헌

고혜정, 박현숙(2005). 이야기문법 자기평가 교수전략이 초등 쓰기장애 학생의 쓰기표현력에 미치는 효과. 특수교육학연구, 40(1), 281-303.

권현욱, 김길순, 변찬석(2010). 음소인식 훈련이 초등학교 학습부진아의 받아쓰기 및 쓰기유창성에 미치는 효과. 특수교육저널: 이론과 실천, 11(1), 337-358.

김애화, 신현기, 한경근, 황민아, 이준석, 박현(2006). 학습장애 위험학생 선별검사 개발에 관한 예비연구 결과-문항내적 합치도와 내용타당도를 중심으로. 특수교육학연구, 41(3), 351-384.

김애화(2009). 학습장애학생 교육. 함께하는 사회를 지향하는 특수교육학. 서울: 교육과학사.

김애화, 김의정(2012, 출판 예정). 음운변동 규칙 교수가 읽기장애학생의 단어인지에 미치는 효과.

김애화, 최한나, 김주현(2010). 초등학교 철자부진학생과 일반학생의 철자 특성 비교 연구. 특수교육학연구, 45(1), 203-223.

김애화, 김의정, 표소래(2011). 스크립트화된 합성 파닉스 교수가 읽기장애학생의 한글 단어인지에 미치는 효과. 특수교육저널: 이론과 실천, 12(3), 613-638.

김자경, 김지훈, 정세영, 구자현(2011). 루브릭 평가를 활용한 과정 중심 쓰기 교수가 쓰기 학습장애 아동의 쓰기능력과 쓰기효능감에 미치는 영향. 특수아동교육연구, 13(4), 513-535.

문향은, 최승숙(2010). 자기교정을 활용한 철자쓰기 중재가 쓰기부진학생의 철자쓰기 능력에 미치는 영향. 학습장애연구, 7(3), 123-152.

민천식, 김상규(2006). 단계별 마인드맵 활동을 통한 일기 쓰기가 학습부진아의 쓰기 능력에 미치는 효과. 지적장애연구, 8(3), 195-220.

박성희(2012). 쓰기 전략 교수가 학습장애학생의 설명적 글쓰기 능력에 미치는 효과. 단국대학교 대학원. 미간행 박사학위논문.

백은정, 김자경(2012, 출판예정). 자기점검전략이 쓰기 학습장애 철자쓰기 능력에 미치는 효과. 학습장애연구, 9(1).

신석중, 조수철(2001). 쓰기장애 환자와 정상 초등학교 학생의 쓰기 특성 비교. 소아 · 청소년 정신의학, 12(1), 51-70.

윤송이, 강옥려(2008). 자기조정전략 교수가 쓰기 학습장애 아동의 쓰기 능력에 미치는 영향. 특수교육저널: 이론과 실천, 9(3), 129-150.

이선화, 김자경, 서주영(2006). 그래픽 조직자 전략이 쓰기 학습장애 학생의 작문능력에 미치는 효과. 특수아동교육연구, 8(4), 19-35.

이윤경(2006). CAI를 활용한 원리적 받아쓰기 활동이 쓰기부진아의 철자 능력 향상에 미치는 효과. 단국대학교 대학원. 미간행 석사학위논문.

정영희, 김유, 안성우, 김자경(2006). 사전지식이 학습장애 위험 아동의 독해력과 쓰기표현력에 미치는 효과. 학습장애연구, 3(2), 71-91.

Abbott, R. D., & Berninger, V. W. (1993). Structural equation modeling of relationships among developmental skills and writing skills in primary-and intermediate-grade writers. *Journal of Educational Psychology, 85*, 478-508.

Bailet, L. L. (1990). Spelling rule usage among students with learning disabilities and normally achieving students. *Journal of Learning Disabilities, 23*, 121-128.

Baker, S. K., Chard, D. J., Ketterlin-Geller, L. R., Apichatabutra, C., & Doabler, C. (2009). Teaching writing to at-risk students: The quality of evidence for self-regulated strategy development. *Exceptional Children, 75*(3), 303-318.

Bear, D., Invernizzi, M., Templeton, S., & Johnston, F. (2008). *Words their way*. Boston: Allyn & Bacon.

Bender, W. N. (2008). Learning disabilities: Characteristics, identification, and teaching strategies (6th ed.). Boston: Pearson/Allyn and Bacon.

Berninger V. (2001). Understanding the lexia in dyslexia. *Annals of Dyslexia, 51*, 23-48.

Berninger, V., & Abbott, R. (1994). Redefining learning disabilities: Moving beyond aptitude-achievement discrepancies to failure to respond to validated treatment protocols. In G. R. Lyon (Ed.), *Frames of reference for the assessment of learning disabilities: New views on measurement issues* (pp. 163-202). Baltimore: Paul H. Brooks.

Berninger, V. W., Cartwright, A. C., Yates, C. M., Swanson, H. L., & Abott, R. D. (1994). Developmental skills related to writing and reading acquisition in the intermediate grades: Shared and unique functional systems. *Department of Educational Psychology, 6*(2), 161-196.

Berninger, V. B., Hart, T., Abbott, R., & Karovsky, P. (1992). Defining reading and writing disabilities with and without IQ: A Flexible, developmental perspective. *Learning Disability Quarterly, 15*(2), 103-118.

Berninger, V. W., Vaughan, K. B., Abbott, R. D., Abbott, S. P., Rogan, W., Brooks, A., Reed, E., & Graham, S. (1997). Treatment of handwriting problems in beginning writers: Transfer from handwriting to composition. *Journal of Educational Psychology, 89,* 652-666.

Berninger, V., Vaughan, K., Abbott, R., Begay, K., Byrd, K., Curtin, G., et al. (2002). Teaching spelling and composition alone and together: Implications for the simple view of writing. *Journal of Educational Psychology, 94,* 291-304.

Cassar, M., & Treiman, R. (1997). The beginnings of orthographic knowledge: Children's knowledge of double letters in words. *Journal of Educational Psychology, 89*(4), 631-644.

Englert, C. S., Raphael, T. E., & Anderson, L. M. (1992). Socially mediated instruction: Improving students' knowledge and talk about writing. *The Elementary School Journal, 92,* 411-449.

Foorman, B. R. (1994). The relevance of a connectionist model of reading for "the great debate." *Educational Psychology Review, 16,* 25-47.

Fulk, B. M., & Stormont-Spurgin, M. (1995). Spelling interventions for students with learning disabilities: A review. *The Journal of Special Education, 28,* 488-513.

Gersten, R., & Baker, S. (2001). Teaching expressive writing to students with learning disabilities: A meta-analysis. *Elementary School Journal, 101,* 251-272.

Gordon, J., Vaughn, S., & Schumm, J. S. (1993). Spelling interventions: A review of literature and implications for instruction for students with learning disabilities. *Learning Disabilities Practice, 8*(3), 175-181.

Graham S., Berninger V., Abbott R., Abbott S., & Whitaker, D. (1997). The role of mechanics in composing of elementary school students: A new methodological approach.

Journal of Educational Psychology, 89(1), 170-182.

Graham, S., & Harris, K. R. (2002). Prevention and intervention for struggling writers. In M. Shinn, H. Walker, & G. Stoner (Eds.), *Interventions for academic and behavior problems II: Preventive and remedial approaches* (pp. 589-610). Bethesda, MD: National Association of School Psychologists.

Graham, S., & Harris, K. R. (2003). Students with learning disabilities and the process of writing: A meta-analysis of SRSD studies. In H. L. Swanson, K. R. Harris, & S. Graham (Eds.), *Handbook of research on learning disabilities* (pp. 323-344). New York: Guildford.

Graham, S., & Harris, K. R. (2006). Students with learning disabilities and the process of writing: A meta-analysis of SRSD Studies. In H. L. Swanson, K. R. Harris, & S. Graham, *Handbook of learning disabilities*. New York: Guilford.

Graham, S., & Perin, D. (2007). A meta-analysis of writing instruction for adolescent students. *Journal of Educational Psychology, 99*(3), 445-476.

Graham, S., & Weintraub, N. (1996). A review of handwriting research: Progress and prospects from 1980 to 1994. *Educational Psychology Review, 8*, 8-87.

Kame'enui, E. J., & Simmons, D. C. (1990). *Designing instructional strategies: The prevention of academic learning problems*. Columbus, OH: Merrill Publishing Company.

MacArthur, C. A., & Graham, S. (1987). Learning disabled students' composing under three methods of text production: Handwriting, word processing, and dictation. *The Journal of Special Education, 21*(3), 22-42.

MacArthur, C. A., Graham, S., & Schwartz, S. S. (1991). Knowledge of revision and revising behavior among learning disabled students. *Learning Disability Quarterly, 14*, 61-73.

MacArthur, C. A. A., & Philippakos, Z. (2010). Instruction in a strategy for compare-contrast writing with students with learning disabilities. *Exceptional Children, 76*, 438-456.

McNaughton, D., Hughes, C., & Clark, K. (1994). Spelling instruction for students with learning disabilities: A review of the literature. *Learning Disability Quarterly, 17*, 169-185.

Mercer, C. D., & Mercer, A. R. (1997). *Teaching students with learning problems* (6th ed.).

New York: MacMillan.

Moats, L. C. (1995). *Spelling development disability and instruction.* Timonium, Maryland: York Press.

Patthey-chavez, G. G., Matsumura, L. C., & Valdes, R. (2004). Inverstigating the process approach to writting instruction in urban middle schools. *Journal of Adolescent & Adult Literacy, 47(6),* 462-477.

Rogers, L., & Graham, S. (2008). A meta-analysis of single subject design writing intervention research. *Journal of Educational Psychology, 100,* 879-906.

Scardamalia, M., & Bereiter, C. (1987). Knowledge telling and knowledge transforming in written composition. In S. Rosenberg (Ed.), *Advances in applied psycholinguistics, 2,* 142-175.

Simmons, D. C., & Kame'enui, E. J. (1998). *What reading research tells us about children with diverse learning needs: Bases and basics.* Mahwah, NJ: Erlbaum.

Templeton, S., & Morris, D. (1999). Questions teachers ask about spelling. *Reading Research Quarterly, 34,* 102-112.

Vander Hart, N., Fitzpatrick, P., & Corteas, C. (2010). In-depth analysis of handwriting curriculum and instruction in four kindergarten classrooms. *Reading and Writing, 23(6),* 673-699.

Vellutino, F. R., Scanlon, D. M., & Lyon, G. R. (2000). Differentiation between difficult-to-remediate and readily remediated poor readers: More evidence against the IQ-achievement discrepancy definition for reading disability. *Journal of Learning Disabilities, 33,* 223-238.

Wanzek, J., Vaughn, S., Wexler, J., Swanson, E. A., Edmonds, M., & Kim, A. H. (2006). A Synthesis of spelling and reading interventions and their effects on the spelling outcomes of students With LD. *Journal of Learning Disabilities, 39(6),* 528-543.

Worthy, J., & Invernizzi, M. (1990). Spelling errors of normal and disabled students on achievement levels one through four: Instructional implications. *Annals of Dyslexia, 40,* 138-151.

수학 이해 및 지도

이 장을 통해 학습장애에 관한 다음의 지식과 기술을 습득하게 될 것이다.

- 수학 학습장애의 인지적 능력을 설명할 수 있다.
- 수학 교수의 영역을 설명할 수 있다.
- 학습장애학생의 수학 교수 영역별 특성을 설명할 수 있다.
- 효과적인 수 감각 교수법을 설명할 수 있다.
- 효과적인 사칙연산 교수법을 설명할 수 있다.
- 효과적인 문장제 문제 해결 교수법을 설명할 수 있다.

1. 학습장애학생을 위한 수학 교수에 관한 개관

읽기 학습장애와 달리 수학 학습장애에 관한 대규모 연구가 실시되지 않아 수학 학습장애의 출현율에 대한 정확한 정보는 부족한 실정이다(Bender, 2008; Pierangelo & Giuliani, 2006). Geary(2004)는 미국, 노르웨이, 이스라엘 등의 국가에서 보고한 수학계산장애의 출현율을 바탕으로 수학계산장애의 출현율을 대략 학령기 아동의 5~8% 정도일 것으로 추정하였다. 국내의 경우, 수학 학습장애의 출현율을 별도로 조사하여 보고된 자료는 없으나, 국가 차원에서 해마다 실시하는 기초학력진단평가 결과를 통해 수학 기초학력 미달자의 비율을 알 수 있다. 2006년도에 3개 학년(초6, 중3, 고1)을 대상으로 실시한 기초학력진단평가 결과에 따르면, 초등학교 6학년 학생의 1.2%, 중학교 3학년 학생의 6.9%, 고등학교 1학년 학생의 10.4%가 수학 기초학력 미달 수준인 것으로 나타났다. 이러한 통계치는 고학년으로 올라갈수록 수학 기초학력 미달 학생의 비율이 증가한다는 것을 보여 주며, 수학 교과에 대한 조기 중재가 시급히 필요하다는 것을 지적한다고 볼 수 있다.

미국에서 수행한 한 연구에 따르면, 학습장애학생의 50% 이상이 수학 교과에 대한 개별화 교육 프로그램을 작성하는 것으로 나타났으며, 이 학생들의 상당수가 수학 교과에서 자신의 학년보다 2~4학년 낮은 성취를 보이는 것으로 나타났다(Bender, 2008). 이러한 결과는 많은 학습장애학생에게 수학 교과가 특별한 교육지원이 필요한 영역이라는 것을 명백하게 보여 주는 것이며, 수학 학습장애 학생에 대한 특별한 교육적 지원 없이는 이들이 지닌 문제가 지속되고 더욱 심화될 수 있다는 것을 시사한다.

초등학교 때 수학 학습장애로 진단을 받은 학생은 중등학교에 가서도 수학성취도가 쉽게 향상되지 않으며, 성인이 되어서도 수학적 지식과 기술이 요구되는 일상생활 및 직업생활에서 어려움을 겪는다(Lerner, 2000). 이러한 점을 비추어 볼 때, 수학 학습장애학생에게 체계적이고, 효과적인 수학 교수를 실시하는 것은 상당히 중요하다. 더욱이 수학은 계열성이 강한 학문이어서 전 단계의 학습이 성취되지 않으면 다음 단계로의 전이가 어렵기 때문에 기초적인 수 감각 교수부터 시작하여 사칙연산 및 문장제 문제 해결 등의 교수를 단계적으로 실시하는 것이 중요하다.

선행연구에 따르면, 학습장애학생의 수학 성취는 고등학교 고학년이 되어도 초등학교 수준에 머무는 것으로 나타났다(Cawley & Miller, 1989; Warner et al., 1980). 또한 학습장애학생은 초등학교 기간 동안 일반학생이 1년에 배우는 수학 내용을 2년에 걸쳐 습득하는 것으로 나타났으며, 이는 2년 동안 1년 정도의 진전을 보이는 것으로 볼 수 있다(Cawley & Miller, 1989). 또한 학습장애학생은 중·고등학교 기간 동안 수학 학업성취도에 있어 평균 1년 정도의 성장을 보이는 것으로 나타났다(Warner et al., 1980). 이러한 연구 결과는 학습장애학생의 수학 학업성취도 진전 속도가 매우 느리며, 어느 수준에 도달하면 거의 정체되는 경향을 보인다는 것을 지적하고 있다.

수학 학습장애는 일반적으로 발달상의 지체 혹은 인지적 결함이라는 두 가지 관점에서 설명할 수 있다(Geary, 2004).

첫째, 발달상의 지체 관점에서는 수학 학습장애학생이 일반학생과 동일한 발달 과정을 거쳐 수학적 개념을 습득하기는 하지만 또래에 비해 수학적 개념이 다소 늦게 발달하는 것으로 간주한다. 수학 학습장애학생이 수 세기와 같은 기본적인 수학적 개념을 습득하는 시점이 정상적인 발달 과정을 거치는 또래보다 현저히 느린 경우가 그 예다.

둘째, 인지적 결함의 관점에서는 수학 학습장애학생이 수학과 관련된 특정 인지적 결함을 가진 것으로 본다. 이러한 수학 학습장애의 인지적 결함을 Geary(2004)는 절차적 결함(procedural deficit), 기억인출 결함(memory retrieval deficit) 및 시공간 결함(visuospatial deficit)으로 구분하여 설명하였다. 절차적 결함을 가진 수학 학습장애 학생은 연산을 할 때, 계산 절차에서 오류(예, 다단계 연산 문제를 풀 때 연산 절차를 잘못 적용함)를 자주 보이며, 일반학생에 비해 보다 미성숙한 전략(예, 손가락으로 세기)과 미성숙한 문제 해결 절차(예, 전부 세기)를 사용한다. 기억인출 결함을 가진 수학 학습장애 학생은 산술적 사실(arithematic fact)을 장기기억에서 인출하는 데 어려움을 보인다. 산술적 사실은 한 자릿수 연산을 의미하며, 따라서 기억인출 결함을 가진 수학 학습장애학생은 한 자릿수 덧셈, 뺄셈, 나눗셈, 곱셈을 장기기억 으로부터 빠르고 정확하게 인출하는 데 어려움을 갖는다. 특히 한 자릿수 덧셈 문 제의 답을 할 때, 문제에 주어진 숫자와 관련이 있는 오류(예, 2+7=8 또는 2+7=3이 라고 답을 함. 즉, 올바른 답이 아닌, 문제에 있는 2 다음의 수인 3 또는 7 다음의 수인 8이 라고 답을 함)를 보인다. 시공간 결함을 가진 수학 학습장애학생은 시공간적으로 제시된 수학적 정보 및 관계를 해석하고 이해하는 데 어려움(예, 공간적으로 표현된 정보를 빈번하게 잘못 해석하거나 이해함. 특히 도형 영역에서 어려움을 보임)을 보인다.

수학은 복잡한 과제이므로 수학 문제를 성공적으로 해결하기 위해서는 학습자 가 수학 학습에 영향을 줄 수 있는 다양한 인지 능력을 적절하게 활용하여야 한다. 따라서 교사는 수학 학습장애학생의 인지적 특성에 대한 충분한 이해를 바탕으로 이들을 지원하는 것이 필요하다. 수학 학습장애학생의 인지적 특성을 구체적으로 살펴보면 다음과 같다.

1) 기억 능력

수와 연산과 관련된 정보를 기억하고 인출하는 능력은 수학 문제 해결을 위한 핵심 요소다. 기초 수학 기술을 습득하고 문제 해결 단계의 순서 등을 상기하는 데 에는 기억 능력이 요구된다(Geary, 2004). 또한 여러 연구에 따르면, 수학 학습장애 학생은 일반학생에 비해 작동기억(working memory)에 결함이 있는 것으로 보고되 었다(Swanson & Jerman, 2006).

2) 언어 능력

언어 능력은 수학 성취에서 중요한 요소다. 언어는 수학적 정보를 상징적으로 나타내고, 수학 기호는 수 언어 개념을 나타낸다. 따라서 언어 능력은 문장제 문제 해결 능력에 유의한 영향을 미칠 뿐 아니라 수학과제 전반에 걸쳐 영향을 미치는 것으로 보고되었다(Jordan, Levine, & Huttenlocher, 1996). 언어 능력은 문장제 문제 해결 능력을 예측하는 유의한 변인이며(김애화, 2012; Fuchs et al., 2008), 낮은 언어 능력은 문장제 문제 해결에 어려움을 겪는 수학 학습장애학생이 보이는 대표적인 특성으로 언급되었다(Fuchs et al., 2008).

3) 시공간 능력

시공간 능력은 수학 연산을 수행하고, 수의 크기 개념을 형성하고, 정신적으로 표상된 수직선(mental number line)과 같은 공간적인 형태에서 정보를 표상하고 조작하기 위해 필요하다. 또한 그래프 읽기, 자릿값에 따라 숫자 정렬하기, 도표를 해석하고 이해하기, 기하학적 그림 이해하기 등의 수학 활동을 할 때 시공간 능력이 요구된다(Geary, 2004). 시공간 능력의 결여는 수학 학습장애학생의 수학적 특성으로 언급되기는 하지만, 시공간 능력이 수학 학습장애학생의 수학 능력에 미치는 영향에 대한 검증은 추후 연구를 통해 보다 많이 이루어져야 한다(Geary, 2004; Mazzocco & Meyers, 2003).

4) 주의집중 능력

주의집중 능력은 기초적인 수 세기부터 간단한 연산, 여러 단계를 거쳐야 하는 복잡한 연산 문제를 해결하는 데까지 요구된다(Geary, 2004). 또한 문장제 문제를 해결할 때도 관련 없는 정보를 걸러 내고 필요한 정보에만 집중하는 능력이 필요하다. 수학 학습장애학생은 일반학생에 비해 주의집중에 어려움을 보이는데, 이는 결과적으로 수학 능력에 부정적인 영향을 미치는 것으로 보고되었다. 특히 주의집중 능력은 연산 능력에 유의한 영향을 미치는 것으로 보고되었다(Fuchs et al., 2008).

5) 처리 속도

처리 속도는 수학문제를 해결하는 데 걸리는 시간과 밀접하게 관련이 있다. 처리 속도는 정확성과 유창성을 구성 요소로 하며 느린 처리 속도는 수학 학습장애 학생의 특성 중 하나다. 특히 느린 처리 속도는 연산 능력에 유의한 영향을 미치는 것으로 보고되었다(Fuchs et al., 2008).

2. 수학 교수의 영역

1) 수 감각

(1) 수 감각 정의 및 학습장애학생의 수 감각 특성

수 감각과 연산은 수학의 모든 영역을 학습하는 데 기본이 되는 개념이다(National Council of Teachers of Mathematics, 1989, 2000). 수 감각에서의 어려움은 수학 전반에 문제를 초래할 수 있다. Jordan 등(2007)은 유치원에 재학하는 아동의 전·후반기 수 감각이 초등학교 1학년의 수학 성취와 높은 상관이 있음을 밝히고 있다. Locuniak와 Jordan(2008)은 유아의 수 감각은 이후의 계산 유창성을 예측하는 변인임을 보고하였다.

수학은 언어와 공간, 수량을 포함하는 복잡한 과목이다. 수 감각은 이 세 가지 요소가 상호 유기적으로 연관되어 형성되는 수학적 능력으로 매우 중요하다. Geary 등의 연구자들은 수학 학습장애아동의 수 감각을 뇌신경계의 결함과 연관시켜 설명한다(Geary, 2004; Geary & Hoard, 2001). 일반적으로 숫자 5와 8의 크기를 비교하거나 사물의 수를 어림하는 등의 활동을 할 때는 우뇌가 이를 주관한다. 한편 숫자를 언어적으로 표현할 때(예, 12는 '십이')는 좌뇌가 이를 주관한다. 즉, 수학 학습장애아동 중에는 숫자 이름은 정확하게 말하지만 수 크기를 비교하지 못하는 아동이 있는가 하면, 수 크기는 비교할 수 있으나 숫자 이름을 잘 말하지 못하는 아동이 있다. 즉, 좌우의 뇌반구 중 어느 한쪽이 제 기능을 제대로 수행하지 못하는 학습장애아동은 수를 조작하여 사용하는 수 감각에 심각한 문제를 가져오는 것이다.

몇몇 연구자들은 수학에서의 수 감각을 읽기에서의 음운인식과 견주어 설명한다(Geary & Hoard, 2001; Gersten & Chard, 1999). 음운인식은 읽기의 핵심 요소로 알려져 있다. 음운인식 결함은 아동의 읽기 학습장애 유무를 학령전기에 미리 예측할 수 있게 하는 주요 요인이다. 한편 수학에서는 수 감각이 수학의 핵심 요소라고 할 수 있다. 수 감각에 문제가 있다면 수학적인 지식 및 기술을 습득하는 데 심각한 장애를 초래할 수밖에 없다. 수 감각도 읽기에서의 음운인식과 마찬가지로 학령전기에 이미 발달한다. 일례로, 대부분의 아동은 만 3, 4세가 되면 두 개의 작은 수 중 큰 수와 작은 수를 선택할 수 있다(Gersten & Chard, 1999). 아동은 형식적인 학교 교육을 받지 않더라도 유아기 때 일상에서의 다양한 비형식적 경험을 토대로 수 감각을 습득하게 되는 것이다. 아동의 인지 능력이나 사회경제적 수준 등에 따라 수학적 능력의 개인차는 존재하지만(Fuchs et al., 2005; Ginsburg & Golbeck, 2004), 대다수의 아동은 어느 정도 기초적인 수 감각을 지닌 상태로 유치원에 입학한다(Klibanoff et al., 2006). 따라서 수 감각 문제는 수학 학습장애 유무를 조기에 예측할 수 있도록 도와주는 주요 요인이 된다.

수 감각은 일반적으로 수에 대한 직관적인 이해와 적용에 관한 것이다. 지금까지 수 감각은 다양한 연구자에 의해 정의되어 왔다. Sowder(1988)는 광의의 의미로 수 감각은 잘 조직된 수 개념의 네트워크라고 하면서, 이 네트워크를 통해 수와 연산을 연결하고 수학문제를 유연하고 창조적으로 해결할 수 있게 된다고 하였다. McIntosh, Reys와 Reys(1992)는 수 감각은 수와 연산에 대한 일반적인 이해이며, 이해하고 있는 바를 수학적으로 판단하고 유용한 수·연산 전략을 개발하는 데 사용하는 능력과 경향으로 정의하고 있다. Gersten과 Chard(1999)는 수 감각은 수에 대한 유동성과 유연성, 수가 의미하는 바가 무엇인지에 대한 감각, 암산하는 능력을 포함하며, 실생활의 것을 비교하는 능력이라 정의하고 있다. 이러한 정의를 요약해 보면, 수 감각은 수를 다양한 방식으로 판단하고 유연하게 활용하는 능력 등이라 할 수 있다.

최근 여러 학자는 수학 학습장애를 수 감각의 부족으로 설명하면서(Clarke & Shinn, 2004; Gersten & Chard, 1999; Jordan, Glutting, & Ramineni, 2010), 수학 학습장애 위험군 및 수학 학습장애학생을 위한 수 감각 교수의 필요성을 강조하고 있다(Bryant et al., 2008; Fuchs, Fuchs, & Karns, 2001; Griffin, Case, & Siegler, 1994). 수 감각 활동을 포함한 교수가 수학 학습장애 위험 학생의 수 감각 및 수학 능력을 향상시키는 것으로 보고되었다(이윤미, 김애화, 2008; Griffin et al., 1994).

(2) 수 감각 교수법

미국수학교사협의회(National Coucil of Teachers of Mathmatics: NCTM)의 *Principal and Standard for school Mathematics*(2000)에서는 수 감각의 개발을 위해 교수 내용을 구성할 때 반영해야 하는 목표 및 내용 요소를 세 가지로 제시하고 있다.

첫째, 수 표현 방법, 수 관계, 수 체계에 대한 이해다. 다양한 실물 자료를 사용하여 수를 표현하고, 십진 체계의 구조를 이해하고, 전체의 부분으로서 또는 수의 나눗셈으로 분수를 이해하는 것을 포함한다.

둘째, 연산의 의미와 연산 관계 이해하기로서 관계성에 대한 감각을 얻거나 어떤 연산을 선택할 것인지 결정하는 것이다. 이를 위해 학생은 다양한 문제 상황에서 똑같은 연산을 적용할 수 있다는 것을 인지하고 연산들이 서로 어떻게 관련되어 있는지 알며, 기대되는 결과에 대해 숙고해야 한다.

셋째, 숙련된 계산하기와 합리적 어림하기로서 학생은 암산, 지필 전략, 어림을 배우는 경험을 가져야 한다. 또한 문제 상황에 따라 어림과 정답 중 어느 것이 필요한지를 결정해야 하고 자신의 결정에 대한 타당한 근거를 제시할 수 있어야 한다.

이러한 수 감각 능력을 증진할 수 있는 교사의 수업시간은 다음과 같은 특성을 반영한다(Bryant et al., 2008; Charles & Lobato, 1998).

- 초기 수 감각을 향상시키기 위해서는 수 세기, 숫자 읽고 이해하기, 수의 크기 변별하기, 두 수 중 제3의 숫자와 더 가까운 수 가려내기, 수 배열 이해하기, 간단한 덧셈과 뺄셈 연산 과정 이해하기 등을 포함하여 교수를 제공한다.
- 계산 알고리즘과 기본적인 사실을 가르치기 전에 수와 연산에 대한 의미를 이해할 수 있는 충분한 기회를 제공한다.
- 암산 전략을 사용하고 어림할 수 있는 기회를 자주 제공한다.
- 다양한 방식으로 문제를 해결하도록 장려한다.
- 학생으로 하여금 자신이 추론한 것에 대해 이야기할 수 있도록 격려한다.
- 학생이 아이디어를 생성하고 설명하는 분위기를 만든다.
- 증명을 통해 논리와 추론을 발달시키도록 돕는다.

최근 수 감각 발달을 위한 조기 수학 교수의 필요성이 매우 강조되고 있다(이윤미, 김애화, 2008; Gersten & Chard, 1999). 수학 학습장애 위험군 및 장애학생을 위한 수 감각 교수에 대한 연구는 취학 전 아동이나 초등학교 저학년 학생들을 대상으로 수 감각을 향상시키는 데 초점이 맞춰져 왔다(Bryant et al., 2008; Powell, Fuchs, Fuchs, Cirino, & Fletcher, 2009). 이 시기의 수 감각은 사물 세기(Baroody & White, 1983; Bertelli, Joanni, & Martlew, 1998), 숫자를 인식하고 수량을 나타내기 위해 숫자 사용하기(Geary, 1994), 두 수 중 큰 수를 가려내기(Baroody & Wilkins, 1999; Griffin et al., 1994), 나열되어 있는 숫자들 사이에 빠져 있는 수 알아내기, 두 수 중 제3의 숫자와 더 가까운 수 가려내기, 간단한 덧셈과 뺄셈 과정에 대해 이해하기(Baroody, 1987; Geary, 1994; Gelman & Gallistel, 1978; Hughes, 1981) 등에 숙달됨 등이 강조된다(Griffin, 1998; Gersten & Chard, 1999; National Research Council, 2001; Siegler, 1991).

이 시기의 수 감각 교수는 수세기(기계적 수세기, 합리적 수세기, 거꾸로 수세기, 건너뛰며 세기), 숫자 읽고 이해하기, 자릿값 이해하기(1의 자리, 10의 자리, 100의 자리), 두 수의 크기 변별하기, 두 수 중 제3의 숫자와 더 가까운 수 가려내기, 수직선

(number line) 이해하기, 5를 기준으로 가르기 및 모으기(예, 1+4, 3+2), 10을 기준
으로 가르기 및 모으기(예, 2+8, 6+4), 간단한 덧셈과 뺄셈 연산 이해하기 등을 포
함한다(Baroody & White, 1983; Bryant et al., 2008; Griffin et al., 1994). 또한 아동의 능
력에 따라 0~99, 또는 0~999의 수를 활용하여 수 감각 교수를 실시하여야 한다.

이윤미와 김애화(2008)는 초등학교 저학년 수학 학습장애 위험군 학생을 대상으
로 수 감각 교수의 효과성을 연구하였는데, 〈표 7-1〉은 이 연구에 사용된 수 감각
교수의 지도 내용 및 학습 활동이다.

〈표 7-1〉 수 감각 교수의 지도 내용 및 학습 활동

단계	교수목표	지도 내용	학습 활동
1	수의 순서 익히기	20부터 거꾸로 기계적 수 세기	수 카드를 거꾸로 배열하기, 수직선을 이용하여 수를 거꾸로 배열하고 쓰기
2	수 의미 이해 십의 자릿수 개념 익히기	수 막대를 이용하여 두 자릿수 11~20 나타내기	10단위와 1단위 막대를 이용하여 십과 일의 자릿수 나타내기
3	수 계열 인식하기	연속된 수 중 빠진 수 넣기	수 카드를 이용하여 빠진 수 채워 넣기, 수직선을 이용하여 빠진 수 채워넣기
4	규칙적 수 배열 이해하기	주어진 수만큼 뛰어 세기	게임보드를 이용하여 같은 간격으로 뛰어 세기, 수직선을 이용하여 주어진 수만큼 같은 간격으로 뛰어 세기
5	수 관계 인식하기 수의 분해 이해하기	주어진 수를 두 수로 나누기	수 막대를 이용하여 두 수 간의 관계를 인식하기, 수직선을 이용하여 제시된 수와 남은 수를 분해하기
6	수의 상대적인 크기 알기	주어진 수에 가까운 수 찾기	게임보드를 이용하여 수 간 거리를 비교하고 조작하기, 수직선을 이용하여 수 간 거리를 비교하고 조작하기
7	연산(덧셈) 이해하기	한 자릿수+한 자릿수 (10 미만) 한 자릿수+한 자릿수 (10 이상)	수 막대를 이용하여 덧셈의 효과 및 관계 이해하기, 게임보드를 이용하여 수세기 전략 사용하기, 수직선을 이용하여 수세기 전략[이어 세기(counting on) 전략]
8			
9	연산(뺄셈) 이해하기	한 자릿수-한 자릿수	수 막대를 이용하여 뺄셈의 효과 및 관계 이해하기, 게임보드를 이용하여 수세기 전략 사용하기, 수직선을 이용하여 수세기 전략 사용하기, 수직선을 이용하여 수세기 전략[거꾸로 세기(counting backward) 전략] 사용하기
10			

출처: 이윤미, 김애화(2008). 수 감각 발달을 위한 조기 수학 교수가 수학 학습장애 위험학생의 수 개념과 연산 능력에 미
치는 효과 연구. 초등교육연구, 21(3), 287-312.

각 단계별 지도 내용과 학습 활동을 구체적으로 살펴보면 다음과 같다.

- 1단계-수 거꾸로 세기: 1부터 20까지의 수를 거꾸로 세는 활동으로 수 카드를 거꾸로 배열하기, 수직선에 수 거꾸로 쓰기 등을 통해 수의 순서 감각을 익히고 앞뒤 수의 관계를 파악하여 기계적으로 거꾸로 수 세기를 할 수 있게 한다.

- 2단계-11~20 두 자릿수 의미 이해하기: 주어진 숫자를 보고 1단위와 10단위 막대(1단위 막대를 10개 합친 것과 같은 길이)를 사용하여 나타내기, 10개를 한 묶음으로 세기 활동을 통해 수 의미를 이해하고 십의 자릿수 개념을 이해하도록 한다.

- 3단계-빠진 수 넣기: 1~20의 수 중 무작위로 표본 추출된 세 수의 배열(예, 5, 6, __, 또는 12, __, 14)에서 처음, 중간, 끝에 빠져 있는 수를 인식하는 것으로 수 카드 배열, 수직선에서의 수 계열을 인식하도록 한다.

- 4단계-수 뛰어세기: 주어진 수(예, 2, 5, 10)만큼 뛰어세기를 하는 활동으로, 게임보드의 말과 수직선을 이용하여 뛰어세기에서의 규칙과 배열을 이해하게 한다.

- 5단계-수 가르기: 주어진 수를 제시된 수와 다른 한 수로 분해하는 활동으로(예, 7은 4와 □), 수 막대를 이용하여 수 관계를 인식하게 하고, 수직선을 이용해 수를 분해하도록 한다.

- 6단계-주어진 수에 가까운 수 찾기: 주어진 수와 제시된 나머지 두 수의 관계를 파악하여 주어진 수에서 상대적인 크기를 알게 하기 위하여(예, 9는 6과 11 중 어떤 수에 더 가까운가?) 게임보드 및 수직선에서 수의 거리를 측정해 보는 활동을 한다.

- 7, 8단계-덧셈구구: 수 막대를 이용하여, 덧셈의 효과 및 관계를 이해하도록 한다. '한 자릿수+한 자릿수' 덧셈 문항(예, 3+5, 8+7)에서 게임보드 및 수직선을 활용하여, 더 큰 수를 변별한 후 그 수부터 세어 올라가도록 하는 전략을 사용한다.

- 9, 10단계-뺄셈구구: 수 막대를 이용하여 뺄셈의 효과 및 관계를 이해하도록 한다. '한 자릿수-한 자릿수' 뺄셈 문항(예, 9-4, 11-3)에서 게임보드 및 수직선을 활용하여 빼는 수만큼 거꾸로 세기 전략을 사용한다.

또한 교사는 다음의 다양한 수 감각 활동을 수학 학습장애 및 수학 학습장애 위험군 학생의 수 감각 향상을 위해 활용할 수 있다.

초기 수 세기 활동
■ 쿵 소리내기!
나사처럼 떨어뜨릴 때 시끄러운 소리를 내는 쇠로 만들어진 물건(예, 나사, 볼트 등)을 준비한다. 나사 하나를 떨어뜨리며 '일'이라 하고 두 번째 나사를 떨어뜨리며 '이'라고 한다. 그 후 몇 개의 나사를 아동에게 주면서 교사가 한 것과 똑같이 하도록 지시한다. 필요하다면 교사는 아동 옆에 서서 떨어뜨릴 때마다 박수를 치거나 함께 수를 센다. 또는 수를 셀 때 발을 구르거나 어깨를 치는 활동을 할 수도 있다. 이러한 활동을 통해 1~5의 수를 지도하며, 여러 번 반복하도록 한다.

■ 기타 활동
그 밖에 수 세기 기술을 지도하기 위해 다양한 물건 세기 과제를 실시할 수 있다. 예를 들어, 줄에 묶인 매듭 세기, 박스에 담긴 종이 벽돌을 테이블 위에 하나씩 놓기, 줄에 구슬을 하나씩 연결하기 등이다.

초기 수 세기 활동의 확장
■ 박수 소리를 몇 번 들었나요
박수를 세 번치고 아동에게 박수 소리를 몇 번 들었는지 묻는다. 아동이 이 활동을 편안하게 느끼면 다음 활동으로 넘어가도록 한다.

■ 몇 개의 수를 들었나요

순서대로 이루어진 두 수 혹은 세 수를 말하고 아동에게 몇 개의 수를 들었는지 묻는다.

예) "6, 7, 8" ("세 개의 수")

"11, 10" ("두 개의 수")

거꾸로 수세기

■ 위로 아래로

학생에게 두 가지 동작을 가르친다. 수를 바로 세면 손뼉을 치게 하고, 수를 뒤로 세면 무릎을 치게 한다. 후에 교사는 수를 바로 세고, 학생은 수를 뒤로 세게 한다. 마지막 단계에서는 교사는 앞으로 세기를 '조용하게' 하고 마지막 수만 크게 말한다('4'). 학생은 소리 내어 마지막 수부터 거꾸로 센다('4, 3, 2, 1'). 학생이 5부터 거꾸로 세는 것으로 확장하기 전에 4부터 거꾸로 세는 것을 연습시키도록 한다. 그 후에 더 큰 수를 거꾸로 세는 것을 지도한다.

예) 교사가 말한다. "1, 2, 3, 4"(손뼉을 치며)

학생은 답한다. "4, 3, 2, 1"(무릎을 치며)

■ 무릎 치기

학생을 일어나도록 하고 두 손은 머리 위에 얹도록 한다. 4부터 10까지 숫자 하나를 말하도록 한다(예, 8). 8부터 거꾸로 세 수(예, 8, 7, 6)를 센 다음 무릎을 치도록 한다. 다른 5를 가지고 활동을 반복한다.

10개의 틀을 시각화하기

■ 10칸 카드 순간 보기

10칸으로 나뉜 카드를 준비한다([그림 7-1] 참고). 먼저 모든 칸에 10개의 별이 그려진 카드를 잠깐 보여 주고, "몇 개의 별을 보았니?" 하고 질문한다. 그런 다음, 6개부터 9개의 별이 그려진 카드(예, 9개 또는 7개)를 보여 주며 같은 활동을 반복한다.

이때 "아홉 개의 별 카드는 한 칸이 비어 있는 거야. 확인해 보자." 혹은 "7개의 별이 그려진 카드는 윗줄은 다 채워져 있고 아랫줄에 두 개가 더 있는 거야. 확인해 보자."와 같은 지도가 도움이 된다.

 질문) 몇 개의 별을 보았니?

지도) 7개의 별은 윗줄은 다 채워져 있고 두 개가 더 있는 거야. 확인해 보자.

 지도) 아홉 개의 별 카드는 한 칸이 비어 있는 거야. 확인해 보자.

[그림 7-1] 10칸 카드 순간 보기

숫자의 반전

■ 스텐실 활용

6과 9처럼 시각적으로 비슷한 숫자를 구별하기 위해 스텐실 기법을 활용한다. 스텐실 위에 6은 숫자가 시작되는 부분에 9는 숫자가 끝나는 부분에 시작하는 점을 초록색으로 표시해 두고, 다른 곡선은 빨간색으로 표시한다([그림 7-2] 참고). 필요하다면, 손가락으로 따라 쓰기를 시작하기 전에 숫자의 형태를 강조하기 위한 언어적 단서를 활용한다.

[그림 7-2] 스텐실 활용

■ 세고 쓰기

6과 9를 혼동하는 학생의 경우, 수가 나타내는 사물을 세고 숫자를 완성하도록 한다. 필요하다면 숫자의 시작점 및 끝나는 점을 초록색으로 표시하고 학생에게 따라 쓰도록 한다([그림 7-3] 참고).

[그림 7-3] 세고 쓰기

■ 십과 일

교사는 먼저 문제를 제시한다(할머니가 과자를 만드셨다. 할머니는 한 접시에 열 개씩 두 접시에 과자를 담아 두니 4개가 남았다. 할머니가 만드신 과자는 모두 몇 개인가?).

교사는 학생에게 20개의 조각과 4개 조각을 준다. 그리고 교사는 "열 개씩 몇 무더기를 쌓을 수 있니?"라고 질문한다. ("두 개") 학생이 답한 후, 초록색으로 '십'이라고 쓰인 곳에 10개의 조각씩 두 무더기를 쌓도록 한다. 그다음 교사는 "한 개씩 몇 개가 있니?"라고 질문한다. ("네 개.") 학생이 답한 후 빨간색으로 '일'이라고 쓰인 곳에 4개 조각을 두도록 한다. 교사는 학생에게 "24를 네가 손으로 따라 써 보도록 하렴. 십의 자리부터 시작하자."라고 말한다. 학생은 숫자를 따라 쓰면서 크게 말한다.

수 감각 발달

■ 10보다 크다, 작다

아동에게 수의 관계를 생각해 볼 수 있는 기회를 제공한다. 다음 활동을 할 때, 학생에게 유추 과정을 구어로 표현하거나 글로 써 보도록 한다.

> 예) 내용: 8+4는 10보다 큰 수인가 작은 수인가?
>
> 학생 풀이 과정: 학생 스스로 구슬을 넣을 수 있는 10칸짜리 칸에 8개와 4개의 구슬 넣기를 시도해 보면, 2개를 넣을 수 없으므로 8+4는 10보다 크다는 것을 알 수 있다.

■ 답이 될 수 없는 수

계산 문제를 제공한 후 두 가지 혹은 그 이상의 가능한 답 중 하나를 선택하도록 한다. 학생에게 답이 될 수 없는 수를 예측한 후 그 이유를 말하도록 한다. 교사가 적절한 답을 예측하는 것을 모델링하여 학생에게 적절한 답을 할 기회를 제공하는 것이 중요하다. ("답은 515가 될 수 없어. 50+50은 100이고, 두 수는 모두 50보다 적은 수이니 더한 수는 100도 될 수 없지.")

> 예) 28+37=65
>
> 28+37=515

실생활 경험을 통한 수 감각 교수 문제풀이 중심의 수 감각 교수는 아동의 수학 학습에 대한 흥미와 동기를 저하시키는 요인이 된다. 수 감각은 실생활과 밀접한 활동을 통해 형성된다. 따라서 효과적인 수 감각 훈련을 위해서는 실생활 경험 중심

- 교실에서 수량으로 표현할 수 있는 것(예, 남학생과 여학생 수, 책상과 걸상 수, 창문과 커튼 수, 게시판의 게시물 수 등)을 찾고 말한다.
- 교실에 적혀 있는 더 큰 수 혹은 더 작은 수를 찾고 크기 순서대로 나열한다.
- 집합 속 물건의 수량을 어림한다(예, 통 속 연필, 책꽂이의 책 등).
- 사물의 크기를 다양한 방법으로 측정한다(예, 양팔이나 보폭, A4 용지, 손 뼘 등).
- 겉포장에 표시된 단위(예, 우유 등의 음료수, 과자봉지, 주전자, 도시락 반찬통 등)를 찾고 크기를 비교한다.

[그림 7-4] 교실 내 수 감각 향상을 위한 활동의 예시

의 교수 프로그램을 구성하는 것이 바람직하다. [그림 7-4]는 실생활, 특히 아동이 주로 생활하는 교실에서 수 감각을 키울 수 있는 여러 가지 활동을 제시하고 있다.

2) 사칙연산

(1) 사칙연산의 정의 및 학습장애학생의 사칙연산 특성

사칙 연산은 수학의 기본적인 기술로 덧셈, 뺄셈, 곱셈 및 나눗셈이 있으며, 이러한 연산 능력은 문제 해결 능력 형성을 포함한 수학 과제 해결의 기초가 된다. 많은 수학 학습장애학생은 기본적인 사칙연산에 어려움을 보이는데, 이는 문제 해결이 요구되는 상위수준의 수학 과제 해결 및 일상생활에도 어려움을 초래한다. 또한 이로 인해 학생의 전반적 자아개념에도 부정적인 영향을 끼치게 된다.

수학 학습장애학생이 연산 영역에서 주로 어려움을 겪는 것은 한 자릿수 사칙연산(basic fact; 사칙연산 구구)이다(Bley & Thornton, 2001). 수학 학습장애학생은 사칙연산 구구 문제를 정확하고 유창하게 푸는 데 어려움이 있다고 여러 연구에서 보고되었다(Geary, Hamson, & Hoard, 2000; Jordan et al., 2003). 특히 수학 학습장애학생은 두 자리 이상의 숫자에서 자릿값의 이해 및 계산에 어려움을 보인다. 또한 받아 올림이 있는 덧셈과 받아 내림이 있는 뺄셈 문제에서 자주 오류를 보이는 것

으로 보고되었다(Raghubar, Barnes, Ewing-Cobbs, Fletcher, & Fuchs, 2009). 사칙연산에서의 오류를 구체적으로 살펴보면 다음과 같다.

덧셈의 경우, 받아 올림이 있는 계산에서 오류를 많이 보인다. 특히 일의 자리보다 십의 자리와 백의 자리에서 받아 올림을 해야 하는 경우 오류가 더 많이 나타난다(Cawley, Parmar, Yan, & Miller, 1998). 뺄셈 계산의 경우, 큰 수에서 작은 수를 빼는 오류(예, 326-117=211)와 받아 내림이 있는 세 자릿수의 뺄셈에서 10의 자리에서는 받아 내림을 하는데 100의 자리에서는 받아 내림을 하지 않는 오류(예, 503-228=375)가 자주 나타난다(Riccomini, 2005). 곱셈의 경우, 곱셈구구(한 자릿수의 곱셈)에서의 오류, 곱셈 과정에서 받아 올림을 제대로 하지 못하거나 받아 올림이 있는 곱셈을 진행한 후 더하지 않는 오류[1], 자릿수를 맞춰 곱셈을 실시하지 못하는 오류[2] 등을 보인다. 또한 곱셈 자체의 오류가 아니라 덧셈에서의 오류(예, 덧셈구구의 오류, 받아 올림에서의 오류)로 인해 곱셈 계산을 틀리기도 하는 것으로 보고되었다. 나눗셈의 경우, 나머지를 빼놓고 답을 쓰는 오류, 몫을 잘못 설정하는 오류[3] 등을 보낸다. 또한 나눗셈 자체의 오류가 아니라 곱셈(예, 곱셈구구의 오류, 곱셈 과정에서의 받아 올림 및 받아 올린 수의 계산)에서의 오류 및 뺄셈에서의 오류(예, 뺄셈구구의 오류, 받아 내림에서의 오류)로 인해 나눗셈 계산이 틀리는 것으로 보고되었다(Miller & Milam, 1987).

---

[1]
$$\begin{array}{r} 4 \\ 27 \\ \times\ 7 \\ \hline 149 \end{array}$$

[2]
$$\begin{array}{r} 372 \\ \times 41 \\ \hline \end{array}$$

[3]
$$\begin{array}{r} 2 \\ 3\overline{)14} \\ 6 \\ \hline 8 \end{array}$$

이처럼 학습장애학생의 사칙연산 과정에서의 오류는 수학 과제 해결의 거듭된 실패를 가져와 모든 수학 학습 과정에서 저성취 결과를 초래하여 학습자의 자아개념에 부정적 영향을 끼치게 된다. 따라서 이들의 사칙연산 능력 향상을 위한 적절한 교수가 요구된다.

(2) 사칙연산 교수법

덧셈 교수 기초적인 덧셈 기술에 대한 지식을 개발하기 위해 수 세기는 중요한 선행 기술이다. 아동은 기초적인 덧셈 기술을 학습할 때 다음과 같은 단계를 거친다(Garnett, 1992; Siegler & Jenkins, 1989; 김애화, 2009 재인용).

- 1단계-모두 세기(counting all): 두 수를 더할 때, 각 수를 1부터 센 다음(예, 4+3을 계산할 때, '1, 2, 3, 4+1, 2, 3'), 이들을 합쳐서 다시 센다(예, '1, 2, 3, 4, 5, 6, 7'). 이 시기에는 일반적으로 손가락이나 사물을 사용하여 수 세기를 한다.

- 2단계-이어 세기(counting on): 두 수를 더할 때, 한 숫자에서 시작해서 더해지는 만큼 나머지 수를 센다(예, 4+3을 계산할 때, '4-5, 6, 7'). 이어 세기의 초기 단계에서는 두 수의 크기와 상관없이 앞의 수를 기준으로 뒤의 수를 세는 방법을 사용하다가(예, 2+4를 계산할 때, '2-3, 4, 5, 6'), 점차 발달하면서 두 수 중 큰 수를 변별하고 큰 수를 기준으로 나머지 수를 세는 방법(예, 2+4를 계산할 때 '4-5, 6')을 사용한다. 이어 세기 초기에는 손가락이나 사물을 사용하여 수 세기를 하다가, 점차 언어적으로 수 세기(예, 사-오, 육, 칠 말하면서 수를 셈)를 한다.

- 3단계-부분 인출(decomposition/linking): 직접 인출 단계 전에 나타나는 과도기적 단계로 학생이 직접 인출할 수 있는 덧셈식에서 추가적으로 필요한 계산을 더해서 계산하는 방법이다(예, 6+7을 계산할 때, 6+6=12라는 정보를 장기기억에서 인출한 후, 6+7이 6+6보다 1만큼 크니 1을 더하여 13이라는 답을 산출).

- 4단계-직접 인출(direct retrieval): 두 수의 합을 계산 과정을 거치지 않고 바로

장기기억에서 인출하여 답하는 것을 의미한다(예, 6+6을 계산할 때 바로 12하고 답을 산출).

아동의 수학적 능력이 발달함에 따라 점차적으로 초기 전략(예, 모두 세기, 앞의 수를 기준으로 이어 세기)은 감소하고, 보다 효율적인 전략(예, 큰 가수를 기준으로 이어 세기, 부분 인출, 직접 인출)의 사용이 증가한다. 효율적인 기초 덧셈 전략은 다음과 같다.

■ 큰 가수를 기준으로 이어 세기

큰 가수를 기준으로 이어 세기를 하기 위해서는 다음과 같은 선행 지식과 기술이 필요하다.

첫째, 덧셈식의 순서와 상관없이 효율적인 순서로 연산을 할 수 있다는 것을 알아야 한다.

둘째, 두 수 중 큰 수를 변별할 수 있어야 한다.

셋째, 1이 아닌 곳에서 시작하여 셀 수 있어야 한다.

이 중에서 '두 수 중 큰 수를 변별할 수 있어야 한다.'는 것을 인식하는 것은 큰 수를 기준으로 이어 세기를 하는 데 가장 중요하다. 따라서 교사는 두 수 중 어떤 수가 더 큰 수인지 변별하는 연습을 학생들이 충분히 할 수 있도록 해야 한다. [그림 7-5]는 큰 가수를 기준으로 이어 세기를 할 때 교사가 활용할 수 있는 활동의 예다. 이 활동에서는 큰 가수는 숫자로 나타내고, 이어 세어야 하는 숫자는 점으로 표시한다. 이러한 활동은 두 수를 모두 숫자로 나타내기 전에 과도기적으로 하는 활동으로 이어 세어야 하는 숫자를 반 구체적으로 표시하여 학생이 이어 세기의 개념을 쉽게 이해하도록 도와준다.

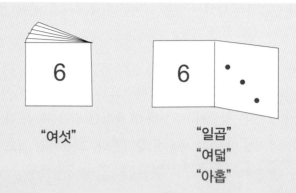

그림과 같이 왼쪽에는 숫자가 적혀 있고, 오른쪽에는 점이 적힌 소책자를 준비한다. 소책자를 구성할 때, 왼쪽의 숫자가 오른쪽의 점의 수보다 많게 구성하여 큰 가수를 기준으로 이어 세기를 학생들이 연습할 수 있도록 하여야 한다.

[그림 7-5] 큰 가수를 기준으로 이어 세기 활동

출처: Bley, N. S., & Thornton, C. A. (2001). *Teaching mathematics to students with learning disabilities*. Austin, TX: Pro-Ed.

■ 부분 인출 및 직접 인출

연산을 잘 하려면, 기본셈(사칙연산 구구)을 잘 이해할 뿐 아니라 충분한 연습을 통해 기본셈을 빠르고 정확하게 할 수 있어야 한다. 이를 위해서는 학생이 점차적으로 부분 인출과 직접 인출을 통해 기본셈을 할 수 있도록 도와주어야 한다. Geary, Hoard와 Hamson(1999)의 연구에 따르면, 수학 학습장애학생은 계산 과정을 거치지 않고 답을 장기기억에서 바로 인출하는 직접 인출 능력이 일반학생에 비해 현저하게 부족하다. 이러한 수학 학습장애학생의 특성에 근거하여 많은 학자들은 수학 학습장애학생을 위한 기본셈(basic fact) 능력을 향상시키는 교수에 관한 연구를 실시하였다(Kroesbergen & Van Luit, 2003). 덧셈의 기본셈은 덧셈구구를 의미하며, 한 자릿수 더하기 한 자릿수로 100개의 기본 덧셈구구가 있다.

덧셈구구 교수는 다음의 세 단계로 나누어 실시하는 것이 좋다(Chard et al., 2008;

Sibert, Carnine, & Stein, 1990).

- 1단계: 학생이 덧셈구구의 기본 개념을 이해하도록 가르친다. 이때 실생활과 연결하여 구체물을 조작하는 활동을 통해 덧셈의 개념을 이해시킨다.
- 2-1단계: 사칙연산 구구표를 이용하여 학생이 다양한 덧셈구구들 간의 관련성을 이해하도록 도와준다.

  예) 학생이 덧셈구구표를 보고, 어떤 수들은 서로 간에 공통점을 갖고 있다는 것을 파악하도록 한다. 예를 들어, 학생은 [그림 7-6]의 덧셈구구표를 보고, 덧셈식에서 두 수의 위치가 바뀌어도 답은 똑같다는 공통점을 발견할 수 있다. 이것이 '교환법칙'인데, 학생은 교환법칙을 이해함으로써 100개의 덧셈구구 대신 55개의 덧셈구구만을 외우면 된다.
- 2-2단계: 덧셈구구표를 점진적으로 소개하여 학생이 이를 효율적으로 학습할 수 있도록 도와야 한다. Garnett(1992) 등 여러 학자는 효과적인 덧셈구구 순서를 [그림 7-6]과 같이 소개하였다.

  예) 학생들은 어떤 수에 0을 더하면, 그 수 그대로가 답이 된다는 공통점을 발견할 수 있다. 이것이 '+0 법칙'이며, 학생들은 '+0 법칙'을 이해함으로써, 55개의 덧셈구구 중 10개의 덧셈구구를 학습하게 된다. 이와 같이 학생들이 덧셈구구를 한꺼번에 외우는 것이 아니라, 쉽게 외워지는 순서에 따라 점진적으로 외우게 하는 것이 더 좋다.
- 3단계: 학생들이 2단계에서 학습한 사칙연산구구를 자동화할 수 있도록 반복하고, 누적하여 연습할 수 있는 기회를 제공하여야 한다. 사칙연산구구의 자동화를 위한 연습을 할 때, 교사는 다음의 세 가지 절차를 활용하는 것이 좋다. 첫째, 새로 학습한 구구를 집중적으로 반복하기, 둘째 새로 학습한 구구와 이전에 학습한 구구를 섞어서 누적 반복하기, 셋째 새로 학습한 구구의 숙달 정도를 평가하기 등이다.

  예) [그림 7-6]에서 제시한 덧셈구구 순서에 따라 법칙을 소개하고 연습한

덧셈구구표

+	0	1	2	3	4	5	6	7	8	9
0	0	1	2	3	4	5	6	7	8	9
1	1	2	3	4	5	6	7	8	9	10
2	2	3	4	5	6	7	8	9	10	11
3	3	4	5	6	7	8	9	10	11	12
4	4	5	6	7	8	9	10	11	12	13
5	5	6	7	8	9	10	11	12	13	14
6	6	7	8	9	10	11	12	13	14	15
7	7	8	9	10	11	12	13	14	15	16
8	8	9	10	11	12	13	14	15	16	17
9	9	10	11	12	13	14	15	16	17	18

덧셈구구표 학습 순서

1) +0 법칙: 1+0, 7+0

2) +1 법칙: 2+1, 5+1

3) +2 법칙: 3+2, 6+2

4) 같은 수 덧셈 법칙: 3+3, 9+9

5) 같은 수+1 법칙: 3+4, 7+8

6) 같은 수+2 법칙: 2+4, 5+7

7) +9 법칙: 4+9, 8+9

8) 남은 덧셈들: 6+3, 7+3, 8+3

   (1~7단계 이외의 덧셈들) 7+4, 8+4

                                 8+5

[그림 7-6] 덧셈구구표와 덧셈구구 학습 순서

다. 예를 들어, 4단계 법칙인 '같은 수 덧셈 법칙'이 학습목표일 경우, 같은 수 법칙에 해당하는 덧셈구구를 집중적으로 가르치고 연습한다. 그다음 '같은 수 덧셈 법칙'과 이전에 학습한 1~3단계 법칙을 적용하는 덧셈을 섞어서 덧셈식을 구성한 후, 학생들이 반복하여 연습하도록 한다. 마지막으로 새로 배운 덧셈을 얼마나 잘 배웠는지 덧셈식을 구성하여 평가한다.

■ 두 자릿수 이상의 덧셈 교수

한 자릿수 덧셈 계산이 유창하게 되면, 두 자릿수 이상의 덧셈 교수를 실시하여야한다. 다음은 두 자릿수 이상의 덧셈 교수에 활용할 수 있는 다양한 활동의 예다.

- 받아 올리는 수는 고정적인 위치에 적도록 지도하는 것이 좋다. 이때 일의 자리의 답을 적는 곳과 받아 올리는 수를 적는 곳에 색깔을 넣어 학생들이 받아올림을 올바르게 할 수 있도록 돕는다([그림 7-7]의 ⓐ 참고).
- 받아 올림을 해야 하는 계산식에서 답을 적는 곳에 네모로 표시하고, 각 네모에는 하나의 숫자만 들어가야 함을 강조한다. 이때 하나 이상의 숫자가 들어가게 될 경우에 받아 올림을 해야 함을 가르친다. 일의 자리의 6과 8을 합치면14가 되는데, 네모 칸에는 하나의 숫자만 들어가야 하기 때문에 받아 올림을해야 함을 설명한다([그림 7-7]의 ⓑ 참고). 이때 일의 자리와 십의 자리의 칸은각각 색깔을 달리 하여 표시하여, 학생이 자릿값을 보다 명시적으로 이해할수 있도록 돕는다.

ⓐ 1
46
+ 37
3

ⓑ
56
+ 38
8 14 = 9 4

답: ___ (십의 자리) ___ (일의 자리)

[그림 7-7] 두 자릿수 이상의 덧셈 교수-받아 올림

출처: Bley, N. S., & Thornton, C. A. (2001). *Teaching mathematics for students with learning disabilities.* Austin, TX: Pro-Ed.

CHAPTER
07

- 두 개 이상의 수를 더해야 하는 계산식의 경우, 자릿수를 맞춰 계산하는 것을 돕기 위해 다음과 같이 형광펜이나 세로 줄을 표시하여 도움을 주거나, 격자 표시가 된 종이를 사용한다([그림 7-8]의 ⓐ, ⓑ, ⓒ 참고).

- 두 개 이상의 수를 더해야 하는 계산식의 경우, 자릿수를 맞춰 계산하는 것을 돕기 위해 일의 자리를 계산할 때는 십의 자리와 백의 자리는 가린 상태에서 일의 자리를 계산하도록 한다. 또한 십의 자리를 계산할 때는 나머지 자리(일의 자리와 백의 자리)를 가린 상태에서 계산하게 하고, 백의 자리를 계산할 때도 나머지 자리(일의 자리와 십의 자리)를 가린 상태에서 계산하게 한다([그림 7-8]의 ⓓ 참고).

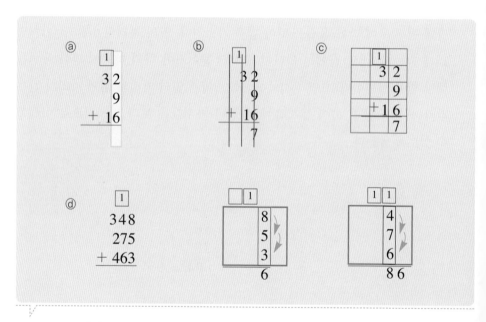

[그림 7-8] 두 자릿수 이상의 덧셈 교수-두 개 이상의 수

뺄셈 교수

■ **뺄셈 개념 및 뺄셈식 알기**

덧셈과 뺄셈의 기초가 되는 것은 '가르기' 와 '모으기' 다. 모으기는 흩어져 있는

것을 한군데로 모으는 활동이며 덧셈의 기초가 된다. 가르기는 이와 반대되는 개념으로 모은 것을 보통 두 덩어리나 세 덩어리로 나누는 작업을 의미한다. 이는 뺄셈 개념을 형성하기 위한 기본 활동이다. 모으기와 가르기 활동은 놀이의 형태로, 초기에는 10을 가지고[10이 되는 두 수를 보수(補數) 혹은 짝꿍 쉬 실시하는 것이 좋다(예, 1,9/2,8, ……8,2/9,1). 그다음 합이 10이 넘는 수의 가르기와 모으기 활동을 실시하는 것이 좋다.

이때 교사는 [그림 7–9]와 같이 인덱스 카드를 사용하여 10이 넘는 가르기와 모으기 활동을 실시할 수 있다. 우선 교사는 ⓐ와 같이 인덱스 카드 윗부분에 '합이 되어 만들어지는 수(예, 12)'를 써 넣도록 한다. 그다음 ⓑ와 같이 학생들에게 '12'가 될 수 있는 짝이 되는 숫자로 구성된 덧셈식을 모두 적도록 한다. 또한 ⓒ와 같이 학생들이 '12'가 될 수 있는 짝이 되는 숫자의 뺄셈식을 써 넣도록 한다. 이때 시간 제한(예, 1분)을 두고 그 사이에 가능한 많이 짝이 되는 덧셈식 또는 뺄셈식을 적도록 하여 간단한 연산 유창성을 높이도록 한다(Powell et al., 2009).

[그림 7–9] 가르기와 모으기를 활용한 간단 덧셈과 뺄셈의 유창성을 향상시키는 활동

또한 덧셈과 뺄셈은 수직선으로 표현하는 것이 좋다. 그러나 아동이 수직선에서 더하기를 쉽게 하지만 빼기는 잘 못하는 경향이 있다. 더하기는 계속 앞으로 가면 되지만 빼기는 수직선상에서 앞으로 뒤로 왔다갔다 해야 하기 때문에 어려움을 겪는 것이다. 학생들에게 개념의 이해와 표현의 문제는 다를 수 있으므로 다양한 표

현 활동을 통해 개념을 학습하도록 한다.

■ 뺄셈구구 교수

뺄셈의 개념을 가르치고 뺄셈식을 익히게 한 다음, 뺄셈구구 연습 기회를 충분히 제공하여 빠르고 정확하게 계산할 수 있도록 교수하여야 한다. 뺄셈구구는 덧셈의 역관계에 기초하여, 빼는 수와 답이 한 자리다. 뺄셈구구는 덧셈의 역 관계를 강조한 짝이 되는 뺄셈식을 충분히 연습하여 자동화할 수 있도록 하는 것이 좋다. 뺄셈구구 제시 순서는 덧셈구구의 순서와 동일하게 진행한다.

■ 두 자릿수 이상의 뺄셈 교수

한 자릿수 뺄셈 계산이 유창하게 되면, 두 자릿수 이상의 뺄셈 교수를 실시하여야 한다. 다음은 두 자릿수 이상의 뺄셈 교수에 활용할 수 있는 다양한 활동의 예다.

- 반구체물(예, 그림 등)을 활용하여 받아 내림의 개념을 식과 연결하여 이해하도록 교수한다([그림 7-10] 참고).
- 받아 내림을 할 때, 받아 내린 수 '10'을 더하고, 그 위의 값은 '1'이 줄어드는 것에 대한 단서를 제공한다([그림 7-11] 참고). 이때 일의 자리와 십의 자리에 해당하는 칸은 각각 색깔을 다르게 표시하여, 학생이 자릿값을 보다 명시적으로 이해할 수 있도록 돕는다.
- 세 자릿수 이상의 뺄셈식에서는 자릿수를 맞춰 받아 내림을 하며 계산하는 것을 돕기 위해 [그림 7-12]의 ⓐ와 같은 가림 카드를 사용한다. 이와 같은 가림 카드를 ⓑ, ⓒ, ⓓ에서 제시된 순서에 따라 사용한다.

곱셈 교수　학생들은 덧셈보다 곱셈을 배울 때 수학에서 어려움을 겪게 된다. 일반적으로 곱셈 교수는 곱셈 개념 설명(묶어 세어 보기 또는 건너뛰며 세기 이용) →곱셈식 알기→몇 배 개념 알기→곱셈구구 교수→두 자릿수 이상의 곱셈 교수 순으

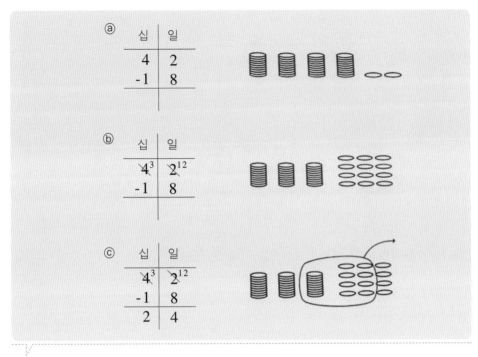

[그림 7-10] 두 자릿수 이상의 뺄셈 교수 활동 — 받아 내림의 개념을 식과 연결

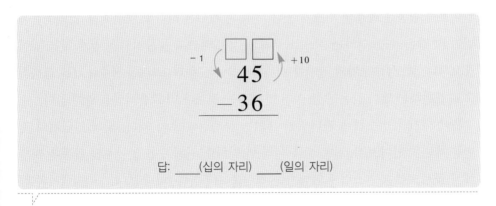

[그림 7-11] 두 자릿수 이상의 뺄셈 교수 활동 — 자릿수에 대한 단서

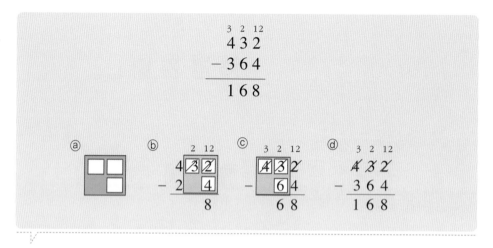

[그림 7-12] 두 자릿수 이상의 뺄셈 교수 활동-가림 카드 활용

로 진행할 수 있다.

■ 묶어 세기 또는 건너뛰며 세기를 통한 곱셈 개념

묶음의 개수와 묶음 내의 수를 알아본 후, 같은 수를 여러 번 더하여 전체의 수를 알아보는 활동은 곱셈의 기초가 된다. 전체의 개수를 하나씩 제시하지 않고 묶음을 만들어, 같은 수를 더하는 식으로 구하는 것이 빠르고 능률적임을 알게 하는 것이 중요하다. 즉, 동수누가의 관계를 이해하도록 지도한다. 그다음 동수누가를 곱셈식으로 표현하는 것이 같은 수를 여러 번 더하는 것보다 더 효율적임을 알게 한다.

묶어 세기와 비슷하게 건너뛰며 세기는 곱셈의 기초가 된다. 몇씩 건너뛰며 몇 번을 세는지 알아보기, 같은 수를 여러 번 더하여 전체 수를 알아보는 활동은 덧셈에서 곱셈으로 자연스럽게 넘어가는 경험을 제공한다. 이때 [그림 7-13]에서와 같이 수직선을 활용하여 건너뛰며 수세기 활동을 설명할 수 있다. 또한 학생의 이해 정도에 따라 1의 자릿수뿐만 아니라 10의 자릿수에서의 건너뛰며 수세기 활동으로 확장할 수 있다.

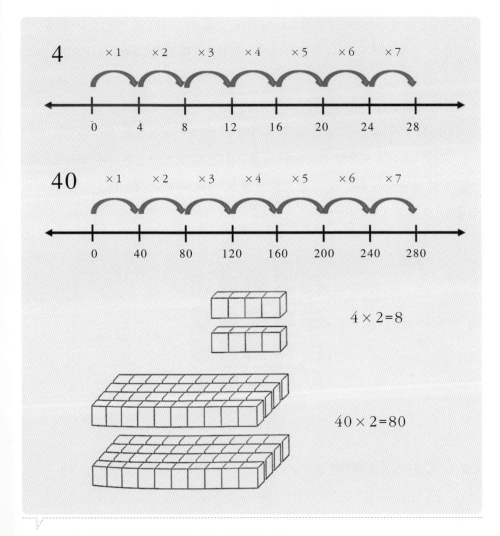

[그림 7-13] 수직선을 활용한 건너뛰며 세기를 통한 곱셈

출처: Woodward, J. (2006). Developing automaticity in multiplication facts: Integrating strategy instruction with timed practice drills. *Learning disability Quarterly, 29*, 269-289.

■ 곱셈식 알기

같은 수를 여러 번 더할 경우 같은 수 더하기를 곱하기로 나타내는 것이 훨씬 간편함을 이해시킨다. 구체적인 생활장면을 도입하여 ○개씩 묶기(예, 5개씩 묶기) →

묶음 수 찾기(예, 4개) → 덧셈식으로 나타내기(예, 5+5+5+5)의 과정을 거친 후, 반구체물 도식을 통해 5씩 4묶음을 5×4라고 표현하도록 한다([그림 7-14] 참고).

■ 몇 배 개념 알기

미완성된 반구체물(예, 그림)을 활용하여 아동에게 곱셈식을 완성하도록 한다(예, '5개씩 4묶음은 모두 몇 개입니까?'에 해당하는 '몇 개'의 그림을 직접 그림). 그다음 '몇 개'에 해당하는 수를 빈칸에 쓰도록 하고, '5의 몇 배는 몇이다'(예, 5×4= 20의 곱셈식으로 쓰고, 5의 4배는 20이다.)를 지도한다([그림 7-14] 참고).

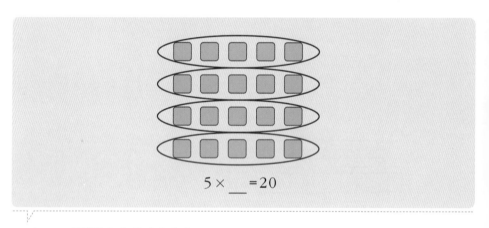

$$5 \times \underline{} = 20$$

[그림 7-14] 곱셈식과 몇 배 개념 알기

■ 곱셈구구 교수

곱셈구구의 궁극적인 목적은 학생이 계산 과정을 거치지 않고 바로 장기기억에서 답을 인출할 수 있도록 하는 것이다. 이를 위해 곱셈의 개념, 곱셈식, 몇 배 개념 등을 이해하도록 하고, 그다음 충분한 연습을 통해 곱셈구구의 기본셈을 빠르고 정확하게 할 수 있도록 이끌어 내야 한다. 곱셈구구는 한 자릿수 곱하기 한 자릿수로 100개의 기본 곱셈구구가 있으며, 곱셈구구 교수는 다음의 세 단계로 나누어 실시하는 것이 좋다(Chard et al., 2008; Sibert, Carnine, & Stein, 1990).

- 1단계: 앞서 설명한 곱셈의 개념, 곱셈식, 몇 배 개념 등을 학생이 이해하도록 가르쳐야 한다. 이때 학생이 경험할 수 있는 상황을 통해 곱셈구구를 알 수 있게 하는 것이 좋다(예, 7단의 경우 1주일씩 세어 보기 활동을 통해 4주일은 며칠인지 알아보기).

- 2-1단계: 곱셈연산 구구표를 이용하여 학생들이 다양한 구구 간의 관련성을 이해하도록 도와야 한다. 예를 들어, 학생이 곱셈구구표를 보고, 어떤 수들이 서로 간에 공통점을 갖고 있다는 것을 파악하도록 한다. 예를 들어, 학생은 [그림 7-15]의 곱셈구구표를 보고, 곱셈식의 두 수 위치가 바뀌어도 답은 똑같다는 공통점을 발견할 수 있다. 이것이 '교환법칙'인데, 학생은 교환법칙을 이해함으로써 100개의 곱셈구구 대신 55개의 곱셈구구만을 외우면 된다.

- 2-2단계: 곱셈연산 구구표를 점진적으로 소개하여 학생이 이를 효율적으로 학습하도록 도와야 한다. 곱셈구구를 어떠한 순서로 점진적으로 소개하는 것이 더 효과적인가에 대해 Garnett(1992) 등 여러 학자가 제안한 순서는 [그림 7-15]와 같다. 예를 들어, 학생들은 어떤 수에 0을 곱하면, 항상 0이 된다는 공통점을 발견할 수 있다. 이것이 '×0 법칙'이며, 학생은 '×0 법칙'을 이해함으로써 55개의 곱셈구구 중 10개의 곱셈구구를 학습하게 된다. 이와 같이 학생이 곱셈구구를 한꺼번에 외우는 것이 아니라, 더 쉽게 외워지는 순서에 따라 점진적으로 외우게 하는 것이 더 좋다.

- 3단계: 학생이 2단계에서 학습한 곱셈연산 구구를 자동화할 수 있도록 반복·누적된 연습 기회를 제공하여야 한다. 사칙연산 구구의 자동화를 위해 연습을 할 때, 교사는 다음의 세 가지 절차를 활용하는 것이 좋다. 첫째, 새로 학습한 구구를 집중적으로 반복하기, 둘째 새로 학습한 구구와 이전에 학습한 구구를 섞어서 누적 반복하기, 셋째 새로 학습한 구구의 숙달 정도를 평가하기다.

곱셈구구표

x	0	1	2	3	4	5	6	7	8	9
0	0	0	0	0	0	0	0	0	0	0
1	0	1	2	3	4	5	6	7	8	9
2	0	2	4	6	8	10	12	14	16	18
3	0	3	6	9	12	15	18	21	24	27
4	0	4	8	12	16	20	24	28	32	36
5	0	5	10	15	20	25	30	35	40	45
6	0	6	12	18	24	30	36	42	48	54
7	0	7	14	21	28	35	42	49	56	63
8	0	8	16	24	32	40	48	56	64	72
9	0	9	18	27	36	42	54	63	72	81

곱셈구구 학습 순서

순서	내용	예
1	×0법칙	$1 \times 0, 7 \times 0$
2	×1법칙	$2 \times 1, 5 \times 1$
3	×2법칙	$3 \times 2, 6 \times 2$
4	×5법칙	$4 \times 5, 8 \times 5$
5	×9법칙	$3 \times 9, 9 \times 9$
6	같은 수 곱셈 법칙	$2 \times 2, 7 \times 7$
7	남은 곱셈들	$3 \times 4, 3 \times 6, 3 \times 7, 3 \times 8$ $4 \times 6, 4 \times 7, 4 \times 8$ $6 \times 7, 6 \times 8$ 7×8

[그림 7-15] 곱셈구구표와 곱셈구구 학습 순서

■ 두 자릿수 이상의 곱셈 교수

한 자릿수 곱셈 계산이 유창하게 되면, 두 자릿수 이상의 곱셈 교수를 실시하여야 한다. 다음은 두 자릿수 이상의 곱셈 교수에 활용할 수 있는 다양한 활동의 예다.

- 상위 자릿수로의 받아 올림을 한 수를 이용해 상위 자릿수의 곱을 진행한 후 덧셈을 해야 하는데, 이 부분에 어려움이 있는 경우 [그림 7-16]에서 제시한 방법을 사용할 수 있다.

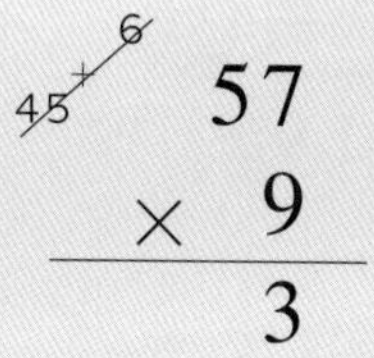

[그림 7-16] 두 자릿수 이상의 곱셈 교수 활동

- 부분 곱(partial product)을 사용하여 계산하도록 할 수 있다([그림 7-17] 참고).

$$
\begin{array}{r}
341 \\
\times \quad 2 \\
\hline
2 \\
80 \\
+\ 600 \\
\hline
682
\end{array}
$$

[그림 7-17] 두 자릿수 이상의 곱셈 교수 활동-부분 곱

출처: Woodward, J. (2006). Developing automaticity in multiplication facts: Integrating strategy instruction with timed practice drills. *Learning disability Quarterly, 29*, 269-289.

• 자릿수를 맞춰 곱셈하는 것을 돕기 위해 [그림 7–18]의 ⓐ에서 제시한 것과 같
은 가림 카드를 사용한다. 이와 같은 가림 카드는 ⓑ, ⓒ에서 제시한 순서에 따
라 사용한다.

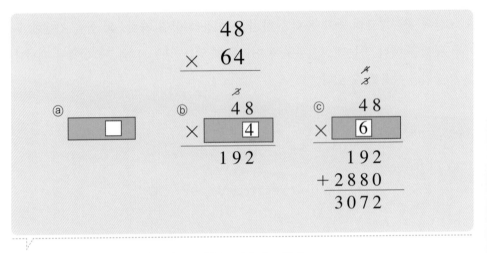

[그림 7–18] 두 자릿수 이상의 곱셈 교수 활동–가림 카드 활용

출처: Woodward, J. (2006). Developing automaticity in multiplication facts: Integrating strategy instruction with timed practice drills. *Learning Disability Quarterly, 29*, 269-289.

한편, 교사는 곱셈 교수를 할 때 학생이 곱셈 과정에서 보이는 오류에 적합한 교
수 지원을 하는 것이 바람직하며, 〈표 7–2〉는 곱셈 오류 유형별 교수 지원의 예를
제시하고 있다.

나눗셈 교수 곱셈이 같은 수를 계속 더하는 동수누가의 더하기 개념이라면 나눗
셈은 같은 수를 계속 빼 주는 동수누감의 빼기 개념이다. 이런 의미에서 곱셈과 나
눗셈은 상대적인 개념이다. 나눗셈을 계산하기 위해서는 포함제 개념과 등분제 개
념의 이해가 필요하다. 우선 포함제는 어떤 수 안에 다른 수가 몇이나 포함되어 있
는가를 구하는 것으로 '횟수'의 개념이다. 예를 들어, 12÷3은 '12 안에 3이 몇 번

〈표 7-2〉 곱셈 오류 유형별 교수 지원

곱셈 오류	학습지원
곱셈구구의 오류 (단순 연산 오류)	곱셈 구구 교수 및 연습 재기회 부여
자릿값의 혼돈	자리의 정확한 위치 표시 푸는 순서 제시
받아 올림의 생략	받아 올리는 수를 적는 위치를 고정적으로 표시하도록 지도
0을 포함한 숫자에서의 오류	0이 갖는 곱셈 계산의 간편함 및 ×0법칙 교수
두 자릿수 이상의 수들끼리의 곱셈에서의 어려움	순서대로 풀도록 유도
문장제 곱셈 문제에 대한 어려움	유사한 문장 패턴의 규칙성을 이해하여 활용하도록 교수

출처: 남윤석, 노선옥, 유장순, 이대식, 이필상, 정인숙, 홍성두(2011). 특수교육 수학 교육론. 경기: 교육과학사.

포함하고 있는가?'라는 의미다. 포함제 나눗셈 개념을 묻는 문제에는 일반적으로 '~씩'이라는 어휘가 들어간다.

- 사탕 8개를 한번에 2개씩 먹으려고 합니다. 몇 번 먹을 수 있습니까?
- 바둑돌 21개를 3개씩 모았습니다. 몇 묶음이 나옵니까?

반면 등분제는 어떤 수를 똑같이 몇으로 나누는가를 구하는 것으로 '개수'의 개념이다. 예를 들어, 12÷3을 생각해 보면 '사과 12개가 있는데 3개의 접시에 똑같이 나누어 담는다면 한 접시에는 몇 개가 담기는가?'라는 의미다. 등분제 개념이 담긴 문제에는 '똑같이 나누면'과 같은 어휘가 많이 제시된다. 등분제의 개념은 분수의 개념이 되므로 이에 대한 철저한 이해가 필요하다.

- 풍선이 6개 있습니다. 두 사람이 똑같이 나누어 가지면 한 사람이 몇 개를 가

지게 됩니까?

• 블록 15개가 있습니다. 세 사람이 똑같이 나누어 놀이를 하려고 합니다. 한 사람이 몇 개씩 가지게 됩니까?

일반적으로 나눗셈 교수는 나눗셈 개념 설명 → 나눗셈 식 알기 → 나눗셈구구 교수 → 두 자릿수 이상의 나눗셈 교수의 순으로 진행할 수 있다.

■ 나눗셈 개념 및 나눗셈 식 알기

우선 나눗셈 개념을 교수할 때에는 앞에서 설명한 포함제와 등분제의 개념을 그림을 활용해 실생활과 연결하여 가르치는 것이 좋다. [그림 7-19]와 같이 실생활에서 나눗셈이 적용되는 예를 그림을 통해 가르칠 수 있다. 나눗셈의 개념을 설명한 다음, [그림 7-19]와 같이 포함제와 등분제의 개념을 다시 정리한 후 이를 나눗셈 식으로 표현하도록 한다.

■ 나눗셈구구

나눗셈구구의 궁극적인 목적은 학생이 두 수의 나눗셈을 계산 과정을 거치지 않고 장기기억에서 답을 바로 인출하여 답할 수 있도록 하는 것이다. 나눗셈구구는 곱셈과 나눗셈의 역관계에 기초하여 나누는 수와 몫이 한 자리다. 단, 0으로 나누는 것이 불가능하므로 90개의 기본 나눗셈구구가 있다. 이와 같이 곱셈의 역관계를 강조한 짝이 되는 나눗셈 식을 충분히 연습하여 자동화할 수 있도록 하는 것이 좋다. 이때 나눗셈구구 제시 순서는 곱셈구구의 순서와 동일하게 진행한다.

■ 포함제 개념: 사탕 8개를 한번에 2개씩 먹으려고 합니다. 몇 번 먹을 수 있습니까?

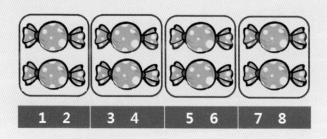

　　　☞ 8개 안에 2가 4번 포함되었다: 8÷2 = 4 (4번)

■ 등분제 개념: 풍선이 6개 있습니다. 두 사람이 <u>똑같이</u> 나누어 가지면 한 사람이 몇 개를 가지게 됩니까?

1	→	2
3	→	4
5	→	6

　　　☞ 6을 똑같이 두 명에게 나누면 3개씩이 된다: 6÷2 = 3 (3개)

[그림 7-19] 나눗셈의 개념 및 나눗셈식 알기

■ 두 자릿수 이상의 나눗셈 교수

한 자릿수 나눗셈 계산이 유창하게 되면, 두 자릿수 이상의 나눗셈 교수를 실시하여야 한다. 다음은 두 자릿수 이상의 나눗셈 교수에 활용할 수 있는 다양한 활동의 예다.

- 몫을 알아보기 위해 [그림 7-20]과 같이 가림판을 사용하여 나누어지는 수의 앞 숫자부터 순차적으로 확인하며 진행한다.

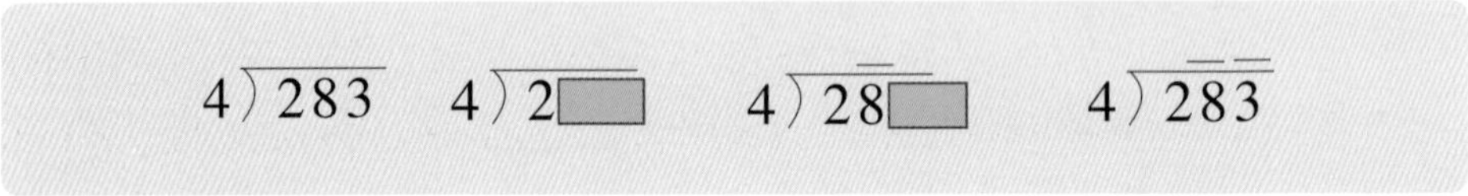

$$4\overline{)283} \qquad 4\overline{)2} \qquad 4\overline{)28} \qquad 4\overline{)283}$$

[그림 7-20] 두 자릿수 이상의 나눗셈 교수 활동-몫 알아보기

- 자릿수를 맞춰 나눗셈하는 것을 돕기 위해 [그림 7-21]의 ⓐ에서 제시한 가림 카드를 사용한다. 이와 같은 가림 카드를 ⓑ, ⓒ에서 제시된 순서에 따라 사용한다.

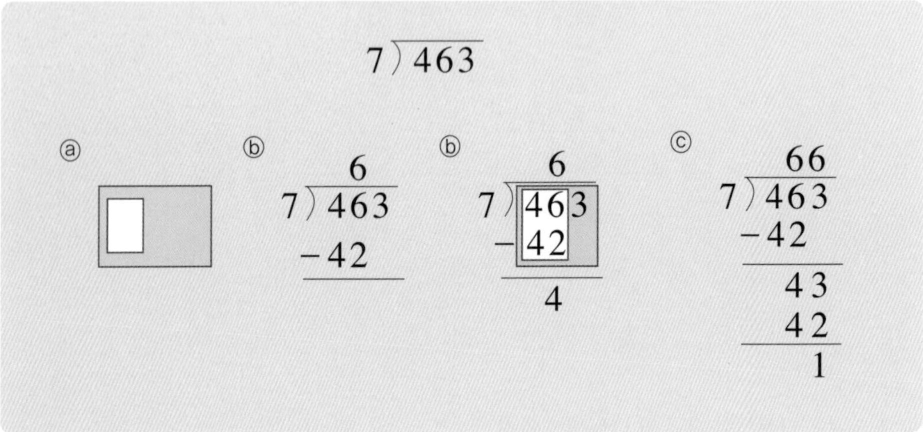

$$7\overline{)463}$$

ⓐ ⃞

ⓑ
$$\begin{array}{r} 6 \\ 7\overline{)463} \\ -42 \\ \hline \end{array}$$

ⓑ
$$\begin{array}{r} 6 \\ 7\overline{)463} \\ 42 \\ \hline 4 \end{array}$$

ⓒ
$$\begin{array}{r} 66 \\ 7\overline{)463} \\ -42 \\ \hline 43 \\ 42 \\ \hline 1 \end{array}$$

[그림 7-21] 두 자릿수 이상의 나눗셈 교수 활동-가림 카드 활용

• 나눗셈 과정에서의 뺄셈 오류를 줄이기 위해 [그림 7-22]와 같이 뺄셈을 할 때
마다 뺄셈식에 동그라미를 치도록 할 수 있다.

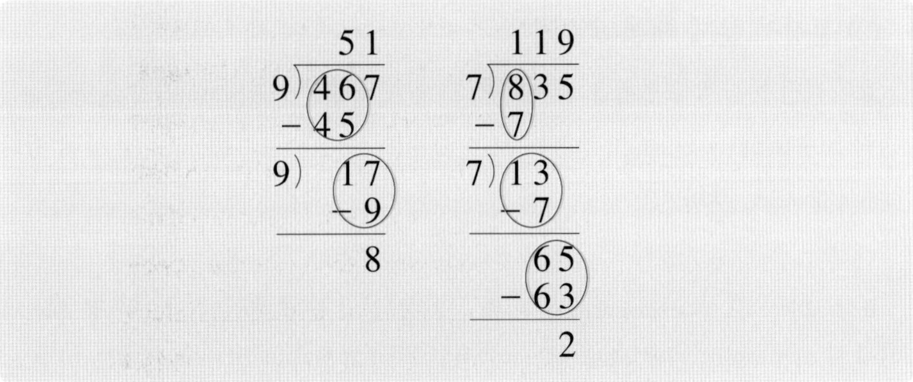

[그림 7-22] 두 자릿수 이상의 나눗셈 교수 활동-나눗셈 과정에서 뺄셈 오류 줄이기

3) 문장제 문제 해결

(1) 문장제 문제 해결 정의 및 학습장애학생의 문장제 문제 해결 특성

문장제 문제 해결은 문장으로 표현된 수학 문제의 해결을 의미하고, 수학 학습
장애 중 문제 해결 수학 학습장애는 문장제 문제 해결에 어려움이 있는 경우를 의
미한다. 최근 Fuchs, Fuchs, Stuebing과 Fletcher(2008)의 연구에 따르면, 문제 해결
수학 학습장애 학생과 연산 수학 학습장애 학생의 특성에는 차이가 있는 것으로
나타났다. 연산 수학 학습장애 학생은 작동기억, 처리 속도, 주의집중 행동 등에
문제를 보이는 반면, 문제 해결 수학 학습장애 학생은 언어 능력에 상당한 문제를
보인다. 문제 해결 수학 학습장애 학생은 언어 능력의 문제로 인해, 문제를 읽거나
문제의 유형을 파악하거나 문제 해결에 필요한 정보를 파악하는 데 어려움을 보이
는 경우가 많다(Parmar, 1992; Parmar, Cawley, & Frazita, 1996). 특히 읽기 능력은 문
장제 문제 해결에 영향을 줄 수 있는데, 정세영과 김자경(2010)은 읽기 학습장애를

동반한 수학 학습장애학생이 수학 학습장애만을 가진 학습장애학생보다 문장제 문제 해결 능력이 낮게 나타났다고 하였다.

(2) 문장제 문제 해결 교수법

효과적인 문장제 교수법을 살펴보면, 크게 표상 교수(representational techniques), 전략 교수(strategy training), 컴퓨터 보조 교수(computer-aided instruction) 등이 있다 (Xin & Jitendra, 1999).

표상 교수 '표상(representation)'이란 문제를 읽고 문제 해결에 필요한 정보를 파악하여 이를 '의미 있게 해석'하는 것이다. 쉽게 표현하면, 표상은 문제를 읽고 문제의 유형을 파악하는 것을 의미한다. 일반적으로 이 과정에서 그림이나 도식(mapping/schema)을 활용한다. 도식은 "공통 구조를 공유하면서 유사한 문제를 해결할 때 사용 가능한 묘사 방법(Chen, 1999)"이다. 이러한 도식을 적용하기 위해 네 가지 문제 해결 절차를 적용하는데, 이는 문제 유형에 따른 도식 확인 → 표상 → 계획 → 문제 해결의 단계다(Chen, 1999; Mayer & Hagarty, 1996).

여러 학자는 수학 학습장애학생이 문장제 문제의 정보를 해석하는 데 어려움이 있다는 점에 주목하며, 이를 표상(representation) 능력의 부족으로 해석하면서 수학 학습장애학생을 위한 표상 교수의 개발 및 효과성 검증 연구를 실시하였다(나경은, 2010; 박애란, 김애화, 2010; Jitendra et al., 2007; Jitendra & Xin, 1997).

문장제 문제 해결을 위한 표상 교수에서 2문장제 문제 유형에 대한 표상을 명시적으로 교수하고, 이를 다양한 문제에 적용하도록 지도하는 데 초점을 맞추어야 한다. 대표적인 문장제 문제의 유형은 〈표 7-3〉과 같다(Riley, Greeno, & Heller, 1983; Jitndrea, Dipipi, & Perron-Jones, 2002; Jitendrea, Hoff, & Beck, 1999; Silbert, Carnine, & Stein, 1990). 구체적으로 살펴보면, 문장제 문제 유형으로는 덧셈과 뺄셈을 적용하는 변화형(change), 결합형(combine), 비교형(compare)과 곱셈과 나눗셈을 적용하는 배수비교형(multiplicative comparison)과 변이형(vary)이 대표적이다

〈표 7-3〉 대표적인 문장제 문제의 유형

덧셈과 뺄셈이 적용되는 문장제 문제의 유형	곱셈과 나눗셈이 적용되는 문장제 문제의 유형
변화형(Change): 어떤 대상의 수가 변화하는 형태의 문제로, 시작, 변화량, 결과의 관계를 파악해야 하는 문제 예) 경미네 집에서는 빵을 235개 만들어서 196개를 팔았습니다. 남은 빵은 몇 개 입니까? 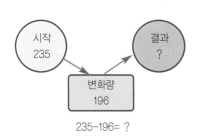	**배수비교형(Multiplicative comparison):** 목적 대상을 비교 대상의 배수 값과 관련지어야 하는 문제로, 목적 대상, 비교 대상, 대상과 비교의 관계를 파악해야 하는 문제 예) 큰 못의 무게는 27.6g이고, 작은 못의 무게는 5.2g입니다. 큰 못의 무게는 작은 못의 무게의 약 몇 배입니까? (반올림하여 소수 둘째자리까지 구하시오.) 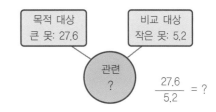
결합형(Combine): 대상 간의 관계가 상위/하위 관계 형태의 문제로, 상위 개념, 하위 개념 1, 하위 개념 2의 관계를 파악해야 하는 문제 예) 경화네 아파트 단지에 사는 사람은 모두 5,346명인데, 그중에서 남자가 2,758명입니다. 경화네 아파트 단지에 사는 여자는 몇 명입니까? 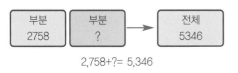	**변이형(Vary):** 두 대상 간의 관계가 인과관계로 진술되어 있고, 이 둘 사이 인과관계 값 중 하나를 파악해야 하는 문제 예) 터널을 하루에 4.7m씩 뚫는다면, 터널 178.6m를 뚫는 데에는 며칠이 걸립니까? 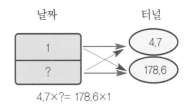
비교형(Compare): 두 대상 간의 차이를 비교하는 형태의 문제로, 비교 대상 1, 비교 대상 2, 차이의 관계를 파악해야 하는 문제 예) 훈이네 농장에서는 포도를 1,345kg 땄고, 현이네 농장에서는 976kg을 땄습니다. 훈이네는 현이네보다 포도를 몇 kg 더 땄습니까? 	

(Jitndrea, Dipipi, & Perron-Jones, 2002). 한편, 도식을 활용한 표상 교수의 문제 해결 전략 절차는 〈표 7-3〉과 같다.

- 문제유형 찾기: 문제를 읽고 자신의 말로 표현해 본다. 문제의 유형을 찾는다.
- 문제의 정보를 표상 도식에 조직화하기: 문제에서 찾아낸 정보를 표상 도식에 기록하고, 모르는 정보란에는 '?' 표시를 한다.
- 문제 해결 계획하기: 표상 도식에 있는 정보를 수학식으로 바꾼다.
- 문제 해결하기: 수학식을 풀어 답을 쓰고, 답이 맞았는지 검토한다.

박애란과 김애화(2010)는 수학학습 부진학생의 곱셈과 나눗셈의 문장제 문제 해결력을 향상시키기 위하여 도식을 활용한 표상 교수를 적용하고 그 효과성을 살펴보았다. 이 연구에서의 표상 교수는 Jitendra 등(2002)의 도식화 표상 전략을 김애화(2004)가 수정한 4단계 문장제 문제 해결 절차를 사용하되, 초등학생에게 쉽게 이해하고 적용할 수 있도록 다음과 같이 수정하여 적용하였다. 첫째, 변이형은 '나란히형'으로, 배수비교형은 '만세형'이라는 용어를 사용하였다([그림 7-23] 참고). 둘째, 문장제 문제 해결 절차를 '단짝친구'라는 용어를 사용하여 가르쳤다([그림 7-24] 참고). 셋째, 도식을 활용한 표상 교수를 교사의 시범, 안내된 연습, 독립 연습의 순서로 진행하였다.

전략 교수 수학 학습장애학생의 문장제 문제 해결력을 향상시키는 데 효과적인 또 다른 교수법으로는 전략 교수를 들 수 있다. 전략 교수는 문제 해결 절차에 대한 명시적인 교수를 의미하며, 인지 전략 및 자기조절 전략과 같은 초인지 전략 교수 등을 포함한다(Xin & Jitendra, 1999). 〈표 7-4〉는 인지전략과 자기조절 초인지 전략을 적용한 전략 교수의 예를 제시하고 있다. 국내외 여러 연구에서 전략 교수가 수학 학습장애학생의 문장제 문제 해결력을 향상시키는 것으로 보고되었다(최세민, 2006; Case, Harris, & Graham, 1992; Montague, 1992).

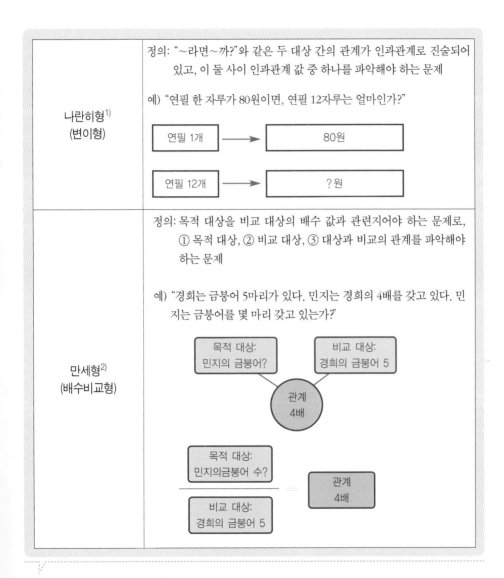

나란히형[1] (변이형)	정의: "~라면~까?"와 같은 두 대상 간의 관계가 인과관계로 진술되어 있고, 이 둘 사이 인과관계 값 중 하나를 파악해야 하는 문제 예) "연필 한 자루가 80원이면, 연필 12자루는 얼마인가?"
만세형[2] (배수비교형)	정의: 목적 대상을 비교 대상의 배수 값과 관련지어야 하는 문제로, ① 목적 대상, ② 비교 대상, ③ 대상과 비교의 관계를 파악해야 하는 문제 예) "경희는 금붕어 5마리가 있다. 민지는 경희의 4배를 갖고 있다. 민지는 금붕어를 몇 마리 갖고 있는가?"

[그림 7-23] **나란히형과 만세형**

출처: 박애란, 김애화(2010). 도식을 활용한 표상 전략이 학습부진학생의 곱셈과 나눗셈의 문장제 문제 해결에 미치는 효과. 학습장애연구, 7(3), 105-122.

---

1) '나란히 형'은 도식이 '앞으로 나란히' 하는 팔모양이어서 이름 붙여졌음.
2) '만세형'은 도식이 '두 손을 들어 만세' 하는 팔모양이어서 이름 붙여졌음.

문제 예시: 동화책 한 권은 42쪽으로 되어 있습니다.
동화책 3권은 모두 몇 쪽인지 알아보시오.

단짝친구		예시
단	단서를 주는 단어에 밑줄, 숫자에 동그라미하기	• 큰 소리로 문제를 읽고, 이야기에서 알고 있는 것을 찾아 말해 보기 동화책 1권이 42쪽이라면, 3권은 모두 몇 쪽? • 단서 주는 단어에 밑줄, 숫자에 동그라미 동화책 1권이 42쪽으로 되어 있습니다. 동화책 3권은 모두 몇 쪽인지 알아보시오.
짝	문제 유형을 파악하고 도식과 짝 맞추기	• "~라면 ~까?"와 같은 인과(비율)관계로 진술되어 있는가? 동화책 한 권이 42쪽이라면 동화책 3권은 모두 몇 쪽인가? • 이 문장에서 관계를 이루는 두 대상은 무엇인가? 동화책 한 권과 쪽수 • 도식에 정보 입력하고, 모르는 정보에는 '?'를 입력 (나란히형) 동화책 1권 → 42쪽 동화책 3권 → 몇 쪽?
친	곱셈과 나눗셈 중 어느 것에 친한가 찾기	• 곱셈
구	식을 세우고 답을 구하기	• 나란히형 그림값을 보고 식 세우며 연산하기 $3 \times 42 = 126$ • 답이 맞나 검토하고 답 쓰기 동화책 3권은 126쪽

[그림 7-24] '단짝친구' 도식화 표상 전략 적용 절차

출처: 박애란, 김애화(2010). 도식을 활용한 표상전략이 학습부진학생의 곱셈과 나눗셈의 문장제 문제 해결에 미치는 효과. 학습장애연구, 7(3), 105-122.

〈표 7-4〉 인지 전략과 자기조절 초인지 전략을 적용한 전략 교수

단계	인지 전략 단계	자기조절 초인지 전략		
		말하기(자기교시)	묻기(자기질문)	점검하기(자기점검)
1	문제 읽기	"문제를 읽자. 이해하지 못하면 다시 읽자."	"문제를 읽고 이해했는가?"	문제를 풀 수 있을 만큼 이해했는지 점검하기
2	문제를 자신의 말로 고쳐 말하기	"중요한 정보에 밑줄을 긋자. 문제를 나의 말로 다시 말해 보자."	"중요한 정보에 밑줄을 그었는가? 문제가 무엇인가? 내가 찾는 것은 무엇인가?"	문제에 있는 정보 확인하기
3	그림이나 다이어그램으로 문제를 표상하기	"그림이나 다이어그램을 만들자."	"그림이 문제에 적합한가?"	그림이 문제 속 정보와 비교하여 어긋나는지 점검하기
4	문제 해결 계획 세우기	"필요한 단계와 연산기호를 결정하자."	"만약 내가 ~을 한다면 답을 얻을 수 있는가? 다음에 해야 할 것은 무엇인가? 몇 단계가 필요한가?"	계획이 잘 세워졌는지 점검하기
5	답을 어림해 보기	"어림수를 찾아 머릿속으로 문제를 풀고 어림값을 쓰자."	"올림과 내림을 했는가? 어림수를 썼는가?"	중요한 정보를 사용하였는지 점검하기
6	계산하기	"정확한 순서대로 계산하자."	"내가 한 답은 어림값과 비교하여 어떠한가? 답이 맞는가? 기호나 단위를 잘 썼는가?"	모든 계산이 올바른 순서대로 이루어졌는지 점검하기
7	모든 과정이 옳은지 점검하기	"계산을 점검하자."	"모든 단계를 점검했는가? 계산을 점검했는가? 답은 맞는가?"	모든 단계가 맞는지 점검하기, 만약 틀렸다면 다시 하기, 필요한 경우 도움을 요청하기

출처: Montague, M., & C. Warger, & Morgan, T., H. (2002). Solve It! Strategy Instruction to improve Mathematical Problem solving. *Learning Disabilities Research and Practice, 15*, 110-116.

컴퓨터 보조 교수 컴퓨터 보조 교수도 수학 학습장애학생의 문장제 문제를 해결하는 데 효과적이다. 컴퓨터 보조 교수에는 컴퓨터 튜토리얼 형식의 교수와 실제적인 상황 속에서 학습이 이루어질 수 있도록 동영상을 활용한 앵커드 교수(anchored instruction) 등이 포함된다. 특히 앵커드 교수는 학생에게 실제적이고 도전적인 문제를 제시하여 학습자가 능동적으로 파악하여 해결하는 유의미한 문제 해결 상황을 제시함으로써 문장제 문제 해결력, 주의집중도, 수업 참여 등을 향상시키는 데 효과적임이 국내외 연구에서 보고되었다(허승준, 2007; 허승준, 한연자, 2007; Bottge & Hasselbring, 1993). [그림 7-25]는 허승준(2007)이 수학교과의 두 단원(시간과 무게, 혼합계산)에 대해 개발한 비디오 앵커 시나리오 및 수업 지도안의 예다.

시나리오 줄거리:

영희와 철수에게 신나는 과제가 주어졌다. 아버지가 방학 중에 가족여행을 가자고 제안했는데, 그 여행의 계획을 영희와 철수에게 짜 보도록 제안한 것이다. 영희와 철수는 여행을 어디로 갈 것인지 결정해야 했다. 제주도를 여행지로 결정한 영희와 철수는 제주도에 대한 정보를 수집하기 시작했다. 교통, 숙박, 볼거리, 현장체험, 유적지, 박물관, 놀이시설, 폭포 등 다양한 정보를 수집했다. 이러한 정보를 바탕으로 영희와 철수는 여행 일정, 경비, 물품 등을 결정하게 된다.

수업안:

전체 17차시로 구성

• 학습 준비 단계(1~4차시): 기본 개념과 계산 원리 학습
• 앵커 보기(5차시): 동영상 앵커를 보고 내용 파악
• 문제 확인 단계(6~7차시): 앵커를 통해 해결해야 하는 목표를 확인
• 문제 해결 단계(8~13차시): 제주도 5박 6일 동안의 여행 계획을 수립하는 데 중점
• 발표 및 토론 단계(14~17차시): 그동안의 활동 결과를 정리하고 발표

[그림 7-25] 앵커드 교수의 예

출처: 허승준 (2007). 학습장애학생을 위한 앵커드 수업프로그램의 개발, 적용 및 효과. 학습장애연구, 4(1), 95-116.

한편 컴퓨터 보조 교수는 학습에 대한 흥미, 관심, 주의집중, 지속 시간, 자신감 등에 긍정적인 영향을 주는 것으로 보고되었다. 컴퓨터 보조 교수는 감각적 자료의 통합적 활용을 통한 학습동기의 지속적인 유지와 강화, 충분한 학습시간의 제공 및 계속적인 반복연습의 기회 부여, 연습에 대한 계속적이고 즉각적인 피드백의 제공 등의 특성을 지니고 있다. 이러한 특성은 수학 학습장애학생에게 보충학습의 기회를 제공하는 기능을 할 수 있다.

요 약

이 장에서는 수학 영역을 수 감각, 사칙연산, 문장제 문제 해결로 나누어 각각의 정의, 학습장애학생의 특성 및 효과적인 교수법에 대해 살펴보았다. 우선, 수 감각은 수에 대한 유창성이나 유연성을 의미하며, 수학 학습장애 위험군 및 학습장애학생은 수 감각이 부족한 것으로 보고되었다. 조기 수 감각 교수는 수 세기, 숫자 읽고 이해하기, 자릿값 이해하기, 두 수의 크기 변별하기, 두 수 중 제3의 숫자와 더 가까운 수 가려내기, 수직선 이해하기, 5를 기준으로 가르기 및 모으기, 10을 기준으로 가르기 및 모으기, 간단 덧셈과 뺄셈 연산 이해하기 등에 초점을 맞춘 교수를 제공하여야 한다.

사칙연산은 기본적인 기술로 덧셈, 뺄셈, 곱셈, 나눗셈을 의미하며, 한 자릿수의 덧셈, 뺄셈, 곱셈, 나눗셈에 해당하는 사칙연산구구와 두 자릿수 이상의 덧셈, 뺄셈, 곱셈, 나눗셈의 연산을 포함한다. 학습장애학생은 사칙연산구구 문제를 정확하고 유창하게 푸는 데 어려움이 있고, 받아 올림이 있는 덧셈과 받아 내림이 있는 뺄셈 문제에서 자주 오류를 보인다. 덧셈 능력은 모두 세기, 이어 세기, 부분 인출, 직접 인출의 단계로 발달하고, 아동이 발달함에 따라 초기 전략(예, 모두 세기, 앞의 수를 기준으로 이어 세기)은 감소하고, 보다 효율적인 전략(예, 큰 가수를 기준으로 이어 세기, 부분 인출, 직접 인출)의 사용이 증가한다. 교사는 아동의 발달 상태에 적합한 효율적인 전략을 사용하도록 가르쳐야 하며, 큰 가수를 기준으로 이어 세기와 덧셈구구의 직접 인출을 위한 교수를 실시하여야 한다. 덧셈구구의 연산이 유창해지면, 두 자릿수 이상의 덧셈 교수를 실시한다. 뺄셈은 가르기 모으기 활동을 통해 실시하는 것이 효과적이며, 초기에는 10을 가지고 가르기와 모으기 활동을 하는 것이 좋다. 또한 수직선을 활용하여 뺄셈의 개념을 가르치는 것도 좋은 방법이다. 뺄셈의 개념을 가르치고 뺄셈식을 익히게 한 다음, 뺄셈구구를 충분한 연습을 통해 빠르고 정확하게 할 수 있도록 교수하여야 한다. 뺄셈구구 연산이 유창해지면, 두 자릿수 이상의 뺄셈 교수를 실시한다. 곱셈 교수는 곱셈 개념 설명, 곱셈식 알기, 몇 배 개념 알기, 곱셈구구 교수, 두 자릿수 이상의 곱셈 교수의 순으로 진행하는 것이 좋다. 나눗셈 교수는 나눗셈 개념 설명, 나눗셈 알기, 나눗셈구구 교수, 두 자릿수 이상의 나눗셈 교수의 순으로 진행하는 것이 좋다.

문장제 문제 해결은 문장으로 제시된 문제의 해결을 의미하며, 학습장애 중 문제 해결 수학 학습장애는 이러한 문장제 문제 해결에 어려움을 보이는 경우를 말한다. 문장제 문제 해결을 위한 효과적인 교수법에는 표상 교수, 전략 교수, 컴퓨터 보조 교수 등이 있다. 표상 교수는 문장제 문제 유형에 대한 표상을 명시적으로 교수하는 것이다. 대표적인 문제 유형으로는 덧셈과 뺄셈이 적용되는 변화형, 결합형, 비교형과 곱셈과 나눗셈이 적용되는 배수비교형과 변이형이 있다. 전략 교수는 문제 해결 절차에 대한 명시적인 교수를 의미하며, 인지 전략 및 자기조절 전략 같은 초인지 전략 등을 포함한다. 컴퓨터 보조 교수에는 컴퓨터 튜토리얼 형식의 교수와 실제적인 상황 속의 맥락인 동영상 앵커를 활용한 앵커드 교수를 포함한다.

참고문헌

김애화(2004). 학습장애학생을 위한 효과적인 수학지도. 단국대학교, 미간행 강의록.

김애화(2009). 학습장애학생 교육. 함께하는 사회를 지향하는 특수교육학. 서울: 교육과학사.

김애화(2012, 출판 예정). 초등학생의 수학성취도에 대한 예측 변인 연구.

나경은(2010). 학습장애학생의 수학문장제 해결 기술에 대한 도식기반중재의 효과. 학습장애연구, 7(1), 135-156.

남윤석, 노선옥, 유장순, 이대식, 이필상, 정인숙, 홍성두(2011). 특수교육 수학교육론. 경기: 교육과학사.

박애란, 김애화(2010). 도식을 활용한 표상전략이 학습부진학생의 곱셈과 나눗셈의 문장제 문제 해결에 미치는 효과. 학습장애연구, 7(3), 105-122.

이윤미, 김애화(2008). 수 감각 발달을 위한 조기 수학 교수가 수학 학습장애 위험 학생의 수 개념과 연산능력에 미치는 효과 연구. 초등교육연구, 21(3), 287-312.

정세영, 김자경(2010). 수학 학습장애 아동의 읽기 학습장애 동반 유무에 따른 수학 문장제 해결능력과 해결과정 비교. 특수교육저널: 이론과 실천, 11(2), 1~20.

최세민(2006). 전략훈련과 설명적 교수가 학습장애학생의 수학문장제 문제 해결 능력과 학습된 무력감에 미치는 영향. 학습장애연구, 3(1), 95-116.

허승준(2007). 학습장애학생을 위한 앵커드 수업 프로그램의 개발, 적용 및 효과. 학습장애연구, 4(1), 95-116.

허승준, 한연자(2007). 정착수업이 학습부진아동의 주의집중에 미치는 효과. 통합교육연구, 2(1), 99-115.

Baroody, A. J. (1987). *Children's mathematical thinking: A developmental framework for preschool, primary, and special education teachers*. New York: Teacher's College.

Baroody, A. J., & White, M. S. (1983). The developmental of counting skills and number conservation. *Child Study Journal*, *13*, 95-105.

Baroody, A. J., & Wilkins, J. L. M. (1999). The development of informal counting, number, and arithmetic skills and concepts. In J. Copeley (Ed.), *Mathematics in the early years*, *birth to five.* Reston, VA: National Council of Teachers of Mathematics.

Bender, W. N. (2008). 학습장애 특성, 판별 및 교수전략(권현수, 서선진, 최승숙 역, 2011). 서울: 학지사.

Bertelli, R., Joanni, E., & Martlew, M. (1998). Relationship between children's counting ability and their ability to reason about number. *European Journal of Psychology of Education, 13,* 371-384.

Bley, N. S., & Thornton, C. A. (2001). *Teaching mathematics for students with learning disabilities.* Austin, TX: Pro-Ed.

Bottge, B., & Hasselbring, T. (1993). Comparison of two approaches for teaching complex, authentic mathematics problems to adolescents in remedial math classes. *Exceptional Children, 59*(6), 556-566.

Bryant, D. P., Bryant, B., Gersten, R. M., Scammacca, N. N., Funk, C., Winter, A., Shih, M., & Pool, C. (2008). The effects of tier 2 intervention on the mathematics performance of first-grade students who are at risk for mathematics difficulties. *Learning Disability Quarterly, 31,* 47-63.

Case, L.P., Harris, K. R., & Graham, S. (1992). Improving the mathematical problem-solving skills of students with learning disabilities: Self-regulated strategy development. *The Journal of Special Education, 26,* 1-19.

Cawley, J. F., & Miller, J. H. (1989). Cross-sectional comparison of the mathematical performance of children with learning disabilities: Are we on the right track toward comprehensive programming? *Journal of Learning Disabilities, 23,* 250-254, 259.

Cawley, J. F., Parmar, R. S., Yan, W., & Miller, J. H. (1998). Arithmetic computation performance of students with learning disabilities: Implications for curriculum. *Learning Disabilities Research and Practice, 13,* 68-74.

Chard, D., Baker, S. K., Clarke, B., Jungjohann, K., Davis, K. L. S., & Smolkowski, K. (2008). Preventing early mathematics difficulties: The feasibility of a rigorous kindergarten mathematics curriculum. *Learning Disability Quarterly, 31*(1), 11-20.

Charles, R. I., & Lobato, J. (1998). *Future Basics: Developing numerical power.* Golden, CO: National Council of Supervisors of Mathematics.

Chen, Z. (1999). Schema induction in children's analogical problem solving. *Journal of Educational Psychology, 91,* 703-715.

Clarke, B., & Shinn, M. R. (2004). A preliminary investigation into the identification and development of early mathematics curriculum-based measurement. *School Psychology Review, 33*(2), 234-248.

Fuchs, L., S., Compton, D. L., Fuchs, D., Paulsen, K., Bryant, J. D., & Hamlett, C. L. (2005). The prevention, identification and cognitive determinants of math difficulty. *Journal of Educational Psychology, 97*(3), 493-513.

Fuchs, L. S., Seethaler, P. M., Powell, S. R., Fuchs, D., Hamlett, C. L., & Fletcher, J. M (2008). Effects of preventative tutoring on the mathematical problem solving of third-grade students with math and reading difficulties. *Exceptional Children, 74,* 155-173.

Fuchs, L. S., Fuchs, D., & Karns, K. (2001). Enhancing kindergartener's mathematical development: Effects of peer-assisted learning strategies. *Elementary School Journal, 101,* 495-510.

Garnett, K. D. (1992). Developing fluency with basic number facts: Intervention for students with learning disabilities. *Learning Disabilities Research and Practice, 7,* 210-216.

Geary, D. C. (2004). Learning disabilities in arithmetic: Problem-solving differences and cognitive deficits. In H. L. Swanson, K. R. Harris, & S. Graham (Eds.), *Handbook of learning disabilites* (pp. 199-212). New York, NJ: Guilford.

Geary, D. C. (1994). *Children's mathematical development: Research and practical implications.* Washington, DC: American Psychological Association.

Geary, D. C., Hamson, C. O., & Hoaed, M. K. (2000). Numerical and arithmetical cognition: A longitudinal study of process and concept deficits in children with learning disability. *Journal of Experimental Child Psychology, 77,* 236-263.

Geary, D. C., & Hoard, M. K. (2001). Numerical and arithmetical deficits in learning-disabled children: Relation to dyscalculia and dyslexia. *Aphasiology, 15*(7), 635-647.

Geary, D. C., Hoard, M. K., & Hamson, C. O. (1999). Numerical and arithmetical cognition: Patterns of functions and deficits in children at risk for a mathematical disability. *Journal of Experimental Child Psychology, 74,* 213-239.

Gelman, R., & Gallistel, C. (1978). *The child's understanding of number.* Cambridge. MA: Harvard Unversity Press.

Gersten, R., & Chard, D. J. (1999). Number sense: Rethinking math instruction for students with learning disabilities. *The Journal of Special Education, 33*, 18-28.

Ginsburg, H. P., & Golbeck, S. L. (2004). Thoughts on the future of research on mathematics and science learning and education. *Early Childhood Research Quarterly, 19*, 190-200.

Griffin, S. (1998). *Number worlds.* Durham, NH: Number Worlds Alliance.

Griffin, S., Case, R., & Siegler, R. S. (1994). Rightstart: Providng the central conceptual prerequisites for first formal learning of arithmetic to students at risk for school failure. In K. McGilly (Ed.), *Classroom lessons: Integrating cognitive theory and classroom practice* (pp. 25-50). Cambridge, MA: MIT Press.

Hughes, M. (1981). Can preschool children add and subtract? *Educational Psychology, 1*, 207-219.

Jitendrea, A. K., Dipipi, C. M., & Perron-Jones, N. (2002). An exploratory study of schema-based word-problem-solving instruction for middle school students with learning disabilities: An emphasis on conceptual and procedural understanding. *Journal of Special Education, 36*(1), 23-38.

Jitendra, A. K., Griffin, C., Haria, P., Leh, J., Adams, A., & Kaduvetoor, A. (2007). A comparison of single and multiple strategy instruction on third grade students' mathematical problem solving. *Journal of Educational Psychology, 99*, 115-127.

Jitendra, A. K., Hoff, K., & Beck, M. (1999). Teaching middle school students with learning disabilities to solve word-problems using a schema-based approach. *Remedial and Special Education, 20*, 50-64.

Jitendra, A. K., & Xin, Y. (1997). Mathematical word problem solving instruction for students with mild disabilities and students at risk for math failure: A research synthesis. *The Journal of Special Education, 30*, 412-438.

Jordan, N. C., Glutting, J., & Ramineni, C. (2010). The importance of number sense to mathematics achievement in first and third grades. *Learning and Individual Differences,*

20(2), 82-88.

Jordan N. C., Hanich L. B., & Kaplan D. (2003). Arithmetic fact mastery in young children: A longitudinal investigation. *Journal of Experimental Child Psychology, 85*, 103-119.

Jordan, N. C., Kaplan, D., Locuniak, M. N., Ramineni, C., & Kaplan, D. (2007). Predicting first-grade math achievement from developmental number sense trajectories. *Learning Disabilities Research and Practice, 22*(1), 37-47.

Jordan, N. C., Levine, S. C., & Huttenlocher, J. (1996). Calculation abilities in young children with different patterns of cognitive functioning. *Journal of Learning Disabilities, 28*, 53-64.

Klibanoff, R. S., Levine, S. C., Huttenlocher, J., Vasilyeva, M., & Hedges, L. V. (2006). Preschool children's mathematical knowledge: The effect of teacher "Math Talk". *Developmental Psychology, 42*(1), 59-69.

Kroesbergen, E. N., & Van Luit, J. E. H. (2003). Mathematics interventions for children with special education needs: A meta-analysis. *Remedial and Special Education, 24*, 97-114.

Lerner, J. (2000). *Learning Disabilities: Theories, diagnosis, and teaching strategies.* Boston, MA: Houghton Mifflin.

Locuniak, M. N., & Jordan, N. C. (2008). Using kindergarten number sense to predict calculation fluency in second grade. *Journal of Learning Disabilities, 41*(5), 451-459.

Mayer, R. E. & Hegarty, M. (1996). The process of understanding mathematics problems. In R. J. Sternberg & T. Ben-Zeev (Eds.), *The nature of mathematical thinking* (pp. 29-53). Mahwah, NJ: Erlbaum

Mazzocco, M. M., & Meyers, G. F. (2003). Complexities in identifying and defining mathematics learning disability in the primary school-age years. *Annals of Dyslexia, 53*, 218-253.

Miller, J., & Milam, C. (1987).Multiplication and division errors committed by learning disabled students. *Learning Disabilities Research, 2*(2), 119-122.

Montague, M., Warger, C., & Morgan, T. H. (2002). Solve it! Strategy instruction to improve mathematical problem solving. *Learning Disabilities Research and Practice, 15*, 110-116.

McIntosh, A., Reys, B., & Reys, R. E. (1992). A proposed framework for examining basic number sense. *For the Learning of Mathematics, 12*(3), 2-8, 44.

National Council of Teachers of Mathematics (1989). *Curriculum and Evaluation Standards for School Mathematics*, Reston, Virginia: NCTM..

National Council of Teachers of Mathematics (2000).*Principles and Standards for School Mathematics.* Reston, Virginia: NCTM.

National Research Council (2001). *Adding it up: Helping children learn mathematics.* Washington, DC: Mathematics. Learning Study Committee.

Parmar, R. S. (1992). Protocol analysis of strategies used by students with mild disabilities when solving arithmetic word problems. *Diagnostigue, 17*, 227-243.

Parmar, R., Cawley, J. E., & Frazita, R. (1996). Word problems solving by students with and without mild disabilities. *Exceptional Children, 62*, 415-429.

Pierangelo, R., & Giuliani, G. (2006). *Learning disabilities.* Boston, MA: Allyn and Bacon.

Powell S. R., Fuchs L. S., Fuchs D., Cirino P. T., & Fletcher J. M. (2009). Effects of fact retrieval tutoring on third-grade students with math difficulties with and without reading difficulties. *Learning Disabilities Research and Practice, 24*, 1-11.

Raghubar, K., Barnes, M., Ewing-Cobbs, L., Fletcher, J., & Fuchs, L. (2009). Errors in multi-digit arithmetic and behavioral inattention in children with math difficulties. *Journal of Learning Disabilities, 42*(4), 356-371.

Riccomini, P. J. (2005). Identification and remediation of systematic error patterns in subtraction. *Learning Disability Quarterly, 28*(3), 233-242.

Riley, M. S., Greeno, J. G., & Heller, J. J. (1983). Development of children's problem solving ability in arithmetic. In H. P. Ginsburg (Ed.), *The development of mathematical thinking* (pp. 153-196). NY.: Academic Press.

Silbert, J., Carnine, D. & Stein, M. (1990). *Direct instruction mathematics.* New Jersey. Englewood Cliffs, NJ Prentice-Hall.

Siegler, R. S. (1991). In young children's counting, procedures precede principles. *Educational Psychology Review, 3*, 127-135.

Siegler, R. S., & Jenkins, E. A. (1989). *How children discover new strategies.* Hillsdale, NJ:

Erlbaum.

Sowder, J. T. (1988). Mental computation and number comparison: Their roles in the development of number sense and computation estimation. In J. Hiebert & M. Behr (Eds.), *Research agenda for mathematics education: Number concepts and operations in the middle grades* (pp. 182-197). Hillsdale, NJ: Erlbaum.

Swanson, H. L., & Jerman, O. (2006). Math disabilities: A selective meta-analysis of the literature. *Review of Educational Research, 76*, 249-274.

Warner, M. M., Alley, G. R., Schumaker, J. B., Deshler, D. D., & Clark, F. L. (1980). *An epidemiological study of learning disabled adolescents in secondary schools: Achievement and ability, socioeconomic status and school experiences.* (Report No. 13). Lawrence: University of Kansas Center for Research on Learning.

Woodward, J. (2006). Developing automaticity in multiplication facts: Integrating strategy instruction with timed practice drills. *Learning Disability Quarterly, 29*, 269-289.

Xin, Y. P., & Jitendra, A. K. (1999). The effects of instruction in solving mathematical word-problem-solving instrcution on middle school students with learning disabilities. *The Journal of Special Education, 39*, 181-192.

내용 교과 이해 및 지도

1. 학습장애학생을 위한 내용 교과 교수에 관한 개관

과학 교과와 사회 교과는 내용 교과로서 실생활에서 필요로 하는 개념과 지식을 다루며, 국어 및 수학 교과와 더불어 대학 진학과도 직간접적으로 결부되는 핵심 교과다. 학업적 측면에서 더 나아가, 과학 교과와 사회 교과는 인간 사회와 물리적 우주에 대한 이해를 증진하는 교과로서, 궁극적으로는 학습장애학생의 삶의 질을 향상시킨다는 측면에서 매우 중요하다(Scruggs, Mastropieri, & Okolo, 2008). 그러나 이 교과들은 다양한 분야가 하나의 교과로 통합되어 있어 광범위한 내용을 다룰 뿐만 아니라, 학년이 올라갈수록 복잡하고 친숙하지 않은 내용이 많아지며, 어렵고 추상적인 개념을 내포한 용어를 포함한다. 이러한 교과 특성으로 인하여 읽기와 쓰기, 수학 등 학업과 관련된 기초학습 능력에서 결함을 갖는 학습장애학생은 이들 내용 교과 학습에 심각한 문제를 경험하게 된다.

특히 통합교육이 강조됨에 따라 일반학급에서의 과학, 사회 교과와 같은 내용 교과 학습의 중요성이 점차 강조되고 있다(Lenz & Deshler, 2004). 그럼에도 불구하고 대부분의 학습장애학생들은 국어나 수학을 제외한 나머지 교과목(예, 사회, 과학)은 일반학급에서 특별한 지원 없이 수업을 받는 경우가 많다. 또한 과학과 사회 교과와 같은 내용 교과는 학습장애학생의 교육과정에서 덜 강조되어 왔다. 국내 실태조사 결과를 살펴보면, 장애학생의 개별화교육 계획 작성 영역으로 도구교과인 국어와 수학만을 포함하는 경우가 초·중등학교 모두에서 80%에 이르는 것으로 나타났다. 반면 과학 교과와 사회 교과가 포함되는 경우는 0.5%로 매우 낮게 나타났다(노선옥 외, 2008). 과학 교과에서 심각한 어려움을 겪는 학생의 비율은 국어 및 수학 교과와 비슷하게 전체 학생의 5~10%를 차지함에도 불구하고 현재 일반 교육 환경이나 특수교육 환경에서 학생에게 제공하는 과학 교수의 적절성에 대한 구체적인 정보는 거의 없는 실정이다(Polloway, Patton, & Serna, 2005). 따라서 교사는 교육장면에서 학습장애학생이 이들 교과를 성공적으로 학습할 수 있도록 효과적인 교수 방법을 모색해야 한다. 이 장에서는 과학 및 사회 교과 학습에서 학습장애학생이 보이는 특성과 효과적인 교수 방안에 대해 제시하고자 한다.

2. 과학 교과 지도

1) 학습장애학생을 위한 과학 교과 지도에 관한 개관

과학 교과는 지식의 획득보다 개념의 통합적인 이해를 근간으로 일상생활의 문제를 과학적으로 해결하는 능력을 함양하는 데 목적이 있다. 이를 위해 관찰, 실험, 조사, 토론 등의 다양한 탐구 활동 중심의 학습이 이루어지고 개별 활동뿐만 아니라 모둠 활동을 통해 과학적인 의사소통 능력을 기르고자 한다. 따라서 과학 교과는 통합된 장면에서 학습장애학생이 다양한 교수-학습 활동에 참여가 가능한 교과로 평가되고 있다(Mastropieri, Scruggs, & Magnusen, 1999).

우리나라의 개정된 과학 교과 교육과정의 목표는 자연 현상과 사물에 대하여 흥미와 호기심을 가지고 탐구하여 과학의 기본 개념을 이해하고, 과학적 사고력과 창의적 문제 해결력을 길러 일상생활의 문제를 과학적으로 해결하는 데 필요한 과학적 소양을 기르는 것이다. 과학적 소양을 기르기 위해 학습자는 과학에 관한 기본 개념, 과학적 탐구 능력, 과학적 태도를 습득해야 한다. 또한 과학 교과에서 학생들은 과학적 지식 습득을 해야 하는데, 학습장애학생은 이러한 지식 습득 과정에서 요구되는 기초 읽기 및 쓰기 능력, 정보의 조직화 및 기억 능력, 관련 정보에 관한 배경지식 등이 부족하여 과학 수업 참여에 어려움을 겪을 수 있다. 따라서 학습장애학생의 학습적 특성을 고려한 차별화된 교수적 접근이 요구된다.

2) 학습장애학생을 위한 과학 교수

학습장애학생을 위한 과학 교수는 크게 교과서 중심 교수(내용지향 접근 교수)와 탐구 교수(활동지향 접근 교수)로 나눌 수 있다(김애화, 박현, 2010; Prater, 2007; Scruggs, Mastropieri, Bakken, & Brigham, 1993).

(1) 교과서 중심 교수

교과서 중심 교수는 일반교육 환경에서 흔히 활용하는 접근 방식으로 교수의 제1매개체로 교과서가 주로 활용된다. 학생은 수업을 듣고 광범위한 용어를 이해할 수 있어야 하며, 정보를 논하고, 내용을 읽으며, 과제를 작성할 줄 알아야 한다. 학생들은 교과서에 나온 정보를 읽고 단원의 마지막 질문에 답하며, 학습 활동지를 완성하고 시험을 치른다. 교과서 중심 교수에서는 교재 내용의 깊이 있는 숙지보다는 기초적인 사실을 강조하는 지필검사 문항에 대한 반응을 근거로 진전이 측정된다. 학습장애학생이 지닌 언어의 결손은 수업에서 듣기, 토론하기, 독립적으로 읽기 및 쓰기 등의 능력에 영향을 주게 된다. 따라서 내용지향 접근 방식이 주된 과학 수업에서 교수적 수정이나 교수 적합화가 없다면, 학습장애학생은 학습에 어려움을 겪게 될 것이다. 즉, 학습장애학생은 독립적으로 과학 교과서 및 관련 자료를 읽고 매우 많은 수의 어려운 어휘를 익혀야 하며 추상적인 표상을 통해 개념을 이해하는 부분에서 어려움을 겪는다.

따라서 교과서 사용 시, 교수적 수정을 위해 Munk 등(1998)은 몇 가지 전략을 제시하였다.

첫째, 교사는 제시하는 내용에 우선순위를 설정해야 한다. 학생이 반드시 숙지해야 하는 부분을 선택하고 덜 중요한 정보는 제거한다. 중요한 내용은 그 정보만 복사하거나 형광펜으로 색칠하여 제시할 수 있다.

둘째, 학생에게 교재를 읽거나 활동을 완수하는 등의 과제를 제시하기 전에 핵심 용어를 미리 가르치는 것이 필요하다.

셋째, 학생이 문단이나 해당 페이지를 읽고 난 후 그것을 부연 설명하거나 요약하는 활동을 강조해야 한다.

또한 다음에서 제시하는 기억 전략, 학습 안내지, 그래픽 조직자, 읽기 전략도 적용할 수 있다.

김애화와 박현(2010)의 연구에서는 국내외 학습장애 및 학습부진학생을 대상으로 과학 교수를 실시한 50편의 중재 연구를 분석하였다. 연구 결과 학습장애 및 학습부진아를 위한 과학 교수에서 교과서 중심 교수를 진행할 때는, 첫째 주요 어휘 및 개념을 교수할 것, 둘째 교과서를 읽고 이해하는 데 도움을 주는 읽기이해 전략을 가르칠 것, 셋째 학습 안내지를 활용하여 학생들이 주요 개념 및 내용을 학습하도록 할 것, 넷째 그래픽 조직자를 활용하여 교재 내용을 조직적으로 파악하고 이해하도록 제시하고 있다.

다음은 교과서 중심 교수를 적용할 경우 사용 가능한 교수방법에 관한 설명이다.

기억 전략   기억 전략은 학생들에게 친숙하지 않은 단어나 개념을 보다 친숙한 형태로 연결함으로써 학습을 돕는 방법을 의미한다. 대표적인 기억 전략에는 키워드 전략(keyword strategy), 페그워드 전략(pegword strategy), 글자 전략(letter strategy) 등이 있다.

■ 키워드 전략

키워드 전략은 학습할 단어나 내용을 보다 쉬운 키워드(keyword)로 설정한 후, 핵심단어와 학습할 단어 및 내용을 시각적 이미지를 통해 연결하는 방법이다. 이러한 키워드 전략은 과학 교과에 자주 적용되었으며, 구체적인 예는 다음과 같다.

Scruggs, Mastropieri, McLoone과 Levin(1987)의 연구에서는 키워드 전략을 활용하여 광물의 특성을 가르쳤을 때의 효과와 자습의 효과를 비교하였다. 예를 들어, [그림 8-1]과 같이 홍연석(crocite)은 강도가 약하고(soft), 가정용(home use)으로 활용된다는 것을 가르치기 위해, 아기(soft의 특성을 나타내는 baby)가 악어(crocite를

위한 키워드인 crocodile)와 함께 마루(가정용을 나타내는 living room)에서 노는 그림
을 활용하였다. 연구 결과에 따르면, 키워드 전략 교수를 받은 학생은 자습을 한
학생에 비해 유의하게 높은 과학성취도를 보였다. 또한 기억 전략이 단어 및 내용
습득에 도움이 되고, 사용하기 쉬워 효과적인 전략으로 인식되었다.

목표 어휘: crocoite
키워드: crocodile
crocoite의 특성
• 굳기: soft 광물(아기)
• 조흔색: 오렌지색(오
  렌지색 악어)
• 쓰임새: 가정용(마루)

crocoite(crocodile)

[그림 8-1] 키워드 전략을 사용한 '홍연석' 교수

출처: Scruggs et al.(1987a)을 수정하여 '김애화, 박현(2010). 학습장애 및 학습부진학생을 위한 과학 교
　　수에 관한 문헌분석. 특수교육 이론과 실천, 11(1), 147-175'에서 제시.

■ **페그워드 전략**

　페그워드 전략은 순서에 맞게 외워야 하는 내용을 학습할 때 사용하는 것으로,
페그워드는 숫자와 비슷하게 발음하는 쉬운 단어들을 지칭한다. 페그워드 전략은
과학 교과에서 독립적으로 적용하기도 하고, 키워드 전략과 접목하여 함께 활용하

[그림 8-2] 페그워드 전략을 이용한 '공룡 멸종의 3번째 가설' 교수

출처: Mastropieri, M. A., Scruggs, T. E. & Levin, J. R. (1987). Learning-disabled students' emory for expository prose: Mnemonic versus nonmnemonic pictures. *American Educational Research Journal, 24*(4), 505-519 수정.

기도 한다. [그림 8-2]는 페그워드 전략을 적용한 구체적인 예다.

Mastropieri, Scruggs와 Levin(1987)은 페그워드 전략을 활용하여 공룡 멸종의 아홉 가지 가설을 가르친 후, 효과성을 알아보기 위해 단순 그림을 활용한 교수와 전통적인 교수를 비교하였다. 예를 들어, 공룡 멸종의 3번째 가설이 별의 폭발이라는 것을 가르칠 때, 3(three)의 페그워드인 'tree'와 '별의 폭발'을 연결하는 그림(폭발하는 모양의 큰 별 장식이 달린 크리스마스트리를 보고, 공룡이 놀라는 그림)을 활용하였다. 연구 결과 공룡 멸종에 대한 가설의 번호와 각 번호에 해당하는 이유를 연결하여 회상하는 과제에서는 페그워드 전략이 단순그림을 활용한 교수와 전통적인 교수보다 유의하게 높은 과학성취도를 나타냈다.

■ 글자 전략

글자 전략은 열거된 개념이나 내용을 기억하는 데 사용하는 전략으로, 일반적으로 두문자어 혹은 각 행의 첫 글자를 따서 문장을 만드는 어구 만들기 전략이 이에 해당한다.

두문자어 전략의 예는 다음과 같다. Mastropieri와 Scruggs(1993)는 척추동물의 유형인 fish(어류), amphibian(양서류), reptile(파충류), mammal(포유류), bird(조류)을 외우기 위해 앞글자를 따서 FARM-B를 만들어 사용하였다. 다른 예로는 태양 주위를 공전하는 8개의 주요 행성(수성, 금성, 지구, 화성, 목성, 토성, 천왕성, 해왕성)을 기억하기 위해 각 행성의 첫 글자를 따서 '수금지화목토천해'을 만들어 사용하였다.

어구 만들기 전략의 예는 다음과 같다. 생물의 분류체계인 Kingdom(계), Phylum(문), Class(강), Order(목), Family(과), Genus(속), Species(종)를 외우기 위해 'King Philip's class ordered a family of gentle spaniel(필립왕의 교실에서는 온순한 스패니얼 개를 주문하였다.)'이라는 문장을 만들거나, 'Kids playing croquet on freeways get smashed(고속도로에서 크라켓 게임을 하는 아이들이 사고가 났다.)'는 문장을 만들어 사용하였다.

학습 안내지 학습 안내지는 교과서의 중심내용이나 주요 어휘 등의 학습을 돕기 위해 제작한 학습지를 의미한다. 학습지는 목적에 따라, 첫째 교과서의 중심내용 및 주요 어휘에 관한 질문으로 구성된 학습 안내지(study guide), 둘째 중심내용 및 주요 어휘에 관한 개요를 제시하는 워크시트(framed outline), 셋째 수업시간에 학생들의 필기를 돕기 위해 안내된 노트(guided note)로 나눌 수 있다.

■ 교과서의 중심내용 및 주요 어휘에 관한 질문으로 구성된 학습 안내지

교사는 교과서의 중심내용 및 주요 어휘에 관한 질문으로 구성된 학습 안내지를 미리 마련하여 과학 수업시간에 활용할 수 있다. Horton과 Lovitt(1994)은 각 차시에 학습할 중심내용에 관한 15개의 질문으로 구성된 학습 안내지를 구성하여 과학 수업에 적용한 결과, 학생의 과학성취도를 높이는 데 효과적이었다고 보고하였다.

〈중심내용 및 주요 어휘에 관한 개요〉

1. 실험을 할 때, 실험 상황을 만든 다음 관찰을 한다.
2. 첫 번째 실험은 통제된 실험이다. 이 실험은 테스트와 통제로 구성된다.
3. 다음은 통제된 실험에 대한 설명이다.
    a. 가설을 세워라: 만일 네가 베이킹파우더를 케이크에 넣는다면, 케이크는 부풀 것이다.
    b. 통제된 실험을 하여라.
       첫 번째는 테스트를 하여라. 먼저 베이킹파우더를 넣지 않고 케이크를 만들어라.
       두 번째는 통제를 하여라. 이번에는 첫 번째와 똑같은 재료로 똑같은 방법에 따라 케이크를 만들되, 베이킹파우더를 넣어라.
    c. 결과를 살펴보아라. 너의 가설이 옳았는지를 판단하여라.

〈이하 생략〉

[그림 8-3] 중심내용 및 주요 어휘에 관한 개요를 제시하는 워크시트

출처: Lovitt, T., Rudsit, J., Jenkins, J., Pious, C., & Benedtti, D. (1986). Adapting science materials for regular and learning disabled seventh graders. *Remedial and Special Education, 7*(1), 31-39.

■ **중심내용 및 주요 어휘에 관한 개요를 제시하는 워크시트**

교사는 중심내용 및 주요 어휘에 관한 개요를 제시하는 워크시트([그림 8-3] 참고)를 미리 마련하여 과학 수업시간에 활용할 수 있다. 이때 중심내용이 적힌 아웃라인에서 핵심 단어들을 빈 칸으로 제시함으로써, 학생이 수업을 들으면서 빈 칸을 채우도록 할 수도 있다. Lovitt 등(1986)은 중심내용 및 주요 어휘에 관한 개요를 제시한 워크시트를 활용한 교수를 전통적인 교수와 비교한 결과, 실험집단의 학생들이 비교집단의 학생보다 유의하게 높은 과학성취도를 보였다.

■ **수업시간에 학생의 필기를 돕기 위한 안내된 노트**

교사는 수업시간에 학생의 필기를 도울 수 있는 안내된 노트를 미리 마련하여 과학 수업시간에 활용할 수 있다. Lazarus(1991)는 수업시간에 다룰 중심내용 및 주요 어휘 등에 대한 개요와 학생이 필기할 수 있는 공간을 넣어 작성한 안내된 노

트를 만들어, 학생이 수업을 들으면서 필기하도록 하였다. 그 결과 안내된 노트가 학생의 과학지식을 높이는 데 효과적이었으며, 특히 강의 중 안내된 노트를 활용하여 필기를 한 후, 매 강의 마지막 부분에 약 10분 동안 학생이 정리한 안내된 노트로 복습하는 것이 그 효과성을 더욱 증진시킨다고 보고하였다.

그래픽 조직자　그래픽 조직자는 시각 및 공간적 표현 방법을 활용하여 학생이 교재의 내용을 조직적으로 파악하고 이해할 수 있도록 돕는 방법이다. 그래픽 조직자는 목적에 따라 다양한 형태로 개발되는데, 개념도(concept map), 개념 비교표(concept comparison table), 의미 특성 분석(sematic feature analysis) 등으로 나눌 수 있다.

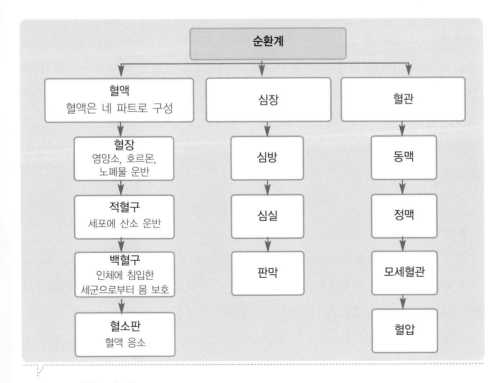

[그림 8-4] 개념도의 예

출처: Guastello, E. F., Beasley, T. M., & Sinatra, R. C. (2000). Concept mapping effects on science content comprehension of low-achieving inner-city seventh graders. *Remedial and Special Education, 15*(6), 356-365.

■ **개념도**

개념도는 관련 있는 개념들이 서로 어떤 관련성을 지니는지를 시각적으로 표현하여 제시하는 그래픽 조직자의 한 유형이다. 일반적으로 여러 개념이 상위개념과 하위개념의 관계로 연관되어 있을 때 많이 활용한다(Guastello, Beasley, & Sinatra, 2000). 예를 들어, [그림 8-4]와 같이 Guastello(2000)는 순환계라는 개념을 가르치기 위해 순환계를 구성하는 요소(혈액, 심장, 혈관)들의 관련성을 위계적으로 나타내는 개념도를 활용한 결과, 학습장애학생의 과학성취도에 효과적이었다고 보고하였다.

■ **개념 비교표**

개념 비교표는 여러 개념 간의 공통점과 차이점을 시각적으로 비교할 수 있도록 제시하는 그래픽 조직자의 한 유형이다(Bulgren, Lenz, Schumaker, Deshler, & Marquis, 2002). Bulgren 등(2002)은 개념비교표([그림 8-5] 참고)를 활용한 교수를 전통적인 교수와 비교한 결과, 실험집단 학생의 과학성취도가 유의하게 높게 나타난 것으로 보고하였다. Bulgren 등(2002)은 개념 비교표를 활용할 때 '교사 주도 활용-교사의 지원을 통한 학생의 활용-학생 주도 활용'의 순으로 진행할 것을 제안하였다.

■ **의미 특성 분석**

의미 특성 분석은 목표 개념과 그 개념의 주요 특성 간의 관계를 격자표(grid)로 정리하는 방법으로, 학생들은 각 개념이 각 특성과 관련이 있는지(+ 표시) 없는지(- 표시)를 분석하여 해당 개념의 의미를 폭넓게 이해할 수 있게 한다(이재승, 1997; Vaughn Gross Center for Reading & Language Arts, 2000). 〈표 8-1〉은 신동희와 김애화(2012)가 중학교 학습부진학생들의 과학 교수(물리수업)에 적용하였던 의미 특성 분석의 예다.

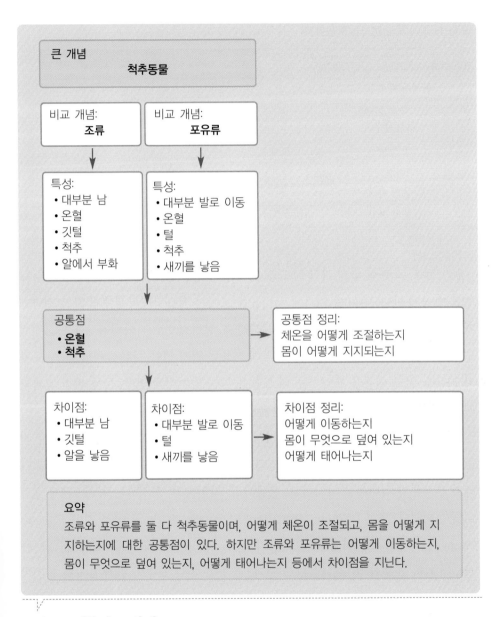

[그림 8-5] 개념 비교표의 예

출처: Bulgren, J. A., Lenz, B. K., Schumaker, J. B., Deshler, D. D., & Marquis, J. G. (2002). The use and effectiveness of a comparison routine in diverse secondary content classrooms. *Journal of Educational Psychology, 94*(2), 356-371.

〈표 8-1〉 의미 특성 분석을 활용한 예

주요 특성 \ 목표 개념	속력	속도
물체의 빠르기	+	+
크기	+	+
방향성	−	+
스칼라량	+	−
벡터량	−	+
시간분의 거리	+	+
시간분의 변위	−	+

읽기 전략　교과서 중심 과학 교수를 실시하기 위해서는 학생들이 읽기 능력을 갖추고 있어야 한다. 따라서 읽기에 어려움을 보이는 학습장애학생에게 읽기 전략을 가르쳐 학생이 과학 교재를 보다 잘 이해하고, 궁극적으로 과학성취도를 향상시킬 수 있게 하는 것이 필요하다. 과학 교과에 적용된 읽기 전략으로는, 첫째 과학 교과서 지문을 읽고 내용을 요약하는 데 도움을 주는 읽기이해 전략, 둘째 과학 교과서 지문을 유창하게 읽을 수 있도록 도움을 주는 읽기유창성 전략을 들 수 있다.

Nelson, Smith와 Dodd(1992)는 읽기이해 전략 중 요약하기 전략이 과학 교과 지문에 대한 이해도를 향상시키는 데 효과적이었음을 보고하였다. 이 연구에서 요약하기 전략은 중심내용을 파악하고, 분류하고, 확인하고, 수정하는 등의 9단계 절차로 구성되었다. 또한 Bakken, Mastropieri와 Scruggs(1997)는 글 구조 전략 교수(text structure based strategy)와 단락 요약하기 전략 교수(paragraph restatement strategy)를 전통적 과학 교수와 비교하였다. 그 결과, 글 구조 전략 교수와 단락 요약하기 전략 교수가 전통적 과학 교수보다 학생들의 과학성취도에 더 긍정적인 영향을 미친다는 것을 보고하였다. 이와 비슷하게, 신동희와 김애화(2012)는 중심내용 파악하기 전략과 의미 특성 분석 전략을 통한 개념 교수를 과학 교과에 접목하여 사용한 결과, 학생들의 과학 개념 이해도 향상에 효과적이었다고 보고하였다([그림 8-6] 참고).

한편, Vadasy와 Sanders(2008)는 대표적인 읽기 유창성 교수인 반복읽기 교수가

〈과학 지문〉

배설은 체내에서 물질대사 결과 생긴 노폐물을 몸 밖으로 내보내는 것을 의미한다. 탄수화물과 지방은 호흡하는 과정에서 분해되어 에너지를 만들며, 이 과정에서 물과 이산화탄소가 함께 나온다. 단백질은 분해되어 물과 이산화탄소와 질소성 노폐물인 암모니아나 요소, 요산 등이 나오게 된다. 이때 이산화탄소는 폐에서 날숨으로 나가고, 물은 땀이나 오줌의 형태로 땀샘과 신장에서 내보내진다. 또한 독성이 있는 암모니아는 간에서 요소나 요산의 형태로 바뀐 다음에 혈액을 통해 신장으로 이동하여 오줌 속의 성분이 되어서 배설된다. 이와 같이 배설은 물질대사의 결과 생성된 노폐물을 몸 밖으로 내보냄으로써 체내 수분의 균형과 혈액의 pH를 일정하게 유지시킨다. // 배출은 대변과 같이 음식물 속의 영양소들이 소화관을 따라 내려갈 때 흡수되지 못하고 남은 음식찌꺼기를 항문을 통해 내보내는 것을 말한다. 따라서 대변은 배설물이 아니라 배출물이 된다.

〈중심내용 파악하기 전략〉

1단계: 문단의 주인공 찾기

2단계: 문단에서 가장 중요한 내용 찾기

　　　2-1) 각 문장을 자세히 읽기

　　　2-2) 비슷한 문장끼리 묶기 (여기서는 위에 '//'표시된 부분에서 나뉜다)

　　　2-3) 비슷한 문장으로 묶인 부분별로 지우기를 적용하여 가장 중요한 내용을 찾기

　　　　　• 지우기 ①: 같은 내용 반복 지우기

　　　　　• 지우기 ②: 구체적인 설명 지우기

　　　　　• 지우기 ③: 예 지우기

3단계: 중요한 내용을 지지하는 세부내용 찾기

1문단

> 중심내용 1) 배설은 체내에서 물질대사 결과 생긴 노폐물을 몸 밖으로 내보내는 것을 의미한다.

주인공: 배설

세부내용 1-1:
탄수화물과 지방은 분해되어 에너지를 만들고 이 과정에서 물과 이산화탄소가 나온다.

세부내용 1-2:
단백질은 분해되어 물과 이산화탄소와 질소성 노폐물인 암모니아 요소, 요산 등이 나온다.

세부내용 1-3:
이산화탄소는 폐에서 날숨으로 나가고, 물은 땀이나 오줌의 형태로 내보내지고, 암모니아는 요소나 요산의 형태로 바뀐 다음 오줌 속의 성분으로 배설된다.

1문단
> 중심내용 2) 배출은 대변과 같이 음식물 속의 영양소들이 소화관을 따라 내려갈 때 흡수되지 못하고 남은 음식찌꺼기를 항문을 통해 내보내는 것을 말한다.

주인공: 배출

> 세부내용 2-1: 대변은 배설물이 아니라 배출물이 된다.

〈의미 특성 분석 전략〉

배설과 배출 내용 정리

주요 특성　　　　　　　　　　　　목표 어휘	배설	배출
체내에서 물질대사의 결과 생성된 노폐물을 몸 밖으로 내보내는 작용	○	×
남은 음식 찌꺼기를 몸 밖으로 내보내는 작용	×	○
오줌을 통해 노폐물을 내보내는 것	○	×
대변을 통해 음식 찌꺼기를 내보내는 것	×	○
땀샘을 통해 땀의 형태로 노폐물을 내보내는 것	○	×

[그림 8-6] 중심내용 파악하기와 의미 특성 분석을 활용한 예

학생들의 과학 및 사회 교과의 주요 어휘 획득에 미치는 영향을 알아본 결과, 반복 읽기 교수를 받은 학생이 비교집단의 학생보다 유의하게 높은 수행을 보이는 것으로 보고하였다.

(2) 탐구 교수

탐구 교수는 구성주의에 근거한 교수법이다. 구성주의에서는 미리 구체화된 지식과 기술에 대한 명시적 교수보다는 탐구를 통한 개념학습을 지지한다. 탐구 교수는 일반적으로 학생이 자신의 가설과 결론을 탐색하고 생성하도록 격려하는 활

동지향 접근과 관련이 있다(prater, 2007).

교과서 중심 교수에서는 일반적으로 학생이 교과서를 읽고 어려운 어휘를 익혀야 하며 추상적인 표상을 통해 개념을 학습한다. 이와 같이 교과서 중심 교수가 내용지향 접근인 반면, 탐구 교수는 구체물을 활용한 실제 경험을 통해 학생에게 과학 개념을 지도하는 활동지향 접근법이라고 할 수 있다. 학습장애학생의 경우 수업에서 설명을 듣고, 교과서를 읽으며, 노트를 작성하는 것보다는 과학 활동에 참여함으로써 과학을 더 효과적으로 배울 수 있다(Scruggs & Mastropieri, 1994). 탐구 교수에서 탐색은 만물이 어떻게 기능하는지에 대한 일반적인 규칙을 구성할 수 있도록 학생에게 질문하고, 실험을 설계하며, 관찰하고, 예측하며, 자료를 다루고 기록하며, 오류에서 배우는 것을 요구한다. 탐구 교수는 더 많은 시간이 요구되고 수업 중 다룰 수 있는 주제도 교과서 중심 교수에 비해 적지만, 학생이 주어진 주제에 대하여 더 자세히 연구하게 되고, 자신의 독립적 사고 및 문제 해결 기술을 계발할 수 있도록 도와준다.

탐구 교수에서 교사의 역할은 교과서 중심 교수와는 다르다. 교사는 정보를 전달하기 보다는 학생들의 탐구를 통해 발견하도록 촉진하고 명확하게 해 주며 확대하도록 도와준다. 또한 교사는 학생이 질문에 대해 생각해 보도록 격려하고, 대안을 모색하게 함으로써 학생들의 추론 능력을 촉진한다. 탐구 교수는 크게 활동 중심 탐구 교수(hands-on/activity-based inquiry instruction)와 지원적 탐구 교수(guided/supported inquiry instruction)로 나뉜다. 이 두 교수의 차이는 교사가 탐구 교수를 진행할 때 얼마나 구조화된 코칭과 지원을 제공하느냐에 따라 달라진다. 즉, 활동 중심 탐구 교수는 학생이 직접 조작하거나 체험하는 활동을 통해 가설 탐색 및 문제 해결 등을 하도록 하는 교수인 반면, 지원적 탐구 교수는 구조화된 교사의 코칭과 교수적 지원을 제공함으로써 학생들이 이루고자 하는 목표를 달성할 수 있도록 돕는 것을 의미한다.

활동 중심 탐구 교수 활동 중심 탐구 교수는 과학 교과를 포함한 다양한 교과에서 학습장애 및 학습부진학생의 성취도를 향상하도록 하기 위해 개발 및 연구되었다. 활동 중심 탐구 교수는 과학성취도뿐만 아니라 과학적 탐구 능력, 문제행동 등에 영향을 미치는 것으로 나타났다. 예를 들어, Cuevas, Lee, Hart와 Deaktor(2005)는 활동 중심 탐구 교수가 모든 학생의 탐구 능력 향상에 효과적이었음으로 보고하였다. 특히, 학습부진과 사회경제적 지위(SES)가 낮은 학생의 탐구 능력 향상의 폭이 컸음을 보고하였다. 한편, Cawley, Hayden, Cade와 Baker-Kroczynski(2002)는 활동 중심 탐구 교수를 실시한 과학 수업 시간에 다른 교과시간에 비해 문제행동이 훨씬 낮은 비율로 나타났으며, 약 70%의 학습장애학생 및 정서장애학생이 학기말에 교육청에서 실시한 과학 시험에 통과하였다고 보고하였다.

지원적 탐구 교수 학습장애학생에게는 교사 주도적인 교과서 중심 교수보다 직접 체험하고 참여할 수 있는 활동 중심 접근이 더 효과적일 것이라는 인식이 높다(Holahan & DeLuca, 1993). 하지만 단순히 직접 조작하거나 체험하는 활동만으로 충분한 학습이 이루어지지 않을 수도 있다는 의견이 제기되었다(Dalton et al., 1997; Scruggs & Mastropieri, 2003). 이러한 배경에서 지원적 탐구 교수(안내된 탐구 교수)가 제안되었다. 지원적 탐구 교수는 학생이 스스로 사고하고 문제 해결을 할 수 있도록 격려하되, 그 과정에서 교사가 필요한 코칭과 안내를 제공한다(Dalton, Morocco, Tivanan, & Mead, 1997). 지원적 탐구 교수에서 교사의 코칭과 안내에는 주로 다음의 지원이 포함된다. 첫째, 질문을 자주하여 학생의 사고를 점검하고 촉진시키기, 둘째 읽기 및 쓰기 활동을 지원하기(예, 중심내용 파악하기 전략, 어휘 교수, 학습 안내지 활용, 빈칸 채워 넣기를 통한 쓰기 활동 등), 셋째 소집단 또는 짝과 함께 진행하는 또래 교수 활용하기, 넷째 실험 절차 및 문제 해결 절차를 단순화하기, 다섯째 실험 절차 및 문제 해결 절차에 대해 명시적 교수하기 등이다.

여러 연구 결과를 통해 지원적 탐구 교수에 참여한 학생은 활동 중심 탐구 교수를 받은 학생보다 과학 개념을 더 효과적으로 학습하는 것으로 나타났다(김진, 임인택, 2004; Dalton, Morocco, Tivanan, & Mead, 1997; Palincsar, Magnusson, Collins, &

Cutter, 2001; Scruggs, Mastropieri, & Sullivan, 1994).

다음은 지원적 탐구 교수를 실시할 때 교사가 반영할 수 있는 사항들이다.

- 생각을 표현할 수 있는 편안한 환경: 교사가 정답을 신속하게 찾아내도록 강조할 경우, 많은 학습장애학생은 교사와의 상호작용을 피할 가능성이 높다. 따라서 교사는 학생이 편안하게 생각을 표현할 수 있는 학습 환경을 제공해야 한다.
- 학생을 경험과 연관지어 교수: 교사는 어려운 질문 및 문제를 학생의 경험을 바탕으로 접근해야 한다. 학생들의 경험과 과학 개념을 연관지어 지도하여 학생이 질문에 대한 답을 찾거나 문제를 해결하는 데 도움을 주어야 한다.
- 대립되는 증거에의 노출을 통한 오개념 수정: 교사는 학생이 기존에 자신이 갖고 있던 과학적 개념을 공유하고, 그 과학적 개념을 새로운 증거에 비추어 조사함으로써 오개념을 바로잡고, 과학적으로 정확한 개념을 확립하도록 격려해야 한다.
- 교사의 코치와 교정: 학생이 해당 개념에 대한 이해를 정교하게 하고 수정하도록 돕기 위해 교사는 학생이 공부하는 주제에 대한 대화에 참여할 수 있도록 해야 한다.
- 소집단 및 대집단 등 다양한 집단활동의 기회 제공: 교사는 학생이 소집단 및 대집단은 물론 스스로 자료를 활용하여 공부할 기회를 제공해야 한다.
- 다양한 표현 방식의 활용: 학생은 그림, 도표, 말, 글 등과 같은 다양한 표현 방식을 활용하여 자신의 아이디어를 표현할 수 있도록 지원해야 한다.
- 학습 경험에 바탕한 평가: 교사는 학생의 강점 및 학생이 어려워하는 것을 더 잘 이해하기 위해, 학습 활동의 경험을 바탕으로 평가를 실시해야 한다.
- 협동을 위한 지침 제공: 교사는 학생에게 협동적 과학 탐구에 대한 연습을 제공할 필요가 있다. 때로 교사는 학생들이 서로 가르치고 배우는 능력을 기르는 것을 목표로 삼을 수도 있다.

과학은 광범위하고 다양한 교과 영역이다. 따라서 탐구 교수만으로 모든 과학 내용을 습득할 수 있는 것이 아니다. 경우에 따라 명시적인 교수가 더욱 효과적일 수도 있다. 교사는 학생이 성취할 것으로 기대되는 목적과 목표를 신중하게 검토하고 이를 달성하는데 가장 효과적인 교수 접근 방식을 선택해야 한다. 즉, 과학적 지식을 습득하고 활용하는 학생들의 능력을 강화하기 위해 탐구 교수와 교과서 중심 교수(내용지향 접근 교수)를 모두 활용하는 것이 필요하다.

3. 사회 교과 지도

1) 학습장애학생을 위한 사회 교과 지도에 관한 개관

사회 교과의 교육 목표는 훌륭한 민주시민의 양성이다. 미국 사회과협회(National Council for Social Studies: NCSS)에서는 사회과의 목표를 "문화적으로 다양하고 민주화된 개방 사회의 시민으로서 공공선을 위한 지적이고 합리적인 의사결정 능력을 가진 시민으로 성장하는 것을 돕는 것"(NCSS, 2008)이라고 하고 있다. 우리나라의 개정 사회과 교육과정 역시 이러한 목표와 별반 다르지 않다. 개정 사회과 교육과정에서는 "사회과에서 육성하고자 하는 민주시민의 모습은 사회생활을 영위하는 데 필요한 지식을 바탕으로 인권 존중, 관용과 타협의 정신, 사회 정의의 실현, 공동체 의식, 참여와 책임의식 등의 민주적 가치와 태도를 함양하고, 나아가 개인적·사회적 문제를 합리적으로 해결하는 능력을 길러 개인의 발전은 물론, 사회, 국가, 인류의 발전에 기여할 수 있는 자질을 갖춘 사람"을 육성하는 것을 목표로 삼고 있다. 즉, 사회과는 사회현상을 이해하는 데 필요한 지식을 배우며, 주변 환경이나 사회 문제에 이를 적용하고, 궁극적으로는 사회 문제를 합리적으로 해결할 수 있는 자질을 갖춘 개인을 길러내는 것을 목표로 한다.

사회 교과는 통합교과로서의 성격을 지닌다. 사회과는 정치, 경제, 사회, 문화를 아우르는 일반 사회뿐만 아니라 역사와 지리 영역도 포함한다. 사회 교과는 이들 각 영역의 고유성과 독자성을 유지하면서도 영역 간 통합이 필요한 경우에는 구심점이 되는 영역을 중심으로 다른 영역의 내용을 유기적으로 통합한다. 또한 사회 교과는 학습자의 시간, 공간, 사회에 대한 의식의 발달 과정과 연계하여 내용을 배열하고, 단순한 것에서 복잡한 것으로, 구체적인 것에서 추상적인 것으로 내용을 구성하고 있다. 이렇듯 사회 교과는 시공간적으로 다양한 분야의 내용을 포함하고 있어, 학습에 어려움을 보이는 학생들에게는 어려운 교과 중의 하나다.

　일반적으로 학습장애학생은 글의 구조를 확인하고 중심내용을 파악하는 데 어려움을 가진다. 사회 교과는 사회적 정보나 지식을 객관적으로 풀이한 설명문이 주를 이룬다. 설명문은 소설이나 수필보다 더욱 복잡한 구조 속에 중심내용과 세부내용을 담고 있다. 따라서 읽기에 심각한 어려움을 가진 학습장애학생은 사회 교과 학습에 심각한 어려움을 가질 수밖에 없다.

　사회 교과는 학년이 올라갈수록 그 내용이 더욱 복잡해지고 추상적인 개념이 많아지는데, 이는 고차원적 사고 과정에 결함을 가진 학습장애학생에게 어려움을 가중시킨다. 따라서 학습장애학생의 사회 교과 학습을 도와주기 위해서 교사는 효과적인 교수 방법을 모색하고 적용하는 것이 필요하다.

2) 학습장애학생을 위한 사회 교수

　학습장애학생을 위한 사회 교수는 크게 교과서 중심 교수, 문제 해결 학습, 협동 학습 및 상보적 교수로 나눌 수 있다.

(1) 교과서 중심 교수

　학습장애학생의 사회 수업은 과학 수업과 마찬가지로 거의 대부분이 일반학급에서 이루어진다. 따라서 일반학급에서 사용하는 사회 교과서 수준이 학습장애학생에게 적절하지 않은 경우, 교과서를 비롯한 수업 교재의 내용 및 구성을 수정하거나 교과서 내용 및 주요 개념(어휘) 학습을 위한 적절한 지원을 제공하는 것이 필요하다. 다음은 교과서 중심 교수에 적용 가능한 전략들이다.

그래픽 조직자 과학 교수에서 설명한 것처럼 그래픽 조직자는 시각 및 공간적 표현을 활용하여 교재의 내용을 조직적으로 파악하고 이해할 수 있도록 돕는 방법이다. 그래픽 조직자는 목적에 따라 다양한 형태로 개발되는데, 개념도(concept map), 개념 비교표(concept comparison table), 개념 다이어그램(concept diagram), 의미 지도(sematic map), 의미 특성 분석(sematic feature analysis) 등으로 나눌 수 있다(그래픽 조직자에 대한 보다 구체적인 설명은 '과학 교수'를 참고). 여러 연구에서 그래픽 조직자는 학습장애학생의 사회 교과 성취도를 높이는 데 효과적이었음이 보고되었다(Boon, Burke, Fore, & Hagen-Burk, 2006; Boon, Fore, Ayers, & Spencer, 2005).

Gallavan과 Kottler(2007)는 사회 교수에 특히 적합한 그래픽 조직자를 다음의 네가지 범주로 제시하고 있다.

- 추정 및 예상(assume and anticipate) 그래픽 조직자: 학생으로 하여금 자신의 선행 지식을 활성화하고 배우게 될 주제에 대한 기초를 제공한다(예, K-W-L 기법).
- 위치 및 패턴(position and pattern) 그래픽 조직자: 학생으로 하여금 사건을 순서 대로 배열하고, 원인-결과 관계를 볼 수 있게 해 준다(예, 타임라인).
- 묶음 및 조직(group and organize) 그래픽 조직자: 학생으로 하여금 개념들 간의 구조와 관계를 명시화하도록 도와준다(예, 개념도).
- 비교 및 대조(compare and contrast) 그래픽 조직자: 학생들로 하여금 복잡한 관점 이나 연관된 개념을 관련시킬 수 있도록 도와준다(예, 벤다이어그램).

다음은 그래픽 조직자 중 개념 다이어그램을 사회 교과에 적용한 예다. 개념 다이어그램은 개념 비교표를 만들어서 학생이 개념의 특성(반드시 갖추어야 하는 특성, 가끔 갖추고 있는 특성, 절대 갖추고 있지 않는 특성), 구체적인 예와 예가 아닌 것 등을 비교함으로써 목표 개념을 이해하도록 하는 방법이다(Bulgren, Schumaker, & Deshler, 1988; [그림 8-7] 참고).

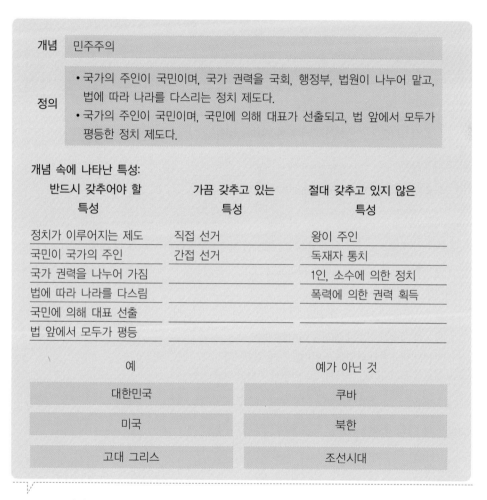

개념	민주주의
정의	• 국가의 주인이 국민이며, 국가 권력을 국회, 행정부, 법원이 나누어 맡고, 법에 따라 나라를 다스리는 정치 제도다. • 국가의 주인이 국민이며, 국민에 의해 대표가 선출되고, 법 앞에서 모두가 평등한 정치 제도다.

개념 속에 나타난 특성:

반드시 갖추어야 할 특성	가끔 갖추고 있는 특성	절대 갖추고 있지 않은 특성
정치가 이루어지는 제도	직접 선거	왕이 주인
국민이 국가의 주인	간접 선거	독재자 통치
국가 권력을 나누어 가짐		1인, 소수에 의한 정치
법에 따라 나라를 다스림		폭력에 의한 권력 획득
국민에 의해 대표 선출		
법 앞에서 모두가 평등		

예	예가 아닌 것
대한민국	쿠바
미국	북한
고대 그리스	조선시대

[그림 8-7] 개념 다이어그램을 활용한 예

학습 안내지 과학 교수에서 설명한 것처럼 학습 안내지는 교과서의 중심내용이나 주요 어휘 등의 학습을 돕기 위해 제작한 학습지를 의미한다(보다 구체적인 설명은 이 장의 '2. 과학 교과 지도'를 참고). 여러 연구를 통해 학습 안내지는 학습장애학생의 사회 교과 성취도를 높이는 데 효과적이었다고 보고되었다(Higgins, Boone, & Lovitt, 1996; Horton & Lovitt, 1989). [그림 8-8]은 사회 교과에 적용된 학습안내지의 예다.

우리나라의 민주정치 나랏일을 맡아 하는 기관들

1. 민주 국가에서는 _____, _____, _____가 나랏일을 맡고 있다.
2. 국회
   2-1. 국회의원은 민주선거에 의해 선출된다. 민주 선거란 다음의 네 가지 원칙에 의한 선거를 뜻한다.
   (1) _____, (2) _____, (3) _____, (4) _____
   2-2. 국회에서 하는 일에는 다음의 네 가지가 있다.
   (1) _____, (2) _____, (3) _____, (4) _____

함께 살아가는 세계–우리와 관계 깊은 나라들

우리나라와 관계 깊은 대표적인 나라로는 중국, 일본, 미국, 러시아를 들 수 있습니다. 다음의 질문에 답하세요.

일본
1. 일본의 지리적 위치와 특성은 어떠합니까?
2. 일본의 대표적인 산업에는 어떠한 것이 있습니까?
3. 일본과 우리나라는 역사적으로 어떠한 관련이 있습니까?

[그림 8-8] 사회 교과에 적용된 학습 안내지의 예

기억 전략 기억 전략은 학생들에게 친숙하지 않은 단어나 개념을 보다 친숙한 형태와 연결함으로써 학습을 돕는 방법을 의미한다(보다 구체적인 설명은 '이 장의 2. 과학 교과 지도'를 참고). 대표적인 기억 전략에는 키워드 전략, 페그워드 전략, 글자 전략 등이 있다. 여러 연구에서 기억 전략은 학습장애학생의 사회 교과 성취도를 높이는 데 효과적이었음이 보고되었다(Mastropieri, Sweda, & Scruggs, 2000).

[그림 8-9]는 사회 교과에 적용할 기억 전략의 예다.

1. 제1차 세계대전의 동맹국에 관한 글자 전략의 예
   TAG: Turkey, Austria-Hungary, Germany

2. 미국의 주(state)와 주도(capital) 이름 연결을 위한 키워드 전략의 활용
   목표: 플로리다 주의 주도는 텔레하시
   키워드: 플로리다의 키워드로 '플라워(꽃)', 텔레하시의 키워드로 '텔레비전'
   시각적 이미지를 통해 연결: 텔레비전 위에 꽃이 있는 그림

Florida(flower, 꽃)   Tallahassee(television, 텔레비전)

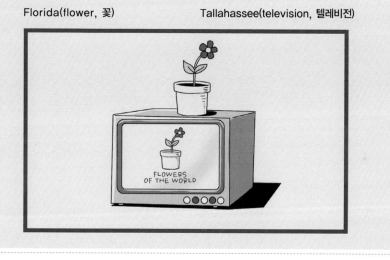

[그림 8-9] 사회 교과에 적용된 기억 전략의 예

출처: Mastropieri. M. A., & Scruggs, T. E. (1990). *Teaching students ways to remember: Strategies for learning mnemonically.* Cambridge, MA: Brookline Books에서 수정.

어휘 교수   사회 교수를 실시할 때 각 단원별 핵심 개념(어휘)을 가르치는 것은 매우 중요하다(Jitendra et al., 1999). 여러 학자는 다음과 같은 어휘 교수를 교과 수업시간에 통합하여 실시할 것을 제안하였다(Bryant, Goodwin, Bryant, & Higgins, 2003; Jitendra, Edwards, Sacks, & Jacobson, 2004; McKeown & Beck, 1988).

• 교재를 읽기 전에 핵심 어휘를 미리 교수하고, 교재의 내용을 읽으면서 문맥 내

〈교재 지문〉

국토의 영역은 국가의 주권이 미치는 범위로, 영토(땅), 영해(바다), 영공(하늘)으로 나뉜다. 우리나라의 영토는 한반도와 부속도서로 이루어져 있다. 영해는 우리나라의 주권이 미치는 바다의 범위로 기선으로부터 12해리까지. 영공은 우리나라의 주권이 미치는 하늘의 범위로 영토와 영해의 상공을 말한다.

핵심 어휘: 국토, 영토, 영해, 영공

개념도 활용:

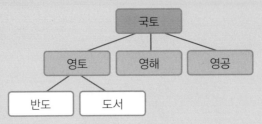

의미 특성 분석 활용:

주요 특성 〱 핵심 어휘	국토	영토	영해	영공
우리나라의 주권이 미치는 범위	+	+	+	+
땅	+	+		
바다	+		+	
하늘	+			+
반도	+	+		
도서	+	+		
영토와 영해의 상공	+			+

정의 정리: 국토는 영토, 영해, 영공 전체
영토는 우리나라의 주권이 미치는 땅
영해는 우리나라의 주권이 미치는 바다
영공은 우리나라의 주권이 미치는 하늘

[그림 8-10] 사회 교과 어휘 교수의 예

에서 핵심 어휘의 의미를 논의하고 정리한다. 어휘 교수를 실시 할 때는 제5장의 '어휘 교수법'에서 제시한 다양한 방법을 활용할 수 있다. [그림 8-10]는 사회 교과에서의 어휘 교수에 대한 예다.

- 핵심 어휘에 대한 기록 노트를 작성하도록 하는 것이 좋다.
- 새로운 어휘는 학생들이 이미 알고 있는 관련 어휘들과 연결하여 가르치는 것이 좋다.
- 가르친 어휘는 3~5개씩 묶어서 여러 번 반복하여 복습시키는 것이 좋다.
- 자주, 반복적으로, 누적하여 어휘 연습을 하도록 하는 것이 좋다.

교과서의 재구성 일반 학급에서 사용하는 사회 교과서 수준이 학습장애학생에게 적절하지 않은 경우에는 교과서를 재구성할 수 있다. 교과내용의 이해도를 높일 수 있는 교재의 특성으로는, 첫째 중심내용을 명확히 하거나 강조하는 시각적 단서 제공하기(예, 다른 색깔로 표시 등), 둘째 교재의 내용 중 비슷한 내용끼리 묶은 후 소제목을 달아 줌으로써 많은 내용을 나누어서 이해할 수 있도록 지원하기, 셋째 글의 구조를 이해하는 데 도움이 되는 단서 어휘(예, 첫째, 둘째, 셋째 등, 대조적으로, 그러나, 마찬가지로 등) 표시하기, 넷째 주요 어휘 표시하기, 다섯째 어려운 어휘 및 개념을 쉬운 어휘로 대체하거나 핵심 설명을 추가하기 등이 있다(Lovitt & Horton, 1994; Simmons & Kame'enui, 1998).

학습장애학생을 위해 교과서를 재구성할 때에는 다음과 같은 사항을 고려해야 한다.

- 단원의 주제를 이해하는 데 필요한 사전 경험 및 선행지식 파악: 사회 교과는 다른 교과에 비해 사전 경험 및 선행지식의 습득 정도가 단원의 이해에 큰 영향을 끼친다. 따라서 교사는 학습장애학생의 단원 관련 사전 경험 및 선행지식 정도를 점검하여 필요한 내용을 보충해야 한다.
- 단원에 포함된 어휘의 친숙도를 확인: 사회 교과는 학년이 올라갈수록 추상적이

고 어려운 어휘가 많아진다. 교사는 학습장애학생의 어휘력을 고려하여 쉬운 어휘로 대체하거나 어휘 교수를 실시해야 한다.

- 중심내용 위주로 내용 요약: 학습장애학생의 수준을 고려하여 단원에서 학습할 내용이 지나치게 많거나 복잡한 경우에는 중심내용 위주로 간추리고, 불필요하거나 관련성이 적은 내용은 줄여 준다.
- 그래픽 조직자나 삽화 등의 시각적 자료 확인: 교과서에 실린 그래픽 조직자나 삽화 등의 시각적 자료를 활용하되, 시각적 자료가 학습장애학생이 이해하기 어렵게 제시되어 있을 경우, 이를 간결하고 명료하게 수정한다. 필요한 경우 시각적 자료를 추가할 수도 있다.

(2) 문제 해결 학습

문제 해결 학습 모형은 학생이 실제 생활에서 직면하는 복잡한 문제를 효과적으로 해결할 수 있는 능력을 신장시킴을 목적으로 한다. 학생은 문제를 해결하기 위해 필요한 정보를 수집하고 자유롭게 의견을 공유하면서 해결책을 모색한다. 이러한 문제 해결 학습은 일상생활의 문제를 다루는 데 효과적이라는 점에서 학습장애학생에게 활용성이 높은 모형이라 할 수 있다. 〈표 8-3〉은 '환경오염'이란 주제로 문제 해결 학습 모형을 적용한 예다(박상준, 2009; 최용규 외, 2005).

(3) 협동학습

협동학습(cooperative teaching)은 공동의 학습목표를 달성하기 위해 다양한 학습 능력을 가진 학생들이 소집단 내에서 서로 도와 가며 학습하는 형태를 말한다(박일수, 권낙원, 2007). 협동학습은 학생들이 긍정적으로 상호작용하고 협력하도록 소집단을 구조화함으로써 학습활동이 이루어지도록 하는 수업 모형이다(박상준, 2009). 협동학습의 구조에서는 이질적인 성취 수준을 가진 팀원들이 공동의 목표를 달성하기 위해 서로 협동하여 도와주기 때문에 학습 능력이 상대적으로 저조한 학습장애학생에게 도움이 된다. 학습장애학생은 협동학습을 통해 자신이 잘못 이

〈표 8-3〉 '환경오염' 이란 주제로 문제 해결 학습 모형을 적용한 활동 예시

단계	주요 활동
문제 사태 파악	학생들이 간단히 풀 수 없는 문제 상황을 제시한다. → 우리가 살고 있는 지역사회에서 일어나는 환경오염 장면을 제시한다.
⇩	
문제 상황 확인	문제 상황에 대해 공감하고 해결해야 할 필요성을 느낀다. → 각자 피해를 입은 경험에 대해 생각해 본다.
⇩	
문제 원인 확인	문제의 원인에 대해 브레인스토밍하고 원인에 대한 잠정적 가설을 수립한다. → 환경오염의 원인에 대해 자유롭게 브레인스토밍한 후, 가설을 설정한다.
⇩	
관련 정보 수집	문제를 해결하는 데 필요한 정보를 수집한다. → 환경오염과 해결책에 대한 자료를 수집한다.
⇩	
대안 제시	다양한 해결책에 대해 자유롭게 의견을 교환하고, 평가 기준을 토대로 해결책들을 평가하고 순위를 정한다. → 환경오염을 방지하고 환경을 보전하기 위한 해결책을 서로 교환하고 실천 가능성에 따라 순위를 정한다.
⇩	
적용 및 정리	해결책을 실천하기 위한 계획을 수립하여 정리·발표한다. → 순위에 따라 해결책을 실천하기 위한 계획을 세운 후 발표한다.

해한 개념을 교정할 수 있게 되고 수업에 적극적으로 참여하게 되므로 학업성취가 향상되고 학습 태도 및 대인관계도 긍정적으로 변화하게 된다(Johnson & Johnson, 1984, 1999; Slavin, 1991).

협동학습은 상호 의존성, 개별 책무성, 협력기술, 집단 활동 과정, 이질적 집단 등 몇 가지 기본 요소를 포함한다(박상준, 2009; Johnson, Johnson, & Holubec, 1993; Slavin, 1991).

첫째, 협동학습은 상호 의존성을 강조하기 때문에 모든 학생이 서로에게 긴밀하게 의지하여 집단의 목표를 달성하도록 한다. 협동학습에서 학생들은 팀별 수행에 대해 강화를 받고, 과제를 수행하기 위한 자료들은 집단의 모든 팀원에게 분배되

고, 각 팀원들은 자신에게 분배된 상보적인 역할을 완수해야 할 의무를 가진다.

둘째, 협동학습은 개별 책무성을 강조한다. 즉, 협동학습은 모든 팀원이 자신에게 할당된 자료를 학습하고 자신이 속한 팀에 공헌할 책임이 있음을 강조한다.

셋째, 협동학습이 효과적으로 이루어지기 위해서는 사회성 기술, 의사소통기술 등 협력기술이 필요하다. 따라서 교사는 학생에게 주요 협력기술을 시범보이고 학생들로 하여금 서로 배운 기술을 연습하게 하고, 적절한 피드백을 제공해 주어야 한다.

넷째, 협동학습은 개별 팀원이 수집한 내용을 서로 발표하고 토론하는 집단 활동 과정을 통해 공동의 목표를 달성해 간다.

다섯째, 협동학습은 지적 능력, 학업성취 수준, 사회문화적 수준 등에서 서로 다른 능력과 배경을 가진 이질적인 집단으로 구성한다.

협동학습은 다양한 형태로 진행할 수 있는데, 대표적인 모형으로 학생집단 성취 모형, 토너먼트식 학습, 집단보조 개별학습 및 과제분담 학습 모형을 들 수 있다.

학생집단 성취 모형(Student Teams-Achievement Divisions: STAD) 교사의 설명이 끝난 후 다양한 성취 수준을 가진 4~6명 학생들이 한 팀이 되어 함께 학습과제 내용을 공부한다. 다음에 있을 퀴즈에서 모든 팀원이 100% 목표 달성을 할 수 있다고 확신할 때까지 서로 가르치고 배운다. 팀별 학습이 끝나면 학생들은 서로 퀴즈를 낸다. 학생들의 성취도는 사전 퀴즈에서 얻은 점수로부터 향상된 정도에 따라 평가된다. 우승한 팀은 학급 알림판이나 학급신문 등을 통해 게시된다.

토너먼트식 학습(Teams-Games-Tournament: TGT) TGT는 STAD와 동일하게 교사의 설명과 팀별 작업이 진행되나, 주 1회의 토너먼트가 퀴즈를 대신한다. 다양한 성취 수준의 4~6명으로 팀을 구성하며, 동일한 성취 수준을 가진 세 명씩 '토너먼트 테이블'에서 겨룬다. 게임 방법은 카드함에서 수 카드를 뽑아 첫 순서를 정해 시계 방향으로 진행하는데, 높은 숫자를 뽑은 학생이 먼저 해당 번호 문제를 크게 읽고 정답을 말할 수 있는 자격이 주어진다. 정답이 틀리면 다음 학생에게 선택권이 넘어가고, 맞으면 카드를 보유하고 넘어간다. 성취 수준과 상관없이 모든 승자는 그들이 속한 팀에 동일한 점수를 가져가며, 높은 성취를 이룬 팀이 보상을 받는다.

집단보조 개별학습(Team Assisted Individualization: TAI) STAD와 TGT를 합하여 완전학습을 추구하는 개별화 모형이다. 사전 검사를 통해 4~5명의 이질적인 성취 수준을 가진 팀을 구성하고 각 학생의 수준에 적합한 개별학습 교재(예, 기능 학습지, 확인 학습지, 최종 검사지, 정답지 등)를 제공한다. 팀원들은 각자의 수준에 맞는 문제를 푼 다음, 2명씩 짝이 되어 서로 교환하며 정답을 채점한다. 다 맞은 경우 상위 수준의 문제를, 오답이면 하위 기능의 문제를 계속하여 풀게 된다. 기능 문제를 다 끝내면 확인 검사를 받고 기준 점수를 달성하며 최종 검사를 받는다. 이 과정이 진행되는 동안 짝은 서로의 학습을 점검하며 문제를 푸는 데 도움을 주고받는다. 최종 검사의 문제는 짝의 도움 없이 풀고 학생 감독자에 의해 채점된다. 서로의 학업성취를 점검하기 위해 2명씩 짝을 정한다. 문제를 풀면 짝인 학생과 교환하여 답안을 점검한다. 교사는 매주 모든 팀원이 완성한 단원 수와 단원 평가 점수에 따라 '수료증'을 주거나 다른 팀들이 통과한 팀에 강화를 제공하게 한다.

과제분담 학습(Jigsaw I) 교사는 학생들을 5~6명의 서로 특성이 다른 이질적인 팀으로 구성하고, 학습할 주제를 팀원 수에 맞게 쪼개서 각 팀원에게 소주제를 하나씩 분담한다. 한 학급은 여러 팀으로 나누어지므로 각 팀에서 같은 소주제를 담당한 팀원들이 따로 모여 전문가 집단을 형성한다. 각 전문가 집단은 자신들이 맡은 소주제에 대한 내용을 서로 토의하고 학습한 후 다시 원래의 소속 팀으로 돌아와 각자가 학습한 내용을 다른 팀원에게 가르친다. 단원 학습이 끝나면 학생들은 시험을 보고 개인의 성적에 따라 점수를 받는다. 시험점수는 개인 등급에는 기여하지만 팀 점수에는 기여하지 않는다. 〈표 8-4〉는 과제분담 학습을 적용한 예시다.

〈표 8-4〉 '조선시대 신분제도'란 주제로 과제분담 학습(Jigsaw I)을 적용한 예시

진행 과정	주요 활동 및 예시(초등 6학년)
계획하기 (모집단)	모집단 구성하기 → 4명으로 모집단 구성
	주제 확인 및 분석하기 → 조선시대 신분제도-양반과 상민의 생활 모습
	주제 분할 분석하기 → 4개의 소주제로 분할 　① 양반이 했던 일 알아보기 　② 양반이 살던 집과 생활 알아보기 　③ 상민이 했던 일 알아보기 　④ 상민이 살던 집과 생활 알아보기
	소주제별로 한 명씩 역할 분담하기
집중 탐구하기 (전문가 집단)	전문가 집단 구성하기 → 4개의 소주제별 담당 팀원이 모여 전문가 집단을 구성
	소주제 해결 방법 탐색하기 → 교재, 인터넷, 백과사전 등의 소주제별 효율적인 해결 방법 모색
	소주제 집중 탐구하기 → 소주제별 탐구 내용 　① 양반이 했던 일 알아보기 　　- 나랏일에 참여함, 글공부를 함 등 　② 양반이 살던 집과 생활 알아보기 　　- 양반이 살던 집의 구조와 생활을 탐색하여 특징 알아내기 　③ 상민이 했던 일 알아보기 　　- 국가에 세금을 냄, 군대에 가서 나라를 지킴, 나라의 중요한 공사에 동원됨 등 　④ 상민이 살던 집과 생활 알아보기 　　- 상민이 살던 집의 구조와 생활을 탐색하여 특징 알아내기
	정리하기(또래 교수를 위한 준비) → 소주제별 전문가 집단이 탐구한 내용을 정리하기
상호 교수하기 (모집단)	모집단으로 모여 서로 가르치고 학습 여부 확인하기
	전체 발표 준비하기
정리하기 (전체)	전체 발표하기
	문제점 확인 및 정리하기

(4) 상보적 교수

상보적 교수(reciprocal teaching)는 원래 Palinscar와 Brown(1984)이 제안한 교수 기법으로, 근접발달 개념을 개발한 Vigotsky의 이론을 근거로 한다. 상보적 교수는 주로 설명문의 읽기 지도를 위해 개발되었는데, 아동의 읽기이해력을 증진시키는 데 효과적인 것으로 알려져 있다(김윤희, 김자경, 백은정, 2011; Pressley, 2002). 상보적 교수는 사회 교과의 학습에 효과적인 것으로 입증되었으며(Lederer, 2000), 중등 학생 이상뿐만 아니라 유치원생(Myers, 2005)이나 초등학생(Coley et al., 1993)에게도 효과적임이 입증되어 왔다. 또한 이 교수법은 학습장애뿐만 아니라 다양한 수준의 학습 능력을 가진 학생에게도 효과적인 것으로 알려져 있다. 상보적 교수는 타인과의 대화를 통한 상호작용을 강조한다. 학생 간이나 학생과 교사 간의 구조화된 대화 속에서 서로 도움을 주고받으면서 자신의 이해 과정을 점검하고 통제하며(Stahl, 2004), 이를 통해 글에 대한 이해력을 증진시킨다.

상보적 교수는 주로 네 가지 초인지 전략을 활용하여 진행되는데, 이들 전략은 각기 독립적이라기보다는 서로 상호작용하여 영향을 준다. 이들 전략은 훈련을 통해 학생에게 내면화되도록 한다. 상보적 교수의 네 가지 교수 전략은 다음과 같다.

- 질문 만들기 전략: 읽은 글과 관련하여 대답이 가능한 주요 질문을 학생 스스로 만들도록 한다. 이를 통해 학생은 글에 대한 이해를 도모한다.
- 요약하기 전략: 글의 내용을 간결하게 자신의 말로 정리하도록 한다. 이를 통해 학생은 글에서 중요한 내용을 파악하고 통합하는 능력을 가진다.
- 명료화하기 전략: 글에서 모호하거나 이해하기 어려운 어휘나 개념을 명료화하도록 한다. 이를 통해 자신의 읽기이해 여부를 점검할 수 있으며, 자신이 이해하지 못하였을 때 적절한 수정 전략(fix-up strateg tes)을 적용할 수 있다.
- 예측하기 전략: 글에 나와 있는 소제목 등의 단서나 주제에 대한 사전 지식을 통해 다음에 나올 내용을 예측하게 한다. 이를 통해 학생은 글을 읽는 목적을 알게 되고, 자신이 예측한 것이 맞았는지 틀렸는지의 여부를 확인한다.

일반적으로 상보적 교수를 활용하는 수업은 주로 소집단 형태로 이루어진다. 이 교수법을 실시하는 초기에는 교사가 학생과의 대화를 주도하면서 이와 같은 네 가지 전략을 모델링해 준다. 수업이 진행되면서 주도권은 점차 학생들에게 넘어가게 되고, 교사는 필요한 경우에만 지도하며 피드백을 제공한다. 학생들이 이들 전략을 독립적으로 활용할 수 있게 되면 학생들이 수업을 이끄는 리더 혹은 '교사'의 역할을 수행하게 되며, 교사는 필요한 때에만 비계(scaffolding)를 제공하게 된다.

상보적 교수를 활용한 효과적인 전략으로는 POSSE(Englert & Mariage, 1990)를 들 수 있다. POSSE 기법은 다음의 전략들을 포함하며, POSSE 활동지를 통해 수행된다([그림 8-11] 참조).

- P(Predict): 배경지식을 토대로 글의 내용을 예측한다.
- O(Organize): 글의 구조를 통해 얻을 수 있는 예상된 생각을 조직한다.
- S(Search): 글의 구조에서 주요 내용을 찾아본다.
- S(Summarize): 주요 내용이나 주제를 요약한다.
- E(Evaluate): 이해 정도를 평가한다.

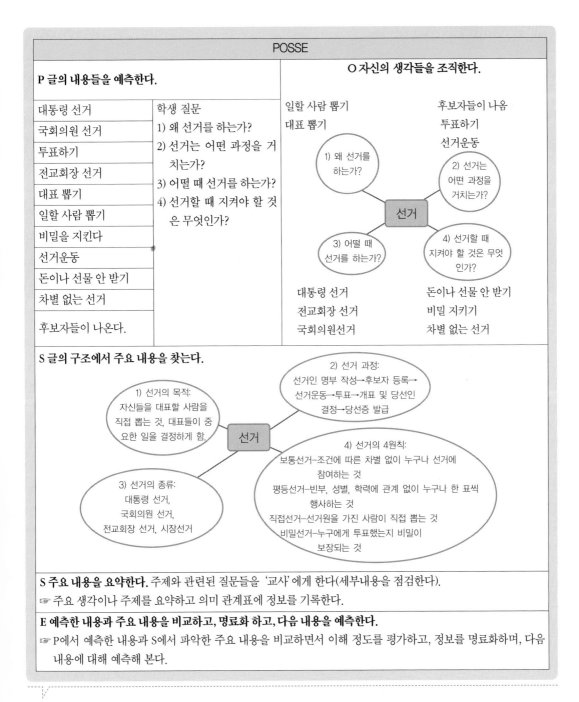

POSSE	
P 글의 내용들을 예측한다.	**O 자신의 생각들을 조직한다.**

P 글의 내용들을 예측한다.

	학생 질문
대통령 선거	1) 왜 선거를 하는가?
국회의원 선거	2) 선거는 어떤 과정을 거
투표하기	치는가?
전교회장 선거	3) 어떨 때 선거를 하는가?
대표 뽑기	4) 선거할 때 지켜야 할 것
일할 사람 뽑기	은 무엇인가?
비밀을 지킨다	
선거운동	
돈이나 선물 안 받기	
차별 없는 선거	
후보자들이 나온다.	

O 자신의 생각들을 조직한다.

일할 사람 뽑기 / 대표 뽑기

후보자들이 나옴 / 투표하기 / 선거운동

1) 왜 선거를 하는가?
2) 선거는 어떤 과정을 거치는가?
선거
3) 어떨 때 선거를 하는가?
4) 선거할 때 지켜야 할 것은 무엇인가?

대통령 선거 / 전교회장 선거 / 국회의원선거

돈이나 선물 안 받기 / 비밀 지키기 / 차별 없는 선거

S 글의 구조에서 주요 내용을 찾는다.

1) 선거의 목적:
자신들을 대표할 사람을 직접 뽑는 것, 대표들이 중요한 일을 결정하게 함.

2) 선거 과정:
선거인 명부 작성→후보자 등록→선거운동→투표→개표 및 당선인 결정→당선증 발급

선거

3) 선거의 종류:
대통령 선거, 국회의원 선거, 전교회장 선거, 시장선거

4) 선거의 4원칙:
보통선거–조건에 따른 차별 없이 누구나 선거에 참여하는 것
평등선거–빈부, 성별, 학력에 관계 없이 누구나 한 표씩 행사하는 것
직접선거–선거원을 가진 사람이 직접 뽑는 것
비밀선거–누구에게 투표했는지 비밀이 보장되는 것

S 주요 내용을 요약한다. 주제와 관련된 질문들을 '교사'에게 한다(세부내용을 점검한다).
☞ 주요 생각이나 주제를 요약하고 의미 관계표에 정보를 기록한다.

E 예측한 내용과 주요 내용을 비교하고, 명료화 하고, 다음 내용을 예측한다.
☞ P에서 예측한 내용과 S에서 파악한 주요 내용을 비교하면서 이해 정도를 평가하고, 정보를 명료화하며, 다음 내용에 대해 예측해 본다.

[그림 8-11] 초등 4학년 '시·도 대표는 우리 손으로' 단원에 적용한 POSSE 기법

요약

이 장에서는 과학 교과 및 사회 교과 학습에서 학습장애학생의 특성을 살펴보고, 각 교과별 효과적인 교수법을 구체적인 적용 사례와 함께 제시하였다. 학습장애학생은 기초적인 읽기 및 쓰기의 어려움, 정보의 조직화 및 기억 능력의 부족, 추상적 개념의 이해 능력 부족으로 인해 과학 수업 참여에 어려움을 겪을 수 있다.

학습장애학생의 특성을 고려할 때 이들을 위한 과학 교수는 크게 교과서 중심 교수(내용지향 접근 교수)와 탐구 교수(활동지향 접근 교수)로 나누어 제공할 수 있다. 교과서 중심 교수는 일반교육 환경에서 주로 활용되는 접근 방식으로 교재의 내용을 이해하도록 도와주는 접근 방법이다. 탐구 교수는 구성주의에 근거한 교수법으로 학생이 자신의 가설과 결론을 탐색하고 생성하도록 격려하는 활동 지향 접근을 강조한다. 여기에 학생이 직접 조작하는 체험 활동을 통해 가설 탐구와 문제 해결 등을 교수하는 활동 중심 탐구 교수와 구조화된 교사의 코칭과 안내를 제공하는 지원적 탐구 교수를 들 수 있다.

학습장애학생은 사회 교과에서도 심각한 어려움을 경험한다. 사회 교과는 학년이 올라갈수록 내용이 복잡해지고 추상적인 개념이 많아지기 때문에 고차원적 사고 과정에 결함을 가진 학습장애학생에게는 매우 어려운 교과다. 또한 대부분의 사회 교과 내용은 소설이나 수필보다 더욱 복잡한 설명문의 구조로 되어 있어 읽기에 심각한 문제를 가진 학습장애학생은 어려움을 가질 수밖에 없다.

학습장애학생을 위한 사회 교수는 크게 교과서 중심 교수, 문제 해결 학습, 협동학습, 상보적 교수 등을 들 수 있다. 교과서 중심 교수로는 그래픽 조직자, 학습 안내지, 기억 전략, 교과서 재구성 등이 있다. 문제 해결 학습 모형은 학생들이 실생활에서 직면하는 복잡한 문제를 효과적으로 대처하도록 문제 해결력을 신장시키기 위한 교수법으로, 일상생활의 문제를 다루기 때문에 학습장애학생에게 활용성이 높은 모형이라 할 수 있다. 협동학습은 이질적인 성취 수준을 가진 팀원들이 공동의 목표를 달성하기 위해 서로 도와주기 때문에 학습 능력이 저조한 학습장애학생에게 도움이 될 수 있다. 상보적 교수는 질문 만들기, 요약하기, 명료화하기, 예측하기 등의 전략을 활용하여 주요 내용 및 개념을 이해하는 데 도움이 되는 교수법이다. 특히 이 교수법은 설명문의 읽기 지도를 위해 개발되었는데, 설명문이 주가 되는 사회 교과 학습에 매우 효과적이라고 볼 수 있다.

교사는 다양한 교수적 수정 전략과 활동의 적용을 통해 학습장애학생들이 통합학급에서 보다 유의미한 교과수업에 참여하여 각 교과에서 추구하는 교육적 목표를 달성할 수 있도록 지원해야 한다.

참고문헌

과학 교과

김애화, 박현(2010). 학습장애 및 학습부진학생을 위한 과학교수에 관한 문헌분석. 특수교육 저널: 이론과 실천, 11(1), 147-175.

김진, 임인택(2004). 실험수업이 과학 학습부진아에게 미치는 효과에 대한 연구. 과학교육연구, 28(1), 1-9.

노선옥, 김현진, 김은숙, 박성우, 신재훈, 이정현(2008). 특수교육실태조사, 서울: 국립특수교육원.

신동희, 김애화(2012, 출판 예정). 읽기 교수를 결합한 과학 교수가 중학교 다문화 학생의 과학 어휘성취도에 미치는 효과.

이재승(1997). 쓰기 과정에서의 자동성과 통제성. 국어교육, 95, 57-82.

Bakken, J. P., Mastropieri, M. A., & Scruggs, T. E. (1997). Reading comprehension of expository science materials and students with learning disabilities: A comparison of strategies. *Journal of Special Education, 31*, 300-325.

Bulgren, J. A., Lenz, B. K., Schumaker, J. B., Deshler, D. D., & Marquis, J. G. (2002). The use and effectiveness of a comparison routine in diverse secondary content classrooms. *Journal of educational psychology, 94*(2), 356-371.

Cawley, J. F., Hayden, S., Cade, E., & Baker-Kroczynski, S. (2002). Including students with disabilities into the general education science classroom. *Exceptional Children, 68*(4), 423-435.

Cuevas, P., Lee, O., Hart, J., & Deaktor, R. (2005). Improving science inquiry with elementary students of diverse backgrounds. *Journal of Research in Science Teaching, 43*(3), 337-353.

Dalton, B., Morocco, C. C., Tivanan, T., & Mead, P. R. (1997). Supported inquiry science: Teaching for conceptual change in urban and suburban science classrooms. *Journal of Learning Disabilities, 30*(6), 670-684.

Guastello, E. F., Beasley, T. M., & & Sinatra, R. C. (2000). Concept mapping effects on science content comprehension of low-achieving inner-city seventh graders. *Remedial and Special Education, 15*(6), 356-365.

Gurganus, S., Janas, M., & Schmitt, L. (1995). Science instruction: What special education teachers need to know and what roles they need to play. *Teaching Exceptional Children, 27*(4), 7-9.

Holahan, G., & DeLuca, C. (1993). *Classrooms science intervention via a thematic-approach.* Unpublished research paper. State University of New York at Buffalo.

Horton, S. V., & Lovitt, T. C. (1994). A comparison of two methods of administering group reading inventories to diverse learners: Computer versus pencil and paper. *Remedial and Special Education, 15*(6), 378-390.

Lazarus, B. D. (1991). Guided notes, review, and achievement of secondary students with learning disabilities in mainstream content courses. *Education and Treatment of Children, 14*(2), 112-127.

Lenz, B. K., & Deshler, D. D. (2004). *Teaching content to all: Evidence-based inclusive practices in middle and secondary schools.* Needham Heights, MA: Allyn an Bacon.

Lovitt, T., Rudsit, J., Jenkins, J., Pious, C., & Benedtti, D. (1986). Adapting science materials for regular and learning disabled seventh graders. *Remedial and Special Education, 7*(1), 31-39.

Mastropieri, M. A., & Scruggs, T. E. (1993). A practical guide for teaching science to students with special needs in inclusive settings. Austin, TX: PRO-ED.

Mastropieri M. A., & Scruggs, T. E. (1995). Text versus hand-on curriculum: Implications for students with disabilities. *Remedial and Special Education, 15*(2), 72-85.

Mastropieri, M. A., Scruggs, T. E., & Levin, J. R. (1987). Learning-disabled students' memory for expository prose: Mnemonic versus nonmnemonic pictures. *American Educational Research Journal, 24*(4), 505-519.

Mastropieri, M. A., Scruggs, T. E., & Magnusen, M. (1999). Activities-oriented science instruction for students with disabilities. *Learning Disability Quarterly, 22*(4), 240-249.

Muck, D. D., Bruckert, J., Call, D. T., Stoehrmann, T., & Radamdt, E. (1998). Strategies for enhancing the performance of students with LD in inclusive science classes. *Intervention in School and Clinic, 34*(2), 73-78.

Nelson, J. R., Smith, D. J., & Dodd, J. M.(1992). The effects of teaching a summary skills strategy to students identified as learning disabled on their comprehension of science text. *Education and Treatment of Children, 15*, 228-243.

Palincsar, A. S., Magnusson, S. J., Collins, K. M., & Cutter, J. (2001). Making science accessible to all: Results of a design experiment in inclusive classrooms. *Learning Disability Quarterly, 24*(1), 15-32.

Patton, J. R. (1995). Teaching science to students with special needs. *Teaching exceptional Children, 27*(4), 4-6.

Polloway, E. A., Patton, J. R., & Serna, L. (2005). *Strategies for teaching learners with special needs* (8th ed.). Upper Saddle River, NJ: Merrill/prentice Hall.

Prater, M. A. (2007). 중도, 중등도 장애학생을 위한 교수전략(김자경, 최승숙 역, 2011). 서울: 학지사.

Salend, S. J. (1998). using an activities-based approach to teach science to students with disabilities. *Intervention in School and Clinic, 34*, 67-72.

Scruggs, T. E., & Mastropieri, M. A. (1994). The construction of scientific knowledge by students with mild disabilities. *Journal of Special Education, 28*(3), 307-332.

Scruggs, T. E., & Mastropieri, M. A. (2003). *Content area learning in inclusive middle school science and social studies classes.* Grant proposal funded by the U.S. Department of Education, award number H324C020085.

Scruggs, T. E., Mastropieri, M. A., Bakken, J. P., & Brigham. F. J. (1993). Reading versus doing: The relative effects of textbook-based and inquiry-oriented approaches to science learning in special education classrooms. *The Journal of Special Education., 27*(1), 1-15.

Scruggs, T. E., Mastropieri, M. A, McLoone, B. B., & Levin, J. R. (1987). Mnemonic facilitation of Learning Disabled Students' Memory for Expository Prose. *Journal of Educational Psychology, 79*(1), 27-34.

Scruggs, T. E., Mastropieri, M. A., & Okolo, C. M. (2008). Science and socail studies for students with disabilities. *Focus on Exceptional Children, 41*(2), 1-24.

Scruggs, T. E., Mastropieri, M. A., & Sullivan, G. S. (1994). Promoting relational thinking skills: Elaborative interrogations for mildly handicapped students. *Exceptional Children, 60*, 450-457.

Vadasy, P. F., & Sanders, E. A. (2008). Benefits of repeated reading intervention for low-achieving fourth-and fifth-grade students. *Remedial and Special Education, 29*(4), 235-249.

Vaughn Gross Center for Reading & Language Arts(2000). *Promoting vocabulary development: Components of effective vocabulary instruction.* Austin, TX: Vaughn Gross Center for Reading & Language Arts.

사회 교과

김윤희, 김자경, 백은정(2011). 상보적 전략을 활용한 읽기 교수가 읽기학습부진아의 독해력에 미치는 영향. 학습장애연구, 8(2), 205-224.

박상준(2009). 사회과교육의 이론과 실제. 서울: 교육과학사.

박일수, 권낙원(2007). TGT 협동학습이 수학과 문제 해결력 및 수학적 태도에 미치는 효과.
학습자중심교과교육연구, 7(1), 21-39.

최용규, 정호범, 김영석, 박남수, 박용조(2005). 사회과, 교육과정에서 수업까지. 서울: 교육과학사.

Baxendell, B. W. (2003). Consistent, coherent, creative: The 3c's of graphic organizers.
Teaching Exceptional Children, 35(3), 46-53.

Boon, R., Burke, M., Fore III, C., & Hagan-Burke, S. (2006). Improving student content knowl-
edge in inclusive social studies classrooms using technology-based cognitive organizers:
A systematic replication. *Learning Disabilities: A Contemporary Journal, 4*(1), 1-17.

Boon, R., Fore, C., Ayres, K., & Spencer, V. (2005). The effects of cognitive organizers to
facilitate content-area learning for students with mild disabilities: A pilot study. *Journal
of Instructional Psychology, 32,* 101-117.

Bryant, D., Goodwin, M., Bryant, B., & Higgins K. (2003). Vocabulary instruction for stu-
dents with learning disabilities: A review of the research. *Learning Disability Quarterly,
26,* 117-128.

Bulgren, J. A., Schumaker, J. B., & Deshler, D. D. (1988). Effectiveness of a concept teach-
ing routine in enhancing the performance of LD students in secondary-level main-
stream classes. *Learning Disability Quarterly, 11,* 3-17.

Coley, J. D., Depinto, T., Craig, S., & Gardner, R. (1993). From college to classroom: Three
teachers' accounts of their adaptations of reciprocal teaching. *The Elementary School
Journal, 94,* 255-266.

Englert, C. S., & Mariage, T. (1990). Send for the POSSE: Structuring the comprehension dia-
logue. *Academic Therapy,* 473-487.

Gallavan, N. P., & Kottler, E. (2007). Eight types of graphic organizers for empowering
social studies students and teachers. *The Social Studies, 98*(3), 117-123.

Higgins, K., Boon, R., & Lovitt, T. C. (1996). Hypertext support for remedial students and
students with learning disabilities. *Journal of Learning Disabilities, 29,* 402-413.

Horton, S. V., & Lovitt, T. C. (1989). Using study guides with three classifications of second-
ary students. *Journal of Special Education, 22,* 447-462.

Jitendra, A., Edwards, L., Sacks, G., & Jacobson, L. (2004). What research says about vocabulary instruction for students with learning disabilities. *Council for Exceptional Children, 70,* 299-322. Retrieved September 11, 2004, from PsycINFO database.

Jitendra, A. K., Hoff, K., & Beck, M. M. (1999). Teaching middle school students with learning disabilities to solve word problems using a schemabased approach. *Remedial and Special Education, 20,* 50-64.

Johnson, D. W., & Johnson, R. T. (1984). *Cooperation in the classroom.* Edina, Minnesota: Interaction Book Company.

Johnson, D. W., & Johnson, R. T. (1999). *Learning and together and alone: Cooperative, competitive, and individualisic learning* (5th ed.). Boston: Allyn and Bacon.

Johnson, D. W., Johnson, R. T., & Holubec, E. J. (1993). *Cooperation in the Classroom* (6th ed.). Edina, MN: Interaction Book Company.

Lederer, J. M. (2000). Reciprocal teaching of social studies in inclusive elementary classrooms. *Journal of Learning Disabilities, 33*(1), 91-106.

Lovitt, T. C., & Horton, S. V. (1994). Strategies for adapting science textbooks for youth with learning disabilities. *Remedial and Special Education, 15,* 150-159.

Mastropieri, M. A., Sweda, J., & Scruggs, T. E. (2000). Teacher use of mnemonic strategy instruction. *Learning Disabilities Research & Practice, 15*(2), 69-74.

McKeown, M. G., & Beck, I. L. (1988). Learning vocabulary: different ways for different goals. *Remedial and Special Education, 9*(1), 42-46.

Myers, P. A. (2005). The princess storyteller, carla clarifier, quincy questioner, and the wizard: Reciprocal teaching adapted for kindergarten students. *The Reading Teacher, 59*(4), 314-324.

National Council for Social Studies(NCSS) (2008). *Expectations of excellence: Curriculum standards for social studies-executive summary.* Retrieved September 14.: http://www.social-studies.org/slandards/execsummary/

Palinscar, A. S., & Brown, A. L. (1984). Reciprocal teaching of comprehension-fostering and comprehension-monitoring activities. *Cognition and Instruction, 1,* 117-175.

Pressley, M. (2002). *Reading instruction that works: The case for balanced teaching.* New

York: Guilford.

Scruggs, T. E., & Mastropieri, M. A. (1989). Mnemonic instruction of LD students: A field based investigation. *Learning Disability Quarterly, 12,* 119-125.

Scruggs, T. E., & Mastropieri, M. A. (1990). Mnemonic instruction for students with learning disabilities: What it is and what it does. *Learning Disability Quarterly, 13,* 271-280.

Scruggs, T. E., Mastropieri, M. A., & Okolo, C. M. (2008). Science and social studies for students with disabilities. *Focus on Exceptional Children, 41*(2), 1.

Simmons, D. C., & Kame'enui, E. J. (1998). *What reading research tells us about children with diverse learning needs: Bases and basics.* Mahwah, NJ: Erlbaum.

Slavin, R. E. (1991). *Educational Psychology: Theory into practice* (3rd ed.). Englewood Cliffs, NJ: Prentice-Hall.

Stahl, K. A. D. (2004). Proof, practice, and promise: Comprehension strategy instruction in the primary grades. *The Reading Teacher, 57,* 598-609.

PART 3

학습장애학생의 통합교육 지원

학습장애학생을 위한 효과적인 사회성 및 행동 지원

이 장을 통해 학습장애에 관한 다음의 지식과 기술을 습득하게 될 것이다.

- 학습장애학생의 사회성 특성을 설명할 수 있다.
- 사회성의 정의와 구성 요소를 설명할 수 있다.
- 사회적 기술의 분류 체계를 설명할 수 있다.
- 사회적 기술 프로그램의 내용과 절차를 설명할 수 있다.
- 상황 맥락 중재의 내용과 절차를 설명할 수 있다.
- 효과적인 자아 개념 향상 프로그램을 설명할 수 있다.
- 자기옹호 지도의 중요성과 적용 방안을 설명할 수 있다.
- 학급에서 전체적으로 실시하는 행동 지원 방법을 설명할 수 있다.
- 개인별 행동 지원 방법을 설명할 수 있다.
- 사회성 평가 방법을 설명할 수 있다.

1. 학습장애학생을 위한 사회성 및 행동 지원에 관한 개관

1) 학습장애학생을 위한 사회성 및 행동 지원의 필요성

사회성은 성공적인 학교 및 사회 생활을 하기 위해 반드시 필요하다. 따라서 학교 교육에서 사회성 향상을 위한 지원이 중요한 영역으로 다룰 필요가 있다. 제1장에서 살펴본 다양한 학습장애 정의(예, NJCLD 정의, 캐나다 정의)에 따르면 사회성 결함을 학습장애의 특성으로 언급하였다. 이 정의에서는 사회성 결함(자기조절 행동, 사회적 인지, 사회적 상호작용 등)이 학습장애학생의 대표적인 문제는 아니지만, 많은 학습장애학생이 보이는 특성이라고 하였다.

학습장애학생의 사회성 특성에 관한 연구에 따르면, 연구마다 차이를 보이기는 하지만, 30~75%의 학습장애학생이 사회성 결함의 특성을 보인다고 하였다 (Bryan, 1997; Kavale & Forness, 1996). 국내에서 실시한 연구에서도 학습장애학생이 일반학생보다 사회성이 낮으며, 특히 문제행동(behavior problems) 측면에서 더 많은 결함을 보인다고 보고하였다(조용태, 1998).

학습장애학생의 사회성 특성을 좀 더 구체적으로 살펴보면, 통합학급에 배치된 학습장애학생은 또래친구로부터 비인기 학생으로 평가되거나 거부되는 경우가 빈번하게 발생한다(김자경, 2002; Gresham, 1982; Haager & Vaughn, 1995; Wiener & Harris, 1997). 또한 친구의 수가 적고 친구 관계가 불안정하며(Zetlin & Murtaugh, 1988), 교내외 활동에 참여하는 수준이 낮다(Deshler & Schumaker, 1983). 이와 관련하여 학습장애학생은 외로움 또는 사회적 활동에서의 소외감을 호소하기도 하며 (Luftig, 1988; Sabornie & Thomas, 1989), 이러한 문제들은 학교 적응 문제, 자퇴, 우울증, 청소년 범죄의 위험 등으로 확대되기도 한다(박원경, 김자경, 안성우, 강혜진, 2006; Kupersmidt, Coie, & Dodge, 1990; Parker & Asher, 1987).

이와 같이 사회성 결함과 관련된 특성은 학습장애학생의 학교생활에 중요한 영향을 준다. 그럼에도 불구하고 학습 영역에 비해 학교 교육과정 및 개별화교육 계획에 사회성 관련 영역을 제대로 반영하지 못한 것이 사실이다(Baum, Duffelmeyer, & Geelan, 1988). 이에 비해 학교현장의 교사들은 사회성 문제를 심각하게 인식하고 있으며, 통합학급의 장애학생을 위한 학습 지도뿐 아니라 문제행동 대처 측면에서 지원이 매우 필요함을 호소하였다(이대식, 2005). 또한 학습장애 위험군 학생을 진단·평가에 의뢰할 때, 해당 학생이 사회성 결함 및 문제행동을 가지고 있는지의 여부가 진단에 영향을 준다고 보고되었다(Ysseldyke et al., 1982). 한편, 교사뿐 아니라 부모도 학습장애학생이 적절한 대인관계를 형성하는 데 필요한 기술과 타인의 감정을 공감하는 기술 등을 습득하기를 원하고 있다(Kolb & Hanley-Maxwell, 2003).

2) 사회성의 정의 및 구성 요소

사회성은 주어진 상황에서 특정인이 사회적 과제를 얼마나 성공적으로 해결할 수 있는지에 대한 종합적이고 전반적인 평가이며, 적절한 대인관계를 형성하는 능력 전반을 지칭한다(Vaughn & Haager, 1994; Vaughn, Sinagub, & Kim, 2004). 사회성은 하나의 요소로 구성된 구인이 아니라 다요인 구인(multidimensional concept)으로, 긍정적 대인관계(positive relations with others), 연령에 적합한 사회 인지(social cognition), 문제행동의 부재(absence of behavior problems), 효과적인 사회적 기술(effective social skills)을 구성 요소로 포함하는 개념이다(Vaughn & Haager, 1994; Vaughn, Sinagub, & Kim, 2004).

첫째, 긍정적 대인관계는 친구 및 성인과 얼마나 잘 지내는지에 대한 개념으로, 이는 대상 학생이 사회적으로 얼마나 잘 수용되는지를 판단하는 중요한 기준이 된다.

둘째, 사회 인지는 자아에 대한 인식(자아 개념)과 사회적 상황에 대한 인식 및 사회적 정보 파악 등을 포함하는 개념이다.

셋째, 문제행동은 사회 적응을 방해하는 부적절한 문제행동을 의미하며, 사회성 측면에서 긍정적인 평가를 받기 위해서는 이러한 부적절한 문제행동을 보이지 않아야 한다.

넷째, 사회적 기술은 사회적 과제를 성공적으로 수행하기 위해 사용하는 구체적이고, 관찰 가능한 행동을 의미한다.

3) 사회적 기술

사회적 기술은 사회성의 한 요소다. 여러 연구에서 학습장애학생은 사회적 기술이 부족하거나(skill deficit), 사회적 기술을 유창하게 사용하지 못하며(performance deficit), 문제행동을 통제하는 데 어려움(self-control deficit)을 보이는 것으로 보고되었다(강혜진, 김자경, 2007; Gresham, 1981; Gresham & Elliott, 1990). 즉, 여러 학자는 학생의 사회성 특성 결함을 설명하기 위해 사회적 기술이 중요함을 강조하였고, 실제로 많은 사회성 향상 프로그램들은 사회적 기술을 가르치고 연습시키는 데 초점을 두는 경우가 많다.

사회적 기술은 사회적 과제를 성공적으로 수행하기 위해 사용하는 구체적이고 관찰 가능한 행동을 의미한다. 〈표 9-1〉에서 보는 것과 같이, 사회적 기술을 분류하는 데 학자 간 견해 차이가 다소 있기는 하지만, 학령기 학생에게 요구되는 중요한 사회적 기술 자체에는 큰 차이가 없다고 보아도 무방하다. 예를 들어, 스킬 스트리밍(skillstreaming) 체계에서의 학교 적응 기술은 Caldarella와 Merrell의 체계와 박성희와 김애화의 체계에서의 학업 기술과 순응 기술을 포함하는 개념이고, 사회적 기술 평정 척도 체계에서의 협조 기술에 해당한다. 이와 같이 어떻게 분류하고 분류 항목의 이름을 어떻게 명명하느냐의 차이가 있기는 하지만, 구체적인 사회적 기술 자체(예, 경청하기, 시간 내 과제 끝내기, 지시 따르기 등)는 거의 동일하다. 〈표 9-1〉에 제시된 대표적인 분류 체계를 정리하면, 사회적 기술은 크게, 학업 기술, 순응 기술, 친구관계, 자기주장, 자기 통제, 자기 외모 관리하기로

나눌 수 있으며, 각 분류 체계의 설명 및 구체적인 사회적 기술의 예는 〈표 9-2〉
에 제시하였다. 여기서 특이할 만한 점은 순응 기술 중 예의 바르게 행동하기와
웃어른 공경하기는 미국의 분류 체계에는 속하지 않았으나, 국내의 교사들은 중
요하게 인식하는 사회적 기술이었다. 이와 비슷하게 외모 관리 기술도 미국의 분
류 체계에는 속하지 않았으나, 국내에서는 교사들이 중요하게 인식하는 사회적
기술이었다.

〈표 9-1〉 대표적인 사회적 기술 분류 체계

스킬 스트리밍 체계	Caldarella와 Merrell의 체계	사회적 기술 평정 척도(SSRS) 체계	박성희와 김애화의 체계
학교적응	학업 기술	협조 기술	학교 적응 기술
• 경청하기 • 도움 요청하기 • 고맙다고 말하기 • 수업 준비물 챙겨 오기 • 지시 따르기 • 과제 끝내기 • 토론에 기여하기 • 성인 돕기 • 질문하기 • 방해 무시하기 • 수정하기(틀린 것 고치기) • 할 것을 정하기(예, 우선순위 정하기) • 목표 세우기	• 시간 내 과제 끝내기 • 수용될 만큼의 수준으로 과제 완성하기 • 독립적으로 과제 완성하기 • 경청하기 • 자유 시간 적절히 활용하기 순응 기술 • 지시 따르기 • 규칙 따르기	• 자유 시간 적절히 활용하기 • 시간 내 과제 끝내기 • 올바른 자세로 기다리기 • 수용할 만큼의 수준으로 과제 완성하기 • 교사의 지시 따르기 • 학교 자료 및 기물 적절히 다루기 • 방해 무시하기 • 책상 정리하기 • 경청하기 • 다른 수업 시간으로 전환하기	• 과제 수행하기 • 과제 집중하기 • 목표 세우기 • 우선순위 정하기 • 적절한 언어 사용하기 • 수업 준비하기 순응 기술 • 규칙 지키기 • 의무 지키기 • 결정된 사항 따르기 • 학교 자료 및 기물 적절히 다루기 • 예의 바르게 행동하기 • 웃어른 공경하기
친구관계	친구관계	자기주장	친구관계
• 자기소개하기 • 대화 시작하기	• 칭찬하기 • 도움 주기	• 새로운 사람에게 자기 소개하기	• 관심 갖기 • 도움 주기

• 대화 끝내기 • 참여하기 • 게임하기 • 도움 요청하기 • 도움 주기 • 칭찬하기 • 칭찬 받아들이기 • 활동 제안하기 • 공유하기 • 사과하기	• 공감하기 • 리더 역할하기 • 협동하기 **주장 기술** • 대화 시작하기 • 칭찬 받아들이기 • 다른 사람에게 자기 소개하기 • 논쟁 상황에서 자신을 변호하기 • 초대하기	• 공평하지 않은 규칙에 대해 적절히 질문하기 • 공평한 대우를 받지 않는다고 생각할 때 적절히 말하기 • 칭찬하기 • 놀이에 초대하기 • 친구 쉽게 사귀기 • 대화 시작하기 • 자기 자신의 장점 말하기 • 도움 주기	• 칭찬하기 • 리더 역할하기 • 유머 감각 가지기 • 의견 존중하기 • 친구의 말 경청하기 • 공유하기 • 타인의 물건 소중히 여기기 • 친절하게 대하기 • 배려하기 • 타인의 행동 이해하기 • 협동하기 **자기주장** • 먼저 말 걸기 • 권리 요구하기 • 도움 요청하기 • 적절하게 자기주장하기 • 적극적으로 행동하기
감정 조절	**자기 관리**	**자기 통제**	**자기 통제**
• 자신의 감정 알기 • 자신의 감정 표현하기 • 다른 사람 감정 알기 • 다른 사람의 감정에 대한 이해를 표현하기 • 다른 사람 걱정하기 • 자신의 분노에 적절히 대응하기 • 다른 사람의 분노에 적절히 대응하기 • 호의 표현하기 • 두려움에 적절히 대응하기 • 자기 보상하기	• 분노 통제하기 • 자신의 감정 점검하기 • 비난에 대응하기	• 친구와의 갈등 상황에서 분노 통제하기 • 어른과의 갈등 상황에서 분노 통제하기 • 갈등 상황에서 협상하기 • 친구 집단의 압력에 대응하기 • 놀림에 대응하기 • 비난에 대처하기 • 집단 활동에서 친구의 생각 수용하기 • 협동하기 • 다른 친구가 때리거나 거부할 때 적절히 반응하기 • 다른 사람과 잘 어울리기	• 감정 다스리기 • 놀림에 대응하기 • 문제상황에 적절히 대응하기 • 양보하기 • 신중하기

공격성 대응			외모 관리하기
• 자기 통제하기 • 허락 요청하기 • 놀림에 대응하기 • 문제를 일으키는 상황 피하기 • 싸움 피하기 • 문제 해결하기 • 결과 수용하기 • 비난에 대처하기 • 협상하기			• 단정하게 하기 • 밝은 표정 유지하기
스트레스 대응			
• 지루함에 대처하기 • 문제의 원인 파악하기 • 적절히 불평하기 • 불평에 대응하기 • 실패에 대응하기 • 스포츠맨십 보이기 • 따돌림에 대응하기 • 당황스러움에 대응하기 • 실패에 반응하기 • '아니요'를 받아들이기 • 적절히 '아니요'라고 하기 • 긴장 풀기 • 친구 집단의 압력에 대응하기 • 다른 사람의 것을 갖고 싶은 마음 다스리기 • 의사 결정하기 • 솔직하기			

〈표 9-2〉 사회적 기술 분류 체계의 정의와 예

사회적 기술의 분류 체계	정 의	사회적 기술의 예
학교 적응 기술	성공적인 학교 적응 및 학교 생활을 하는 데 필요한 사회적 기술	• 기간 내 과제 끝내기 • 수용될 만큼의 수준으로 과제 완성하기 • 과제 집중하기 • 목표 세우기 • 할 것 정하기(예, 우선순위 정하기) • 경청하기 • 질문하기 • 토론에 기여하기 • 적절한 언어 사용하기 • 수업 준비물 챙겨 오기 • 수업 준비하기 • 도움 요청하기 • 자유 시간 적절히 활용하기
순응 기술	규칙이나 기대에 따르는 사회적 기술	• 규칙 지키기 • 의무 지키기 • 결정된 사항 따르기 • 학교 자료 및 기물을 적절히 다루기 • 예의 바르게 행동하기 • 웃어른 공경하기
친구관계 기술	성공적인 친구관계를 형성 및 유지하는 데 필요한 사회적 기술	• 관심 갖기 • 도움 주기 • 칭찬하기 • 리더 역할하기 • 유머 감각 가지기 • 친구의 말 경청하기 • 의견 존중하기 • 공유하기 • 타인의 물건 소중히 여기기 • 친절하게 대하기 • 공감하기 • 배려하기 • 타인의 행동 이해하기 • 협동하기

자기주장 기술	자신의 생각, 의견, 권리를 적절히 표현하는 데 필요한 사회적 기술	• 자기 소개하기 • 먼저 말 걸기(대화 시작하기) • 권리 요구하기(예, 공평한 대우를 받지 않는다고 생각할 때 적절히 말하기) • 도움 요청하기 • 자기 자신의 장점 말하기 • 칭찬 받아들이기 • 적극적으로 행동하기 • 적절하게 자기주장하기 • 논쟁 상황에서 자신을 변호하기 • 공평하지 않은 규칙에 대해 적절히 질문하기 • 초대하기
자기 통제 기술	자신의 행동이나 감정을 조절하고 통제하는 데 필요한 사회적 기술	• 친구와의 갈등 상황에서 화 통제하기 • 어른과의 갈등 상황에서 화 통제하기 • 자신의 화에 적절히 대응하기 • 자신의 감정을 표현하기 • 다른 사람의 감정 알기 • 놀림에 대응하기 • 문제 상황에 적절히 대응하기 • 두려움에 적절히 대응하기 • 싸움 피하기 • 결과 수용하기 • 비난에 대처하기 • 협상하기 • 양보하기 • 신중하기
자기 외모 관리 기술	자신의 외모를 관리하는 데 필요한 기술	• 단정하게 하기 • 밝은 표정 유지하기

2. 학습장애학생의 사회성 지도

1) 사회적 기술 프로그램

앞에서 언급하였듯이 학습장애학생은 사회적 기술이 부족하거나, 사회적 기술을 유창하게 사용하거나, 부적절한 문제행동을 통제하는 데 어려움을 보인다 (Gresham, 1981; Gresham & Elliott, 1990). 따라서 사회성 향상 프로그램은 구체적인 사회적 기술을 가르치고 연습시키는 데 초점을 두는 경우가 많다. 다음은 미국의 대표적인 사회적 기술 훈련 프로그램인 스킬 스트리밍 프로그램(skill streaming program)을 중심으로 사회적 기술 교수에 대하여 소개하고자 한다. 스킬 스트리밍 프로그램은 미국에서 개발된 프로그램이지만, 다음에 제시한 교수 절차 및 교수 방법 등을 잘 활용한다면 국내 교육현장에 적합한 사회적 기술 프로그램을 구성할 수 있을 것이다.

스킬 스트리밍 프로그램은 부적절한 사회적 행동을 보이는 학생에게 긍정적 사회적 기술을 가르치고 연습시키기 위한 목적으로 개발되었다. 스킬 스트리밍 프로그램은 다음과 같은 특성을 통해 체계적인 교수를 제공한다. 첫째, 중요한 사회적 기술을 교수 내용으로 선정하여 각 기술을 과제분석을 통해 하위 단계로 나누어 제시한다. 둘째, 시범과 역할극 등을 통한 충분한 연습의 기회를 제공한다. 셋째, 학생은 목표 행동을 연습하는 과정에서 교사와 친구의 피드백을 받고, 실제 상황에서의 일반화를 강조한다.

〈표 9-1〉에서 제시하는 대표적인 사회적 기술 분류 체계에는 스킬 스트리밍 프로그램에서 가르치는 초등학생을 위한 사회적 기술이 포함되어 있다. 또한 〈표 9-3〉은 중·고등학생을 위한 사회적 기술들을 보여 준다. 〈표 9-4〉는 스킬 스트리밍 프로그램의 8단계 교수 절차를 제시한 것이다. [그림 9-1]는 이 프로그램을 적용을 위한 교실 배치다. [그림 9-1]에서와 같이 교실 배치는 반원 모양의 배치가 좋으며, 학

생들은 역할 놀이가 진행되는 동안 칠판에 완성된 사회적 기술의 각 하위 단계를 볼
수 있는 위치에 앉도록 하는 것이 좋다. 여기서는 '경청하기'와 '놀림에 대응하기'
를 가르치는 교수 절차 및 방법을 제시하고자 한다.

〈표 9-3〉 스킬 스트리밍 프로그램에서 가르치는 중·고등학생을 위한 사회적 기술

집단 I 기초 사회적 기술	1. 경청하기 2. 대화 시작하기 3. 대화하기 4. 질문하기 5. 고맙다고 말하기 6. 자기 소개하기 7. 다른 사람 소개하기 8. 칭찬하기	집단 IV 공격성 대응	22. 허락 요청하기 23. 공유하기 24. 다른 사람 돕기 25. 협상하기 26. 자기 통제하기 27. 자기 권리 세우기 28. 놀림에 대응하기 29. 다른 사람과 분쟁 피하기 30. 싸움 피하기	
집단 II 고급 사회적 기술	9. 도움 요청하기 10. 함께하기 11. 지시하기 12. 지시 따르기 13. 사과하기 14. 다른 사람 설득하기	집단 V 스트레스 대응	31. 적절히 불평하기 32. 불평에 대응하기 33. 스포츠맨십 보이기 34. 당황스러움에 대응하기 35. 생각하지 못한 것에 대응하기 36. 친구 변호하기	37. 설득에 대응하기 38. 실패에 대응하기 39. 모순된 메시지에 대응하기 40. 비난에 대응하기 41. 어려운 대화 준비하기 42. 집단 압력에 대응하기
집단 III 감정 조절	15. 자기 감정 알기 16. 자기 감정 표현하기 17. 다른 사람 감정 알기 18. 다른 사람의 분노에 적절히 대응하기 19. 호의 표현하기 20. 두려움에 적절히 대응하기 21. 자기 보상하기	집단 VI 계획 기술	43. 해야 할 것 결정하기 44. 문제의 원인 결정하기 45. 목표 설정하기 46. 자기 능력 결정하기 47. 정보 수집하기 48. 중요성에 따라 문제 배열하기 49. 의사 결정하기 50. 과제에 집중하기	

〈표 9-4〉 스킬 스트리밍 프로그램의 8단계 교수 절차

1. 사회적 기술 정의하기
2. 사회적 기술 시범 보이기
3. 사회적 기술의 필요성 알게 하기
4. 역할 놀이 배역 선택하기
5. 역할 놀이 구성하기
6. 역할 놀이 수행하기
7. 역할 놀이 수행에 대한 피드백 제공하기
8. 사회적 기술에 대한 숙제 내주기

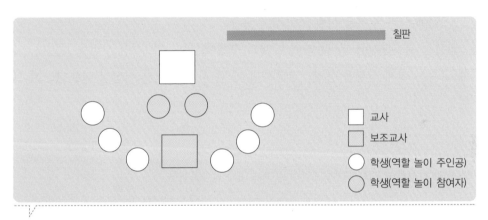

[그림 9-1] 스킬 스트리밍 프로그램 적용을 위한 교실 배치

■ 경청하기

• **1단계 사회적 기술 정의하기**

교사는 오늘 배울 사회적 기술이 '경청하기'임을 소개하고, 오늘의 목표는 다른 사람이 말할 때 그 사람의 말을 잘 듣는 것이라고 설명한다. 교사는 '경청하기'는 어떻게 하는 것인지에 대한 구체적인 하위 단계를 다음과 같이 소개한다.

하위 단계	시범 및 역할극 시 주의할 점
① 이야기하는 사람을 쳐다본다.	이야기하는 사람을 향하게 하고, 눈을 맞추게 한다.
② 이야기를 듣는다. 고개를 끄덕이거나 필요하면 대답을 하면서 듣는다.	'음-' 이라고 말하면서, 머리를 끄덕이면서, 생각하고 있음을 보여 준다.
③ 이야기할 순서를 기다린다.	불안해서 다리를 떨거나 하지 않도록 한다.
④ 상대방이 이야기한 것에 대해 말하고 싶은 것이 있으면 말한다.	질문을 하고, 생각을 표현하게 한다.

• 2단계 사회적 기술 시범 보이기

교사는 위 '경청하기' 각 하위 단계의 수행에 대한 명시적인 시범을 보인다. 이때 교사는 실제 상황을 통해 '경청하기'의 각 하위 단계가 어떻게 적용되는지 시범을 보인다.

상황: 선생님이 조회시간에 오늘의 일정에 대해 말씀하신다.
- 교사는 이런 상황에서 어떻게 하는지에 대해 각 하위 단계별로 학생과 함께 검토한다.
- 교사는 각 하위 단계에 대한 명시적인 시범을 보인다.

① 자, 이야기하고 있는 선생님의 얼굴을 쳐다보자. 이야기하는 사람과 눈을 맞추도록 하자.
② 고개를 끄덕이거나 필요하면 대답을 하면서 이야기를 듣자. "음-" 이라고 말하면서, 머리를 끄덕이면서, 생각하고 있음을 보여 주면서 이야기를 듣자.
③ 이야기할 순서를 기다리자. 불안하다고 다리를 떨지 말자.
④ 선생님이 이야기한 것에 대해 말하고 싶은 것이 있으면 말해 보자.

• 3단계 사회적 기술의 필요성 알게 하기

교사는 '경청하기'가 왜 중요한지, 언제, 어디서, 누구에게 사용할 수 있는지를 학생들과 이야기한다.

예) 친구가 주인공에게 재미있는 영화 내용 말해 줄 때

선생님이 수업하실 때

선생님이 숙제를 설명하실 때

• 역할 놀이 배역 선택하기, 구성하기, 수행하기

교사는 역할 놀이를 할 학생과 관찰할 학생을 선택하고, 다양한 상황을 제시하여 역할 놀이를 하도록 한다. 가능한 모든 학생이 역할 놀이를 수행할 때까지 역할 놀이 활동을 진행하는 것이 좋다.

예) 역할 놀이 상황 1: 언니가 오늘 학교에서 있었던 친구와의 문제에 대해 이야기한다.

역할 놀이 상황 2: 조회시간에 교장선생님께서 말씀하신다.

역할 놀이 상황 3: 선생님이 수학여행 일정에 대해 말씀하신다.

역할 놀이 상황 4: 친구가 어제 본 드라마에 대해 이야기한다.

• 역할 놀이 수행에 대한 피드백 제공하기

관찰하는 학생들은 역할 놀이를 하는 학생들이 각 하위 단계에 맞는 사회적 기술을 수행하는지를 평가하여 피드백을 제공하도록 한다.

• 사회적 기술에 대한 숙제 내주기

수업 시간에 배운 사회적 기술을 교실 밖 상황에서 적용하도록 숙제를 내준다. 교사는 다음과 같은 숙제 기록지를 학생들에게 나눠 줌으로써 학생이 해당 사회적 기술을 언제 적용할 것인지를 생각하고, 실제 적용해 본 다음 자신이 얼마나 잘 적용하였는지를 평가하도록 한다.

숙 제

사회적 기술: _____

하위 단계: _____

_____

_____

언제, 어디서, 누구에게 적용할 것인가?

_____

적용하였을 때 어떠했는가?

_____

얼마나 잘 적용했는가?

_____

    3점   2점   1점

    ☺   😐   ☹

다음은 '놀림에 대응하기'를 가르치는 교수 절차 및 방법을 제시하고자 한다.

■ 놀림에 대응하기

• 1단계 사회적 기술 정의하기

교사는 오늘 배울 사회적 기술이 '놀림에 대응하기'임을 소개하고, 오늘의 목표는 '적절한 방식으로 놀림에 대응하기'라고 설명한다. 교사는 '놀림에 대응하기'를 어떻게 하는 것인지 구체적으로 다음과 같이 소개한다.

하위 단계	시범 및 역할극 시 주의할 점
① 바로 대응하지 말고 속으로 다섯을 센다.	다른 사람이 놀릴 때, 속삭이듯 다섯을 세는 시범을 보인다.
② 어떻게 대응할지를 생각한다. -놀림을 무시하기 -자신의 기분이 어떤지 이야기하기 -상대 학생이 더 이상 놀리지 않도록 이유를 이야기하기	공격적인 대응, 똑같이 놀리는 대응 방법 등을 선택하지 않도록 한다.
③ 자신이 선택한 방법을 실천에 옮긴다.	선택한 방법을 정확하게 실천하도록 돕는다.

• 2단계 사회적 기술 시범 보이기

교사는 앞의 '놀림에 대응하기' 각 하위 단계 수행에 대한 명시적인 시범을 보인다. 이때 교사는 실제 상황을 통해 '놀림에 대응하기'의 각 하위 단계가 어떻게 적용되는지를 시범 보인다.

상황: 쉬는 시간에 친구가 옆에 와서 기분이 상하는 이야기를 한다(예, 너는 뚱뚱하다 등)

- 교사는 이런 상황에서 어떻게 하는지에 대해 각 하위 단계별로 학생과 함께 검토한다.
- 교사는 각 하위 단계에 대한 명시적인 시범을 보인다.

① 자, 바로 대응하지 말고 속으로 다섯까지 세자.
② 어떻게 대응할 지를 생각해 보자. ○○를 무시할 수도 있지만, 예전에 무시했는데도 계속 놀렸으니까 이번에는 다른 방법을 사용해 보자. 내 기분이 어떤지도 이야기해 보자. (참고 표시: 놀림을 당할 때 기분이 어떤지 생각해 보는 활동을 다음과 같이 해 볼 수 있다.)
③ ○○야, 나는 네가 그런 이야기를 할 때마다 속상해. 네가 그런 이야기를 하지 않았으면 좋겠어.

놀림을 당하면 내 기분은 이래요!

다음의 상황 카드를 제시하고 다음 문장을 완성한 후, 학생들이 쓴 내용에 대해 토론하 도록 한다. 또한 다른 상황에 대해서도 이야기한다.

'나는 _____ 때 _____ 기분이 든다. 나는 친구가 날 놀리지 않았으면 좋겠다.

예) '나는 친구들이 내 머리 모양을 놀릴 때 당황스럽다. 나는 친구가 날 놀리지 않았 으면 좋겠다.'

상황 카드
① 머리 모양을 놀린다.
② 옷 입은 것을 보고 놀린다.
③ 야구할 때 공을 못 친 것에 대해 놀린다.
④ 안경 쓴 것을 놀린다.
⑤ 문제에 틀린 답을 했다고 놀린다.
⑥ 축구할 때 공을 잘 못 찬다고 놀린다.
⑦ 시험에서 성적이 나쁘게 나왔다고 놀린다.

• 3단계 사회적 기술의 필요성 알게 하기

교사는 '놀림에 대응하기'가 왜 중요한지, 언제, 어디서, 누구에게 사용할 수 있 는지에 대해 학생들과 이야기한다. 이때 교사는 다음과 같은 질문을 통해 학생들 이 스스로 '놀림에 대응하기' 기술을 언제, 어디서, 누구에게 사용해야 하는지 생 각해 보게 한다.

① 보통 어떤 것을 놀리나요?

② 왜 놀리지요?

③ 누군가 자신을 놀릴 때 기분이 어때요?

• 역할 놀이 배역 선택하기, 구성하기, 수행하기

교사는 역할 놀이를 할 학생과 관찰할 학생을 선택하고, 다양한 상황을 제시하여 역할 놀이를 하도록 한다. 가능한 모든 학생이 역할 놀이를 수행할 때까지 역할 놀이 활동을 진행하는 것이 좋다.

• 역할 놀이 수행에 대한 피드백 제공하기

관찰하는 학생들은 역할 놀이를 하는 학생들이 각 하위 단계에 맞는 사회적 기술을 수행하는지 평가하여 피드백을 제공하도록 한다.

• 사회적 기술에 대한 숙제 내주기

수업 시간에 배운 사회적 기술을 교실 밖 상황에서 적용하도록 숙제를 내주고, 이때 위 숙제 기록지를 활용할 수 있다. 교사는 학생들의 행동을 강화하기 위해 학생들이 '놀림에 대응하기' 기술을 적절하게 사용할 때마다 종이에 자신의 이름을 적게 한 후, 일주일마다 학생들의 이름이 적힌 종이를 연결하여 종이 사슬을 만들어 교실에 게시하는 등의 활동을 할 수 있다. 또한 교사는 사회적 기술의 일반화를 높이기 위해 다음과 같은 사항을 부모에게 알리고, 부모의 피드백을 부탁할 수 있다.

숙 제

사회적 기술: 놀림에 대응하기

하위 단계: _____

_____

위의 기술을 보일 때마다 칭찬해 주세요.

가정에서 위의 기술을 언제 누구와 함께 있을 때 보였는지 적어 주세요.

_____

____일까지 확인을 해서 이 메모를 돌려주세요.

제안 사항이나 문의 사항이 있으시면 적어 보내 주세요.

---

2) 상황 맥락 중재

상황 맥락 중재(contexualist intervention)는 학교, 가정, 또래관계 등의 상황 맥락 안에서 필요한 사회적 기술을 선택하고, 선택된 상황 맥락에서 사회적 기술을 가르칠 것을 강조한다(Vaughn & Lancelotta, 1990). Vaughn 등은 사회적 지위 평가 (sociometric assessment)를 실시하여 친구들이 거부하는 학습장애학생을 선별하여 다음의 FAST 전략과 SLAM 전략을 가르쳤다.

(1) FAST 전략(대인관계 문제 해결 중재, interpersonal problem solving)

• 목적: 문제 상황에서 반응하기 전에, 학생이 문제를 주의 깊게 생각하고, 대안을 모색하여, 각 대안의 결과를 예측함으로써 최선의 대안을 선택할 수 있도록 한다. 교사는 FAST 전략의 단계를 가르치고, 시범을 보인 후, 다양한 상황 맥

락에 대한 역할극을 통해 학생이 FAST 전략 사용을 연습할 수 있도록 한다. 또한 교사는 교실 게시판에 큰 종이를 붙여, 학생들에게 FAST 전략이 적용할 수 있는 상황 맥락을 기록하도록 하고, 학생들이 기록한 상황 맥락에 대해 논의하고, 전략을 이러한 상황 맥락에 일반화하여 적용할 것을 강조한다.

Freeze and Think(멈추고 생각하기)

Alternatives(대안 모색하기)

Solution Evaluation(최적의 대안 찾기)

Try it!(대안 수행하기)

• 상황 맥락 1: 친구인 경희가 학급 친구 민우의 놀림으로 어려움을 겪고 있다. 경희는 민우의 놀림으로 괴롭고, 학교에 오기 싫다고 말하였다. FAST 전략을 사용하여 경희를 도와 보자.

• 상황 맥락 2: 학교식당에서 밥을 먹고 있는데, 같은 학급 친구 한 명이 괴롭혔고, 나는 화가 많이 났다. FAST 전략을 사용하여 문제를 해결해 보자.

1. Freeze and think(멈추고 생각하기)

————————————————

————————————————

2. Alternatives(대안 모색하기)

————————————————

————————————————

3. Solution Evaluation(최적의 대안 찾기)

————————————————

————————————————

4. Try it!(대안 수행하기)

_____

_____

(2) SLAM 전략(대인관계 문제 해결 중재; Interpersonal problem solving)

• 목적: 타인에게 부정적 피드백을 들을 때, 적절하게 받아들이는 것을 돕는다.

> **S**top whatever you are doing.(지금 하고 있는 일을 멈춰라.)
>
> **L**ook the person in the eye.(상대방의 눈을 바라보라.)
>
> **A**sk the person a question to clarify what he or she means.
>
> (상대방이 말한 것이 어떤 의미인지 명확하게 말해 줄 것을 요청하라.)
>
> **M**ake an appropriate response to the person.(상대방에게 적절한 반응을 하라.)

3) 자아 개념 향상 프로그램

사회성의 구성 요소 중 하나인 사회인지는 자아에 대한 인식(자아 개념)과 사회적 상황에 대한 인식 및 사회적 정보 파악 등을 포함하는 개념을 의미한다. 여기서 자아 개념(self-concept)은 자기 자신에 대한 인지와 감정을 의미하며, 자기 자신의 능력 또는 특성을 어떻게 지각하는지를 포함한 개념이다(Elbaum & Vaughn, 2001).

여러 연구에서 학습장애학생은 낮은 자아 개념을 갖는 것으로 보고되었으며 (Chapman, 1988; Prout, Marcal, & Marcal, 1992), 이에 여러 학자는 학습장애학생의 자아 개념을 향상시키는 데 효과적인 프로그램을 개발하고자 노력하였다. Elbaum과 Vaughn(2001)은 학습장애학생의 자아 개념을 높이기 위한 프로그램의 효과성을 검증한 64편의 논문을 종합 분석하여 다음과 같은 결론을 내렸다.

첫째, 초등학교 학습장애학생의 자아 개념을 향상시키는 데 가장 효과적인 방법은 학업적인 중재였다. 즉, 학습장애학생의 자아 개념을 향상시키기 위해서는 실

제 학생이 어려움을 겪는 학업 영역에서의 강도 높은 중재를 통해 학업 능력을 향
상시켜 주는 것이 자아 개념을 향상시키는 것으로 나타났다.

둘째, 중·고등학교 학습장애학생의 자아 개념을 향상시키는 데 가장 효과적인
방법은 상담으로 나타났다.

셋째, 그 밖에 협동학습과 부모로부터의 지속적이고 긍정적인 피드백 제공도 학
습장애학생의 자아 개념을 향상시키는 데 효과적인 것으로 나타났다.

4) 자기옹호 지도 프로그램

학습장애학생은 낮은 자아 개념으로 인해 자신의 장애를 모든 문제의 원인으로
인식하고 자신의 미래에 대해 불확실한 견해를 가지고 있는 경우가 많다(Bender,
2008). 또한 장애학생의 사회적 통합이 보편화되면서 학습장애학생은 자기인식을
바탕으로 한 다양한 자기옹호 상황을 경험하지만 장애 특성으로 인해 부적절하고
미숙한 대처를 하고 있어 사회적 관계 속에서 어려움을 겪고 있다(이재섭, 이재욱,
최승숙, 2011).

타인에게 자신의 요구를 적절히 표현하기 위해서는 자기의 권리를 적절히 표현
할 수 있는 자기옹호 능력이 요구된다. 자기옹호(self-advocacy)란 자신에 대한 전
반적인 지식과 기본적인 권리를 인식하고 이를 기반으로 다양한 대상과 상황 속에
서 자신의 욕구, 필요, 신념, 권리 등을 적합한 의사소통 방법으로 표현하는 것을
의미한다(방명애, 2006; Test et al., 2005; Wehmeyer et al., 이숙향 역, 2010). 높은 수준
의 자기옹호기술을 지닌 학생일수록 다양한 맥락과 상황에서 효과적으로 자기 결
정을 할 수 있으며 현재뿐만 아니라 미래의 성공적인 삶을 위해 목표를 설정하고
실행하기 위한 전략을 효과적으로 사용할 수 있다(손희정, 박현숙, 2005; Sebag,
2010).

Test 등(2005)은 자기옹호의 네 가지 구성 요소로 자기지식(knowledge of self), 권
리지식(knowledge of right), 의사소통(communication) 및 리더십(leadership)을 제시

하였다. 자기지식은 학습장애학생이 자신의 장애와 강약점, 관심, 필요, 학습 양식을 명확하게 인식하는 것을 의미하고, 권리지식은 학습장애학생이 인간·시민·학생으로서의 기본적인 권리를 아는 것이다. 특히 자신의 장애로 인하여 겪는 어려움을 극복하는 데 필요한 지원을 받을 권리를 인식하는 것을 말한다. 의사소통은 장애학생이 자기지식과 권리지식을 바탕으로 자신의 생각을 대화 기술, 듣기 기술, 신체적 언어 기술을 사용하여 적절하게 표현하는 것을 의미한다. 마지막으로 리더십은 장애학생이 개인과 집단의 구성원으로서 자신의 역할을 알고 적극적으로 수행하는 것을 말한다.

자기옹호는 저절로 습득되는 것이 아니라 체계적이고 명백한 교수가 이루어져야 하며(방명애, 2006), 학습자가 평생을 걸쳐 활용하는 능력이기 때문에 아동기부터 지속적으로 지도하여야 한다(Stang et al., 2009). 이를 통해 장애학생은 잠재적인 삶의 질을 강화하고 더 나아가 미래의 삶을 성공적으로 준비할 수 있는 기반을 다질 수 있다(Kleinert et al., 2010; Neale & Test, 2010). 연구들에 의하면 많은 학습장애학생의 개별화교육 계획(Individualized education plan: IEP) 모임은 자기옹호 기술을 배울 수 있는 좋은 기회가 되고 있다. 학생들은 IEP 모임에 참여하기 이전 훈련을 통해 자신의 의견을 적절히 표현할 수 있는 기술을 배우며, 교사 또한 학생들의 의견을 반영한 IEP 목표와 활동을 계획할 수 있다(Bender, 2008).

〈표 9-5〉와〈표 9-6〉은 중학교 특수학급 경도장애학생을 대상으로 자기옹호 프로그램을 적용한 프로그램의 내용과 지도안의 예다. 이재섭 등(2011)은 경도 지적장애학생 14명을 실험집단과 통제집단으로 나누어 자기옹호 프로그램을 16차시에 걸쳐 제공한 후 학생들의 자기인식과 자기옹호 기술을 평가하였는데, 연구 결과 학생들의 자기인식 능력에서 유의미한 향상이 나타났다.

〈표 9-5〉 자기옹호 중재 프로그램

차시	영역	주제
1	의사소통	나의 장점과 단점 알기
2	↕	내 친구 소개하기
3		내가 좋아하는 것, 싫어하는 것 알기
4	자기인식	나의 감정 표현하기
5		주장적 행동 이해하기
6		나의 주장 표현하기
7	의사소통	자기 옹호하기
8	↕	도움 요청하기
9		단순 거절하기
10	자기옹호	나의 상황에 따라 거절하기
11		취향에 따라 선택하기
12		기호에 따라 선택하기
13	의사소통	리더십 이해하기
14	↕	자기 계획, 점검하기
15		회의를 통한 리더십 행동하기
16	리더십	배려, 나눔을 통한 리더십 행동하기

출처: 이재섭, 이재섭, 최승숙(2011). 자기주장훈련 중재프로그램이 경도지적장애학생의 자기인식과 자기옹호에 미치는 효과. 특수교육저널: 이론과 실천, 12(4), 113-136.

5) 문제행동에 대한 지원

사회성의 구성 요소 중 하나는 문제행동의 부재다. 즉, 사회성이 좋은 학생은 문제행동을 덜 보이는 반면, 사회성이 부족한 학생은 문제행동을 상대적으로 더 많이 보인다. 문제행동을 보이는 학생은 친구 및 교사와의 관계에서 상당한 어려움을 겪게 된다(Asher & Cole, 1990). 또한 여러 연구에 따르면, 문제행동은 언어 발달 및 학업성취도와 상관이 있으며, 이로 인하여 문제행동을 지닌 학생이 학업적인 측면에서도 어려움을 겪는 경우를 자주 볼 수 있다(Cantwell & Baker, 1987; Delaney & Kaiser, 2001). 최근에는 문제행동에 대한 대책 및 지원이 문제행동이 발생한 후

〈표 9-6〉 수업 지도안의 예

주제	내 친구 소개하기	자기 주장 영역	의사소통			
			자기인식	권리지식	의사소통	리더십
			◉			
학습목표	친구들 앞에서 다른 친구를 소개할 수 있다.	차 시	2/16(45분) ───			
마음 열기	◉ 기상 캐스터의 '오늘의 날씨 들어보기' 　– 아나운서가 서서 이야기할 때의 표정, 발음 등 살펴보기		– 동영상			
활동 전개	◉ 친구 소개글 써 보기 　– 아나운서가 되었다고 생각하며 친구를 소개하는 글을 직접 써 보기 　– 3분 정도 발표할 내용 쓰기 　– 쓴 글 보고 읽기 　– 읽을 때 쓴 글을 친구와 바꾸어 읽어보기 ◉ 아나운서가 되어 내 친구 소개하기 　– 원고 내용을 바탕으로 친구 소개하기 　– 화면에 나오는 친구 얼굴을 손으로 가리키며 친구의 이름, 성격, 　　친구의 장점, 나와 같이 지낸 이야기 등 소개하기 　– 한 사람씩 나와서 소개할 때 바르게 앉아 경청하기 　– 소개가 끝나면 박수 쳐 주기 ◉ 아나운서 점수 매기기 　– 앉아서 경청하는 사람은 점수 매기기 　– 몸짓, 표정, 전달 내용, 시간, 소리의 강약 등을 한 항목에 10점씩 　　하여 50점 만점으로 하여 점수 매기기 　– 제일 높은 점수 아나운서 뽑기 ◉ 최고의 아나운서가 발표하는 것 들어보기 　– 앞에 나와서 발표할 때의 주의점 설명하기 　– 분명한 목소리로, 다소 강약을 주어, 짧게 웃는 표정으로 손짓은 　　정확하게 등의 내용 설명 반복하기					
정리	◉ 친구들의 소개를 통해 나의 자랑거리를 학습지에 적어 보기 　– 최소한 세 가지 이상 적기 　– 사람들에게는 누구나 장점이 있음을 일깨워 주기					

출처: 이재섭, 이재섭, 최승숙(2011). 자기주장훈련 중재프로그램이 경도지적장애학생의 자기인식과 자기옹호에 미치는 효과. 특수교육저널: 이론과 실천, 12(4), 113-136.

에 제공되는 방식이 아니라, 문제행동을 미리 예방하는 차원에서 이루어져야 한다는 목소리가 높다(Saeki et al., 2011). 문제행동을 미리 예방하는 차원의 지원 체계로 학교 전체적으로 행동지원을 실시할 것이 강조되고 있다(Lane & Menzies, 2002; Turnbeull et al., 2002). 이를 위해서는 다음 두 단계의 행동지원이 필요하다. 첫째, 학급 전체적으로 실시하는 행동지원이고, 둘째, 개인별 문제행동에 대한 지원인데, 이는 집중적인 행동지원이 필요한 학생을 위한 것이다.

(1) 학급 전체적으로 실시하는 행동 지원

학급 전체적으로 실시하는 행동지원으로는 적절한 교수 제공, 교실에서의 행동 규칙 계획 및 실행, 학생의 행동에 대한 피드백 및 강화, 사회적 기술에 대한 교수 등이 있다(Sugai et al., 2000).

첫째, 문제행동의 예방 차원에서 학생의 특성 및 수준을 고려한 교수를 제공하는 것이 좋다. 문제행동은 언어 발달 및 학업성취도와 상관이 있기 때문이다. 이는 학생이 문제행동을 보이는 이유가 수업 시간에 제공되는 교수가 자신의 수준에 맞지 않은 경우가 많을 수도 있음을 의미한다. 교사는 적절한 교수를 제공하기 위해 과제 난이도 조정, 수업 속도 조정, 반복 및 누적 연습의 기회 제공, 과제에 대한 선택권 제공, 학생이 선호하고 쉬운 과제를 먼저 제시한 후 다소 어려운 과제를 그 다음에 제시 하는 것 등을 고려할 수 있다.

둘째, 문제행동의 예방 차원에서 교실에서의 행동 규칙을 계획하고 실시하는 것이 좋다. 이때 교실 행동 규칙을 계획하는 단계에서 학생들을 참여시키고, 규칙과 그에 따른 결과를 합의하고 지킬 것을 다짐시키는 것이 좋다. 규칙을 세울 때는 쉬운 표현과 긍정적인 표현으로 만드는 것이 좋으며(예, 휴대전화 가방에 넣어 두기, 질문 있을 때 손을 들고, 호명될 때까지 기다리기 등), 3~4개 정도의 규칙이 적당하다. 규칙을 세운 다음에는 규칙을 명시적으로 가르치고, 잘 보인 곳에 게시하는 것이 좋다. 또한 교실에서의 행동 규칙 이외에 하루 일과(예, 쉬는 시간, 점심시간 등) 및 학교 내 여러 장소(예, 복도, 화장실 등)에서 기대되는 행동에 대한 명시적인 지도와 안내가 필요하다.

셋째, 교사는 학생의 행동에 대한 피드백을 제공해야 하며, 문제행동을 보이지 않은 경우에는 강화를 제공하여야 한다. 즉, 교사는 일정한 시간 간격 동안 문제행동을 보이지 않으면 강화를 제공하여야 한다. 또한 교사는 문제행동을 줄이기 위해 행동 계약이나 토큰 경제(token economy) 기법을 사용할 수 있다. 반면 문제행동이 나타나면 소거, 반응 대가, 타임아웃 등의 기법을 사용할 수 있다. 한편, 학생이 문제행동을 보이는 이유가 교사의 관심을 받기 위해서인 경우에는 문제행동이 보이지 않을 때 칭찬하고 강화를 제공하는 데 신경써야 한다.

넷째, 문제행동의 예방 차원에서 사회적 기술에 대한 교수를 실시하는 것이 좋다. 사회적 기술도 학업적 기술과 마찬가지로 교수를 통해 가르칠 수 있다(Colvin, Sugai, & Patching, 1993; Kame'enui & Darch, 2004; Kerr & Nelson, 2002; Sugai, 1992). 교사는 여러 학생이 공통적으로 결함을 보이는 사회적 기술은 무엇인지를 파악하고, 이를 명시적으로 가르치는 것이 좋다.

(2) 기능행동평가에 기반을 둔 개인별 문제행동 지원

집중적인 행동지원이 필요한 학생에게는 기능행동평가 결과에 기반을 둔 개인별 문제행동 지원을 제공하여야 한다. 이를 위해 학생이 보이는 문제행동의 기능(function of behavior)을 파악하는 기능행동평가(functional behavior assessment: FBA)를 실시하고, 그 결과에 기초한 행동지원을 제공하여야 한다. 최근 여러 연구에서 기능행동평가에 기초한 행동지원이 학습장애학생의 문제행동을 감소시키는 데 효과적인 것으로 밝혀졌다(Burke, Hagan-Burke, & Sugai, 2003; Hoff, Ervin, & Friman, 2005).

[그림 9-2]는 기능행동평가를 통해 문제행동의 기능을 파악하는 과정을 제시하고 있다. 기능행동평가는 문제행동과 직접적인 영향이 있는 선행사건(antecent)과 후속결과(consequence)를 파악하기 위하여 널리 활용하고 있다. 기능행동평가는 행동 발생에 앞서 존재하는 상황적 조건(establishing condition)과 선행사건(anteced ent), 행동(behavior) 그리고 행동의 발생에 따른 후속결과(consequence)에 대한 정보를 수집하는 평가다. 상황적 조건은 문제행동을 직접적으로 유발하지는 않으나 문제행동이 발생할 가능성을 증가시키는 변인이다. 예를 들어, 어머니에게 야단을 맞고 학교에 왔거나 머리가 아픈 것 자체가 책을 던지는 등의 문제행동을 직접적으로 유발하지는 않지만 이러한 상황에서 교사가 과제할 것을 요구하면 문제행동이 발생할 가능성이 증가할 수 있다. 선행사건은 문제행동 이전의 환경 조건 또는 자극 변인을 말하며, 문제행동을 직접적으로 유발하는 조건 또는 자극이다. 예를 들어, 교사가 학생이 싫어하는 과제를 제시하고 학생에게 과제를 수행할 것을 요구하면 학생이 과제에서 도피하기 위해 문제행동을 보일 수 있다. 이때 싫어하는 과제를 제시하는 것은 문제행동을 직접적으로 유발하는 환경 변인이 된다. 후속결과는 문제행동이 발생한 이후에 제시되는 결과로 문제행동을 유지하는 변인이다. 예를 들어, 학생이 수업 시간에 교사의 관심을 끌기 위해 부적절한 행동을 하자, 교사가 '안 돼.'라고 하며 학생에게 관심을 주는 것은 다음 수업 시간에도 이 학생이 교사의 관심을 끌기 위해 부적절한 행동을 하게 하는 결과를 초래한다.

기능행동평가 방법은 간접적 평가(구조화된 면담, 평정척도 등), 직접평가(분포도, A-B-C 관찰지 등) 그리고 기능분석(functional analysis)을 포함한다. 기능행동평가를 통하여 얻은 정보를 바탕으로 문제행동에 대한 가설을 세우고, 가설을 검증하여 기능행동평가 중심의 중재전략을 수립하게 된다. [그림 9-2]는 학습장애학생에게 기능행동평가를 실시한 후, 그 결과에 근거하여 행동지원을 계획한 예다.

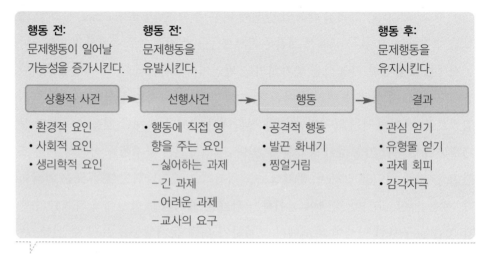

행동 전: 문제행동이 일어날 가능성을 증가시킨다.	행동 전: 문제행동을 유발시킨다.		행동 후: 문제행동을 유지시킨다.
상황적 사건	선행사건	행동	결과

• 환경적 요인
• 사회적 요인
• 생리학적 요인
	• 행동에 직접 영
	  향을 주는 요인
	  – 싫어하는 과제
	  – 긴 과제
	  – 어려운 과제
	  – 교사의 요구
		• 공격적 행동
		• 발끈 화내기
		• 찡얼거림
			• 관심 얻기
			• 유형물 얻기
			• 과제 회피
			• 감각자극

[그림 9-2] 기능행동평가를 통한 문제행동의 기능 파악

문제행동: 수업시간에 친구에게 말을 걸거나, 이상한 소리를 내는 행동

기능행동평가 내용:
– 좋아하는 친구 옆에 앉을 때 문제행동이 나타남
– 문제행동을 보인 후, 친구들이 관심을 보이면 문제행동이 다시 나타남
– 책을 읽고 읽은 내용에 대해 답을 찾아 기록해야 할 때 문제행동이 나타남
– 조별 활동을 하거나 그림 그리는 활동을 할 때는 문제행동이 나타나지 않음
– 문제행동을 보인 후, 친구들이 관심을 보이지 않으면 문제행동이 줄어듦

기능행동평가에 근거한 행동의 기능:
– 좋아하는 친구의 관심을 얻기 위해 문제행동을 보임
– 어렵거나 싫어하는 과제를 회피하기 위해 문제행동을 보임

기능행동평가 결과에 기초한 행동 지원 계획:
– 좋아하는 친구로부터 멀리 배치: 좋아하는 친구로부터 멀리 좌석을 배치하고, 대상 학
  생의 문제행동에 무관심한 학생과 짝을 지어 줌

- 수준에 맞고 선호하는 과제를 제공: 책을 읽고 읽은 내용에 대해 답을 찾아 기록하는 활동보다 읽은 내용에 대해 토론하거나, 조별로 읽은 내용에 대해 그림을 이용하여 정리하도록 함

3. 학습장애학생의 사회성 평가

학습장애학생의 사회성 평가는, 사회성 결함을 지닌 학습장애학생의 선별, 학습장애학생의 요구에 기반을 둔 사회성 프로그램의 계획 구성 및 개발, 사회성 프로그램의 효과성 평가 등의 목적으로 사용할 수 있다.

국내에 표준화된 사회성 및 문제행동 평가 도구로는 아동·청소년행동평가척도(K-CBCL; 오경자, 이혜련, 홍강의, 하은혜, 1997)가 있다. K-CBCL은 Achenbach와 Edelbrock(1983)이 개발한 CBCL을 우리나라에서 오경자 등(1997)이 번역하여 표준화한 행동평가도구다. CBCL은 아동·청소년기의 사회적 적응 및 정서, 문제행동을 부모가 평가하는 도구다. 〈표 9-7〉과 같이, K-CBCL은 크게 사회 능력 척도와 문제행동증후군 척도로 구성되어 있다. 사회 능력 척도는 사회성 척도, 학업수행 척도 그리고 총 사회 능력 척도로 구성되어 있다. 사회성 척도는 친구나 또래와 어울리는 정도, 부모와의 관계 등을 평가하고, 학업수행 척도는 교과목 수행 정도, 학업 수행상의 문제 여부 등을 평가한다. 총 사회 능력 척도는 사회성 척도와 학업수행 척도를 합산하여 산출한다.

문제행동 증후군 척도는 위축, 신체증상, 불안/우울, 사회적 문제, 사고의 문제, 주의집중 문제, 비행, 공격성, 내재화 문제(위축, 신체증상, 불안/우울 척도의 합), 외현화 문제(비행, 공격성 척도의 합), 성문제 척도, 정서불안정 척도, 총 문제행동 척도로 구성되어 있다.

〈표 9-7〉 아동 · 청소년행동평가척도의 구성

전체 척도	하위 척도
사회능력 척도	사회성 학업수행 총 사회 능력
문제행동증후군 척도	위축 신체증상 불안/우울 사회적 미성숙 사고의 문제 주의집중 문제 비행 공격성 내재화 문제 외현화 문제 총 문제행동 성문제 정서불안정

　　사회성 평가는 표준화된 평가도구 이외에 다차원적 정보를 활용한 비형식적 검사의 적용도 필요하다. 예를 들어, 표준화된 평가 도구는 아니지만 교사가 현장에서 활용할 수 있는 사회성 평가 방법으로는, 친구 간의 수용도 평가와 사회적 지위 평가를 들 수 있다. 친구 간의 수용도 측정은 〈표 9-8〉과 같이, 자신을 제외한 다른 학생들을 '얼마나 좋아하는지' 평가함으로써 친구 사이에서 얼마나 수용되는지를 파악할 수 있다. 각 아동별로 평균적으로 몇 점을 받았는지를 계산하여 각 아동의 친구 수용도를 평가할 수 있다. 사회적 지위는 친구로부터 얼마나 많은 긍정적 혹은 부정적 지명(nomination)을 받는지로 평가한다. 학생들에게 가장 좋아하는 친구 세 명과 가장 싫어하는 친구 세 명을 적도록 한 후, 각 아동별로 얼마나 많은 긍정적 혹은 부정적 지명을 받았는지를 평가한다. 그 결과에 기초하여 인기 있는 학생, 거부되는 학생, 인기와 거부를 동시에 받은 학생 그리고 무관심하게 여겨지는 학생을 파

〈표 9-8〉친구 간의 수용도 평가

평가 실시 방법: 다음에 나온 각각의 친구를 얼마나 좋아하는지 해당하는 숫자에 동그라미 하세요.

1 = 전혀 좋아하지 않음　　　2 = 조금 좋아하지 않음
3 = 조금 좋아함　　　　　　4 = 많이 좋아함

학생 이름	얼마나 좋아하나요?			
학생 A	1	2	3	4
학생 B	1	2	3	4
학생 C	1	2	3	4
학생 D	1	2	3	4
학생 E	1	2	3	4
학생 F	1	2	3	4
학생 G	1	2	3	4
학생 H	1	2	3	4
학생 I	1	2	3	4
학생 J	1	2	3	4
학생 K	1	2	3	4
학생 L	1	2	3	4

악할 수 있다.

　집중적인 행동지원이 필요한 학생의 문제행동을 평가할 때는 앞서 언급한 기능행동평가를 실시할 수 있다. 즉, 교사는 직접관찰, 질문지, 인터뷰 등을 통해 학생이 지닌 '문제행동'의 이유가 '선행사건'과 관련이 있는지, 아니면 '후속결과'와 관련이 있는지 등을 파악하여야 한다(구체적인 기능행동평가 절차 및 방법은 응용행동분석이나 정서행동장애 관련 서적 등을 참고할 것). 이때 교사는 다음과 같은 질문을 활용할 수 있다.

• 교수가 학생의 특성 및 수준에 적절하였는가? (예, 교수 난이도, 교수 활동, 교수 자료 등)

• 학생에게 바람직한 사회적 기술을 가르쳤는가?

• 바람직한 행동을 시범 보여 줄 모델(예, 교사, 친구)을 활용하고 있는가?

• 학생의 행동에 적절한 강화를 제공하였는가?

• 문제행동을 보일 때 일관성 있게 소거, 타임아웃, 반응대가 등의 기법을 사용하고 있는가?

요 약

이 장에서는 사회성의 정의 및 구성 요소, 사회적 기술의 분류 체계, 학습장애학생을 위한 사회성 지도 방법, 학습장애학생의 사회성 평가 방법 등을 살펴보았다. 사회성은 주어진 상황에서 특정인이 사회적 과제를 얼마나 성공적으로 해결하는가에 대한 종합적이고 전반적인 평가이며, 적절한 대인관계 형성 능력 전반을 지칭한다. 사회성은 긍정적 대인관계, 연령에 적합한 사회 인지, 문제행동의 부재, 효과적인 사회적 기술 등의 네 가지 구성 요소를 포함하는 개념이다.

사회적 기술은 사회적 과제를 성공적으로 수행하기 위해 사용하는 구체적이고, 관찰 가능한 행동을 의미한다. 대표적인 사회적 기술 분류 체계를 정리하면, 학업 기술, 순응 기술, 친구관계, 자기주장, 자기 통제, 자기 외모 관리하기로 나눌 수 있다.

학습장애학생의 사회성 지도 방법에는 사회적 기술 프로그램, 상황 맥락 중재, 자아개념 향상 프로그램, 문제행동에 대한 지원 등이 있다.

첫째, 사회적 기술 프로그램은 구체적인 사회적 기술을 가르치고 연습시키는 데 초점을 둔다. 효과적인 사회적 기술 프로그램은 중요한 사회적 기술을 교수 내용으로 선정하여, 각 기술을 과제분석을 통해 하위 단계로 나누어 제시한다. 또한 시범과 역할극 등을 통한 충분한 연습의 기회를 제공하고, 실제 상황에서 일반화를 강조한다.

둘째, 상황 맥락 중재는 상황 맥락 안에서 필요한 사회적 기술을 선택하고, 선택된 상황 맥락에서 사회적 기술을 가르칠 것을 강조한다. FAST 전략과 SLAM 전략은 상황 맥락 중재의 대표적인 예다.

셋째, 연구에 따르면 초등학교 학습장애학생의 자아개념을 향상시키는 데 가장 효과적인 방법은 학업적인 중재였다. 이에 비해 중·고등학교 학습장애학생의 자아 개념을 향상시키는 데 가장 효과적인 방법은 상담으로 나타났다.

넷째, 자기 인식을 바탕으로 자신의 요구를 적절하게 표현하고 미래를 위한 구체적인 계획을 세울 수 있도록 하기 위해서는 자기옹호 기술의 지도가 필요하다.

다섯째, 문제행동을 미리 예방하는 차원의 지원 체계로써 학교 전체적으로 행동지원을 실시할 것이 강조되고 있다. 이를 위해서는 학급 전체적으로 실시하는 행동지원, 기능행동평가에 근거한 개인별 문제행동 지원이 필요하다.

국내에 표준화된 사회성 및 문제행동 평가 도구로는 아동·청소년행동평가척도 (K-CBCL)가 있다. 표준화된 평가 도구는 아니지만 교사가 현장에서 활용할 수 있는 사회성 평가 방법으로는 친구 간의 수용도 측정과 사회적 지위 평가가 있다. 집중적인 행동지원이 필요한 학생의 문제행동을 평가할 때는 기능행동평가를 실시할 수 있다.

참고문헌

강혜진, 김자경(2007). 학습장애아동과 일반아동의 사회적 기술 지식과 수행력 비교. 정서·행동장애연구, 23(2), 251-273.

김자경(2002). Relationship netween behavioral and emotional functioning and social status among students with LD. 정서·행동장애연구, 18(1), 37-61.

박성희, 김애화(2007). 포커스 그룹 인터뷰 방법을 통하여 살펴본 사회적 기술에 대한 교사들의 인식. 정서·행동장애연구, 23(3), 199-231.

박원경, 김자경, 안성우, 강혜진(2006). 학습장애 중학생과 일반 중학생의 불안, 우울과 학교 적응 정도. 정서·행동장애연구, 22(3), 301-323.

방명애(2006). 자기결정기술 활동 프로그램. 서울: 굿에듀북.

손희정, 박현숙(2005). 자기결정기술 교수가 초등학교 학습장애학생의 자기인식과 자기옹호에 미치는 효과. 학습장애연구, 2(1), 93-144.

오경자, 이혜련, 홍강의, 하은혜(1997). K-CBCL 아동·청소년 행동평가척도. 서울: 중앙적성연구소.

이대식(2005). 일반교사들이 특수아 지도와 관련하여 필요로 하는 전문가 지원. 한국교원교육연구, 22(3), 263-279.

이재섭·이재섭·최승숙(2011). 자기주장훈련 중재프로그램이 경도지적장애학생의 자기인식과 자기옹호에 미치는 효과. 특수교육저널: 이론과 실천, 12(4), 113-136.

조용태(1998). 학습장애아동의 사회적 기술과 문제행동의 관계. 정서·학습장애연구, 14(2), 97-117.

Asher, S., & Coie, J. (Eds.). (1990). *Peer rejection in childhood.* New York: Cambridge. University Press.

Baum, D. D., Duffelmeyer, F., & Geelan, M. (1988). Resource teacher perceptions of the prevalence of social dysfunction among students with learning disabilities. *Journal of Learning Disabilities, 21,* 380-381.

Bender, W. (2008). *Learning Disabilities: Characteristics, Identification, and Teaching Strategies.* Upper Saddle River, NJ: Merrill.

Bryan, T. (1997). Assessing the personal and social status of students with learning disabilities. *Learning Disabilities Research and Practice, 12,* 63-76.

Burke M. D., Hagan-Burke, S., & Sugai, G. (2003). The efficacy of function-based interventions for students with learning disabilities who exhibit escape-maintained problem behaviors: Preliminary results from a single case experiment. *Learning Disabilities Quarterly, 26,* 15-26.

Caldarella, P., & Merrell, K. W. (1997). Common dimensions of social skills of children and adolescents: a taxonomy of positive behaviors. *School Psychology Review, 26*(2),

264-278.

Cantwell, D. P., & Baker, L. (1987). *Developmental speech and language disorders*. New York: Guilford.

Chapman, J. W. (1988). Learning disabled children's self-concepts. *Review of Educational Research, 58*(3), 347-371.

Colvin, G., Sugai, G., & Patching, W. (1993). Pre-correction: An instructional strategy for managing predictable behavior problems. *Intervention, 28*, 143-150.

Delaney, E. M., & Kaiser, A. P. (2001). The effects of teaching parents blended communication and behavior support strategies. *Behavioral Disorders, 26*(2), 93-116.

Deshler, D. D., & Schumaker, J. B. (1983). Social skill of learning disabled adolescents characteristics and intervention. *Topics in Learning and Learning Disabilities, 3*(2), 15-23.

Elbaum, B., & Vaughn, S. (2001). School-based interventions to enhance the self-concept of students with learning disabilities: A meta-analysis. *Elementary School Journal, 101*(3), 303-329.

Gresham, F. M. (1981). Social skills training with handicapped children: A review. *Review of Educational Research, 51*(1), 139-176.

Gresham, F. M. (1982). Misguided mainstreaming: The case for social skills training with handicapped children. *Exceptional Children, 48*, 422-433.

Gresham, F. M., & Elliott, S. N. (1990). *Social skills rating system*(SSRS). Circle Pines, MN: American Guidance Service.

Haager, D., & Vaughn, S. (1995). Parent, teacher, peer and self-reports of the social competence of students with learning disabilities. *Journal of Learning Disabilities, 28*(4), 205-215.

Hoff, K. E., Ervin, R. A., & Friman, P. C. (2005). Refining functional behavioral assessment: Analyzing the separate and combined effects of hypothesized controlling variables during ongoing classroom routines. *School Psychology Review, 34*, 45-57.

Kame'enui, E. J., & Darch, C. B. (2004). *Instructional classroom management: A proactive approach to behavior management* (2nd ed.). White Plains, NY: Longman.

Kavale, K. A., & Forness, S. R. (1996). Social skill deficits and learning disabilities: A meta-analysis. *Journal of Learning Disabilities, 29*(3), 226-237.

Kerr, M. M., & Nelson, C. M. (2002). *Strategies for addressing behavior problems in the classroom* (4th ed.). Upper Saddle River, NJ: Merrill Prentice Hall.

Kleinert, J. O., Harrison, E. M., Fisher, T. L., & Kleinert, H. L. (2010). "I Can" and "I Did" Self-advocavy for young students with developmental disabilities. *Council for Exceptional Children, 43*(2), 16-26.

Kolb, S., & Hanley-Maxwell, C. (2003). Critical social skills for adolescents with high incidence disabilities: Parental perspectives. *Exception Children, 69,* 163-179.

Kupersmidt, J. B., Coie, J. D., & Dodge, K. A. (1990). The role of poor peer relationships in the development of disorder. In S. R. Asher & J. D. Coie (Eds.), *Peer rejection in childhood* (pp. 274-305). New York, NY: Cambridge University Press.

Lane, K. L., & Menzies, H. M. (2002). The effects of a school-based primary intervention program: Preliminary outcomes. *Preventing School Failure, 47,* 26-32.

Luftig, R. L. (1988). Estimated ease of making friends, perceived social competency, and loneliness among mentally retarded and nonretarded students. *Education, 109,* 200-211.

McGinnis, E., & Goldstein, A. P. (1997). *Skillstreatming the elementary school child: New strategies and perspectives for teaching prosocial skills* (rev. ed.). Champaign, IL: Research Press.

Neale, M. H., & Test, D. W. (2010). Effects of the "I Can Use Effort" strategy on quality of student verbal contribution and individualized education program participation with third and fourth grade students with disabilities. *Remedial and Special Education, 31*(3), 184-194.

Parker, J., & Asher, S. (1987). Peer relations and later personal adjustment: Are low accepted children at-risk? *Psychological Bulletin, 102,* 357-389.

Prout, H. T., Marcal, S. D., & Marcal, D. C. (1992) A meta-analysis of self-reported personality characteristics of children and adolescents with learning disabilities. *Journal of Psychoeducational Assessment, 10,* 59-64.

Sabornie, E. J., Thomas, V., & Coffman, R. M. (1989). Assessment of social/affective measures to discriminate between BD and non-handicapped early adolescents. Monograph in Behavior Disorders. *Severe Behavior Disorders in Children and Youth, 12*, 21-32.

Saeki, E., Jimerson, S. R., Earhart, J., Hart, S. R., Renshaw, T. Singh, R. D., & Stewart, K. (2011). Response to intervention in the social, emotional, and bheavioral domanins: Current challenges and emerging possibilities. *Comtemporary School Psychology, 15*, 43-52.

Sebag, R. (2010). Behavior management through self-advocacy: A strategy for secondary student with learning disabilities. *Teaching Exceptional Children, 42*(6), 22-29.

Stang, K. K., Carter, E. W., Lane, K. L., & Pierson, M. R. (2009). Perspectives of general and special educators on fostering self-determination in elementary and middle schools. *The Journal of Special Education, 43*(2), 94-106.

Sugai, G. (1992). The design of instruction and the proactive management of social behaviors. *Learning Disabilities Forum, 17*(2), 20-23.

Test, D. W., Fowler, C. H., Wood, W. M., Brewer, D. M., & Eddy, S. (2005). A Conceptual framework of self-advocacy for students with disabilities. *Remedial and Special Education, 26*(1), 43-54.

Turnbeull, A., Edmonson, H., Griggs, P., Wickham, D., Sailor, W., Freeman, R., Guess, D., Lassen, S., Mccart, A., Park, J., Riffel, L., Turnbull, R., & Warren, J. (2002). A blueprint for schoolwide positive behavior support: Implementation of three components. *Exceptional Children, 68*(3), 377-402.

Vaughn, S., & Haager, D. (1994). Social competence as a multifaceted construct: How do students with learning disabilities fare? *Learning Disability Quarterly, 17*, 253-266.

Vaughn, S., & Lancelotta, G. X. (1990). Teaching interpersonal social skills to poorly accepted student: Peer-pairing versus non-peer-pairing. *Journal of School Psychology, 28*(3), 181-188.

Vaughn, S., Sinagub, J., & Kim, A. H. (2004). Social competence/social skills of students with learning disabilities: Interventions and issues. In B. Y. L. Wong (Ed.), *Learning about learning disabilities* (pp. 341-374). San Diego, CA: Elsevier Inc.

Wehmeyer M. L., Agran, M., Hughes, C., Martin, J. E., Mithaug, D. E., & Palmer, S. B.

(2007). 발달장애 학생의 자기결정 증진 전략(이숙향 역, 2010). 서울: 학지사.

Wiener, J., & Harris, P. J. (1997). Evaluation of an individualized, context-based social skills training program for children with learning disabilities. *Learning Disabilities Research and Practice, 12*(1), 40-53.

Ysseldyke, J. E., Algozzine, B., Shinn, M. R., & McGue, M. (1982). Similarities and differences between low achievers and students classified as learning disabled. *The Journal of Special Education, 16*, 73-85.

Zetlin, A. G., & Murtaugh, M. (1988). Friendship patterns of mildly learning handicapped and nonhandicapped high school students. *American Journal on Mental Retardation, 92*, 447-454.

CHAPTER

10

통합교육의
실행을 위한
협력교수의 활용

이 장을 통해, 학습장애학생 지도에 관한 다음의 지식과 기술을 습득하게 될 것이다.

- 다양한 협력교수의 모형을 설명할 수 있다.
- 협력교수의 효과에 대해 설명할 수 있다.
- 협력교수 실시에 따른 문제점을 설명할 수 있다.
- 성공적인 협력교수 실행을 위한 방안을 설명할 수 있다.
- 협력교수 실행을 위한 협력 기술을 설명할 수 있다.

통합교육의 확대 실시로 인해 일반학급의 구성원이 더욱 다양해지면서 일반교사의 지식과 기술만으로 다양한 학급 구성원들의 교육적 요구를 충족시키는 데는 상당한 어려움이 있다. 특히 학습장애학생들은 시간제로 특수학급에서 지원을 받거나 일반학급에 완전통합이 되는 경우가 많기 때문에 일반학급 내에서 이들을 위한 효과적인 지원방안이 매우 필요한 실정이다. 협력교수(co-teaching)는 통합학급 교사와 특수교사가 통합학급에 있는 특수교육대상학생을 포함한 다양한 능력을 지닌 학생의 요구를 충족시키기 위해 함께 교실 상황에 참여하여 학생에게 교육적 서비스를 제공하는 방법이다. Friend와 Cook(2003)은 협력교수를 "하나의 물리적인 공간에서 두 명 이상의 교사가 다양한 능력을 지닌 학생들에게 실질적인 교수를 전달하는 것"이라 정의하였다. 협력교수는 협력적 교수(collaborative teaching; Gerber & Popp, 2002), 협동적 교수(cooperative teaching; Bauwens, Hourcade, & Friend, 1989), 팀교수(team teaching; Pugach & Johnson, 2000)라는 다양한 용어로 불리고 있다. 이 장에서는 이러한 것을 총칭하는 개념으로 협력교수라고 부르고자 한다. 국립특수교육원(2003)에서 실시한 통합교육 관련 연구에 따르면, 전국의 특수교사와 일반교사 중 83%가 협력교수 방법을 통합된 장애학생에게 적절한 교육방법으로 적용할 수 있다고 응답하였다.

이 장에서는 협력교수의 모델, 협력교수 실시의 문제점, 성공적인 협력교수 실행을 위한 방안, 그리고 효과적인 협력교수 실행을 위해 요구되는 협력기술에 관해 설명하고자 한다.

1. 협력교수의 모델

협력교수는 일반적으로 다음과 같은 다섯 가지 모델로 제공할 수 있으며(최승숙, 2004a; Friend & Cook, 2003), 각 모델의 효과 및 고려사항은 〈표 10-1〉과 같다.

〈표 10-1〉 협력교수 모델의 효과 및 고려사항

모델	효과	고려사항
교수-지원	• 모든 주제 및 활동에 적용 가능함 • 일대일 직접 지도 가능함 • 전체 교수를 담당하는 교사는 다른 협력교사가 학생들을 개별적으로 지원하거나 행동 문제를 관리하므로 전체 수업에 더욱 집중할 수 있음 • 다른 모형에 비해 상대적으로 적은 협력 계획 시간이 요구됨	• 교수 역할(전체 수업 교사, 개별 지원 교사)이 고정되어 있는 경우 교사의 역할에 대한 불만족이 있을 수 있음 • 특수교사가 개별 지원 역할만을 맡는다면 장애학생에게 낙인효과가 발생할 수 있음 • 주교사, 보조교사의 역할이 고정되어 있는 경우 진정한 협력교수라 할 수 없음
스테이션 교수	• 여러 형태의 실제 활동(hands-on activity)이 있는 수업에 적합함 • 학생들 간의 모둠활동을 통한 사회적 상호작용 기회가 증가함 • 소집단 학습이 가능함 • 독립적 학습의 기회를 제공함(모둠에서 독립학습 장소를 제공하는 경우) • 교사와 학생의 비율이 낮음	• 여러 학생이 움직일 때 학생의 행동이나 소음 관리가 어려움(모둠 이동에 따른 규칙/기술 지도 필요) • 넓은 교실 공간이 필요함 • 각 모둠활동의 연계성이 없는 경우 효과가 적음 • 독립학습 모둠이 있는 경우 집단에서 상호작용하는 기술과 적절한 작업 기술 지도가 필요함
평행교수	• 복습, 시험준비 활동이나 미술 활동과 같이 교사 대 학생의 비율이 낮은 활동이 요구되는 경우 적용 가능함	• 두 교사가 활동을 설명하는 수준의 난이도와 수업 진행 속도가 일관성이 없는 경우가 있음(이에 충분한 공동계획이 필요함) • 소음 문제 및 행동 문제가 발생함 • 넓은 교실 공간이 필요함 • 학생들 중 어느 한 교사의 지도만을 선호하는 경우가 발생할 수 있음
대안교수	• 추가적 지원이 필요한 학생에게 적절한 지원이 가능함(심화수업, 보충수업) • 전체 수업을 담당하는 교사가 집중할 수 있도록 도움을 제공함	• 항상 소집단 교수에서 보충수업을 받는 학생이 생긴다면 낙인효과가 발생할 수 있음 • 다양한 학생들이 소집단 교수를 받을 수 있도록 계획하는 것이 필요함(예, 관심있는 주제에 관해 공부할 기회, 높은 수준의 조형 활동이 적용되는 경우) • 교사의 역할도 대집단과 소집단으로 고정되어서는 안 됨

팀교수	• 다양한 활동을 지도하는 데 유용함 • 토론이 필요한 수업, 복습 과정에서 활용하기에 적절함 • 교사의 수업 운영 모델링을 통해 학생들이 협동하는 방법을 배울 수 있는 실질적 기회를 제공함 • 교사 간에 가장 높은 수준의 협력관계를 요구함	• 교사 간의 많은 공동 준비 과정이 요구됨 (내용, 전달, 교실 훈육에 관한 기준이 일치해야 함) • 교사 간의 교수 전달 방법이 다른 경우 학생들의 내용 이해에 혼란이 있을 수 있음

출처: 최승숙(2006). 통합학급 내 장애학생의 교수-학습을 위한 특수교사와 일반교사의 협력모형과 실제. 학습장애연구, 3(2), 117-137.

1) 교수-지원

교수-지원(one-teach, one-assist) 모델은 한 교사가 전체 교수에 대해 우선적인 책임을 지고 다른 교사는 학생들 사이를 순회하면서 학업이나 행동지원이 필요한 학생을 개별적으로 지도하는 형태다. 개별지원의 경우, 장애학생뿐만 아니라 교사의 지원을 필요로 하는 학급의 모든 학생에게 제공할 수 있다. 이 모델에서 통합학급 교사와 특수교사의 역할은 전체 수업을 주도하는 것과 개별 지원을 제공하는 것이며, 교사의 역할은 수업 내용에 따라 수시로 바뀔 수 있다.

2) 스테이션 교수

스테이션 교수(station teaching) 모델은 학생들이 학습 목표와 관련된 다양한 활동을 할 수 있도록 여러 개의 스테이션을 구성하고 학생들은 스테이션을 따라 이동하면서 학습하는 형태다. 각 스테이션은 수업 내용에 따라 이야기책 읽기 활동, 이야기책과 관련된 조형 활동, 독립 과제 활동 등 다양한 형태로 운영할 수 있다. 각 스테이션에서 이루어지는 활동 내용은 수업목표와 연계성이 있어야 한다. 이 모델에서 통합학급 교사와 특수교사의 역할은 각 정해진 스테이션을 맡아 수업을 진행하는 것이다.

3) 평행교수

평행교수(parallel teaching) 모델은 일반적으로 학급을 두 개의 동일 집단으로 나누고 두 교사가 각각 하나의 집단을 맡아 수업하는 형태다. 이 모델은 도입 단계에서는 주로 대집단으로 시작하여 수업에 대해 안내를 한 후 전개 단계에서 두 집단으로 나누어 수업을 진행한다. 통합학급 교사와 특수교사는 하나의 집단을 맡아 각각 지도하며, 집단에 속한 학생들에게 동일한 교육 내용을 전달한다.

4) 대안교수

대안교수(alternative teaching) 모델은 학급을 하나의 대집단과 하나의 소집단으로 나누어 두 교사가 각각 하나의 집단을 맡아 지도하는 형태다. 주로 소집단의 학생들은 개별적인 도움(예, 심화교육, 보충교육)이 필요한 학생들로 구성되는데, 수준별 지도가 필요한 활동에서 적절하게 적용할 수 있다. 장애학생이 늘 소집단에서 지도를 받는다면 낙인이 생길 수 있으므로 모든 학생이 대집단과 소집단에서 자유롭게 활동할 수 있도록 구성한다. 이 모델에서 통합학급 교사와 특수교사는 교사의 전문성을 고려하여 대집단과 소집단을 번갈아가며 지도한다.

5) 팀교수

팀교수(team teaching) 모델은 두 교사가 협력적 관계를 공유하며 전체 집단을 동시에 교수하는 형태다. 가장 높은 수준의 교사 간 협력을 요구하는 협력교수 모델로, 통합학급 교사와 특수교사는 동등한 책임과 역할을 공유하며 함께 수업을 계획하고 전체 학생들을 지도한다. 앞서 제시한 교수-지원 모형이 한 교사가

설명하는 동안 다른 교사가 수업 진행을 지원하는 형태라면, 팀교수는 두 교사의
설명이 번갈아 진행되므로 두 교사 모두 주도적인 역할을 담당하게 된다.

활동의 주제나 교사의 수업 준비 수준에 따라 이와 같은 여러 형태의 협력교수
모델을 복합적으로 사용할 수 있다(최승숙, 2004a). 예를 들어, 팀교수로 활동의 도
입을 하고, 평행교수로 활동을 나누어 진행한 후, 교수–지원 형태로 활동을 정리
할 수 있다.

2. 협력교수의 효과

협력교수의 실시 효과는 그동안 장애학생, 일반학생 및 교사를 대상으로 연구되
었으며, 그 결과는 다음과 같다(김라경, 박승희, 2002; 최승숙, 2004a, 2004b; Garrigan
& Thousand, 2005; Rea, McLaughlin, & Walther-Thomas, 2002).

1) 장애학생

장애학생을 위한 가장 대표적인 효과로는 사회적 기술의 향상이 언급되고 있다.
학생들은 통합학급에서 담임교사 및 또래와 사회적으로 적절한 관계를 어떻게 맺
는지 배우고, 그 과정을 통해 자존감이 형성되었다. 또한 교사의 지속적인 지원으
로 교실 내 문제행동이 줄어들었고 과제에 대한 집중 시간이 증가되었다.

2) 일반학생

일반학생은 장애학생들과 실제 수업에 참여하면서 장애에 대한 편견을 해소하
고 장애학생을 학급 구성원으로 받아들이게 되고, 함께 지내면서 그들을 어떻게
도와야하는지 자연스럽게 배울 수 있었다. 또한 학업적인 면에서도 특수교육대상

학생은 아니지만 교사로부터 개별적인 도움이 필요한 학생의 경우 두 교사로부터 지속적인 지원을 받을 수 있었다.

3) 교 사

교사를 위한 협력교수의 효과는 통합학급 교사와 특수교사 모두 다양한 교수 기술과 지식 습득의 기회를 가질 수 있다는 것이다. 통합학급 교사는 장애학생의 문제행동 지도와 교수적 수정 전략에 대한 지식을 얻을 수 있었고, 정기적으로 함께 수업을 하면서 수업 전에 더 많은 수업 준비를 하고, 수업 시 다양한 활동을 할 수 있었다. 구체적으로 협력교수 시행 전에는 장애학생이 수업 중에 문제행동을 보이는 경우 적절하게 대처하지 못해 당황해하는 경우가 많았는데, 특수교사의 지원을 통해 어떻게 행동을 중재하는지를 직접적으로 배우게 되었다고 보고되었다. 특수교사는 일반교육과정의 흐름과 전체 교수 기술을 배울 수 있었다.

특히 장애학생이 특수학급과는 달리 통합학급에서 어떻게 학습하고 행동하는지 관찰하면서 동시에 일반학생이 특정 연령에서 어떠한 행동 특성을 나타내는지 알 수 있어 이러한 지식과 경험을 기반으로 장애학생에게 요구되는 행동기술이 무엇인지를 확인할 수 있는 기회를 가질 수 있었다. 또한 학생이 특수교사를 통합학급 교사와 같은 교사로 인식하게 됨으로써 교사로서의 자존감을 향상시킬 수 있었다.

효과적인 협력교수를 실행하기 위해 요구되는 교사 특성은 다음과 같이 요약할 수 있다.

- 본인 영역에서의 전문적인 교수 기술
- 전문가로 성장하기 위해 필요한 열정
- 상대 교사의 교수 기술에 대한 존중
- 원활한 의사소통 기술과 문제 해결력
- 협력교수를 위한 공동 계획에의 지속적인 참여

• 다양한 교수법에 대한 유동적인 생각

3. 협력교수 실시의 문제점

협력교수의 긍정적인 측면에도 불구하고 현장에서 인식되고 있는 문제점은 협력교사 스스로가 지닐 수 있는 어려움과 학교 체제의 지원 미비로 나누어 볼 수 있다(최승숙, 2004; prater, 2007).

1) 교 사

협력교사의 협력교수 과정에 대한 실질적인 지식 및 기술의 부족이 제시되었다. 즉, 협력교수가 적용되는 수업 상황에 관한 다양한 자료 및 연수 기회가 제한적이다. 또한 특수교사의 경우 일반학생을 지도할 수 있는 전체 교수 기술 및 일반교육 과정에 대한 이해가 부족하고, 통합학급 교사의 경우 장애학생 개별지도를 위해 요구되는 교수 기술이 부족하였다. 또한 학생 지도 방법에서 특수교사와 통합교사 간 교수 철학의 불일치가 나타났으며, 이러한 갈등 상황을 해결하고 동등한 협력적 교사관계를 형성하기 위해 요구되는 효과적인 의사소통 체계와 적절한 갈등해결 기술이 부족한 것으로 보고되었다.

2) 학교 체제

협력교수에 참여한 교사들은 효과적인 협력교수를 실천하려고 공동 계획 시간을 마련하려 했으나 특수학급과 통합학급에서 두 교사가 맡고 있는 학생 수가 많고 바쁜 행정업무로 인해 어려움이 많은 것으로 나타났다. 또한 특수교사의 경우 한 명 이상의 통합학급 교사와 협력수업을 하는 경우가 많아서 교사별 수업 준비를 위한 시간 분배에 어려움이 있었고, 특수교사가 협력교수를 실시하는 경우 특수학급에 남아 있는 학생의 지도에도 어려움이 있었다. 마지막으로 협력교수에 관한 학교 관리자들의 심리적·행정적 지원이 부족한 것이 협력교수 적용의 주된 어려움으로 언급되었다.

4. 성공적인 협력교수 실행을 위한 방안

협력교수를 효과적으로 실시하기 위해서는 교사로서의 전문적인 기술 및 지식과 협력적 관계를 유지할 수 있는 기술이 필요하다. 기존 연구에 따르면, 학생을 효과적으로 지도할 수 있는 교수 지식의 부족, 교사 간에 동등한 협력적 관계를 형성하기 위해 요구되는 효과적인 의사소통 체계의 부족, 적절한 갈등 및 문제 해결 훈련의 부족 등이 문제점으로 제시되었다(강영심, 전정련, 2002; 최승숙, 2004b; Austin, 2001; Weiss & Llyod, 2002). 통합학급 교사는 다양한 교육적 요구를 지닌 장애학생을 효과적으로 지도하기 위해 교수 지식과 기술의 습득이 요구되며, 특수교사는 일반교육과정에 대한 지식과 전체 수업 기술을 쌓아 수업을 할 때 개별적 지원뿐 아니라 다양한 역할을 맡을 수 있는 역량이 요구된다. 이러한 부분들은 현재 이분법적인 교사 양성 체제에서 벗어나 특수교사와 통합학급 교사가 양성과정에서부터 서로 협력하는 방법의 토대를 마련한다면 준비할 수 있을 것이다. 협력교수를 위해서는 교사의 준비뿐만 아니라 현재의 학교 지원 체계에도 큰 변화가 필요하다. 우선 학교 행정가는 협력교수의 문제점을 함께 고민하고 해결 방안을 찾는 데 지원을 아끼지 말아야 한다. 행정가 스스로 지속적인 연수과정을 통해 협력교수에 관한 지식을 쌓고 교사들에게 필요한 심리적·행정적 지원(예, 공동계획 시간 마련, 협력교수 성과 나누기) 방안을 모색해야 할 것이다. 〈표 10-2〉에 제시한 것처럼 각 단계에서 갖추어야 할 요인을 확인하고 준비하는 과정을 통해 협력교수를 실행해 나가야 한다.

〈표 10-2〉 협력교수 실시 과정

협력교수 시작 전	교사 변인	• 협력교수의 목표와 이유에 대해 생각한다. • 협력교수를 실시하기 위해 자신이 지니고 있는 능력을 확인한다(협력교수 지식, 의사소통 기술, 자기 영역에서의 전문적 지식과 기술). • 협력교수를 원하는 교사를 파악하고 어떤 교사와 협력교수를 실시할지 결정한다. • 협력교수를 실시할 과목을 의논한다. • 협력교수에서 교사의 구체적인 역할과 책임을 결정한다. • 협력교수의 효과를 어떻게 평가할 것인지 결정한다. • 협력교수 실시 과정에 대해 비판적인 피드백과 자문을 제공할 수 있는 동료 교사나 전문가를 구한다.
	학생 변인	• 학생의 요구를 분석하고 교실에서의 수업 운영을 준비한다. • 학생의 학업수행을 어떻게 평가할 것인지 결정한다.
	체계 변인	• 필요한 지원과 자원을 기술한다(예, 행정가, 동료교사, 부모). • 공동계획 시간 및 협력교수를 실행할 시간을 결정한다. • 구체적인 협력교수 시간표를 계획한다. • 학교 관리자로부터의 공식적인 승인을 받고 지원 과정을 형식화한다(서류 작성, 보고). • 협력교수 모형을 부모에게 어떻게 알릴 것인지 논의한다.
협력교수 시행 중	교사 변인	• 두 교사 간의 의사소통 과정에 문제가 없는지 서로의 의견을 정기적으로 확인한다. • 행정가 및 피드백을 제공하는 전문가들(예, 동료교사, 전문가)과 활발한 의사소통을 한다. • 설정한 목표에 근거하여 학생의 수행능력과 교사의 교수기술이 향상을 보이는지 지속적으로 평가한다.
	학생 변인	• 전체 학생에게 협력교수에 대해 설명한다(협력교수의 목표, 방법 등).
	체계 변인	• 협력교수 과정 중 수정이 요구된다면 어떠한 부분이 개선되어야 하는지 확인하고 그것을 성취하기 위한 계획을 마련한다. • 추가적으로 필요한 훈련과 지원을 확인한다.

	교사 변인	• 교사들은 상호 간에 지속적으로 의사소통을 하면서 조언한다. • 동료 교사, 관리자와 함께 학생과 교사들의 결과 자료를 분석하고 평가한다. • 협력교수 참여에 대해 서로 격려한다.
협력교수 시행 후	학생 변인	• 협력교수 과정에 대해 학생들의 피드백을 받는다(예, 수업 내용 구성, 두 교사의 설명, 훈육 방식 등). • 협력교수 참여에 대해 격려한다.
	체계 변인	• 수정이 요구된다면 개선되어야 할 부분을 확인하고 그것을 성취하기 위한 계획을 마련한다. • 다음 협력교수 실시를 위한 준비를 한다.

5. 효과적인 협력교수 실행을 위해 요구되는 협력기술

성공적인 협력교수의 실행을 위해서는 효과적인 의사소통 기술이 요구된다. 협력은 개인이 적절한 방법으로 상호작용하는 것에 그 성패가 달렸다. 유능한 협력자는 친절하고 공손하며 공감하는 능력을 가진다. 그들은 팀의 모든 구성원과 긍정적인 라포를 형성하고 유지한다. 또한 다른 팀 구성원과 적절히 의사소통하고 피드백을 주고받는 방법에 대해 알고 있다. 많은 방법 중 적절한 의사소통은 효과적인 협력의 시작이고 실제다. 따라서 장애학생을 위한 효과적인 교육 프로그램 개발을 위해서 교사는 다양한 전문가와 효율적으로 의사소통할 수 있는 기술을 습득해야 한다. 다음의 내용은 Prater(2007)의 『경도 및 중등도 장애학생을 위한 교수전략(Teaching strategies for students with mild to moderate disabilities)』에서 제시된 효과적인 의사소통 기술에 관한 내용이다.

상호적 의사소통은 정보가 한 사람에서 다른 사람으로 전달되는 수단이 된다. 메시지는 아이디어와 생각으로 구성되고 의사소통의 구어적 · 비구어적 형태를 통해 전달된다. 다음은 의사소통과정에서 주요하게 다루어지는 하위 요소다.

1) 듣기

듣기는 의사소통과 협력의 중요한 요소다. 듣는 것은 이해를 증진할 뿐 아니라 상호 간의 라포 형성을 돕는다. 몇몇 장애물(예, 공상, 큰 목소리 등)이 효과적 듣기를 방해할 수도 있지만, 연구 결과에 따르면, 우리가 듣는 내용의 75% 이상이 무시되거나 잘못 이해되며 빨리 잊혀진다(Thomas, Correa, & Morsink, 2001).

협력을 위해서는 의도적으로 주의 집중을 하고 경청을 위해 준비해야 한다. 들은 내용은 머릿속으로 준비하고 들은 주요 내용을 머릿속으로 시연하고 분류하며 중요한 세부사항을 기록하는 한편 비구어적 행동에 주의를 기울여야 한다. 또한 추론, 사실, 의견 연결하기 등을 통해 더 나은 청취자가 될 수 있다(Friend & Cook, 2003).

2) 비언어적 의사소통

메시지는 말보다 더 많은 것을 통해 전달된다. 사실상 메시지 내용의 90%는 목소리 억양과 비언어적 행동을 통해 전달된다. 의사소통의 비언어적 방법은 공간, 접촉, 의사소통 시간, 몸의 움직임 등 신체적 표현을 사용하는 것이다(Thomas et al., 2001). 비언어적 메시지는 언어적 메시지를 확인하고, 부정하고, 혼동시키고, 강조하고, 통제할 수 있다. 따라서 다른 사람과 주고받는 비구어적 메시지에 민감해야 한다.

비언어적 행동은 개인이 속한 문화적 맥락 속에서 학습된다. 어떤 문화에서는 너무 자주 눈 맞춤을 할 경우 무례한 것으로 여겨진다. 또한 때로는 미소가 난처함을 표현하는 것일 수도 있다. 교사는 상호작용하는 이들의 문화적 환경과 학습한 비언어적 행동을 문화적 맥락에 근거하여 민감하게 해석하고 반응할 수 있어야 한다.

3) 말하기

우리는 말할 때 일반적으로 정보를 제공하거나 공유하거나 안내하는 진술을 사용한다. 또한 진술은 정보를 구하기 위해 사용할 수 있고(예, '실제 검사 점수를 알려주세요.'), 정보를 분명히 하거나(예, '당신이 말하는 것을 내가 이해하고 있는지 잘 모르겠어요.') 요약하기 위해(예, '우리가 예전에 결정한 내용을 그대로 진행하자는 것이네요.') 사용할 수 있다.

비언어적 의사소통과 같이 언어적 신호와 기술 또한 정확한 의사소통에 기여한다. 속도, 음의 높낮이, 크기, 목소리 특성은 말하고 있는 것이 무엇인지 해석하는 데 중요한 영향을 준다. 어조 또한 중요한 요소다. 예를 들어, '제발 책상에 연필을 내려놓으세요.'라는 문장에서는 어떤 단어를 강조하느냐에 따라 다르게 해석할 수 있다(〈표 10-3〉 참고).

〈표 10-3〉 어조가 의미에 미치는 예

문장	강조 단어	숨겨진 의미
제발 책상에 연필을 내려놓으세요.	연필	다른 어떤 것도 두지 말고 단지 연필만 두라.
	책상	연필을 다른 곳에 두지 말고 책상에 두라.
	제발	좌절

출처: Prater, M. A. (2007). Teaching strategies for students with mild to moderate disabilities. 김자경, 최승숙 역(2010). 경도 · 중등도 장애학생을 위한 교수전략. 서울: 학지사.

4) 피드백 제공

다른 사람과 함께 일할 때 피드백을 제공하는 것은 효과적인 의사소통을 돕는다. 피드백은 다른 사람에게 그들의 수행이나 행동에 관해 정보를 제공하는 것을 의미한다. 피드백은 간결하고 구체적이며 직접적이어야 한다. 따라서 즉시 제공되거나 혹은 사건이 발생한 후 되도록 빨리 제공되는 것이 가장 효과적이다. 효과적인 피드백은 평가적이기보다는 기술적(설명적)이며, 변화 가능한 행동 또는 상황에 초점을 맞춘다. 우리는 의사소통 과정에서 피드백이 의도한 대로 주어졌는지 확인해야만 한다(Friend & Cook, 2003; Thomas et al., 2001).

피드백을 받아들이는 것 또한 협력의 중요한 기술이다. 많은 사람은 피드백을 받을 때 메시지의 부정적 측면에 초점을 둔다. 어떤 사람은 자신의 약점이나 향상되어야 할 부분에 대해 듣기 싫어할 수도 있다. 또, 어떤 사람은 피드백이 자신들에게 어떤 해로움을 줄 수 있는지에 진심으로 걱정하여 반응할 수 있을 것이다.

〈교사를 위한 정보 1〉
효과적인 피드백을 전달하기 위해 필요한 추가적 정보는 다음과 같다.

• 우선 상대방이 가진 정보가 사실인지 확인한다.
• 비난하거나 편협함을 보이지 않는다.
• 충동적이지 않고 사려 깊게 피드백을 제공한다.
• 피드백을 개별적으로 제공한다.
• 비언어적 의사소통이 말과 모순되지는 않는지 확인한다.

〈교사를 위한 정보 2〉
피드백이 주어질 때, 그것이 새로운 것을 배울 수 있는 기회임을 기억하여야 한다. 피드백을 받을 때에는 다음을 고려한다.

• 말하는 것을 가로막거나 항의하거나 부정하지 않고 기꺼이 듣는다.
• 주의 깊게 들으며 말하는 이를 이해하고자 한다.
• 말하는 이의 입장을 존중한다.
• 필요하다면 설명을 부탁한다.
• 피드백에 대한 진심 어린 관심과 변화의 의지가 있음을 보인다.

5) 문제 해결 과정

성공적인 협력을 위해 협력자는 효과적인 의사소통 능력뿐만 아니라 능숙한 문제 해결 기술이 있어야 한다. 교사는 혼자 가르치는 것이 지속적인 문제 해결의 과정이라 여길 수 있다(Snell & Janney, 2000).

대부분의 교사는 해당 문제를 혼자 결정을 하는 경우가 많다. 그러나 보다 수준 높은 교육적 결정을 내리기 위해서 다양한 전문가의 의견을 수렴하는 것의 필요성이 강조됨에 따라 협력 팀 내에서 문제 해결을 위한 책임을 공유하는 기회가 늘고 있다. 문제 해결은 적어도 다음의 네 가지 주요 단계를 포함한다.

(1) 문제 확인하기

문제 해결의 첫 단계는 문제를 확인하고 정확하게 진단하는 것이다. 학급 상황에서의 주요 문제는 주로 학생의 목표와 능력, 참여, 학급 공동체 등을 들 수 있다(Snell & Janney, 2000). 이 단계에서 정확히 문제를 진단하는 것이 문제 해결의 가장 중요한 열쇠다. 사실 문제 해결의 잠재적 성공은 문제를 정확히 서술하는 것에 달려 있다. "문제가 잘 진술된다면 반은 해결된 것이다."(Melamed & Reiman, 2000: 18) Friend와 Cook(2003)은 잘 확인된 문제가 다음의 특성을 가진다고 설명한다.

- 모든 참여자가 문제가 있음에 동의한다.
- 현재 상황과 기대하는 상황 사이의 불일치를 확인하고, 참여자는 불일치를 나타내는 요소에 동의한다.
- 문제 진술이 다양한 해결 방법을 시도할 수 있게 제시된다.

(2) 가능한 해결법을 산출하고 선택하기

문제를 결정했다면 다음 단계는 가능한 해결법을 최대한 찾아보는 것이다. 이 과정에서 팀의 각 구성원은 비평과 평가 없이 자발적으로 아이디어를 제시한다.

그런 다음 잠재적 해결법을 판단할 기준을 만들고 아이디어 목록에 적용한다. 각각의 잠재적 해결법의 긍정적·부정적 측면을 서술한다. 그리고 최종 방법을 선택한다. 최소한의 기준은 학생과 그들의 학습, 학급 상황에 관한 정보를 포함해야 한다. 추가적인 기준은 해결법에서 나타날 수 있는 방해 요소와 실행 가능성을 고려해야 한다.

(3) 해결법을 계획하고 실행하기

효과적인 계획은 무엇을 해야 하는지뿐 아니라 누가 하고, 언제까지 할 것인가를 포함한다. [그림 10-1]은 해결법을 계획하는 내용을 구체화할 수 있는 양식의 예다. 협력자가 구체적이고 상세한 계획을 설계할 때 해결법은 더욱 성공적으로 실행될 것이다. 문제 해결 과정의 단계에서 또 다른 측면은 성공 여부를 평가하기 위해 사용할 기준을 확인하는 것이다. '정확한' 기준이 존재하는 것은 아니지만, 그 기준에는 모든 참여자가 이해하고 동의해야만 한다(Friend & Cook, 2003).

학생 이름_____   일시 _____   팀 구성원 _____

문제_____   _____

가능한 해결 방법_____   _____

성공 여부 평가기준_____   _____

과제/활동	책임자	완성 일시	결론/결과	기준에 따른 평가

전체 결과 _____

다음 단계 _____

[그림 10-1] 가능한 해결법 실행을 위한 계획 안내

(4) 결과 평가하기

결과를 평가하는 것은 참여자의 만족 여부뿐만 아니라 목표 달성의 성공에 대한 평가까지를 모두 포함한다. 여기에 세 가지 가능한 결과가 존재한다.

첫째, 해결법이 문제를 해결했고 목표에 도달한 경우다. 이 경우라면 문제 해결 과정은 완성된 것이다.

둘째, 해결법이 부분적으로 성공한 경우다. 팀이 문제 분석, 해결법의 선택과 실행에 신중했다면 적어도 부분적인 성공이 이루어져야 한다. 부분적인 성공이 이루어졌다면 처음부터 다시 시작하기보다는 필수적인 문제 해결 단계를 반복해야 한다. 문제를 다시 확인하거나 해결법을 적용하고 다시 찾아보도록 한다.

셋째, 성공하지 못하는 경우다. 성공하지 못한 이유에 대해 평가하고, 필요하다면 두 번째 결과에서 시도했던 행동과 유사하게 문제 해결 과정을 반복해야 한다. 하지만 부분적인 성취와 달리 성공하지 못한 경우는 해결법 산출, 선택, 계획, 실행 등을 처음부터 다시 시작해야 한다.

🌳 요 약

학교에서 많은 시간을 통합학급에서 보내는 학습장애학생의 경우, 장애의 특성을 반영한 교육적 접근과 일반 교육과정을 근간으로 하는 교육적 접근 모두가 요구된다. 이러한 측면을 반영할 수 있는 교수법이 두 전문가가 함께 학습장애학생을 지원하는 협력교수다. 협력교수는 일반적으로 다섯 가지 모델로 나눌 수 있다. 교수-지원모형은 한 교사가 전체 교수를 담당하는 동안 다른 교사는 돌아다니며 개별적으로 학생을 지원한다. 스테이션 모형은 여러 개의 모둠을 구성하고 협력교사는 각 모둠을 담당하고 학생들이 모둠을 따라 이동하면서 학습하는 형태다. 평행교수는 학급을 두 개의 동일 집단으로 나누고 두 교사가 각각 하나의 집단을 맡아 수업하는 형태다. 대안교수는 학급을 하나의 대집단과 하나의 소집단으로 나누어 두 교사가 각각 하나의 집단을 맡아 지도하는 형태다. 팀교수는 두 교사가 협력적 관계를 공유하며 전체 집단을 동시에 교수하는 형태다. 협력은 행동 자체가 아니라 두 전문가가 모든 자원과 과정을 공유하고 공동의 목표를 향해 나아가는 과정이다. 협력교수에 관한 연구는 국내에서는 아직 초기 단계이므로 이후 협력교수 효과와 적용 형태에 대한 다양한 연구가 필요하다. 효과적인 협력교수의 적용을 위해서는 참여 교사의 협력관계 형성을 위한 다양한 기술 습득이 요구될 뿐만 아니라 관리자의 행정적인 지원, 교사양성 과정에서의 교육지원이 필요하다.

참고문헌

강영심, 전정련(2002). 초등학교 통합학급에서의 협력교수에 대한 특수교사와 통합학급교사의 인식. 정서 · 학습장애 연구, 17(3), 33-47.

국립특수교육원(2003). 통합학급 운영실태 연구. 경기: 국립특수교육원.

김라경, 박승희(2002). 협력교수가 일반학생의 학습장애의 사회과 학업성취도에 미치는 영향. 초등교육학연구회, 15(2), 19-45.

최승숙(2004a). 학습장애 등 경도장애학생 통합교육을 위한 초등학교 내 협력교수의 실제: 모형과 전략의 함의. 특수교육저널: 이론과 실천, 5(3), 323-352.

최승숙(2004b). 통합교육을 실시하고 있는 초등학교 교실에서의 협력교수 실제. 특수교육학연구, 39(3), 269-292.

최승숙(2006). 통합학급 내 장애학생의 교수–학습을 위한 특수교사와 일반교사의 협력모형과 실제. 학습장애연구, 3(2), 117-137.

Austin, V. L. (2001). Teachers' beliefs about co-teaching. *Remedial and Special Education*, *22*(4), 245-255.

Bauwens, J., Hourcade, J. J., & Friend, M. (1989). Cooperative teaching; A model for general and special education integration. *Remedial and Special Education, 10*(2), 17-22.

Friend, M., & Cook, L. (2003). *Interactions: Collaboration skills for school professional*(4th ed.). New York: Longman.

Garrigan, C. M., & Thousand, J. S. (2005). Enhancing literacy through co-teaching. *The New Hampshire Journal of Education, 8*, 56-60.

Gerber, P. J., & Popp, P. A. (2000). *Making collaborative teaching more effective for academically able students: Recommendations for implementation and training. Learning Disability Quarterly, 23*, 229-236.

Melamed, J. C., & Reiman, J. W. (2000). Collaboration and conflict resolution in education. *High School Magazine, 7*(7), 16-20.

Prater, M. A. (2007). *Teaching strategies for students with mild to moderate disabilities.* 경도·중등도 장애 학생을 위한 교수전략. (김자경, 최승숙 역, 2010). 서울: 학지사.

Pugach, M. C., & Johnson, L. J. (2002). *Collaborative practitioners: Collaborative schools.* Denver: Love Publishing Company.

Rea, P. J., Mclaughlin, V. L., & Walther-Thomas, C. (2002). Outcomes for students with learning disabilities in inclusive and pullout program. *Exceptional children, 68*, 203-222.

Snell, M. E., & Janney, R (2000). *Collaborative teaming: Teacher's guide to inclusive practices.* Baltimore: Brooks.

Thomas, C. C., Correa, V. I., & Morsink, C. V. (2001). *Interacttive teaming: Consultation and collaboration in special programs* (3rd ed.). Upper Saddle River, NJ: Prentice Hall.

Weiss, M. P., & Llyod, J. W. (2002). Congruence between roles and actions of secondary special educators in co-taught and special education settings. *The Journal of Special Education, 36*(2), 58-68.

찾아보기

인 명

내 용

저자 소개

김애화

현재 단국대학교 특수교육과 교수로 재직 중이다. 단국대학교 특수교육과를 졸업하고, 미국 텍사스 주립 대학교(University of Texas at Austin)에서 학습장애 전공으로 석사 및 박사 학위를 받았다. 텍사스 읽기 및 쓰기 연구소(Texas Center for Reading and Language Arts Center)에서 전임연구원(Research Associate)으로 일하였으며, SSCI 저널인 *Journal of Learning Disabilities*의 assistant editor를 역임하였고, 현재 *Journal of Learning Disabilities*의 consulting editor와 한국학습장애학회 부회장으로 활동하고 있다.

김의정

현재 나사렛대학교 특수교육과 교수로 재직 중이다. 부산대학교 중어중문학과를 졸업하고, 미국 텍사스 주립 대학교(University of Texas at Austin)에서 특수/일반자폐성장애 전공으로 석사 및 박사 학위를 받았다. 텍사스 읽기 및 쓰기 연구소(Texas Center for Reading and Language Arts Center)에서 전임연구원(Research Associate)로 일하였으며, 캘리포니아 주립 대학교(California State University, Los Angeles) 특수교육과 조교수로 재직하였다. 현재 한국학습장애학회 및 한국 특수교육 교과교육학회 이사로 활동하고 있다.

김자경

현재 부산대학교 특수교육과 교수로 재직 중이다. 가톨릭대학교 사회학과를 졸업하고, 미국 미주리 주립 대학교(University of Missouri)에서 학습장애 전공으로 석사 및 박사 학위를 받았다. 조선대학교 특수교육과 교수를 역임했고, 현재 한국학습장애학회 이사 및 한국특수아동학회 상임이사로 활동하고 있다.

최승숙

현재 강남대학교 초등특수교육과 교수로 재직 중이다. 이화여자대학교 특수교육과를 졸업하고, 미국 펜실베이니아 주립 대학교(Pennsylvania State University)에서 경도장애 전공으로 석사 학위를 받았으며, 미국 일리노이 대학교(Unviersity of Illinois at Urbana-Champaign)에서 경도 및 학습장애 전공으로 박사 학위를 받았다. 일리노이 대학교 경도장애전공 교원양성과정의 Supervisor로 활동하였고, 나사렛대학교 언어치료학과 전임교수를 역임하였다.

학습장애 이론과 실제

2012년 9월 20일 1판 1쇄 발행
2021년 8월 20일 1판 13쇄 발행

지은이 • 김애화 · 김의정 · 김자경 · 최승숙
펴낸이 • 김 진 환
펴낸곳 • **(주) 학지사**

　　　　　04031 서울특별시 마포구 양화로 15길 20 마인드월드빌딩 5층
대표전화 • 02) 330-5114　　　팩스 • 02) 324-2345
등록번호 • 제313-2006-000265호
홈페이지 • http://www.hakjisa.co.kr
페이스북 • https://www.facebook.com/hakjisabook

ISBN 978-89-6330-859-3 93370

정가 **19,000**원

출판 · 교육 · 미디어기업 **학지사**

간호보건의학출판 **학지사메디컬** www.hakjisamd.co.kr
심리검사연구소 **인싸이트** www.inpsyt.co.kr
학술논문서비스 **뉴논문** www.newnonmun.com
원격교육연수원 **카운피아** www.counpia.com